推荐语

（排名不分先后）

品牌的本土化创新，必须建立在对消费者习性的敏锐洞察上。这是我从安踏集团董事局主席丁世忠那里获得的启示，如今从王茁的新书《美丽洞察力》①里看到了更充分、更平衡的演绎。该书不论对于投身新国货运动的新匠人还是对于兼具企业家和投资家融合性角色的企投家来说，都是一个福音。以前，只有我们企投会的学员可以分享到王茁老师深耕化妆品产业的经验和智慧，有了这本书，更大范围的读者可以从中受益。

——著名财经作家 吴晓波

我曾经说过，王茁在2014年写的《给上海家化投资者的一封信》将载入中国商业史。离开上海家化之后，王茁并没有离开化妆品产业，而是继续在这里深耕——投资、咨询、教学、翻译、写作，这本《美丽洞察力》是其最新思想成果，对困扰所有消费品企业的增长、创新、营销和品牌等重大问题有着深刻的洞察。希望我的朋友圈里的朋友们来关注这本书。

——中国商业文明研究中心联席主任、秦朔朋友圈发起人 秦朔

与王茁兄认识时间不长，但是我们的交流却很深，而且我们的渊源也很深。我近十年来一直在为大数据和人工智能鼓与呼，而王茁兄早在十七年前就写过《三位一体的商务智能》一书，如今又与时俱进地推出了《美丽洞察力》，可喜可贺，可钦可佩。我向我所有的读者朋友推荐此书——我们的书您放在一起读，会更有启发、更有收获。

——著名信息管理专家、科技作家 涂子沛

王茁先生既是一名管理者，也是一名文化人。他善于用文化之光照射商业现实，在经营企业、投资产业、打造品牌之余，还多年坚持来我院给MBA学员讲《整合营销传播》课程，是讲授MBA课程的实践教授中最受欢迎的老师之一。他翻译了很多书，还撰写专著，这本《美丽洞察力》是其最新力作，读来令人赏心悦目又颇受启迪，值得推荐！

——复旦大学管理学院院长、教授 陆雄文

王茁兄的新书《美丽洞察力》总结了商业和管理的第一性原理，对企业经营者和产业投资者均有指导意义。

——CMC资本、华人文化集团公司董事长、CEO 黎瑞刚

---

① 《美丽洞察力》为《美丽洞察力——从化妆品行业看顾客需求洞察》的简称。

王茁兄的洞察力是一种预见力，他早在三十年前就开始推动国潮、打造国货品牌，从美加净、六神、家安到佰草集、双妹、高夫、玉泽、启初，都留下了他筚路蓝缕、春华秋实的身影。如今，他把三十年的行业经验和横跨中西的商业知识熔于一炉，在疫情期间写出了这本《美丽洞察力》，在他看来这是一本"忧患之书"，在我看来则是一本"智慧之书"。

——第一财经传媒公司总编辑、《第一财经日报》总编辑　杨宇东

王茁这本《美丽洞察力》是一部不可多得的纵横交错、知行合一的商业书。纵——关注以化妆品为代表的消费品行业；横——聚焦顾客需求洞察这一底层逻辑；知——体现经营实践的品质；行——是对商业认知的检验。

——钛媒体联合创始人　刘湘明

十多年前，我为王茁《美国故事　中国启示》一书写过序，我还把他的书当作我们公司高管的培训教材。如今，王茁又出新书了，是一本底蕴更加深厚的品牌书、营销书、创新书，我不仅会要求我的高管们阅读，而且还会送给我们的客户阅读，共同享受其思想红利（人心红利之一种）。

——分众传媒董事局主席兼首席执行官　江南春

经济学家习惯于从宏观层面来研究需求、供给、转型、创新和企业家精神，这是必要的，但并不充分。我们还需要更多的中观（产业）研究和微观（企业和品牌）研究。王茁的新书《美丽洞察力——从化妆品行业看顾客需求洞察》就是兼具中观和微观视角的一部力作，具有不可多得的出版价值、阅读价值和研究价值。

——上海交通大学安泰经济与管理学院教授　陈宪

2020年《葛文耀：四十年民族品牌的光荣与梦想》出版，我有幸与王茁一起为该书写序。如今，由葛文耀作序的王茁新书《美丽洞察力》出版，我乐意把它推荐给企业家朋友。中国适逢历史性的大消费时代来临，抓住这场21世纪最激动人心的机遇，离不开美丽洞察力。

——著名经济学家、刘胜军微财经创始人　刘胜军

王茁先生的这本新书《美丽洞察力》不仅有助于升华对市场研究的创新，而且有助于升华化妆品行业乃至整个消费品产业的国潮品牌建设。

——复旦大学管理学院市场营销系教授、中国高校市场学研究会副会长　蒋青云

王茁的新书《美丽洞察力》值得化妆品行业每一位从业者阅读,因为该书全面、深刻地阐述了化妆品企业经营和品牌建设的首要任务——洞察顾客需求。

——中国香料香精化妆品工业协会理事长　陈少军

作为区域经济和产业发展相得益彰的典范,东方美谷的开发和建设离不开各级领导高瞻远瞩的洞察力,区内各家企业的发展壮大则离不开企业家和经营团队的洞察力。王茁的新书《美丽洞察力》是一道思想美食,建议区内的企业负责人优先享用。

——东方美谷企业集团股份有限公司党委书记、董事长　李亿

当年王茁投资云南群优,是对我本人高龄(时年83岁)创业的极大支持;如今王茁写出新书《美丽洞察力》,是对整个行业的思想贡献。我的人生信条是"生命不息,奋斗不止",王茁能做到"生命不息,笔耕不辍",我为这个后生点赞!

——云南白药首任总工程师、滇虹药业董事长、群优生物科技有限公司董事长　周家礽

企业在市场中不一定会按市场化的办法来经营,只有牢固地树立了以顾客为宗旨的指导思想才能真正地按市场化的做法来经营。关于企业的宗旨意识,王茁在书中所介绍的新理论——"顾客待办任务(JTBD)"——值得读者认真学习和思考。

——上海国际时尚联合会荣誉会长、铭耀资本创始合伙人　葛文耀

王茁离开上海家化后没有去别的企业从事管理经营,而是选择了投资和咨询,我一度为他的才华和能力感到可惜。看了他为整个化妆品行业发展而著的"忧患之书"——《美丽洞察力》,我又觉得释然,他为中国品牌的星群式崛起而著书立说、建言献策,另有一种意义和价值。

——欧诗漫控股集团董事局主席　沈志荣

薇诺娜的成功经验是"做窄路更宽",其背后则是对中国人的敏感肌肤需要特别护理这一顾客需求的准确洞察和长期坚持。王茁的新书《美丽洞察力》,不论对于跨国公司还是本土企业,不论是成熟品牌还是新锐品牌,不论敏感肌品类还是所有护肤品品类,不论彩妆品类还是所有化妆品品类,不论化妆品还是消费品,不论选圈、破圈还是再造圈,都能起到灯塔一般的指引作用。

——贝泰妮集团董事长、薇诺娜创始人　郭振宇

站在新的发展高度和历史起点上，我们华熙生物格外需要高瞻远瞩和远见卓识。正在这时，王茁的《美丽洞察力》一书如及时雨般地出现了，使得我们打造新的竞争体系和竞争能力有了一本很好的参考书。

——华熙生物董事长　赵燕

王茁老师是中国化妆品行业兼具理论建树和实战经验的少数领军人物之一，他的新书《美丽洞察力》充满了"融智全球"的真知灼见，是他继《美丽战争》和《颜值时代的工匠精神》之后，指引行业未来发展的又一力作。

——广东省日化商会会长、丹姿集团董事长　张楚标

洞察力、创造力和影响力，是完美日记打造品牌力的三要素。这三个要素中，洞察力是基础，王茁老师的《美丽洞察力》一书把这个问题说透了，为我们未来打造品牌的实践提供了指引。

——广州逸仙电子商务有限公司CEO　黄锦峰

王茁是我们行业一位资深人士，他对市场、对行业、对消费者的了解和研究在业内知名，今天，他扎扎实实地写出这本关于洞察力的"基础"书，一点都不出乎我的意料。欣喜能从王茁的新书中获得有益的启示，让我们为中国的美丽事业携手共进。

——欧莱雅北亚及中国区副总裁　兰珍珍

不论是对珀莱雅公司的新一轮发展还是对湖州美妆小镇的更上层楼，王茁的新书《美丽洞察力》都具有切实的指导作用，我会与团队成员一起认真学习。

——珀莱雅化妆品股份有限公司董事长、杭州市化妆品行业协会会长　侯军呈

珀莱雅的成功源于对中国消费者需求的敏锐感知与精准把握，这方面的工作永无止境，我们必须不断学习、不断进步。幸好，王茁的新书《美丽洞察力》为我们提供了这方面的更多先进理论和全球最佳实践，使我们的学习和进步有了新的遵循。

——珀莱雅化妆品股份有限公司CEO　方玉友

王茁与我以及我的家人都很熟，不论是读他的书还是与他聊天，我们都深受启发。他的这本新书《美丽洞察力》，我不仅自己会读，而且会要求我的子女们赶紧读，有问题就去找王茁老师请教。

——拉芳家化股份有限公司董事长、总经理　吴桂谦

王茁是我在化妆品行业的少数老师之一,他领导创建的品牌佰草集给了我很多启发,他为植物医生品牌的发展贡献了很多建设性的意见和建议。套用我们植物医生的定位"高山植物,纯净美肌",我认为王茁老师的新书《美丽洞察力》是"高屋建瓴,纯净智慧"。

——植物医生品牌创始人兼董事长　解勇

王总是中国化妆品行业善于开风气之先的人物,他的新书《美丽洞察力》又一次走在了行业的前面,时代的前面,美丽新世界的前面。他在本书中构建的关于顾客需求洞察的完整体系,具有喜马拉雅一般的广度和高度。

——伽蓝(集团)股份有限公司董事长兼总裁　郑春影

企业小的时候,靠老板一个人的洞察力和推进力就足够了,企业做大了,就需要整个团队都能有洞察力和推进力,就需要贯彻王茁的新书《美丽洞察力》所总结的洞察力体系。

——上美化妆品股份有限公司创始人兼CEO　吕义雄

我希望"环亚"的"亚"字不仅代表亚洲,而且代表"顾客需求","环亚"就是"环绕顾客需求"。王茁的新书《美丽洞察力》,简单地说,所表达的就是这个意思:企业必须环绕顾客需求,这样,其营销和创新才能取得成功,其增长才能有保证,其品牌才能有根基。

——环亚集团董事长　胡兴国

"智者不惑,仁者不忧,勇者不惧"。王茁是中国化妆品行业内接近这三重境界的少数人之一,在《美丽洞察力》出来之前,我经常通过请他喝茶来"盗取"他的智慧,如今有了这本书,很多人不用请他喝茶(只要读这本书)就能轻松获取他的真知灼见。

——相宜本草化妆品有限公司董事长　封帅

王茁先生是百雀羚的良师益友,他翻译和撰写的书,从《美丽战争》到《颜值时代的工匠精神》再到最新的这本《美丽洞察力》,是指导我们品牌复兴、推陈出新、再创辉煌的教科书。

——百雀羚集团总经理　苗耀杨

与王茁曾经在上海家化共事多年,共同于营销领域跌打滚爬,一起做了不少有意义的探索。他的新书《美丽洞察力》对于产业运营实践具有超强的指导意义,值得我和我的团队成员反复阅读、认真体会,相信学以致用之后必见实效。

——豫园股份董事长兼总裁　黄震

王茁的新书《美丽洞察力》抓住了美妆行业的本质和精髓。美妆品牌的建立和发展固然离不开创造性（creativity），但是任何创造性的基础都是洞察（insights）——对于消费者痛点的深刻洞察。这是我在美国创立Wei Beauty并将其推向世界的心得体会，如今被王茁加以全面总结，和盘托出——希望读者们好好享受这份思想大餐。

——Wei品牌创始人　杨蔚

从丁家宜到嗳呵再到纽西之谜，如果有人问，你做成功这么多品牌，有没有什么一以贯之的秘诀？我会回答：有，是对斯时斯地的消费者、竞争对手、渠道和媒体的动态洞察和动态把握。王茁的《美丽洞察力》一书，不仅透露而且透视了这一秘诀。

——纽西集团董事长　刘晓坤

我大概是中国化妆品行业内读王茁的书（包括著作和译作）最多、最认真的人之一。中国化妆品品牌不谋全球则不足以谋高端，而不谋高端则不足以谋未来。这是几年前我读王茁的书之后与他交流时得出的论断。他的这本新书《美丽洞察力》是一本帮助中国企业谋高端、谋全球、谋未来的智慧书。我已抢先阅读，你得抓紧。

——鸥美集团董事长、欧敏肤品牌创始人　贾云鹏

中国古代有所谓"才子书（六才子书、十大才子书）"的说法，而当今中国化妆品行业的才子书，非王茁的新书《美丽洞察力》莫属。这几年，林清轩的发展是读着王茁的几本经典著作成长起来的，他的书坚定了我把林清轩打造成中国高端护肤品牌的决心和信心，也能给我关于业务增长、产品创新、营销沟通和品牌建设方面的战略性启发和细节性指导。

——林清轩创始人　孙来春

王茁先生是中国化妆品行业不可多得的经营精英，是我非常尊敬的业内挚友，他对品牌建设有着丰富的经验和独到的理解，这本《美丽洞察力》我会要求我们公司所有的中高层管理者认真学习、深刻领悟、踏实践行。

——珠海伊斯佳科技股份有限公司董事长、丝域养发连锁创始人　王德友

早在王茁携手BeautyStreams之前，我就认识Beautystreams的创始人Lan女士了，玛丽黛佳和Beautystreams一直保持着长期、深入、富有成果的合作。希望中国化妆品行业有更多的企业家、经营者和管理者能够通过阅读王茁的新书《美丽洞察力》来认识到洞察的力量、洞察的价值，知行合一地提升中国品牌的竞争力。

——玛丽黛佳品牌创始人　崔晓红

王茁和我一样，既做过化妆品经营又做过化妆品投资，我们从两个方面验证过：洞察力既是成熟企业也是初创企业的首要竞争力基础。我向所有从事消费品（不只是化妆品）经营或投资或二者兼做的朋友郑重推荐这本《美丽洞察力》，它对帮助企业拥抱"用户主义"很有价值。

——相宜本草化妆品有限公司董事　严明

四年前，我邀请王茁先生到PCHi大会上作了一次振聋发聩的演讲，记得他当时用了一个诗意而有情怀的标题："推动中国品牌星群崛起于全球美丽苍穹"。今天，我很高兴地看到，他的情怀和智慧已化作一本关于化妆品产业运营的高质量专著——《美丽洞察力》。我向我校师生和广大同行郑重推荐该书。

——北京工商大学中国化妆品研究中心主任　董银卯

王总是中国化妆品产业"但开风气不为师"的思想家，是中国美容博览会（CBE）的坚定支持者和卓越贡献者。我向CBE所有的参展商隆重地推荐他的新书《美丽洞察力》。

——上海市会展行业协会会长、中国美容博览会主席　桑敬民

化妆品报社曾经把王茁老师的译作《美丽战争》作为全体员工最重要的培训教材，后来又深入地学习了他的《颜值时代的工匠精神》，如今我们迎来了他推动中国化妆品行业发展的第三本书——《美丽洞察力》。化妆品报今年年会的礼物有了！

——《化妆品报》荣誉社长　杜宏俊

从现在起，广东的日化企业必须重视思想资源而不只是物质资源、知识资本而不只是有形资本的力量。王总的新书《美丽洞察力》透彻地阐明了这一趋势，希望广东日化企业的老板们能够人手一本，认真阅读。

——中华全国工商业联合会美容化妆品业商会会长　马娅

以葛文耀与王茁为代表的老一代上海家化团队，创造了代表着中国美丽、中国创造的品牌星群，是中国美妆史上的卓越成就。今天，两位仍然活跃在美妆市场，更把多年经验与学识倾注于近期的著作（《葛文耀：四十年民族品牌的光荣与梦想》和《美丽洞察力》），将宝贵的经验传递给更多消费品企业、传递给新一代的创业者和中国品牌塑造者，这是非常有价值和意义的事情。两位的勤奋笔耕和价值奉献令人敬佩。

——欧莱雅中国同学会联席会长　张耀东

我一直认为王茁老师是我们行业最大的才子之一，是一位特别有思想的企业经营者和品牌建设者。如今，他和美国BeautyStreams的Lan女士一起打造有助于中国企业提升产品原创力和国际化能力的灵感平台，这是一件特别有意义的事。我相信，他的新书《美丽洞察力》是这一事业的起点，而不是终点。品观看好这个平台，看好这本书。

——品观传媒董事长 邓敏

"朱弦已为佳人绝，青眼聊因美酒横"。在中国化妆品的市（战）场上，王茁老师是一名孤独的战士，虽然不再同学少年，不再风华正茂，但是依旧"书生意气，挥斥方遒。指点江山，激扬文字，粪土当年万户侯"。《美丽洞察力》是忧患之书、寂寞之书，也是志气之书、才气之书。

——青眼创始合伙人 李惠华

我和王茁先生见面次数不多，但是我们的心是息息相通的，因为他在美国也做过咨询工作，具有超强的逻辑思维能力，他的新书《美丽洞察力》由顾客需求洞察之体、顾客需求洞察之用和顾客需求洞察之源三个部分组成，是一部兼具理论思维与实践智慧的好书。

——高风咨询公司董事长兼CEO 谢祖墀

As the Herborist brand leader, Joe has created his legend in the global beauty industry. With the book *the Beauty of Insights,* he will inspire and instruct more Chinese beauty brand builders to make their dreams come true.

作为佰草集品牌曾经的领军者，王茁已经创造了一部传奇。如今，他又将用他的书《美丽洞察力》来激励和指导更多中国美妆的品牌建设者美梦成真。

——法尚品牌创意与设计公司联合创始人Elie Papiernik

Helping Chinese beauty companies achieve original innovation and successfully go global as C-Beauty is a dream shared by Joe and me. May it come true in the near future!

助力中国化妆品企业实现原创性创新并成功打入国际市场，建立中国美丽品牌，是我和王茁共同的梦想。希望在不久的将来这一梦想就能成真！

——美国BeautyStreams美妆智库创始人兼CEO 吴兰

美丽洞察力

THE BEAUTY OF INSIGHTS

从化妆品行业
看顾客需求洞察

王茁 编著

化学工业出版社
·北京·

内容简介

本书是作者转战中国市场和美国市场、操盘上市公司和投资公司、从事管理咨询和管理教育 30 多年来的商业智慧结晶。面对纷繁复杂、动荡多变、竞争激烈的市场环境，全书展示了作者具有独立性、前瞻性和系统性的思考成果，为处于转型升级关键时刻的中国化妆品企业乃至所有消费品企业的企业家、创业者和管理者提供了有针对性、战略性和可操作性的创新思路和营销建议。本书将顾客需求洞察看作是企业经营的起点和基础，将顾客需求洞察分为"体""用""源"三个部分。"体"包括顾客需求洞察对企业的重要性和顾客需求洞察的新理论；"用"包括顾客需求洞察助力增长战略、助力产品创新、助力营销沟通和品牌建设；"源"包括旨在提升顾客需求洞察力的市场研究、大数据和数据分析以及组织文化保障。

本书同时指出，顾客需求洞察只是企业经营的起点和基础，企业经营的终点和目的是"创造顾客"或"创造顾客价值"。企业经营是终而复始的过程，消费是起点，也是终点，先有消费才有生产。产品升级换代和细分化是消费品行业永恒的课题，从这个角度来说消费品是永远做不完的，市场一直有机会。只是机会偏爱有准备的头脑，有待企业家、创业者和管理者去洞察、去行动、去把握，这样才会有成果、有成就、有贡献。

本书适合化妆品产业链上的从业者阅读，包括从品牌企业到原材料供应商到 ODM/OEM 企业到经销商（以及 TP）到零售商到营销服务公司、从企业家到高管到中层管理者、从市场人员到研发人员到销售人员到客户服务人员。本书同样适合化妆品以外的其他消费品行业的从业者阅读。对于投资者、管理教育者和商科学生，本书也有一定的参考价值。

图书在版编目(CIP)数据

美丽洞察力：从化妆品行业看顾客需求洞察／王茁编著．—北京：化学工业出版社，2021.8（2023.7 重印）
ISBN 978-7-122-39179-7

Ⅰ.①美… Ⅱ.①王… Ⅲ.①化妆品-顾客需求-研究-中国 Ⅳ.① F426.7

中国版本图书馆CIP数据核字（2021）第096950号

责任编辑：袁海燕　　　　　　　　　　文字编辑：林　丹　沙　静
责任校对：王鹏飞　　　　　　　　　　装帧设计：尹琳琳

出版发行：化学工业出版社（北京市东城区青年湖南街 13 号　邮政编码 100011）
印　　装：北京天宇星印刷厂
787mm×1092mm　1/16　印张 27¾　字数 480 千字　2023 年 7 月北京第 1 版第 4 次印刷

购书咨询：010-64518888　　　　　　　　　售后服务：010-64518899
网　　址：http://www.cip.com.cn
凡购买本书，如有缺损质量问题，本社销售中心负责调换。

定　　价：128.00 元　　　　　　　　　　　　　　　　版权所有　违者必究

谨以此书致敬并缅怀以下三位大师：

彼得·德鲁克（1909—2005）

西奥多·莱维特（1925—2006）

克莱顿·克里斯坦森（1952—2020）

序一

消费品市场上并不缺少机会，而是缺少发现机会的眼光

我和王茁离开上海家化已有七八年时间了，这些年我和他都没有闲着，而是远比在上海家化时更加广泛地接触行业内外的各类企业和企业家，不是单向地给他们授课，而是从他们身上学到很多新东西，反思以前想得、做得不周全的地方，对上海家化、中国化妆品行业乃至整个消费品产业的认识更加深入了。除了投资、咨询和授课活动，我还和田安莉女士合作，完成了记录我人生经历、职业生涯和经营管理上海家化的经验和教训的书——《葛文耀——四十年民族品牌的光荣与梦想》。王茁也一样，除了投资、咨询、培训和教学（他在复旦大学管理学院开设的整合营销传播课颇受欢迎）活动，还笔耕不辍，前几年出了《颜值时代的工匠精神——从微观视角看供给侧改革》一书，如今《美丽洞察力——从化妆品行业看顾客需求洞察》一书也即将出版。王茁请我为他的新书写几句话，我很愿意，想借机谈一点关于企业经营管理和消费品行业发展的心得体会。

先说企业经营管理。首先，关于企业宗旨。虽然我多年经营国有企业，但是我并不认为企业的宗旨是服务政府和领导，而是始终认为企业的宗旨是服务顾客、服务消费者，我的看法与德鲁克关于"企业的目的是创造顾客"的观点不谋而合。企业经营碰到问题时，企业家应该"找市场，而不是找市长"。当年，我们公司有个销售经理在清妃品牌进上海的商场遇到困难时，给上海当时的市长写信求助，我知道后批评了她。企业在市场中不一定会按市场化的办法来经营，只有牢固地树立了以顾客为宗旨的指导思想才能真正地按市场化的做法来经营。关于企业的宗旨意识，王茁在书中所介绍的新理论——"顾客待办任务（JTBD）"值得读者认真学习和思考。

其次，关于品牌建设和竞争战略。很多人都知道，我经营上海家化几十年，一直坚持打造自主品牌，坚持差异化、高端化的竞争战略。对此，王茁在2014年6月写给上海家化投资者的一封信中作了比较准确也比较全面的描述：

葛文耀有那一代人浓重的国家意识和不服输的奋斗精神，作为一个上海企业家，他有为中国人生活得更加"精致优雅"而"全心以赴"的强烈冲动，这些精神激发了整个上海家化的管理团队，我们不忍心中国的化妆品市场完全成为、永远成为跨国公司的"跑马场"和"掘金地"，不甘心中国的化妆品企业永远龟缩在价值链的低端。正是因为在过去几十年时间里，立志做一个虽然资源有限，但是勇气无限的挑战者，正是因为有

着这种挑战者的精神，上海家化才可能在多年前的困难时期就以超前的眼光和惊人的勇气推出并储备了一批中高端品牌（从六神到佰草集，再到双妹和玉泽），才可能有公司今天这样强大而完备的品牌阵容。

上海家化在整个管理团队多年的努力下，在改制前就已经初步奠定了富有特色的竞争力系统——通过接近跨国公司的市场管理架构和流程使家化从中国诸多缺乏活力的国有企业中脱颖而出，通过促进研发、国际合作以及规范运作和转型升级使家化与诸多野蛮成长的民营企业相比具有更加稳健的系统优势，而通过对中国哲学、医学、美学在品牌、产品和营销推广方面的全面运用，又使家化有别于诸多以洋制华的跨国公司，形成了独特的差异化竞争优势。

再次，关于创新和营销。经营过企业的人都知道，创新的失败率特别高，营销的浪费特别严重。所以，我在上海家化时总结了两句话："十分审慎地进行产品开发，二十分审慎地进行营销推广"。除了二者都有难度之外，还因为二者都需要巨大的资源投入，尤其是推广对资源的要求远甚于开发。根据王茁在本书中的探索和结论，创新容易失败、营销容易浪费的根本原因在于企业的经营者和管理者对顾客需求缺乏洞察，对于顾客的"待办任务"和期待成果缺乏充分了解和深入理解，因而在推出产品和营销方案时做不到有的放矢、切中肯綮。不论是在传统营销时代还是数字化营销时代，洞察力都是企业成功经营的基础。王茁在疫情防控期间集中精力专门针对洞察力问题写了这本专著，算是抓住了化妆品和所有消费品经营的要害，是非常有价值、有意义的。

还有，关于市场研究。我早在1989年就在上海家化建立了专门的市场研究部门，到后来该部门有十多名专职研究人员，每年的研究预算有数千万，市场、研发和销售部门都高度重视、深入参与且充分利用市场研究资料。市场研究部门专门研究分析不同公司、不同品类、不同产品、不同渠道的此消彼长，从中发现新机会，在群策群力的市场化年会上帮助品牌方和企业制定出正确有效的应对策略。王茁这本关于洞察力的书对市场研究、大数据和数据分析的原则和方法进行了与时俱进的更新，为消费品企业洞察顾客需求、把握市场变化提供了具体、实用的指导。

接下来我来谈谈中国消费品行业的发展。首先，我们要关心什么东西在变。现在中国企业打造消费品品牌的环境已经变得非常有利了。从消费者看，"80后"不排斥国货，三分之二的"90后"认可国货，"00后"从小开始选用国货；从供应链看，经过多年发展，国内产品的供应链能力和质量得到了大幅提升；从资本看，中国风险投资规模位居全球第二，只要产品、项目做得好就会得到资本青睐。

做消费品要时刻关心竞争对手及其变化。如果你不关注竞争对手，就会像踢足球那样，被人家从你后面把球铲掉。一旦你的产品卖得好了，竞争对手就会迅速跟进，你要快速做出反应。如果忽略了竞争对手，你做的东西很容易"撞车"，或者逐渐被市场淘汰。我在上海家化的时候，主要面对的是来自宝洁、欧莱雅等跨国公司的竞争压力，国内企业当中对手很少，市场上营收超过10亿的本土品牌屈指可数，现在新品牌层出不穷，而且一下子就能做到几十亿的规模，中国的品牌生态发生了巨大改变。新品牌进入市场的门槛看上去低了，但是竞争更加激烈了，消费者的选择更多了，建立品牌忠诚度更难了。企业首先要洞察顾客需求，但不能只是洞察顾客需求，还要关注竞争对手，要从洞察顾客扩展为"洞察整个市场"。

这些年，中国消费品的渠道发生了很大的变化，从线下转移到电商，从社交电商转移到私域流量，变化从未止步，但是"市场是平的"，不可能一个产品做"全渠道"。要因人而异，针对不同的顾客、不同的品牌或者不同的品类、不同的产品，采用不同的渠道策略。

比渠道变化更巨大、更剧烈的变化发生在媒体领域，社交化、移动化、碎片化的趋势让企业营销传播的复杂性和难度越来越大，收效越来越低，可控性、可预测性越来越差。

在我看来，消费品企业既要关心并主动拥抱消费者、竞争对手、传播路径、市场渠道等方面发生的变化，也要冷静观察、深刻理解并掌握那些始终不变的商业法则，如此才能获得成功，才能走得好、走得稳、走得远。首先，顾客第一的原则不会变。企业不仅要根据客户需求来开发产品，还要追随客户脚步，他到哪里接收信息、到哪里去购买，你就要去哪里传播、去哪里销售。在消费升级的背景下，客户越来越细分化，你一定要找准产品定位，明确你的目标客户在哪里、有什么特点，这样你的产品开发、传播、销售才会有的放矢。

其次，品牌力的构成——由产品力、传播力和分销力构成不会变，产品力永远是最重要的，永远是三个力当中最重要的力。因为顾客最终消费的是你的产品，产品力决定顾客是否对你的品牌有好感，是否会复购，是否会向他人推荐。

再次，市场行为的重要性不会变。什么是市场行为？凡是给顾客留下好印象、有利于提高品牌在顾客心中地位的，都是市场行为。举个例子，完美日记开发了几款新产品，其实是市场行为；喜茶把店头装修得非常有格调，也是市场行为；星巴克全球开了这么多店很成功，但是其创始人怕随着时间的推移品牌被平庸化，前两年在伦敦、西雅图、上海打造了三个旗舰店，这些旗舰店大力宣传咖啡文化和烘焙文化，其实也是市场行为。如果企业只有销售行为而没有市场行为，是走不远的，其品牌也会缺乏附加值。

另外，毛利的重要性不会变。我一直强调，毛利是一家企业的竞争力。一些互联网企业，比如腾讯、阿里，尽管毛利率比较低，但销售规模如果能达到几千亿、几万亿元，1%的毛利率也能达到几十亿、几百亿元的毛利额。做任何行业都是殊途同归，最终一定要毛利总额大、人均毛利额高。毛利太低的话，企业没办法吸引人才，没办法大力搞科研，没办法高举高打做品牌，没办法维持销售费用和企业发展所必需的持续投资，也就没办法做成伟大的企业。

还有，单产的重要性也不会变。2011年美特斯邦威和李宁品牌的库存出现问题，一个重要原因是店开得太多，从报表看销量在增长，属于王茁在书中所说的"表面增长"，其实都是在铺（压）货，库存很高，单产很低。单产做高的好处，一是能获得更高的边际收益，二是能拿到商家最好的位置和资源，三是能招到最好的服务人员。单产是品牌和企业的生命线，无论是线下开店还是电商，店铺的单产一定要高。各个店铺（柜台）盈利了，总部的管理机构才可以开更多的店，才能实现有质量、可持续的扩张。

最后，我想跟大家分享我对中国消费品行业发展前景的乐观判断。我们知道，美国人对经济形势好坏主要看两个指标，一是零售增长，二是消费者信心。消费是起点，也是终点，先有消费才有生产。我们判断一个行业有没有饱和看两个标准：第一，行业人均消费水平是否很高；第二，行业是否处于零增长或负增长状态。在欧美发达国家，很多行业已经处于饱和状态，但在中国还没有这个问题。经过多年的经济发展，中国普通百姓都有消费升级的需求。2008—2018年，包括化妆品在内，中国的中端产品全面反攻。高盛的报告显示，中国化妆品市场高端产品80%为外资进口，但在中端市场，本土品牌已经占到60%。在消费品领域创业，不管是化妆品、食品还是其他品类，瞄准中端和中高端市场，未来依然有很大机会。

当然，在某个时间点上，某个消费品品类一定会出现供大于求的情况，因为有竞争才会促进行业发展。产品升级换代和细分化是消费品行业永恒的课题，从这个角度来说消费品是永远做不完的，市场一直有机会。常有企业家抱怨宏观形势不好，但我认为不要总强调客观形势，如果你的市场份额连1%都不到，形势对你其实没有什么影响。企业做得不好肯定是因为不符合顾客需求、不符合市场规律。遇到问题不要找理由，一定要找原因，看自己有什么能改进的地方，这就需要企业家和管理者有发现问题、发现机会的眼光，而要培养这种眼光，就要加强学习——读万卷书，行万里路，识万人心。在学习和经营过程中，您如果有任何疑问，欢迎您联系我或王茁，我们都愿意与您共同探讨如何在新的市场环境下打造更有竞争力的中国消费品品牌。

上海国际时尚联合会荣誉会长、铭耀资本创始合伙人　葛文耀

序二

中国化妆品产业从业者手中的指南针

我是在通过蔚蓝之美（Wei）品牌的创始人杨蔚女士介绍，于2019年"双十一"那天认识王茁先生的。那天，我们进行了很有建设性的对话。半年以后，我们决定一起做事，由他来担任BeautyStreams在中国的全球合伙人，开拓中国美妆市场。

我们为什么能这么快达成一致意见呢？有三个原因。首先，他和我都有美妆行业的经验，都对这个行业充满激情。其次，他曾经为Gartner公司工作过，而Gartner为IT行业所提供的产品和服务与BeautyStreams为美妆行业所提供的产品和服务非常接近。他深知基于洞察力的服务对于客户的价值和潜力。最后但不是最不重要的一点是，我和王茁有着相同的亚洲文化背景，有着相同的梦想，那就是，为亚洲特别是中国化妆品企业实现原创性创新和成功打进国际市场贡献绵薄之力。

王茁在疫情防控期间完成了一本专门为化妆品产业从业者而写的关于洞察力的书。当他告诉我这一消息时，我感到十分惊喜。在这本富有启发性的书中，他找出了美妆行业以及其他消费品行业的两大通病——产品创新失败率居高不下和营销推广浪费现象严重的根本原因。根本原因何在呢？在于对顾客（消费者）需求缺乏洞察。王茁娴熟而成功地把克雷顿·克里斯坦森的"顾客待办任务"理论和安东尼·伍维克的"成果驱动创新（ODI）"方法论引入化妆品产业实践。他的书最有价值的部分是基于洞察力的战略制定、基于洞察力的产品创新、基于洞察力的营销沟通和品牌建设，为中国化妆品企业在快速变化的商业环境中特别是疫情危机下参与竞争，提供了非常具有可操作性的真知灼见。

同时，我也非常高兴地看到，王茁充分拥抱了人工智能、大数据、商业分析和营销技术等技术趋势。这跟BeautyStreams是同频、同步的。我们注重考察影响广泛的长期的社会大趋势，并把这些发展成化妆品行业各个细分市场的具体创新创意。我也很高兴地看到王茁对小数据也予以重视，在大数据时代小数据仍然具有相关性和价值，因为小数据试图接近因果关系（用克里斯坦森的话说，是"什么导致什么发生"），而大数据则满足于相关关系。因此，在BeautyStreams，我们与200多个专家一起工作，他们来自各个领域，包括但不限于美妆、生物技术、艺术、人类学、设计、地缘政治学、技术、零售、时尚和纺织等。我们密切合作，为全世界的客户提供无人可比的洞察、灵感和智力支持。

王茁这本书的另一个价值是对领导力、价值观和公司文化的强调，主张围绕顾客（消费者）的体验来建立业务流程，帮助顾客更好或更便宜或又好又便宜地完成任务。我深信，化妆品行业的每一个从业人员来读这本书都会开卷有益，当然首先获益且获益最大的将是企业的高级管理者。这本书将改变他们的所感、所思和所为。我们有许多客户觉得BeautyStreams像是全球美妆行业的指南针和灯塔。我觉得王茁的这本书对于中国的化妆品产业来说也能起到相同的作用。

跟其他行业一样，全球化妆品行业正处于一个被改造的过程中，"从由一个指令加控制型的管理系统来运作、垂直整合的公司类型，改造成一个高度专业化、非大一统的、相互协作地创造全球价值链的公司类型"（杰弗里·摩尔语）。在这样一个转型期，协作变得前所未有地重要。这就是BeautyStreams之所以通过建立基金会——一个致力于推进全球美妆行业的教育和全球协作的非盈利组织来庆祝公司成立十周年的原因。我希望通过公开地分享新创意、新视角和新任务，企业和从业者能够创造一个持续的运动来推进积极的变革和协作。今天的危机昭示了我们整个世界相互关联的程度有多深。这里的洞察是，我们正在进入这样一个新的时代，其中无边界协作和产业大局观比以往任何时候都更加重要。

据我所知，世界上很少有人对中国化妆品产业的挑战和机会的理解比王茁更深刻。在竞争十分激烈的中国化妆品市场上，阅读王茁关于顾客需求洞察的书，即便不能让你的产品"活"得更好，至少可以让你"活"下来。

重申一下，助力中国化妆品企业实现原创性创新并成功打入国际市场，建立中国美丽品牌，是我和王茁共同的梦想。希望在不久的将来这一梦想就能成真！

美国BeautyStreams美妆智库创始人兼CEO　吴兰

附：英文原文

A Compass for Professionals in the Chinese Beauty Industry

I met Joe at the lunch meeting hosted by Wei (founder of Wei Beauty) on November 11, 2019. We had a very constructive conversation. Half a year later, Joe and I decided to work together, with BeautyStreams having him as Global Partner dedicating to China's beauty market.

Why did we reach the agreement so quickly? There are three reasons. First of all, both of us have experience in and enthusiasm for the beauty industry. Secondly, Joe used to work for Gartner and what Gartner offers to IT industry is very close to what BeautyStreams does to beauty industry. Joe deeply knows the value and potential of our insights-based services to clients. Last but not least, Joe and I share an Asian cultural background as well as a dream that is to help Asian especially Chinese beauty companies achieve original innovation and go global successfully.

I was amazed when Joe told me that during the pandemic he had finished a book on insights for professionals in beauty industry. In this thought-provoking book Joe has identified the root cause of high failure rates of product innovation and huge waste of marketing campaigns – the deadly sins commonly found in the beauty industry as well as other consumer packaged goods industries. What is the root cause? It is lack of insights into the needs and wants of customers (consumers). Joe has skillfully and successfully incorporated Clayton Christensen's theory of "Job to be Done (JTBD)" and Anthony Ulwick's methodology of "Outcome-Driven Innovation (ODI)" into the practices of the beauty industry. Joe's elaborations on insights-based strategy formulation, insights-based product development, insights-based marketing communications and brand building are the most valuable parts of the book, providing highly-actionable advices to beauty companies competing a rapidly changing business environment, especially after the crisis of Covid-19.

I am pleased to see that Joe has embraced technology trends such as artificial intelligence, big data, business analytics and Martech. So has BeautyStreams. We take wide-reaching, long-term societal macrotrends and develop them into concrete innovation ideas for specific beauty sectors. I am equally pleased to see that Joe also emphasizes the importance of small data, which is still relevant and valuable in the era of big data because the former tries to be closer to causations (in Christensen's words, "what caused what to happen") and the latter is satisfied with correlations. Therefore, at BeautyStreams, we work with more than 200 experts in the areas of beauty, biotech, arts, anthropology, design, geo-politics, technology, retail, fashion and textile, etc., providing unmatchable insights, inspiration and intelligence for our clients worldwide.

Another beauty of Joe's book is the emphasis on leadership, values, and corporate culture that make business processes centered around the experiences of customers (consumers), helping them get their jobs done better or cheaper or better and cheaper at the same time. I strongly believe that all professionals in the beauty industry can benefit from reading Joe's book, but it will certainly benefit high-level executives the most. It will change the way they feel, think and act. Many executives on our clients' side feel that BeautyStreams is like a compass and a beacon for the global beauty industry. And I would like to characterize Joe's book as the same thing for the Chinese beauty industry.

As any other industries, the global beauty industry is being re-engineered "from a universe of vertically integrated corporations run by command-and-control management systems to one of highly-specialized and disaggregated enterprises interoperating collaboratively to create global value chain (Geoffrey Moore)". In a transition period like this, collaboration has never been more important. That's why I decided to celebrate BeautyStreams' 10th anniversary by creating the OpenStreams Foundation, a nonprofit organization dedicated to education and global collaboration in the global beauty sector. I hope that by openly sharing ideas, perspectives, and priorities, companies and people can create an ongoing movement towards positive change and collaboration. Today's crisis underlines just how interconnected we are throughout the world. The insight here is that we are entering a new era where borderless collaboration and a holistic industry approach are more vital than ever.

To my knowledge, there are few people that understand Chinese beauty industry's challenges and opportunities more profoundly than Joe. Reading Joe's book on insights into customers' needs gives you clear advantage to survive, if not thrive, in the fiercely competitive Chinese beauty market.

Again, helping Chinese beauty companies achieve original innovation and successfully go global as C-Beauty is a dream shared by Joe and me. May it come true in the near future!

Lan Vu, Founder & CEO of BeautyStreams

前言

2020年春节前后,新型冠状病毒肺炎疫情笼罩着全球,肆虐至今。笔者像当年被困孤岛的钱钟书一样,忧虑企业时局却无处可逃,因而开始编写这本旨在帮助中国企业提升洞察力和竞争力的"忧患之书"。

改革开放四十多年来,中国经济持续增长,中国企业不断壮大,成绩有目共睹,可喜可贺,但是多数企业缺乏关键核心技术,缺乏世界级品牌和品牌建设能力,缺乏可持续竞争力等问题日益凸显。对此,有识之士忧心忡忡。2016年6月,作为中国最大、最优秀民营企业之一的负责人的任正非先生在向国家领导人汇报时谈道:"现在的时代,科技进步太快,不确定性越来越多。华为已感到前途茫茫,找不到方向。"2020年7月底,任正非连续访问了四所高校,他表示,当前科学技术发展非常之快,希望大学像"灯塔",照亮自己,也照亮别人。他认为,未来技术世界的不可知,就如一片黑暗中需要灯塔。

"安隐不知身是患,冥行方悟识如灯"。企业在充满了惊涛骇浪的中国市场乃至世界市场的海洋里乘风破浪,首先离不开指引方向的灯塔。笔者从事商业经营(主要在化妆品行业)有三十年时间了,一直在思考什么是照亮经营管理世界的灯塔,经过这么多年摸索,终于拈出六个字:"顾客需求洞察(insights into customers' needs)"。了解王阳明的人都知道,他在四十九岁时从心中拈出"致良知"三个字。在王阳明看来,"致良知"是万能钥匙,人时时处处按良知行事,就能适得其所、百发百中。笔者认为,"致良知"转换到商业领域,就是"顾客需求洞察"或者"洞察顾客需求",缩减为三个字则是"察客需"。这是企业经营的首要基础。德鲁克告诫企业的经营者首先要搞清楚"我们的事业是什么",而且他认为,这并非由生产者决定,而是由消费者决定。"我们的事业不是靠公司名称、地位或公司章程来定义,而是由顾客在购买商品或服务时被满足的需求来定义。因此,要回答这个问题,我们只能从外向内看,从顾客和市场的角度,来观察我们所经营的事业。企业管理层必须设法让顾客诚实地说出他们的感受,而不是企图猜测顾客的心思。"

顾客需求洞察作为商业版的"致良知",其内涵是极为丰富的。首先,顾客需求洞察是一门艺术,一门思想的艺术。英国教育家、公职人员、政治学家、伦敦经济学派联合创始人格雷厄姆·沃勒斯(Graham Wallas)在1926年出版了第一本关于洞察的现代著作《思维的艺术》，提出了一个模型，该模型至今仍然是对洞察如何起作用的最普遍的解释。这个关于洞察的模型由四个阶段组成：准备（preparation）、孵化（incubation）、阐明（illumination）和验证（verification）。沃勒斯的洞察模型是一个普遍性模型，不是专门针对顾客需求的洞察过程，却同样适用于企业家和管理者对顾客需求的洞察，也就是说对于顾客的需求问题也存在一个准备、孵化、阐明和验证的过程，最终得到一个"就是它！"的灵感或"快乐想法"，其本质更像是艺术的成果：是豁然开朗，是茅塞顿开，是灵光乍现，是一针见血，是直指人心，是直达本质，是拈花微笑，是默契于心，是"踏破铁鞋无觅处，得来全不费工夫"。

顾客需求洞察既然是一门艺术，那就是审美能力的体现，对企业家和管理者的审美能力有所要求。而大部分企业家和管理者对顾客需求的审美维度往往缺乏深刻的感知和认知，造成产品和服务供给侧的发展不平衡、不充分，不能完全满足顾客日益增长的美好生活需要。当下我国社会这一主要矛盾在整个消费品行业，特别是化妆品领域体现得特别明显。笔者认为，所谓"所有消费品都值得重做一遍"，主要是指对照消费者日益增长的审美需要而重做一遍，而不只是对照互联网思维和数字化时代重做一遍。

顾客需求洞察也是一门科学，尤其与决策科学密切相关。理解顾客为什么购买东西，需要借助行为经济学、认知心理学、社会心理学和神经科学等一系列决策科学，也需要研究关联（connections）、巧合（coincidences）、奇异（curiosities）、矛盾（contradictions）和创造性绝望（creative desperation）等有助于获取洞察的战略（见加里·克莱因《洞察力的秘密》一书）。对这些科学和战略所揭示的顾客决策的隐秘特征的学习和认知有助于我们更加深入、更加准确地洞察顾客需求，从而有的放矢、卓有成效地指导企业的战略制定、产品创新、营销推广和品牌建设。

顾客需求洞察需要特殊的科学思维态度和特殊的科学方法，就像"现象学同时并且首先标志着一种方法和态度：特殊的哲学思维态度和特殊的哲学方法"。顾客需求洞察也可以理解为"顾客需求现象学"，其方法为"直接直观"和"本质明察"。浙江大学倪梁康教授在《面对实事本身：现象学经典文选》一书序言中指出，现象学给人的总体印象不是体系哲学而是工作哲学，不是建筑设计师而是考古工作者。"现象学的研究通常是'贴近地面的'，而非'大气磅礴的'；是'小题大做'或'微言大义'，而非'大而化之'或'笼而统之'，更不是动辄'上下五千年，往来中西印'。这里的主宰者不是激情，而是明察；不是虚无缥缈的思辨和构思，而是脚踏实地的分析与描述；不是高高在上的纲领，而是细致入微的分析研究；'不是泛泛地进行论证，而是去接近实事本身'……这种'严格''审慎'的态度要求我们不是作为真理的缔造者或拥有者去发布纲领、构造体系，而是面对具体问题进行含有实事的描述分析，理解各种人生、社会、世界的现象和本质内涵以及它们之间的奠基关系，理解感知、想象、图像意识、符号意识、判断、同情、联想、爱、恨、恐惧、良心、正义、道德、欲望、情感、兴趣，等等"。

顾客需求洞察是企业经营哲学（愿景、使命和价值观）的基石，像灯塔一样指引着企业在商海中前进，是企业战略定位、创新管理、营销推广和品牌建设的基本遵循。反过来，已确立的企业经营哲学也会对市场变化和企业发展过程中面临的顾客需求洞察或再洞察任务提供有效指导。知为行之始，知为行之质。顾客需求洞察作为一种"知"，是企业的第一要务、第一项修炼和"品牌营销的第一性原理"，是企业度过了单凭勇气闯荡商海这一历史阶段之后必须全力投入的"新基建"或"心基建"，是企业在自己身上克服旧时代阻击力和新时代冲击力的最可靠保障。正是因为顾客需求洞察对于企业来说如此基础、如此基本、如此重要、如此首要，笔者才不揣浅陋，在新冠疫情防控期间奋笔疾书，像"盲人"那样，努力从各个角度、各个部位来摸"顾客需求洞察"这头大象。作为读者，您在这里看到的由笔者"摸"（模）出来的这头"大象"（本书）的结构分为三部分：第一部分，顾客需求洞察之体，分为顾客需求洞察对企业的重要性（第1章）和顾客需求洞察的新理论（第2章）；第二部分，顾客需求洞察之用，分为顾客需求洞察助力增长战略（第3章）、顾客需求洞察助力产品创新（第4章）和顾客需求洞察助力营销沟通和品牌建设（第5章）；第三部分，顾客需求洞察之源，分为顾客需求洞察的市场研究来源（第6章）、顾客需求洞察的大数据和数据分析来源（第7章）和顾客需求洞察的组织文化保障（第8章）。

"一千个观众眼中有一千个哈姆雷特""仁者见仁，智者见智"，不同企业家和管理者对于顾客需求洞察会有不同的理解，其内涵和外延也不尽相同，笔者拙作如同《庄子·秋水》所说："是直用管窥天，用锥指地也，不亦小乎？"唯愿抛砖引玉，以此"忧患之书"来引发企业家和管理者特别是消费品行业的企业家和管理者重视顾客需求洞察，确保企业的顾客价值创造活动和品牌竞争力提升计划建立在正确的方向下和坚实的基础上。

顾客需求洞察只是企业经营的起点和基础，而不是终点和目的，终点和目的是"创造顾客"或"创造顾客价值"。如同《易经》的"既济"之后是"未济"一样，企业经营是一个终而复始的过程，正如葛文耀先生所说的，消费是起点，也是终点，先有消费才有生产；产品升级换代和细分化是消费品行业永恒的课题，从这个角度来说消费品是永远做不完的。市场一直有机会，只是机会偏爱有准备的头脑，有待企业家和管理者去洞察，去行动，去把握，这样才有成果，才有成就。

德鲁克说：

"管理是一种实践，其本质不在于知，而在于行；其验证不在于逻辑，而在于成果；其唯一的权威性就是成就。"

如果我们把德鲁克所说的"创造顾客"当作企业和管理的彼岸的话，那么"知"（在本书中主要指"顾客需求洞察"）就是灯塔，"行"就是乘风破浪，乘风破浪不意味着不需要灯塔的指引，灯塔的作用在指引船只沿着正确的方向乘风破浪，更快地驶向理想的彼岸。

因为担心包括化妆品行业在内的各行各业的中国企业家和管理者片面地理解德鲁克这段话，一味地强调"行"，盲目地在黑暗的商海上乘风破浪，而不知道、不发挥灯塔的作用，不知道自备、自建灯塔（导航系统）的重要性，所以笔者利用疫情带来的空闲时间写下了这本书。"虽洞察之作，而实忧患之书也"。首先，献给化妆品产业链上的所有从业者，从品牌企业到原材料供应商到ODM/OEM企业到经销商（以及TP）到零售商到营销服务公司，从企业家到高管到中层管理者，从市场人员到研发人员到销售人员到客户服务人员；其次，献给化妆品以外的所有其他消费品行业的从业者；另外，也献给所有投资者、管理教育者和商科学生。

最后，祝愿所有的读者"长风破浪会有时，直挂云帆济沧海"！

王　茁

2021年1月

目录

第一部分　顾客需求洞察之体

●●● 第1章　顾客需求洞察对企业的重要性 ／002

1.1　化妆品品牌洋强国弱,弱在何处？ ／003

1.2　产品创新的失败率为什么那么高,营销活动的浪费现象为什么那么严重？ ／005
  1.2.1　创新是豪赌 ／005
  1.2.2　营销赚吆喝 ／008
  1.2.3　洞察打基础 ／009
  1.2.4　研究有无用 ／013
  1.2.5　寻常路有误 ／013
  1.2.6　知行须合一 ／015

1.3　为什么顾客需求洞察的"正确打开姿势"是研究顾客"待办任务"？ ／016
  1.3.1　痛定思痛,伍维克求解顾客需求之谜 ／016
  1.3.2　再接再厉,克里斯坦森拈出顾客"待办任务" ／019
  1.3.3　身临其境,"待办任务"理论暗合现象学方法 ／026

1.4　中国化妆品企业经营者理应受益于"待办任务"理论 ／029

●●● 第2章　顾客需求洞察的新理论 ／031

2.1　创意数量真的能够孕育出创新质量吗？ ／032
  2.1.1　"头脑风暴"的兴衰 ／033
  2.1.2　创意思维的定式 ／033
  2.1.3　创意优先的弊端 ／034

2.2　需求优先真的等于需求明确吗？ ／036
  2.2.1　一个需求,各自表述 ／037
  2.2.2　潜在需求,意义何在？ ／039

2.3　为什么说"待办任务"能够拨云见日？ ／040
  2.3.1　克里斯坦森细化需求,界定待办任务 ／040
  2.3.2　伍维克进一步细化顾客需求和待办任务理论 ／042
  2.3.3　待办任务需求框架:化凌乱为秩序 ／043
  2.3.4　待办任务驱动因素:背景与情景 ／052

2.4 "待办任务"理论对于中国化妆品企业提升顾客需求洞察力的启示 / 055

第二部分 顾客需求洞察之用

第3章 顾客需求洞察助力增长战略 / 058

3.1 波特三种竞争战略 / 059
 3.1.1 低成本领先战略 / 060
 3.1.2 差异化战略 / 060
 3.1.3 聚焦化战略 / 061

3.2 价值修炼战略 / 062
 3.2.1 运营卓越性战略 / 063
 3.2.2 产品领导力战略 / 064
 3.2.3 顾客亲密度战略 / 065

3.3 市场细分新方法 / 068
 3.3.1 市场细分的演进 / 070
 3.3.2 基于成果的市场细分方法论 / 072
 3.3.3 在创新中应用基于成果的市场细分方法论 / 076

3.4 竞争战略新视角 / 080
 3.4.1 确定目标市场 / 081
 3.4.2 设计产品组合战略 / 084
 3.4.3 优化盈利性 / 090

3.5 增长战略新框架 / 093
 3.5.1 差异性战略 / 095
 3.5.2 支配性战略 / 095
 3.5.3 颠覆性战略 / 096
 3.5.4 离散性战略 / 097
 3.5.5 延续性战略 / 098

3.6 需求全景图战略矩阵 / 099

3.7 基于洞察,立于战略:中国化妆品企业的"必补短板" / 100

目录

●●● **第4章 顾客需求洞察助力产品创新** / 103

4.1 成果导向创新法 / 104
    4.1.1 界定顾客 / 105
    4.1.2 界定待办任务 / 107
    4.1.3 揭示顾客需求 / 110
    4.1.4 发现细分市场机会 / 113
    4.1.5 界定价值主张 / 115
    4.1.6 开展竞争分析 / 117
    4.1.7 制定创新战略 / 119
    4.1.8 瞄准隐形增长机会 / 120
    4.1.9 制定市场战略 / 122
    4.1.10 制定产品战略 / 124

4.2 待办任务路线图 / 127
    4.2.1 建立战略目标 / 128
    4.2.2 选择研究方法 / 129
    4.2.3 通过顾客研究编制待办任务地图集 / 132
    4.2.4 基于地图集生成创意 / 136
    4.2.5 通过开放式创新提升创造力 / 137
    4.2.6 试验、测试、迭代、学习 / 139

4.3 产品概念塔 / 141
    4.3.1 从说服性支持（RTB）出发 / 143
    4.3.2 从消费者利益（end benefit）出发 / 144
    4.3.3 从消费者共识（ACB）出发 / 145

4.4 全球化妆品品牌基于洞察的产品创新案例 / 146
    4.4.1 护肤品品牌基于洞察的产品创新 / 147
    4.4.2 头发护理品牌基于洞察的产品创新 / 155
    4.4.3 口腔护理品牌基于洞察的产品创新 / 162
    4.4.4 其他个人护理品牌基于洞察的产品创新 / 166
    4.4.5 家庭护理品牌基于洞察的产品创新 / 172

4.5 中国化妆品企业基于顾客需求洞察进行产品创新的努力方向 / 176

●●● **第5章 顾客需求洞察助力营销沟通和品牌建设** / 180

5.1 顾客需求洞察的定义与意义 / 181

5.2 顾客需求洞察与营销沟通策略 / 183

5.3 顾客需求洞察与广告创意 / 189
 5.3.1 基于洞察的广告创意案例 / 190
 5.3.2 关于洞察与创意的思考 / 195

5.4 顾客需求洞察与营销沟通内容 / 198
 5.4.1 分析营销沟通策略经常不能体现产品真实价值的原因 / 199
 5.4.2 提升营销沟通有效性的前提条件 / 200
 5.4.3 对接顾客待办任务与营销沟通侧重点 / 201

5.5 顾客需求洞察与目的品牌建设 / 203
 5.5.1 作为双面指南针的目的品牌 / 203
 5.5.2 颠覆性创新与目的品牌 / 204
 5.5.3 适合通过广告来建设的品牌的类型 / 205
 5.5.4 作为双刃剑的品牌资产延伸 / 207
 5.5.5 寥若晨星的目的性品牌 / 212
 5.5.6 目的品牌与品牌目的 / 216

5.6 影响数字时代营销沟通和品牌建设的趋势洞察 / 219
 5.6.1 从企业为中心的地心说到顾客为中心的日心说 / 220
 5.6.2 从黑箱运作到真实透明 / 222
 5.6.3 从模棱两可到旗帜鲜明 / 223
 5.6.4 从空口许诺到行为至上 / 224
 5.6.5 从媒介即内容到内容为王 / 226
 5.6.6 从四分五裂到一以贯之 / 227

5.7 中国化妆品企业如何终结营销盲目性？ / 233

第三部分　顾客需求洞察之源

●●● 第6章　顾客需求洞察的市场研究来源 / 236

6.1 不可忽视简单易行的市场研究的力量 / 237

6.2 更好地发挥专业正规的市场研究的作用 / 241
 6.2.1 市场研究的基础知识 / 242
 6.2.2 市场研究的挑战和机遇 / 249

目录

    6.2.3 对市场研究的亲身体会 / 252

  6.3 让消费者行为学在营销中真正发挥基础作用 / 253

    6.3.1 消费者行为学的基本范畴和学科特征 / 254

    6.3.2 消费者行为学的发展历程 / 256

    6.3.3 消费者行为学若干重要课题 / 258

  6.4 让新的市场研究方法发挥独特作用 / 268

    6.4.1 拥抱切中肯綮的待办任务法 / 268

    6.4.2 探索显隐结合的目标解码法 / 272

    6.4.3 构建另辟蹊径的意会法 / 275

    6.4.4 启用曲径通幽的情绪触点研究法 / 282

    6.4.5 探索深入浅出的隐喻法 / 286

    6.4.6 尝试见微知著的亚文本研究法 / 293

  6.5 市场研究的态度比方法更重要 / 298

  6.6 中国化妆品企业该如何提升市场研究水平 / 300

第7章 顾客需求洞察的大数据和数据分析来源 / 303

  7.1 迎接大数据和数据分析的滔天巨浪 / 304

    7.1.1 大数据的基本概念 / 305

    7.1.2 大数据和数据分析的观点演化 / 308

  7.2 利用大数据和数据分析来协助洞察顾客需求 / 342

  7.3 利用大数据和数据分析来协助产品研发 / 347

  7.4 利用大数据和数据分析来协助营销推广 / 348

    7.4.1 数据分析法在市场营销领域的典型应用 / 348

    7.4.2 创造条件让数据变得有用 / 351

  7.5 廓清大数据和数据分析的漫天迷雾 / 353

    7.5.1 警惕大数据带来的"算法霸权" / 353

    7.5.2 警惕全球市场的数据滥用 / 354

    7.5.3 数据化决策并非通向成功的唯一之路 / 355

    7.5.4 大数据的"四宗罪" / 356

    7.5.5 创新数据的谬误与数据的制造问题 / 357

    7.5.6 大数据的肤浅与冷漠 / 358

  7.6 国外化妆品行业的大数据和数据分析应用案例 / 360

7.6.1 Olay：游戏化（Gamification）时刻 / 360
  7.6.2 Prose：定制化运营 / 362
  7.6.3 Ipsy：洞察消费者 / 363
  7.6.4 Perfect Corp：体验带动品牌 / 364
  7.6.5 Dash Hudson：掌握趋势 / 365

7.7 中国化妆品企业的大数据建设与数据分析能力提升 / 366

第8章　顾客需求洞察的组织文化保障　/ 370

8.1 必须由企业领导者来推动需求洞察力的提升和应用 / 371
  8.1.1 意会型领导者在洞察力方面更胜一筹 / 371
  8.1.2 大数据和数据分析能力建设需要企业领导者亲自推动 / 375

8.2 必须让顾客待办任务始终成为企业第一要务 / 376
  8.2.1 规避创新的三大数据谬误才能不偏离顾客待办任务 / 377
  8.2.2 让顾客待办任务成为员工行动、决策和创新的指南 / 380

8.3 必须围绕顾客待办任务来改造企业流程、完善顾客体验 / 383
  8.3.1 克里斯坦森主张以顾客待办任务来改善组织结构 / 383
  8.3.2 意会型领导者善于将企业引导到同一个方向上 / 386

8.4 必须通过人才建设来提升组织洞察力 / 387
  8.4.1 成果导向型创新法专业人员的养成 / 387
  8.4.2 成果导向型组织的转型 / 394
  8.4.3 从管理到赋能的组织变革 / 399

8.5 必须让组织遵循规律而不是依靠运气来竞争 / 400

参考文献　/ 402

后记　/ 408

Part 1

第一部分
顾客需求洞察之体

第 1 章
顾客需求洞察对企业的重要性

迫使自己尊重顾客方面看似不合理的一切,迫使自己发现那些使得顾客行为又变得合理了的顾客情境之类现实,可能是从市场和顾客的视角来看待整个企业及其经营的最为有效的方式。

——彼得·德鲁克《为成果而管理》

最近几年，不论是"双十一"的电商销售还是全年的全渠道销售，特别是在高端细分市场上，外资化妆品品牌的增速都远超国内化妆品品牌，相对于2007—2013年那段时间，可以说外资品牌在中国重现巨大竞争优势，对本土品牌展现新一轮碾压态势。本土化妆品品牌在高端市场的狭小阵地和电商渠道的先发优势得而复失，中国化妆品的贸易逆差（进口大于出口）快速增大，这在别的品类和行业中是罕见的。在中国继续深化对外开放、大力促进进口贸易的政策导向下，本土化妆品品牌特别是中高端品牌的日子在未来很长一段时间内都不会好过，需要经历"置之死地而后生"的艰巨挑战。

1.1 化妆品品牌洋强国弱，弱在何处？

外国的月亮并不比中国的月亮圆，外国的马桶盖也不比中国的马桶盖更值得买。但是，在很多中国消费者眼里，特别是那些正在进行消费升级的中国消费者眼里，外国的化妆品还是比国产的化妆品更好用、更时尚、更有面子。有人认为，持这种观点的消费者有问题，他们不应该崇洋媚外，而应该相信国货、拥抱国潮。笔者在中国本土化妆品企业里工作了很多年，一度也对中国消费者特别是高端消费者选择外国品牌有些耿耿于怀，觉得国产化妆品的功效和质量并不亚于外国品牌（很多也是在中国生产），有些甚至性价比更高，为什么消费者还是更偏爱外国品牌，尤其是在自身收入提高之后？后来看到管理大师彼得·德鲁克的下面这段话，笔者的内心有些释然：

顾客很少会购买企业自己所认为的可以推销给他们的产品。当然，其中一个原因在于没有人花钱买"一个产品"。人们真正花钱买的是自己所获得的满足感。由于顾客花钱买的是满足感，因此，所有的产品和服务都会面临激烈的竞争，竞争来自……能够给顾客带来同样满足感的替代性产品和服务。

——德鲁克《为成果而管理》

德鲁克关于没有人花钱买"一个产品"的说法，与哈佛商学院教授西奥多·莱维特所说的"人们并不想要一个四分之一英寸的钻头，而是想要一个四分之一英寸的孔"具有异曲同工之妙，同样发人深思。不过德鲁克似乎更进一步，不仅提到了顾客的满足感，更从顾客及其满足感的视角来看待竞争。因此，笔者在想，中国的化妆品企业是否存在这样的问题：认为消费者需要的是"钻头"（口红）而不是"孔"（妆面、仪式和心情），因而拼命地在卖"钻头"而不是在卖"孔"？中国消费者从本土品牌化妆品那里获得的满足感是否比不上外国品牌化妆品？面对激烈竞争，中国本土化妆品企业和品牌不应该怨天尤人，而应该加强反思，寻找差距，迎头赶上，立志反超。像《孟子·公孙丑上》所说的那样："射者正己而后发。发而不中，不怨胜己者，反求诸己而已矣。"记得二十几年前，中国化妆品行业的先锋企业重庆奥妮就喊过"国货当自强"的口号，今日以及今后，中国本土化妆品可以不喊这个口号，但不得缺失这样一种精神，没有这种精神，供给侧改革的任务和品牌崛起的梦想终将落空。

2003年，机械工业出版社出版了一本名为《差距》的书（作者是在摩托罗拉做过职业经理人的姜汝祥），该书的副标题是"中国一流企业离世界一流企业有多远"。该书在中国刚刚加入世贸、经济总量离世界第二还有距离、"三个自信"和后来的"四个自信"还没有提出来的历史背景下，引起了很大关注。该书从多元化战略角度剖析了海尔与GE的差距，从核心竞争力战略角度对比了联想与戴尔的差距，从企业文化的角度对比了波导与摩托罗拉的差距，从持续增长战略角度对比了华为与思科的差距，从行业战略角度对比了娃哈哈与可口可乐的差距，从变革战略角度对比了方正与惠普之间的差距，从竞争战略角度解析了格兰仕与沃尔玛的差距，从公司管理控制体系对比了TCL与GE、诺基亚之间的差距。

后来，中国的互联网行业（以BAT为代表）和通信设备产业（以华为为代表）崛起了，中国经济也在2010年跻身世界第二，中国企业在电子商务、移动支付和共享经济等方面赢得了先发优势，特别是中国在2008年成功地举办了奥运会，世界经济进入低迷期以来，我们的商界、政界和学界变得颇为自信甚至自负了，不像以往那样关注中国的行业和企业与国际先进水平之间的差距了，直至后来中兴通讯的芯片事件出来才猛然惊醒，认识到关键核心技术（包括品牌建设这样的软技术）等方面的差距还是很大的。

很遗憾，姜先生当时没有对比中国一流化妆品企业/品牌与世界一流化妆品企业/品牌的差距。那么，如果今天来对比二者之间的能力差距，应该选择哪些维度呢？德鲁克在《管理的实践》一书中指出："企业之目的在于创造顾客。因而，企业有且只有两个基本职能：营销与创新。只有营销与创新产生结果，其余一切无非成本而已。"其对企业目的和基本职能的界定也适用于化妆品行业，所以对比中国化妆品企业与国外化妆品企业之间的能力差距，也应该选择创新和营销作为重点。如果说中国本土化妆品企业/品牌与外国化妆品企业/品牌近些年来在营销方面的差距有所缩短（甚至中国还有所超越）的话，那么二者之间在创新特别是原创方面依然存在巨大的鸿沟。造成这一鸿沟的原因，正如笔者在《颜值时代的工匠精神》一书里所指出的那样，主要是本土企业/品牌的经营者和管理者比较欠缺全球视野、人文底蕴、美学素养和道德涵养，缺乏与市场需求相应的洞察能力、想象能力、设计能力、技术能力和激发能力。其中，对消费者需求的洞察能力是最基础、最首要的因素。如果对消费者需求缺乏认知，或者认知不全面、不深刻、不准确、不清晰、不及时的话，那么企业的创新失败和营销浪费就一定是大概率事件，而创新成功和营销成果，即便有，也一定只是因为运气和侥幸而已。可以说，顾客需求洞察是产品创新的地基和营销增长的源头。中国化妆品企业要想在产品创新和营销增长以及品牌建设方面直追国外化妆品企业，必须夯实顾客需求洞察这一地基，开拓顾客需求洞察这一源头。

1.2 产品创新的失败率为什么那么高，营销活动的浪费现象为什么那么严重？

1.2.1 创新是豪赌

哈佛大学商学院教授克里斯坦森2005年在《哈佛商业评论》杂志上发表了题为 Marketing Malpractice: The Cause and the Cure（《营销弊病：病因与解药》）的文章，开篇就提到了两个惊人的数字：每年上市的新产品有30000多个，但是其中超过90%都会失败。他于2016年在该杂志上发表的另一篇文章中又引用麦肯锡的调查说，世界上84%的高管表示，创新对他们的成长战略极其重要，但惊人的是，94%的人不满意其组织的创新表现。多数人都会同意，企业的大部分创新项目远未达到预期目标。

这么多年过去了，上市的新产品数量还在增加，虽然其失败率不一定增加，但也没有下降。笔者看到这样一组数字：新上市的产品当中超过50%都不符合公司的预期；每100个新产品当中只有1个能够覆盖其开发成本；每300个新产品只有1个对顾客的购买行为、产品品类或公司业绩增长产生显著影响。德国营销战略咨询公司西蒙顾和(Simon-Kucher & Partners)的研究发现略微乐观一点，72%的产品和服务上市后的表现都差强人意。我们没有看到化妆品行业的相关数字，考虑到消费者需求的复杂性和市场竞争的激烈度，估计失败率不会低于80%，甚至会超过90%。要知道，企业在创新方面投入了巨大的资源，2015年的一份研究表明，光是1000家上市公司的研发支出就高达近7000亿美元，而且每年都还在增加。另外，企业每年都在理解消费者需求方面花费大量的金钱，根据ESOMAR（欧洲意向考察和市场研究协会）统计，全球市场研究行业2018年的总规模为473亿美元，其中大部分都花在了解顾客方面了。这样一个结果值得我们深刻反思，问题到底出在哪些领域、哪些环节，是企业的品牌建设体系不健全、能力不强大吗？是STP［Segmentation（细分）、Targeting（目标市场）、Positioning（定位）］策略不对路吗？这些都有关系，但是更重要的原因在于我们对消费者的了解和理解不够，在市场研究中所针对的问题不对，因而没能获得必要的洞察，无法精准地指导STP和产品创新。

舒尔茨教授认为，新产品之所以失败，在很大程度上不是因为设计或质量方面有问题，而是消费者认为他们不需要你的这些新产品。他说："营销组织推出的产品可能符合它们的生产计划和盈利目标，但无法解决消费者面临的实际问题。它们的失败是因为缺乏消费者洞察力，还是过于自负，抑或两者兼而有之？"

学过营销的人可能都知道前面提到的莱维特教授关于"人们并不想要一个四分之一英寸的钻头，而是想要一个四分之一英寸的孔"的说法，都对这句话深表认同。但是，知归知，行归行，我们依然会按照"钻头"的型号和价格来进行细分，依然会去衡量"钻头"而不是"孔"的市场份额，依然会针对竞争对手的

"钻头"而不是顾客所需要的"孔"进行功能和特性对标，依然会不断提供具备更多功能和特性的"钻头"给顾客，指望着这样做有利于制定更高的价格，获得更大的份额。克里斯坦森教授一针见血地指出："营销者这样做的时候，其实经常是在解决错误的问题，他们辛辛苦苦地改进他们的产品，但是这些所谓改进却与顾客的真实需求不相关。"而世界质量管理之父戴明则说："如果你不知道怎样提出正确的问题，那么你就无法找到答案。"

克里斯坦森同时指出，通过顾客类型来进行市场细分，其结果也好不到哪里去。在做2B市场的时候，我们习惯于把我们的客户分为大型企业、中型企业和小微企业。在做2C市场的时候，我们会依据各种人口统计变量（性别、年龄、收入、教育程度）和心理统计变量（价值观、生活方式）来强行对消费者分门别类。划出了细分市场之后，我们会兢兢业业地去了解其中具有代表性的顾客的需求，针对这些需求来开发产品。问题是，这种做法过于概念化、抽象化、典型化、平均化了，作为个体的顾客未必买账，导致营销者只能盲目地猜测而不能自信地预测产品满足顾客需求的概率。上述市场研究和市场细分的方法，既是跃跃欲试的职业经理人在商学院所学习的常规内容，也是他们在公司市场部所奉行的主流做法，而正是这种思维和行为模式才使得新产品创新变成了一种"赌博"，赢的概率微乎其微。

不论在美国还是在中国，都有企业和企业家"迷信"技术创新的力量，他们认为，只要能创造出一项新技术，就能够为其找到市场，但是，摩托罗拉公司斥资50亿元建设的"铱星计划"却彻底失败了，不是因为技术不够创新，而是其所针对的是一个伪需求（克里斯坦森所谓的"phantom needs"），一个根本不存在的市场。时至今日，大部分依赖技术创新的企业依然采取试错式创新，这种方法成本高昂，时间漫长，成功无望。为了改变这种局面，一些公司开始采用客户驱动型创新的理念和基本原则：在研发新产品或服务前，先了解客户的需求。这种常识性的方法旨在促使创新过程更加高效。之后，企业开始进行客户访谈，并根据收到的反馈采取行动。企业甚至进行人种学和人类学的研究，邀请客户进行产品概念测试。企业召开消费者座谈会，进行客户回访，开展大量的定量和定性分析。时间和金钱没少花，事情也没少做，但到头来仍有50%~90%的产品或服务项目是失败的，在美国，这些失败项目每年要浪费1000多亿美元。可口可乐公司经过

"充分"市场调研之后推出的"New Coke"就是一个经典的失败案例,这个案例涉及市场调研有用还是无用的争议,我们暂时先不讨论(下文会展开讨论)。

1.2.2 营销赚吆喝

错误的市场研究和STP不仅导致了居高不下的产品创新失败率,也造成了惊人的营销浪费。100多年前,著名的美国零售商人约翰·华纳梅克就说过:"我知道我的广告费有一半都浪费了,可问题是我不知道浪费的是哪一半。"时至今日,这一颇具讽刺意味的问题仍然无解,甚至变本加厉,不仅是广告费(其中既包括广告制作费也包括媒体投放费),还有公关费、促销费、人员推销费的占比都越来越高,以至于严重地压低了企业的净利润和投资回报率。就拿化妆品企业来说,假设毛利率是70%,其净利润率往往10%都不到,管理费用率大概在10%左右,也就是说营销费用率是50%,而被我们称之为第一生产力的研发的费用率往往只有2%。现在盛行的流量思维和风口意识不仅不会提高营销效率,而且有可能进一步拉低营销效率。缺乏独立判断的营销者(品牌方)还可能出于恐惧而过度花费,为媒体平台、KOL(关键意见领袖)和MCN(多渠道网络服务)机构所挟持,为了刷存在感、维持不落伍的形象而不考虑投资回报,这种局面是不可持续的,无法建设品牌,更不说建成强大品牌。在营销传播方面,媒体选择是一门学问,甚至是由数据驱动的一门科学,但"尽信数据,不如无数据"。媒体选择讲究时机,要恰到好处地抢占先机,等数据都出来了,恐怕"先机已乘黄鹤去,此地空余黄鹤楼"了。优秀乃至卓越的媒体选择能力不足以支撑一个品牌的崛起,即便支撑了其崛起也未必能支撑其持续发展,最近几年似乎靠媒体选择支撑而崛起的化妆品品牌都是如此,持续发展不能只靠媒体选择,虽然媒体选择很重要,但是品牌成功的基础不只在于媒体选择。如果品牌对消费者的需求不做深入研究,形不成洞察,不能开发出有针对性的全面满足顾客需求的产品和体验,不能生成消费者喜闻乐见并且能强化品牌和产品价值的内容,一味地在媒体(不论是传统媒体还是新媒体,不论是口碑媒体还是所谓品效合一媒体)上投入,很容易造成巨大的营销浪费和财务损失,而未必能把新产品推广成功,最好的结果不过是"赚了吆喝"。

舒尔茨教授认为,要在21世纪的营销市场上有所建树,消费者洞察力和同理心至关重要。企业必须怀有同理心，深入了解顾客的行为、动力和他们解决问题的方式，这样才能获得关于顾客的需求洞察，为创新和营销打下不可或缺的基础。

1.2.3 洞察打基础

一项世界范围内的关于企业高层管理者在推动业务增长时所遇到的挑战的研究认为，公司中洞察缺失（depth deficit）是最大的问题。其中一位高管的感受颇具代表性："我们没有深刻的客户洞察……正是因为经理人亲身试用这些产品，并经常利用焦点小组来分析，他们自认为已经非常了解客户，而实际情况并非如此。当我要求他们为我解释一个能让他们兴奋不已的客户洞察时，他们常常做不到。他们实际上并没有深入地思考客户需求。这个问题确实让我很沮丧，我也应当让经理人清楚地知道。"

洞察缺失会导致企业停留在对顾客需求的表层思考，不能持续进行更深层次的研究，无法整合来自不同理论学科的信息，无法就研究重点达成共识，无法解释相关客户数据。不仅如此，还会缺少大胆且有想象力的想法，以至于无法找到吸引客户的方法。因为洞察缺失，产品创新的力度薄弱，营销推广的效果欠佳。弥补这些洞察缺失成为目前公司高管所面临的无可争辩的最大挑战。在一项由美国全国广告主协会发起的调研中，70%的公司高管相信，获取和使用深入了解目标客户群后获得的信息，是公司当前最缺乏的重要技能。

那么，是什么原因导致企业经营者和管理者的客户洞察和深入思考缺失呢？这个问题比较复杂，不同的人有不同的看法。哈佛商学院约瑟夫·威尔逊商业管理学教授、哈佛大学心智行为计划发起者、奥尔森·萨尔特曼协会研究咨询公司合伙创立者杰拉尔德·萨尔特曼在《隐喻营销——洞察消费者真正需求的7大关键》一书中指出了五方面的原因：①当前主义（presentism），即短期思考，无法思考自己所不知道或需要学习的东西，以牺牲全面的长远思考来换取短平快的结果，导致深入思考和产生洞察的心理空间缺乏；②公司体制、流程和高层更加鼓励效率而非创新，员工缺乏进行深入思考的动力，害怕冒风险给自己带来惩罚；③思考恐惧症（phonemophobia）和变化恐惧症（metahesiaphobia）的交互作用；④被表面的差异所迷惑，常犯"一叶障目不见泰山"的错误，容易忽略对真正驱动消费者行为的核心要素的洞察；⑤使用过时的人类行为模型来思考问题，不注重从社会学、心理学的视角去挖掘客户需求，不具备将购物和消费的社会及心理结果与消费者的价值观、信仰和生活目标相匹配和关联的能力。

"定期进行消费者调查的工作，并且在认真分析结果的基础上制订相关战略，然而效果却不太显著""都是一些司空见惯的策划，没有什么新鲜的花样，客人们看了无动于衷"。为了解决诸如此类的尴尬局面，日本著名广告人大松孝弘在《深层营销——洞察消费者潜意识的营销方法》一书指出，商家们可以通过灵活运用洞察消费者潜意识来开发出全新的创意和策划，洞察到位、运用成功的话，即便出现滞销现象，也一定能打开局面。以洞察消费者潜意识为基

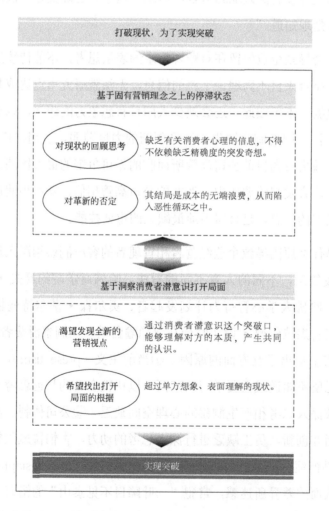

图1-1　基于洞察消费者潜意识为基点的营销方式

点的营销方式（见图1-1）正是此前商家们所欠缺的。有些商家意识到了这一方式的必要性，但是做不到知行合一，在实际操作中挖掘不足，浅尝辄止（也可能是因为缺乏方法论）。其实，如果商家们能够抛弃表面上的误解，深入挖掘出连消费者自己也没有意识到的东西来，那么就一定可以有新的发现。为了最大限度地利用新发现，销售战略和沟通战略的基准一定会出现各种各样的革新，或许这正是一些与此前固有的经营理念互不相容的思维模式。当企业越过这道高墙壁垒之后，就会看见巨大的突破口正在另一侧静静地敞开着，恰似"蓦然回首，那人却在，灯火阑珊处"。

开发出有针对性的全面满足顾客需求的产品、生成消费者喜闻乐见并且能强化品牌和产品价值的内容，就是德鲁克所说的创新与营销两项基本职能，其基础是正确的STP和正确的市场研究（顾客需求洞察），而顾客需求洞察又是STP的基础。宾夕法尼亚大学商业市场研究所对60家企业进行的调查结果显示，商业营销者的首要重点，就是去了解客户的需求和消费者真正重视的问题。

科特勒在凯洛格商学院第一课中有一张关于CEO看待营销的四种层次的PPT（见图1-2），展示了四种完全不一样的格局：第一种，1P型的CEO（营销4P中的一个P），我们现在看到很多公司的营销部在做广告，搞公关，这仅是1P；第二种，4P型CEO（营销4P融合），把营销战中产品、定价、渠道、推广传播有效结合；第三种，称为STP（市场细分、目标市场选择、定位）+4P型CEO，营销

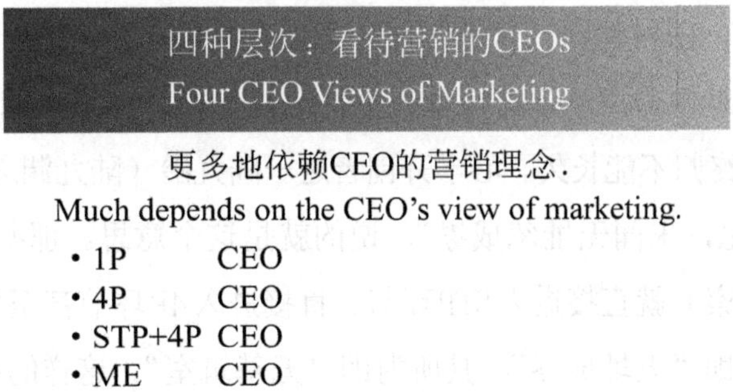

四种层次：看待营销的CEOs
Four CEO Views of Marketing

更多地依赖CEO的营销理念.
Much depends on the CEO's view of marketing.
- 1P　　　CEO
- 4P　　　CEO
- STP+4P CEO
- ME　　 CEO

图1-2　CEO看待营销的四种层次

上升到商业战略功能；第四种，叫作ME型CEO，ME是指Marketing Everywhere（营销的思维无所不在）。回到管理学开创者德鲁克先生提到的——企业本质只有两个核心功能：创新与营销。

了解了四种层次之后，很多CEO可能会比较着急，想一步登天，修成正果，直接做到第四种层次。笔者认为，即便是做到了第三层次的CEO，也不要着急向第四层迈进，而是应该停下来，思考一下STP的根基是否扎实，也就是说，市场研究和顾客需求洞察是否做得正确、有效。

了解营销学历史的人都知道，4P理论的创始人是杰罗姆·麦卡锡教授，而科特勒教授超越前者的地方在于他把4P理论与经济学、社会学、组织行为学和数学等内容融合起来，在4P之后增加了一个I（Implementation，执行）、一个C（Control，控制），在4P之前增加了STP，大大地丰富了营销学的内涵，完善了营销学的结构，提升了营销的高度。很多学营销的人认为，这就是营销的全部了。

但是，大家不要忘了营销的起点，这个起点就是R（research，研究），所以科特勒把营销的核心架构总结为：R→STP→4P→I→C五个部分，并作了如下解释：① 市场营销始于R（Research），即对市场的调研和洞察；② 根据市场研究定制STP战略；③ 为每一个选定的细分市场制订一个4P计划；④ 企业执行实施（Implement）该计划；⑤ 收集反馈与控制（Control），以改进4P。这就是营销的全过程，苗庆显作了进一步的总结：营销始于洞察，谋于STP，落于4P，行于实施，再循环于反馈。

就笔者三十多年学习营销和从事营销工作的观察和体会来看，不论身处何种层次、具有何种格局的CEO和营销人，哪怕是到了STP，甚至ME层次的，都容易忽视营销的起点，即科特勒《营销管理》第2～3篇关于市场洞察与认识顾客的部分。这种做法就像盖房子不选地址、不打地基一样，房子也能建起来，一时住住也可以，但是终归不能长久。心学开创者之一陆九龄（陆九渊之兄）有一句诗："大抵有基方筑室，未闻无址忽成岑"，说的就是这个意思。那些不做R（市场研究和顾客需求洞察）就直接进入STP环节、直接进入4P环节甚至直接进入某1P的营销者，其所思即"无址成岑"，其所为即"无基筑室"。这样的CEO也许能帮助企业一时赚点钱（完成盈利目标），但是根本无法带领企业实现德鲁克所定义的目的，即创造顾客，因为他和他所带领的企业连顾客和顾客需求都不能准确地识别。

1.2.4 研究有无用

大部分人都会认同这一观点：顾客识别与需求洞察是企业创新和营销两个基本职能的首要基础。于是，市场调研就成了第一位的工作，或者是创新和营销工作中的第一步。但是，这马上就会引发一个由来已久的争论：市场调研到底有用还是无用？无用论者讽刺市场调研不过是告诉你"驴有两只耳朵"这一大家都知道的事实。另外，他们还会举出两面大旗，一面是福特汽车的创始人亨利·福特先生，他当年说，如果我去做市场调研了解人们需要什么样的汽车，人们会告诉我他们"需要一匹更快的马"；另一面大旗是乔布斯，他公开宣称：苹果从不做市场调研，市场调研没有任何用处。在这两面大旗之外，还有微信的创始人张小龙，他说他不看数据。他们几乎把市场调研扫进了商业的垃圾场。但不可否认的是，这对人们反思调研的弊端还是有启发的。

虽然如此，持调研有用论的还是大有人在，他们坚持的是调研的核心和本质——对顾客需求的准确洞察，从这个意义上讲，福特、乔布斯和张小龙都是做调研的（只不过他们调研的对象和方式方法不同于常规调研而已），因为他们都拥有对顾客需求的深刻洞察，而一旦他们丧失了动态的洞察能力，他们产品的创新和营销都有可能误入歧途，业绩一落千丈，品牌一蹶不振。也有人认为调研无用论者和调研有用论者是在两个不同的维度上看问题。如果你凭一己之见就足以引导颠覆性创新，当然不用在低维度上做调研。但是颠覆性创新不是每个企业都需要或都能够做到的，一味地强调"调研无用论"反而会让原本就浮躁的创新和营销变得更加浮躁。所以，对于不进行颠覆性创新（尤其是技术方面的颠覆性创新）的企业来说，扎实的市场调研和准确的顾客需求洞察永远是创新和营销的第一步。如今，商业上的创新失败率和营销浪费度之所以居高不下甚至继续升高，跟第一步没走好、地基没打好、源头不清晰密切相关。

1.2.5 寻常路有误

当然，在国内外各行各业中，真的不知道、不相信、不重视市场研究和需求洞察的地位、作用和意义的企业家和管理者并不是主流，除非其生意的来源不是市场而是"市长"。我们在创新和营销活动之前和之中缺乏足够的顾客需求洞察力，通常不是因为我们没有进行市场研究或者市场研究的预算和数量不够，市场研究的主体、对象、目标、层次和方法有问题，特别是用来处理工作、追求增长、应对变化，被《意会时刻——用人文科学解决棘手的商业难题》一书的作者称为"默认思维（default thinking）模式"的传统方法。他们在近距离地接触了多家《财富》500强公司近20年之后得出结论：正是线性的、按图索骥式的、纯理性的默认思维模式导致了企业脱离正轨，陷入创新乏力、营销不利、增长无望的困境。在他们看来，我们是基于一系列关于人类行为的假设来理解当今的商业文化的。这些假设包括：①人总是理性的，并且对情况有充分的了解；②明天就是今天的再现；③所有假设都是客观公正的；④数字是唯一的真理；⑤商业用语必须专业化、去人性化。对于这些假设，我们一般情况下是不会去讨论的，大多数人甚至根本就意识不到它们的存在。"然而，恰恰是这些假设构成了市场调研、焦点小组讨论（座谈会）、产品研究和开发的基本框架。在大多数情况下，我们的长期战略规划也都基于这些假设。这些假设确实能够帮助我们解决某些类型的商业挑战，但绝不是什么'万灵药'。至于对另一些涉及客户行为变化的情况而言，这些假设则毫无用处。理由十分简单：在那些情况下，商业文化所惯用的人类行为模型根本就不适用，它们只会误导我们，害我们算错人"。

在传统的商业决策过程中，我们通过简单的数学模型来预测人们的行为，将人视为可以被预测的理性决策者，假设人有能力在一系列预先设定的可变条件中作出最优选择。行为经济学（营销大师菲利普·科特勒认为营销是行为经济学的一个分支）的理论前提是：人们从一开始就知道自己喜欢什么、不喜欢什么，而且这种偏好基本上是恒定的。因为，只要问清楚人们的想法和感觉，我们就可以弄明白他们的行为了。不仅如此，还有一个观点认为，我们作决策的时候，神志一定处于完全清醒的状态，或者至少是比较清醒的状态。只要问对了问题，设计对了程序和算法，分析对了数据，人们的思维过程就能被模拟出来，顾客的行为就能一清二楚了。

传统商业文化的上述默认思维模式是笛卡尔式的思维，这种思维在肉体与灵魂、主体与客体、理智与情感之间形成了二元对立。笛卡尔认为，人类的大脑可以"超然"地漂浮于现实世界之外、世界万物之上，人类是透过一扇理性（柏拉图发明的概念)之窗在看世界，而非真正身处其中。虽然后来出现了与这一观点截然相反的现象学的观点（下文会予以介绍），但是笛卡尔的思想一直在商业世界上空徘徊。

1.2.6 知行须合一

德鲁克说："管理是一种实践，其本质不在于知，而在于行；其验证不在于逻辑，而在于成果；其唯一的权威性就是成就。"这一关于管理的本质的论断是颠扑不破的真理，很多管理学者和实践者都将其奉为圭臬，这是正确的、应该的，是一件好事，但是也有很多人对这段话存在误解，认为管理只要一味地做事（"行"），不需要研究问题，不需要知识和洞察，因为德鲁克说了，管理的本质不在于知，而在于行。其实，我们绝对不能忽视"知"的重要性，不管是在管理中还是在人生中。马一浮先生有句诗："安隐不知身是患，冥行方悟识如灯"，简切地阐明了"知"的重要性，特别是对于"动荡时代的管理"来说。关于"知"与"行"之间的关系，我们不妨多了解一下别人的观点。王阳明认为："知是行的主意，行是知的功夫。知是行之始，行是知之成。"教育家陶行知反王阳明之道而言之："行是知之始，知是行之成。"而马一浮也提出了他的知行观："知为行之质，行为知之验。"这些都是很辩证、很有启发的看法，值得我们在企业的创新和营销工作中参考。

在新时代，为了满足消费者日益增长的美好生活需要，企业必须更加平衡、更加充分地发展，努力提升产品创新成功率、营销效益和增长质量。在发展过程中，企业需要平衡好知与行之间的关系，在推进创新和营销实践的过程中，大力提升关于消费者需求的具体而微的洞察力，将其作为一种"知"用于管理之"行"，获得好成果、取得大成就，以此作为验证，以此获得权威性［笔者认为，对于德鲁克的上述论断，我们应该更多地聚焦后面两部分："（管理）其验证不在于逻辑，而在于成果；其唯一的权威性就是成就。"］。

中国正在进入一个新消费时代，中国共产党在其第十九次全国代表大会的报告中指出："中国特色社会主义进入新时代，我国社会主要矛盾已经转化为人民日益增长的美好生活需要和不平衡不充分的发展之间的矛盾。"这个矛盾，在化妆品行业体现得比任何行业都要明显，人们对能带来美好生活的化妆品的日益增长的需要是我们所要研究的最大最重要的课题。在这样一个新消费时代，我们面临新需求、新人群、新零售、新供给等方面的多重挑战，在认知上要更加切中肯綮，在行动上要更加有的放矢，才能获得更加平衡、更加充分的发展。

1.3 为什么顾客需求洞察的"正确打开姿势"是研究顾客"待办任务"？

看过上面的论述，你可能已经清楚，我们并没有把创新失败和营销浪费的根源归结为不知道、不相信、不重视、不进行市场研究，而是归结为没有"正确地进行正确的研究"，没有形成可以指导创新和营销这两项基本职能的顾客需求洞察。

1.3.1 痛定思痛，伍维克求解顾客需求之谜

那么，何谓"正确的研究"，何谓"正确地进行研究"呢？笔者不想从中外商学院关于《市场研究》和《消费者行为学》的教科书和课堂那里去寻找答案，而想从IBM公司一个产品经理的亲身经历说起，他的名字叫安东尼·伍维克（Anthony Ulwick）。让我们听听他自己的讲述——

"在1984年的某一天，我第一次把创新当作一个流程来思考，在前一天，我和IBM的同事（我当时在IBM工作）一起推出了PCjr。《华尔街日报》迅速宣告这台设备的失败，它们甚至使用了大号、加粗的字体。仅仅一天，我们花了18个月，斥资100万美元进行市场研究，投入大量心血的智能产品就被媒体认定为十足的失败。为什么它们能够知道而我们不能？为什么我们没有让那些媒体人早点试用我们的产品，方便我们预估他们的反应？这些媒体在评价PCjr时的标准是什么？如果我们能够提早知道他们的标准，我们是不是能够采用不同的设计从而得到更积极的回应？"

"事实不可否认：PCjr是失败的，在1985年撤出市场之前，IBM总计花费了超过5亿美元在这个项目上。而我们使用的正是传统的客户驱动型工具，它让我们失望了。那时，我并不完全清楚整个流程是哪里出了错，但这件事常常在我脑中反复浮现，我不能放弃这一想法。在我看来，如果我们能够提前知道客户将要以什么样的标准来衡量一个产品的价值，我们本可以设计出一个完全符合那些标准的产品，那么这样的产品将会是一个成功的产品。但那不就是我们说的客户驱动型方法吗？我们问客户他们想要什么，然后按照他们的要求定制产品。如果是这样的话，那么到底哪一步出错了？为什么我们会失败？"（《产品经理的设计思维》）

这次惨败经历深深地刺激了伍维克先生，他决定找出客户究竟会用什么标准来衡量产品的价值，对于这些标准，企业一定要及早知道、提前知道，这样才可以指导设计出符合客户要求的产品。这些标准应当是产品开发过程中的"指南针"，而不是上市后或失败后的"马后炮"。

伍维克先生后来花了五年时间研究并试验各种有助于提升产品创新与营销成功率的方法和工具，包括顾客声音法、质量功能展开法(QFD)、萃智法（TRIZ）、六西格玛和联合分析。据他自己介绍，他是1990年在澳大利亚出差时突然茅塞顿开。他觉得，我们研究的焦点不应该在产品那里，而应该在消费者使用某一产品或服务的执行过程那里，而且应该应用六西格玛和创新流程控制原则。一旦我们把这一过程作为研究的对象，就能够把它分成许多步骤（阶段），对每一步骤都进行详细研究，发现消费者在每一步骤的具体标准（指标），在我们设计产品时所能衡量和控制的每一步骤都遵循这些标准。所以，为了能够使企业在设计产品的流程中有所遵循，我们需要对消费者使用产品的过程进行研究，从而找出消费者在每一步骤用来衡量成功和价值的标准。

1991年，伍维克先生成立了自己的咨询公司，用他苦心孤诣发明出来的新方法来帮客户开发和改进产品。这一新方法在一家叫作"Cordis Corporation（康蒂思）"的公司那里取得了成效，他在研究中找出了该公司的客户在使用其血管成形术气囊产品过程中的期待成果（desired outcomes），共有75个之多。根据这些期待成果，也就是客户所界定的标准，该公司发现了一些对客户来说很重要但又未被市场上任何厂家所满足的需求。针对这些需求，该公司推出了一条全新的产品线，先后上市了19个品种，后来全都占据了市场的领导地位，帮助该公司的市场份额从1%增加到了20%，股价翻了两番。将客户所界定的标准与客户使用产品的过程关联起来，对成功会起到关键作用。

1999年，伍维克先生将他的咨询公司更名为Strategyn（思略特），将日益成熟的上述方法界定为成果导向创新法（Outcome-Driven Innovation，ODI），并申请了专利。2002年，伍维克先生在《哈佛商业评论》杂志上发表了一篇题为《将顾客输入转化为创新》（*Turn Customer Input into Innovation*）的文章，详细地介绍了成果导向创新法在Cordis公司成功应用的案例。2005年，伍维克先生出版了一本书——*What Customers Want: Using Outcome-Driven Innovation to Create Breakthrough Products and Services*，比较系统地介绍了成果导向创新法应用"待办任务（Jobs to be Done，JTBD）"理论来提升产品创新和营销推广成功率的做法和案例。2007年，中国财政经济出版社出版了该书的中文版，引进的是台湾译者（洪懿妍）的译本，书名是《创新从头开始：成果导向式创新法》。笔者在上海家化工作时推荐给很多同事，也在很多外部场合推荐过此书。中国营销界对于这本书不是很关注，以至于豆瓣上都没有评分，因为评价人数不足，有些评论说该书读起来不是很通顺，这可能跟译者作为台湾同胞的语言习惯有关。大陆译者（郭紫娟）的版本于2016年12月由电子工业出版社出版，书名被改为《产品经理的设计思维：以成果导向驱动产品创新的成功实践》。这个版本的书在豆瓣上引发的评论比台湾版本要多一些，其中一位评论者这样评价：

这本书提供了一种科学的产品研发工作方式，简捷有效。在许多企业中，我们调研客户，得到一堆凌乱的"需求"，但研发部门依据这些信息进行产品创新屡屡失败，研发人员需要的信息，通常比营销人员提供的要更为细节，并遵循产品内在的效用逻辑。所谓以成果为导向的产品创新，指的是在产品本身能为客户完成任务的效用的基础上，评估每一个效用细节的重要性和使用满足程度，找出其中的差距再分析其中的市场机会，从而准确地发现研发工作目标以及产品的关键定义。从我个人多年的研发工作经验,这种方法实用有效,也是很多企业摆脱研发无力症的良药。

2016年,伍维克先生又出了一本书《待办任务:从理论到实践》(Jobs to be Done: From Theory to Practice),封底上印着菲利普·科特勒教授的推荐语:

伍维克把猜测从创新中清除了。他花了25年来指导公司取得成功。他不仅引导我们了解"待办任务"理论,而且发明了"成果导向创新法(Outcome-Driven Innovation, ODI)",并通过这一严谨的方法论把待办任务理论转化为创新实践。

绝大多数的创新项目都以失败告终。有了伍维克的流程,我们最终学到了最佳实践者已经明白的道理:创新不能随机地进行。创新能够而且应该为了成功结果而被管理起来。

我称伍维克为"创新界的戴明",因为在把创新转化为一门科学的路上,他走得比其他人都远。

最后一段话,还印在该书的封面上。

1.3.2 再接再厉,克里斯坦森拈出顾客"待办任务"

1999年,伍维克先生在哈佛拜见了克里斯坦森教授(颠覆性创新之父,1997年出版了该理论的奠基性著作《创新者的窘境》),向他介绍了成果导向创新法、相关的研究与市场细分方法以及应用这一方法为客户创造的结果。克里斯坦森敏捷地看出,伍维克先生所发明的研究方法既不聚焦顾客也不聚焦产品,而是聚焦顾客使用产品的过程。后来,克里斯坦森将这一新的焦点称为顾客想要完成的"任务(job)",并在2003年出版的《创新者的解答》(The Innovator's Solution)一书中称伍维克和Strategyn公司为上述做法的原创者,正是因为这本书,顾客"雇用"产品来完成"任务"这一概念(也可以说是一种比喻或隐喻)

开始广为人知。虽然克里斯坦森教授最出名的理论是颠覆性创新（他围绕这个主题出了一系列的书），但是自2003年以来他一直支持"待办任务（Jobs-to-be-Done, JTBD)"这个理论，为其发展和完善作出了关键性贡献。在2016年，克里斯坦森教授联合其他作者出版了《与运气竞争》（*Competing Against Luck*）一书（该书另一个中文译本的名字是《创新者的任务》），详细阐述了"待办任务"理论如何帮助许多公司把产品创新从一个不靠谱的拼运气游戏转变成一个可预测、可管理的业务流程。

作为颠覆性创新理论之父，克里斯坦森为什么会如此关注"待办任务"呢？这源于一个反常现象：按道理，企业越是了解顾客，越是容易创新，容易创造出顾客满意的产品，但是，公司以前所未有的速度，收集了各种各样海量的顾客信息，并进行了复杂分析，但是却并没有创造出顾客真正想要的产品，也就是说，从企业的顾客研究投入无法有效地预测企业的创新成果。美国科学哲学家、《科学革命的结构》一书的作者、"范式变革"概念的提出者托马斯·库恩说，当你发现某些理论无法解释的反常现象时，就到了改善理论的时候了。克里斯坦森在观察了企业的创新投入与产出不匹配或者说基本不可预测的时候，认为肯定存在误区，于是就开始反思问题出在哪里。为什么建立起了系统化、标准化、科学化的创新流程，并聘用了训练有素的创新人才，也十分注意管控创新风险，但大多数企业的创新依然以失败告终？克里斯坦森的结论是：企业在创新过程中聚焦的是相关关系而不是因果关系（关于二者之间的区别，建议参看朱迪亚·珀尔和达纳·麦肯齐的《为什么：关于因果关系的新科学》一书），虽然掌握了越来越多关于顾客的信息，但这却反而让企业误入歧途。企业真正需要瞄准的是顾客在生活中，在特定情景下试图取得的进步——他们希望实现的事情，即顾客的"待办任务"。

克里斯坦森举例说，顾客的生活中有许多待办任务。一些是小任务，比如排队时消磨时光；一些是大任务，比如找到更有成就感的事业。一些猝不及防，比如出差时被航空公司弄丢了行李，但还要穿戴整齐地出席商务会议；一些是日常生活，比如为女儿准备带到学校的健康午餐。在购买产品时，我们本质上是在"雇用"该产品帮助我们完成任务。如果完成得好，下次遇到相同任务时我们还愿意再次雇用该产品。如果完成得不好，我们就会"解雇"它，寻找替代产品。

这与莱维特关于"钻头"和"孔"的说法息息相通，顾客并不购买产品或服务，而是为了让自己的"生活公司"的业务有所进步，因此才雇用了这些产品或服务，使之成为"生活公司"的"长工"或"短工"。

在2016年的文章、访谈和图书中，克里斯坦森把"待办任务"这一新的商业洞察的来源归为他在哈佛商学院教的一门课，这门课是"成功企业的建立与持续（Building and Sustaining a Successful Enterprise）"。克里斯坦森认为，"待办任务"理论的研究是对颠覆性创新理论的补充，后者的核心是面对创新任务作出有竞争力的响应，它解释并预测了面临被颠覆危险的公司所采取的行动，并帮助这些公司理解哪些新锐力量会带来最大的威胁。但是，颠覆性创新理论没有告诉企业如何创造顾客愿意购买的产品和服务，"待办任务"理论弥补了这一点，该理论抓住了顾客购买产品背后的因果关系（而不是相关关系），加深了我们对顾客所做选择的理解，这种理解是无论多少数据都无法做到的。

克里斯坦森曾经说过："多少年来，我一直聚焦伟大公司为什么失败，但是我认识到，我从来没有想过一个相反的问题：成功的公司是如何认识增长、实现增长的？"其实，他不仅认清了商业世界层出不穷的"大败局（被颠覆）"，而且也洞悉了创新成功的秘诀——帮助顾客完成"待办任务"。

我们将在第2章详细阐述"待办任务"理论，这里先举几个应用该理论取得成功的商业案例。

案例一　奶昔的故事

一家快餐连锁公司决定提高其奶昔产品的销量，市场营销人员首先按产品来区分市场，然后对最可能购买奶昔的客户群进行分析，公司还邀请了符合这些条件的客户提建议，问他们奶昔产品怎样改进他们才愿意购买更多。项目组成员随后根据调查结果给出了清晰的意见，让公司对产品进行改进。然而，产品改进后对销量并没有产生任何影响。

后来，该公司请了一名咨询顾问来做研究，他花了一整天待在餐厅里，试图理解消费者购买奶昔这一行为背后想要满足的深层需求。他做了如下记录：每份奶昔被售出时消费者同时购买了哪些产品，他们是独自一人还是结伴而行，是现场享用还是打包带走。研究者惊讶地发现，超过40%的奶昔是在早晨售出的；这些早晨来的顾客往往是独自前来的；他们没有买别的东西，而且是离开餐厅带到车上享用的。

第二天，研究者采访了那些早晨来餐厅购买奶昔的顾客。他用对方能理解的措辞这样问道："打扰一下，请问您来这儿购买奶昔是希望满足什么需求呢？"

顾客难以回答时，他试着引导他们："想象一下，您在同样情形下需要达成这个目标时，如果没有来这儿买奶昔，您会去买些什么？"结果表明，大多数顾客购买奶昔都只是为了一个简单的目的：他们开车上班，路途远，时间长，很枯燥。一只手放在方向盘上，但另一只手无所事事时，他们总需要干些什么来打发开车时的空闲。他们当时还不饿，但是到上午10点钟时就会饿，因此需要在早晨吃些东西。

研究者在询问其他哪些产品也可能满足此需求时，顾客们有时会选择硬面包圈，但硬面包圈既干涩又乏味，抹上奶油乳酪或果酱后又会把手指和方向盘弄脏。有时顾客会买只香蕉，但这也无法解决路途困乏的烦恼。甜甜圈则没法让人挺过早晨10点来袭的饥饿感。有些人会带些糖果来解决问题，但又会为吃甜食感到内疚。结果，奶昔比所有的竞争者表现得都出色。用细吸管喝完要花20分钟，这解决了路途困乏的烦恼，而且只需用到一只手，尽管不清楚奶昔的原材料，但是他们吃了奶昔后，到早上10点就不会觉得饿。奶昔是不是健康食品都无关紧要，因为吃得健康并不是购买奶昔的目的。

研究者还观察到，在一天的其他时间里，父母们在点餐时常会给孩子们买奶昔，这样做是因为他们一整周都在对孩子说不，这让他们觉得自己是小气的父母，给孩子买杯奶昔既让他们感觉自己尽了父母之道，又抚慰了孩子。然而，研究者观察到，奶昔并不能完美地完成这一"待办任务"。父母们发现在用餐结束后，孩子们还在用细吸管喝奶昔时就会表现得不耐烦。

一旦公司理解了消费者的需求，哪种产品特性能更好地满足需求，哪种改进毫无用处就会变得一目了然。针对早晨上班的消费者，需要更好地处理路途困乏的烦恼，奶昔的吸管需要做得更细，让顾客喝得更久；同时，最好拌入小块的水果、坚果或者糖果，车主偶然吸入嘴里时，会给早晨单调的路途增添一点新奇和期待；另外，还可以在柜台前摆台自动售卖机，向消费者出售预付充值磁卡，这样他们只需刷卡即可，便不会被堵在"车上购物"通道里。而要解决傍晚时孩子们的需求问题，则需要开发完全不同的产品。

前面我们介绍过德鲁克的一段话："顾客很少会购买企业自己所认为的可以推销给他们的产品。当然，其中一个原因在于没有人花钱买'一个产品'。人们真正花钱买的是自己所获得的满足感。由于顾客花钱买的是满足感，因此，所有的产品和服务都会面临激烈的竞争，竞争来自……能够给顾客带来同样满足感的替代性产品和服务。"企业深入地理解消费者的"待办任务"，为更好地满足消费者需求而提升产品质量，挑战真正的竞争者——不是其他连锁店的奶昔，而是坚果、硬面包圈、香蕉和路上的无聊时光，这样做才能扩大公司在奶昔市场上的份额。这里还有一个重要的启发：按待办任务界定的市场往往比按产品分类的市场要大得多，那些陷入误区、将产品种类等同于市场容量的人根本不理解谁才是真正的竞争者，也不明白如何从消费者的角度提升产品价值。

在认识早晨售出的奶昔的真正作用之前，公司认为它只是用来搭配出售的饮料，于是开发了一系列让人眼花缭乱的组合，包括三明治、沙拉、其他饮料和甜点，但是这些组合对于任何人和任何情况都通用，且效果并不出色。此种打包销售的模式只会让公司自身陷入产品与产品的竞争中——对手是香蕉、坚果、硬面包圈、早餐饮料、咖啡、可乐以及其他快餐。一旦连锁餐厅明白，产品目标是给早晨开车的人路途解乏，达成此目标的组合将大不相同——将一份优化过的产品、服务递送机制和支付系统结合起来。这种方式是大多数竞争产品难以复制的，因为其他人并不知道其中的奥秘。

案例二　向新公寓迁移生活

10多年前，克里斯坦森的朋友、创新顾问鲍勃·莫埃斯塔的一项工作是帮助一家底特律的建筑公司促销新公寓。该公司的目标顾客是想换面积更小住宅的人——想搬出家庭住宅的退休人士以及离异单亲父母。公寓定价在12万美元到20万美元，装潢高端大气上档次，意在吸引这一细分人群。公寓提供静音地板，三重防水地下室，大理石台面和不锈钢厨具。周一到周六，销售团队随时恭候上门的潜在买主，周日的营销活动在房市上不遗余力地进行广告宣传。

这种户型的公寓访者甚众，但转化率却不高。可能有飘窗会好一些？小组座谈的参与者认为此计甚妙，于是建筑师连忙在样板间加上了飘窗以及其他小组座谈建议的细节，但销量并未因此而增加。

尽管公司已经对每一房屋单元进行了成本收益分析，但还是很难区分随便看看的人和真心想买的顾客。估计销量不佳的原因比较容易：恶劣天气、不给力的销售、经济不景气、假日销量放缓以及公寓地点等。但莫埃斯塔并没有梳理这些因素，而是采取了不同寻常的做法：他从那些购买了公寓的人入手，调查他们"雇用"公寓用来完成什么任务。"我让人们绘制出他们搬到公寓前的时间表"，他回顾道。汇总大量访谈信息，并寻找规律后，他的第一个收获是，知道了哪些因素不是让人们愿意购买公寓的原因。除了搬到了面积更小的住处，新房主在人口和心理特点上都没有明显规律可循。公寓也没有哪些具体特点是房主特别在意，促使他们下决心购买的。

但这些访谈透露出一个罕见的重要线索：餐桌。潜在顾客反复告诉公司，他们希望有一个大客厅，一个能招待客人的大次卧，以及早餐吧台，方便准备餐饮。但他们并不需要正式的餐厅。但在莫埃斯塔与真正买主的对话中，餐桌则反复出现。"人们总是在说，'一旦我找到处理餐桌的办法，就可以搬家啦。'"莫埃斯塔说。他和他的同事都不明白，为何餐桌如此重要。多数情况下，人们指的是那些过时的旧家具，最好捐给慈善机构或扔到当地垃圾场。

但当圣诞节莫埃斯塔和家人一起坐在餐桌旁时，他恍然大悟。每个生日、每段假期都在餐桌旁度过，餐桌代表着家。

因此他猜想，让人们无法下定决心搬家的真正原因并非建筑公司无法提供的特色，而是放弃那些意义深远的物品所带来的焦虑。会不会买一间价格6位数的公寓，往往取决于一位家庭成员是否愿意保管一件笨重的旧家具。

这一顿悟让莫埃斯塔和他的团队抓住了潜在房屋买主面临的困难。"我开始以为，这是关于新房屋建造的生意"，他回顾说，"后来我意识到其实我们的生意是迁移生活"。

围绕待办任务的思路，公寓发生了几十个颇具意义的小变化。比如，建筑师减小了次卧面积，留出了摆放餐桌的空间。公司还着重解决了搬家本身引起的焦虑，提供搬家服务，为期两年的储藏服务，以及公寓开发区内的分拣房间，让新房主有充足时间决定该丢弃哪些物件。

深入了解顾客待办任务，让公司能够差异化其产品和服务，对手别说是模仿，就是理解都很困难。新洞察改变了一切。实际上，公司把价格还提高了3500美元，包括在保证盈利的前提下，负担搬家和储藏的成本。当2007年行业销量缩水49%，市场严重萎缩时，该开发商的生意还增长了25%。

案例三　美国小苏打品牌艾禾美（Arm & Hammer）的故事

前述奶昔故事有一个启发，那就是，按待办任务界定的市场往往比按产品分类的市场要大得多。通常，企业是按产品类别来进行市场细分并衡量市场规模的，但是如果能发现消费者有一个尚未有产品能很好地帮助完成的待办任务，该市场的规模会比他们想象的大得多，而他们目前的产品的份额就会变得小得多。这对于渴望增长的企业来说是个难得的好机会。美国丘奇&德怀特（Church & Dwight）就通过这一战略来扩大其小苏打业务。该公司自1960年就开始生产艾禾美（Arm & Hammer）品牌的烘焙苏打粉。在20世纪60年代晚期，该公司通过观察和研究发现，消费者在很多情境（现在时髦的术语叫"场景"）下都有一个艾禾美产品可以被"雇用"来帮忙的任务。有些消费者会在洗衣粉里加这个产品，还有的消费者把它跟牙膏混合在一起，或者撒在地毯上，或者在冰箱里放一瓶盖子打开的苏打粉（去除异味）。消费者有很多待办任务，但是大多数都不知道他们可以"雇用"艾禾美来完成这些清洁和清新任务。因为该产品可以被"雇用"来完成很多任务，单一一种产品不足以给消费者带来其所需要的指导。

后来，艾禾美推出了一系列任务聚焦型的产品，形成了一个家族，大大地拓展了烘焙苏打粉这个产品品类。这些任务包括：

- 帮助清洁口腔、保持口气清新（艾禾美Complete Care牙膏）；

- 帮助冰箱除味（艾禾美Fridge-n-Freeze苏打粉）；

- 帮助腋下保持清洁和清新（艾禾美Ultra Max除汗剂）；

- 帮助清洁地毯（艾禾美Vacuum Free地毯除味剂）；

- 猫砂除味（艾禾美Super Scoop猫砂）；

- 保持衣服清新（艾禾美洗衣粉）。

原来标志性的黄盒子烘焙苏打粉生意现在只占艾禾美品牌整体业务的10%不到。该公司的股票也比其竞争对手（宝洁、联合利华和高露洁）表现更好。我们不能否认艾禾美这个品牌在每一个产品线当中起到了很好的背书作用，但是其快速增长的关键因素还是每一个产品都针对一个特别聚焦的消费者任务，所有的传播都强调：每当你有一个待办任务要完成，艾禾美都有一个相应的值得你信任的产品来帮你把该任务完成好。

艾禾美围绕消费者待办任务来开发和推广产品的经验跟上海家化的六神品牌特别接近，六神在花露水的基础上推出了沐浴露、香皂等含有六神原液的延伸产品，其中花露水也可以帮助消费者完成多种待办任务（特别是在夏天）：祛痱止痒、清凉醒脑、防止蚊叮虫咬，等等（建议读者去网上搜索一下上海家化的六神视频宣传片"花露水的前世今生"，相信对理解艾禾美、理解消费者待办任务理论有帮助）。

1.3.3 身临其境，"待办任务"理论暗合现象学方法

克里斯坦森说："为了建立对顾客有意义的品牌，你需要在该品牌下面创造对于顾客有意义的产品，而为了做到这一点，你需要新的方式来细分市场，该方式就是对消费者的真实生活状况加以了解和理解。"陈寅恪在《冯友兰中国哲学

史上册审查报告》中说:"凡著中国古代哲学史者,其对于古人之学说,应具了解之同情,方可下笔。"这里所说的"了解之同情"跟克里斯坦森所说的新的市场细分方式应是同一种态度。克里斯坦森认为,与其直接询问他人的需求,不如试图理解对方身处的情境,面临什么样的困难或障碍,是什么导致他们这样做。理解情境非常重要,包括物理环境以及个人感受等,它并不生产数据,因为关于情境的信息是安静和被动的,没有数据参考,也无法倾听对方诉说,所以你只能认真观察。当我们围绕待办任务建立一个公司时,如果理解了顾客产生待办任务的情境就更容易成功。但是,多数企业因为淹没在太多关于产品、竞争对手的数据之中,反而失去了对顾客待办任务的感受。慢慢地,他们改变了分析所处行业的框架,逐渐远离了待办任务,而是沉浸在产品类别、绩效参数中,开始以产品生产者的思路来思考问题,而忘了自己生产产品是为了完成顾客的待办任务。

在克里斯坦森看来,进行关于待办任务的调研,最佳的开始方式就是揽镜自照。在生活中时刻注意自我观察。在你做某件事时,问问自己为什么要做,是为了解决什么样的待办任务呢?当你不使用该产品完成这个任务时,会用什么来替代?我们要更加深入思考个人做事的原因,因为如果你的生活中出现了某些问题,其他人也可能存在类似问题。

克里斯坦森认为史蒂夫·乔布斯成功营销的关键就是,他没有让研究分析人员来发现顾客的需要,而是问自己,我需要一个产品来完成这些任务,但市面上找不到可以很好解决这些任务的产品,所以我要开发一个产品。他还提到了索尼公司的创始人盛田昭夫,盛田先生当年并没有做常规的市场研究,而是跟同事一起花了很多时间来观察人们在生活中试图完成什么任务,然后问自己能不能利用公司的技术帮助他们更好、更轻松、更便宜地完成这些任务。

为了了解和理解顾客的待办任务,我们必须像克里斯坦森教授所倡导的那样,关掉电脑,走出办公室,去观察人们的生活,体会人们的喜怒哀乐和悲欢离合。

说起观察,这里有必要介绍一下20世纪在西方流行的一种名为"现象学(phenomenology)"的哲学思潮。它不是一套内容固定的学说,而是一种通过"直接认识"来描述现象的研究方法。现象学思潮当时有一个著名的口号:"回到事物本身"。对此,浙江大学哲学系副教授王俊解释说:"不要挂在半空中玄想概念、体系，哪个理论是怎么说的，哪个体系是怎么说的，而是要回到大地上，脚踏实地，朝向活生生的具体事情本身，用你自己的眼睛去看，用你自己的耳朵去听，用你自己的心去感受，去看、去听、去感受那种最真切、最具体、最细微、最当下的东西，这些东西就是最本原的东西，具体而微，却包含了世界整体。我们所有的理论、体系、抽象、本质，都是从这种具体而微来的。最具体、最细微、最自然的东西并不意味着琐碎，而是蕴含着世界的整体，世界整体或者本质就在事情本身之中。"现象学奠基人胡塞尔的学生、20世纪存在主义哲学创始人和主要代表之一海德格尔说："让那显现自身者，以自己显现自身的方式，从它自己那里看到。"他认为，我们存在的本质并不在于超然于具体情境的思考，而在于"此在"——融于世界之中的此时此刻的存在。

王俊介绍说，现象学让我们看到的是事情自身最本原的显现，以自己的方式、从其自身显现。我们的"看"不是从"我"出发强加给现象的，也不是用"我"原有的条条框框去限制现象，而是尊重现象，去看最自然、最原初、最微小的现象，从中看出世界和自我的整体。这是一种对"看"的通透性的要求，事物显现自身，完整完全地呈现，对象本身变得透明，你可以从对象看到整个完整世界的呈现，而不是现象和本质的二元对立，这就是现象学的要求或者目的。

《意会时刻——用人文科学解决棘手的商业问题》一书的作者在介绍现象学时说："现象学研究的是我们在这个世界上所能感受到的一切，以及所有能为我们的人生带来意义的事物，比如揭开我们开车时的体验或初为人母的感受。现象学可以被用来解释，当你看见一个可口可乐瓶时，心里究竟是迷惑、怀旧，还是嫌恶……对于一家《财富》500强咖啡企业来说，管理科学可以告诉你美国人每天要喝掉多少精品咖啡；而现象学则可以帮你弄明白，享用真正的好咖啡究竟是一种什么样的体验。""现象学所揭示的，并不是'某物'（比如一台车或一家餐馆）的本质，而是我们与某物之间的'关系'。对我们来说，并非所有事物都是重要的，并且它们也不是在任何时刻都有意义。生活中，我们永远都处于与各种事物或这样或那样的关系之中，而现象学告诉我们的正是，哪些事物在什么时候最为重要"。

一些企业现在已经意识到不能单纯依赖数据，开始雇用社会学家或者心理学家参与到数据分析中，试图从中找出更准确的洞察。《哈佛商业评论》的中文版编辑问克里斯坦森对这一做法的看法，得到的回答是：

"主管们将理解客户身处情景的任务外包，我对这种做法表示担忧。我并不敢肯定这些专家能问对问题，但主管们也不知道什么是正确的问题，而当这些分析人员向主管汇报时，为了更具说服力，往往会将各种洞察翻译成数据语言。"

"我认为，主管们必须关掉电脑，身处情景之中，自己进行观察。如果能投入几周时间观察客户的生活，其回报不可估量。没有什么能替代这种努力。而如果你只是将这部分外包给一些专家，他们不懂你所在的领域，也不了解你的客户，我对这种做法的效果持怀疑态度。"

跟克里斯坦森教授一样，陈春花教授也非常关心"生活""生活的意义"和"美好生活的想象"，她说："生意，就是生活的意义。好的生意，一定是给生活以意义的，让人感受到生活是美好的。回归到商业的本质，也就是回归到生活意义时，我们才能够真实感受到商业的魅力，而借此发展的企业也才能释放出其真正的价值。""……所有关于美好的感受，都是根植于生活，根植于美好生活的创造。没有真正生活过，存在过，是很难理解商业所能创造的价值，也更难让商业真正创造价值。事实上，生活是真正的载体，人是生活者而非消费者，这是我去理解商业，认知经营，研究管理的基本出发点。""根植于生活，根植于美好生活的想象，既是驱动企业发展的动力，也是企业管理研究发展的动力。我们得以探寻管理的意义，正是因为管理激活了人的创造性，焕发出人性的美，集合每个人的智慧，才让企业有机会为使得人们更好地生活，提供解决方案；让人们能够在企业所提供的产品或者服务中，寻找到温暖而坚强的力量。"

1.4 中国化妆品企业经营者理应受益于"待办任务"理论

顾客需求洞察是所有企业包括化妆品企业创新和营销的首要基础。在中国的教育界有一个说法——"不能让孩子输在起跑线上"。笔者认为，顾客需求洞察对于企业来说比起跑线对于孩子还重要，因为孩子输在了起跑线到后面的教育阶段还能弥补，而企业一旦缺乏顾客需求洞察，营销和创新就会陷入黑暗和迷茫，甚至会"错了路头"，导致南辕北辙、事倍功半的后果。中国化妆品企业的企业家和管理者在顾客需求方面不求甚解，原因很多，首先是因为原来是短缺经济，封闭环境，风口常在，流量不贵，增长容易；其次是因为自我要求不高，作风浮夸，浅尝辄止，粗枝大叶，似是而非；另外，是方法不对，方向模糊，着眼点没找准。对于前两点，笔者所能做的事、所能起到的作用有限，因而就把重点放在后面一点上，向企业家和管理者介绍新的正确的理论和研究方法，瞄准正确的问题——顾客的"待办任务"——以顾客的价值为价值，以顾客的标准为标准，如琢如磨，如切如磋，以达到产品或者服务完全符合其需求，无须推销即能畅销，走出目前执迷于购买流量、追逐风口，执迷于使用蛮力、比拼财力的状态。

为了深入地了解和理解变化中的中国消费者，为了提升顾客需求洞察力，笔者呼吁中国化妆品企业的企业家和管理者应该——

关掉电脑，

走出办公室，

身临其境地观察，

观察消费者的衣食住行用，

感受他们的悲欢离合，

体会他们的喜怒哀乐……

第 2 章

顾客需求洞察的新理论

> 真正的营销是要从顾客的属性、现实状况、需求及价值观等方面做起。真正的营销并不是跟顾客说："这是我们提供的产品或服务。"而应该说："这些是顾客所追求、重视及需要的满足。"
>
> ——德鲁克《管理：使命、责任、实践》

在第 1 章中，我们谈到了顾客需求洞察对于创新和营销成功的重要性，以及顾客需求洞察的正确打开方式是"待办任务"理论的原因。这一章，我们将详细地讲解"待办任务"作为顾客需求洞察新理论的认知深化和细化问题，在进入正式讲解之前，我们先介绍两种常规的创新方法和观念，一种是创意优先法——先从一个创意（点子）或方案来启动或驱动创新，另一种是需求优先法——聚焦顾客需求来开展创新活动。

2.1 创意数量真的能够孕育出创新质量吗？

我们先说创意优先法。这种方法是指企业通过头脑风暴或者其他形式来收集关于新产品或新服务的想法，然后把这些想法拿给顾客检验，看看是否能够解决顾客的需求。创意优先的创新风行于许多公司，这些公司甚至发展出一整套支持和强化这种方式的系统、组织和文化。采用这种范式的公司认为，创新成功的关键在于创意的数量有多少（多多益善），以及把这些创意中容易失败的想法过滤掉的速度有多快、成本有多低。他们相信这种方法能够大大地增加他们产生突破性创意的概率。

许多管理者、咨询师和学者都认同这种思维。越是正规的大企业，越是相信有门关、分阶段的产品创新流程（上海家化 2004 年在时任总经理的带领下也建立了一个被称为"三关四段"的创新流程），该流程的第一个阶段就是点子生成。大约有 68% 的大公司建立了这样的流程，也就意味着有同样比例的大公司在创新活动中采用创意优先法。中国很多化妆品公司（包括上海家化）都推行这种流程和方法。

美国一本号称是帮助公司转变创新方式的蓝图的书《向核心处创新》（Innovation to the Core）认为："成功的创新本质上是一个数字游戏……发现一个新的大的机会，取决于你能产生多少创意，从中能挑出多少，能以多低的成本进行试验。"哈佛商学院有五个教授联名写过一篇名为"评估创造性的工作环境"的引用率非常高的文章，其观点是："所有的创新都起始于创造性的点子。"

我们每个在企业里工作过的人几乎都参加过公司组织的头脑风暴，参会者尽管对消费者需求一无所知，但是仍然被鼓励来想点子、出主意，生成尽量多的创意，一场会下来可能会有上百个甚至数百个。与会者被告知尽管想，这里不存在"坏点子""馊主意"。参加过这种会议的人都会清晰地记得贴满便条的黑板和墙面。

2.1.1 "头脑风暴"的兴衰

"头脑风暴"一词是20世纪50年代经由美国一家广告公司的高管亚历克斯·奥斯本的推广而流行于世的。他在1953年出版的《你的创造力》（*Your Creative Power*）一书中将头脑风暴描述为一种能按需创造出点子的技术。所谓头脑风暴，就是"用头脑去攻击一个需要用创意来解决的问题，就像突击队那样，每个对队员都要攻击同一个目标"。奥斯本为头脑风暴设计出"非常1+4"条规则，"1"是指在开始头脑风暴之前，先把需要解决的问题定义清楚，不要指望一场头脑风暴同时解决两个问题；"4"是下列必须遵守的规则：

● 只提点子不讨论，不对任何点子进行评判；

● 尽量多提点子，异想天开、天马行空的点子都可以提（这样的点子甚至被认为更好）；

● 量变孕育质变：点子越多，产生金点子的可能性就越大；

● 对点子进行结合与改进：参与者应该改进彼此提出的点子，并且努力尝试将彼此的点子以各种有趣的出人意料的方式结合起来。

头脑风暴后来被神话成了包治百病的"万灵药"，但是现实是其效果颇为可疑。《意会时刻》一书的作者在书中讲述了他们亲身经历过的一场头脑风暴会，这场讨论会的主题是如何解决全球医疗健康难题，有全世界最顶尖的50位创意思考者参加，请了一位全球知名的设计思维和商业创新领域的专家来做主持人，甚至还请了一位女演员来助兴。会议开了三天，到最后，产生了非常多的创意，其中有一个小组的创意还被冠以"健康的哈利·波特"这样响亮的名字，但是遗憾的是，在包括"哈利·波特"在内的众多点子中，没有任何一个点子能够为全球医疗保健难题带来一丁点儿改善。

2.1.2 创意思维的定式

如果我们在日常工作中过于按部就班地接受理性思维、线性思维，那么我们就应该适当地换换思路，进行一些创意修炼，这时候我们就不必一本正经，不妨"随心所欲地逾矩"。《意会时刻》的作者总结了5个关于创意的基本假设：

● 创意等于稀奇古怪，越是标新立异、越是出人意料越好；

● 创意是一套流程，水平思考、设计思维、萃智理论、头脑风暴（新形式是电子头脑风暴）等方法基本上都是一套流程和步骤，只要照着它们做，点子就能按部就班地炮制出来，就像通过生产线组装成品一样；

● 点子是天上掉下来的馅饼，这种关于创造性的浪漫主义观念如同相信牛顿是看见苹果落地而发现万有引力定律一样；

● 创意不是小打小闹、小修小补，但凡创意都是剧变、突破甚至颠覆，这是关于未来的浪漫主义，与历史上的暴力革命思维存在相似之处；

● 创意是个有趣的游戏，只要身处宽松有趣、休闲玩闹的环境，每个人都能产生创意。

2.1.3 创意优先的弊端

支持创意优先法的人还会宣扬快速推行这一方法的好处。他们把加速的创意优先法形容为"速战速败"，指望在快速地生成和测试创意的过程中，最好的创意会被更快地发现。因为大家对创新优先法的高失败率见怪不怪了，所以快速地试错、快速地失败也就显得合乎逻辑了。

"速战速败"的概念甚至得到了管理大师汤姆·彼得斯的赞赏。他在《乱中求胜》一书中告诫公司："要快速测试，快速失败，快速调整——先小规模地追求业务想法，想办法快速地获得关于某个创意是否可行的反馈。"IBM公司的创始人老沃森也曾经说过："如果你想获得成功，那么就把你的失败率提高一倍。"他的这种说法等于支持创意优先和速战速败的思维，他在公司倡导的是不惩罚失败的管理风格和企业文化。速战速败的方法至今不乏拥趸。哈佛商业出版社在2008年出版的书《创新者的增长指南：发挥颠覆式创新的作用》（*The Innovators' Guide to Growth: Put Disruptive Innovation to Work*）的作者们认为："如果你失败的速度快、代价低，那么你实际上已经为公司做了不小的贡献。"

随着创意优先思维的风行，整个行业都在一门心思地琢磨如何更快地生成更多的想法，更快地评估更多的想法。但是，不可回避的问题也随之而来，尽管创意优先法很受欢迎，运用很广泛，学术上也得到了鼎力支持，但是它无法带来可预测的增长，其先天缺陷导致了超高的失败率。分析下来，失败的原因有三方面：

第一个原因是，生成更多的创意并不能显著地提高有效创意出现的概率。什么是有效的创意呢？就是能够满足顾客未被满足的需求的最优创意。人们在参加头脑风暴时并不了解所有顾客的需求，也不知道哪些需求是未被满足的。根据伍维克先生及其公司的研究，在任何一个品类的市场上，顾客通常有 50~150 项需求，其中 5%~80% 的需求可能是未被满足的。

一个人，在不知道顾客的需求是什么以及这些是否已经被满足了的情况下，能够产生一个创意可以令人满意地解决顾客未被满足的需求的数学概率，接近于零。伍维克先生做过一个演算：在某个市场上，顾客只有 15 个未被满足的需求能够被厂家的产品和服务所满足，要想生成一个详尽的主意清单，就要想出数百万个创意。假使这 15 个未被满足的需求当中每一个需求都要求产生 3 个作为解决方案的创意，那么你需要生成创意的数量就是 $3^{15}=14348907$。其中某个创意有效地解决这 15 个未被满足的需求的概率是 1/14348907。要知道，我们在任何一个市场上，顾客的需求都远不止 15 个。

生成更多无法满足、未被满足的顾客需求的做法，其方向是错误的，把不好的事情做得更快也于事无补。创意优先创新法相当于让神枪手在不知道靶子是什么、靶子在哪里的情况下击中靶心。也相当于让医生在不知道身体出什么问题、有什么症状的情况下开出正确的处方。

创意优先法失败率高的第二个原因是创意的评估和筛选过程有缺陷。因为不了解顾客未被满足的需求，创意的评估和过滤过程就很容易错过好的创意，找不出坏的点子。经理们由于没有关于顾客未被满足的需求的明确知识，就只能依靠直觉来判断，或者使用各种研究方法来评估人们提出的概念，采用的方法有联合分析、配对比较、量表技术、现场调查、小组座谈等定性方法。所有这些方法都要顾客来评估建议的创意能在多大程度上满足顾客未被满足的需求，但问题是顾客并不真正理解产品或技术，也不理解产品或技术如何与他们的需求相关联。这样的评估和筛选过程存在很多问题，最明显的问题之一是最佳的解决方案可能根本没有被纳入考虑范围；另外，顾客可能不具备将技术与他们的需求关联起来的能力。因而，使用创意优先法的公司，其创新成功率要达到20%甚至10%都很难。

创意优先法注定失败的第三个原因是，顾客不具备提炼他们所需要的解决方案的能力。在大多数情况下，顾客不是科学家、不是工程师，也不是研究员或材料专家，他们不知道有哪些可能的解决方案，也不需要知道。伍维克先生喜欢问如下三个问题：①我们为什么要问顾客他们想要什么样的解决方案？②公司为什么要依赖顾客去发现最佳解决方案？③为什么要雇消费者去做市场部、开发部和产品规划团队应该做的工作？他的意思很明显，找出有效的解决方案是公司的责任，而不是顾客的责任。

总结一下，创意优先法存在着先天性的缺陷，大量事实证明它绝不是创新最有效的方法。它是寄托在希望和运气之上的瞎猜乱撞的游戏，是一个结果不可预测的过程。

2.2 需求优先真的等于需求明确吗？

有些公司已经认识到了创意优先法的弊端，尝试改用需求优先法来开展创新。所谓需求优先法，是指公司首先试图理解顾客的需求，而后找出那些未被满足的需求，设计一个能够满足未被满足的顾客需求的解决方案。虽然有别于创意优先法，但是需求优先思维还是得到了商业世界和学术世界的支持。1960年，西奥多·莱维特教授在《哈佛商业评论》上发表了一篇题为《营销端短视症》的文章，他在这篇振聋发聩的经典文章中说："一个行业起源于消费者及其需求，而不是起源于专利、原料或者推销技巧。"莱维特教授的文章引发了很多类似的结论。哈佛商学院的大卫·加尔文教授指出，关于成功和不成功的创新的研究揭示，二者之间的主要差别在于对用户需求的理解程度不同。从理论上讲，如果顾客所有未被满足的需求我们都掌握了，就可以生成创意来满足这些需求，那么显而易见，这些创意就会有价值。

2.2.1 一个需求，各自表述

在历史上，人们利用很多不同的方法来捕捉顾客需求。这些方法包括小组座谈会、个人访谈、顾客走访、民族志研究法、情境研究法、观察法，另外还有各种访谈技巧、超级用户分析和讲故事法。尽管有这么多采集需求的方法可用，但是公司几乎总是无法发现顾客所有或者甚至大多数的需求。正如克里斯坦森教授所指出的那样，这有点反常。问题出在哪儿了呢？伍维克先生认为，问题出在我们缺乏一种沟通顾客需求的共同语言，尽管几乎没有人对创新的目标（设计出能够满足顾客未满足需求的解决方案）有异议。伍维克先生的公司通过研究发现，95%的管理者都认为，公司内部无法就何为顾客需求以及顾客需求该如何定义达成一致。在具有操作指导意义的顾客需求表述方面，市场部和研发部团队之间存在严重分歧。尽管很多公司的员工可能对顾客有所了解，但是很少有公司能够有一份完整的意见一致的顾客需求（尤其是未被满足的需求）清单。在这种情况下，公司很难就开发什么样的产品、提供什么样的服务达成一致。

尽管关于满足顾客需求的言说犹如滔滔江水，但是一个悲哀的现实是，关于顾客需求表述应该具有哪些特征，其结构、内容和句法应该如何构建，公司里并不存在统一的理解。

美国两位营销学者阿比·格瑞菲斯和约翰·豪瑟尔在1991年发表的题为《顾客的声音》的文章是这样定义顾客需求的："用顾客自己的语言描述出来的，顾客希望产品或服务带给自己的利益。"今天，我们知道以顾客自己的语言所获得的输入信息通常都是错误的输入信息。大部分管理者、咨询顾问和学者都认为企业必须不满足于顾客用自己的语言来提炼所需要的信息，但是他们关于顾客需求到底是什么却达不成一致意见：是顾客利益的描述，对顾客价值的衡量，对某一问题的表述，还是以上都不是？

我们还发现，管理者达不成一致的还包括以下问题：顾客需求表述到底应该是什么样子的，它应该还包括哪些信息，从语法上应该如何构成，应该使用或避免使用什么字词或短语，从而确保其中不掺入变异或歧义，这样的变异或歧义将为之后对顾客未被满足的需求进行优先性排序带来负面影响。管理者会经常发现，自己的境遇与厨师有点类似：明明知道为了产生某种味道应该加何种材料，但是却不能精确地算出应该采用什么样的组合。一旦身处这种境遇，你要想做对事情就不得不反复试错。

许多供应商、咨询顾问和学者最终都会把收集顾客输入的过程当作一门艺术。事实上，当今最时髦的一些方法会卷入人类学家，著名设计公司IDEO公司总经理在《创新的十副面孔》一书中说，这些人类学家是用来"寻求借由召唤师（Vuja De）的感觉来实现的顿悟"。他认为，人类学家具有很多独特的能力和品格，比如，践行"初学者心智"的禅宗原则、拥抱所有出人意表的人类行为以及通过倾听直觉来推断事理。伍维克对此并不认同，他说，即便这种方法对IDEO来说很管用，它也是把创新当作了一门艺术而不是科学。

很多人对于不同的顾客输入类型也做不出分别。美国应用营销科学公司的副总裁盖里·凯茨认为，在区别顾客需求与解决方案方面，伍维克先生创造的词"期待成果"（desired outcome）肯定是有用的，就像克里斯坦森所推广的"任务"（jobs）一词是有用的一样。但是，凯茨先生转而又说，这两个词中的任何一个，从概念上讲，都跟至少从20世纪80年代就开始使用的其他词没有什么区别，如欲求（wants）、需求（needs）、要求（requirements）、利益、问题、顾客需要努力完成的任务、顾客的待办任务。而伍维克先生认为，这些词从概念上讲并不完全相同。正如"待办任务"理论所揭示的那样，这些词之间还是存在细微差别的。"待办任务"这个词代表的是创新上的突破，从传统的顾客声音的角度来看，这种突破比较容易被忽视。《哈佛商业评论》中文版编辑也在采访中问克里斯坦森教授："'待办任务'的说法似乎和营销中提到的客户需求很类似，两者之间有什么联系？"克里斯坦森回答说："我觉得这两个概念指向性一致。但'需求'这个词汇阻止我们深入理解问题。因为有时人们很难说清自己需要的东西，我需要的东西并不仅仅取决于我，还取决于我所生活的环境。所以我们不能直接重新定义'需要'这个词，而要寻找一个更准确的词汇，也就是'待办任务'。""需求这个概念固然重要，但无法指导我们设计出差异化产品，但待办任务可以"。

2.2.2 潜在需求，意义何在？

更糟糕的是，管理者中广泛存在的另一个假定：顾客有所谓的潜在需求，或者顾客不能提炼和表达的需求。二十多年来这一观念得到了很多颇受尊重的个人和组织的支持，使得其影响长久不衰。

● 加里·哈梅尔和C.K.普拉哈拉德在畅销书《竞争大未来》（*Competing for the Future*）中警告公司，如果不能了解顾客所不能提炼和表达的需求，就会面临很大的风险。

● 美国产品开发管理协会（the Product Development Management Association, PDMA）在对顾客需求的定义中说："顾客需求，不管是显性的还是隐性的，都会为企业提供新产品开发的机会。"

●《向核心处创新》一书的作者则解释说："激进的创新具有高度的同理心；他们能够感受和理解顾客不曾表达出来的需求。"

● 宝洁公司的前CEO雷富礼在《游戏颠覆者》（*The Game-Changer*）中说："伟大的创新来自对顾客未被满足的需求和期望的理解，包括表达出来和未表达出来的需求和期望，就是说不仅包括他们所说的一切，还包括他们未曾说出或者不想说出的一切。"

在这种观念的驱使下，很多公司认定，获得一份完整的顾客需求表述清单是不可能的，在这种别无选择的情况下，他们只好放弃掌握全部需求表述，直接地去实施创新过程。这种结论是不符合真相的。真相是令人惊奇的：公司都是在没有关于顾客需求的清晰定义的情况下去努力满足顾客的需求的。这就像玩字谜的人想在不识"字"的情况下去解字谜。

所以，伍维克先生特别反对公司关于顾客潜在需求的假定。他指出，在任何一家公司，其所从事的每一件事都是建立在该公司决定针对的顾客未被满足的需求是什么这一基础上的。营销部门必须了解顾客的需求才能界定公司的价值主张，才能进行市场细分，才能为产品和服务寻找定位，才能开展营销传播。开发团队必须了解顾客需求才能理解公司产品的优缺点，才能决定给现有产品增加什么新的特性，才能决定开发什么新产品。研发部门必须在理解顾客需求的基础上进行技术投资。销售团队必须有能力展示公司产品如何满足顾客需求才能取得成功。

如何才能驾驭顾客需求,这依然是一个谜,这个谜几乎要了创新的"命"。如果管理者就"顾客需求是什么""该需求分哪些类别"达不成一致意见,那么公司的创新就难以成功。所以,需求优先创新法本身没有什么缺陷,但如何执行和贯彻却问题多多,解决这些问题的关键是理解我们接下来要详细介绍的"待办任务"理论。

2.3 为什么说"待办任务"能够拨云见日?

哲学家和哲学史家冯友兰先生有一个提法:"照着讲"和"接着讲"。他认为,哲学史家是"照着讲",例如康德是怎样讲的,朱熹是怎样讲的,你就照着讲,把康德、朱熹介绍给大家。但是哲学家不同,哲学家不能仅限于"照着讲",他要反映新的时代精神,要有所发展、有所创新,这就叫作"接着讲"。例如,康德讲到哪里,后面的人要接下去讲;朱熹讲到哪里,后面的人要接下去讲。关于创新,我们也不能照着前面介绍的创意优先法和需求优先法讲下去,而是要接着讲——有所发展,这种发展的成果就是"待办任务"理论。

2.3.1 克里斯坦森细化需求,界定待办任务

根据克里斯坦森的界定,待办任务理论分为顾客所期待的进步、所身处的情境和所关注的维度三个部分:

● 进步——待办任务就是顾客在特定的情境中想要获得的进步,伍维克先生把它细化为顾客的具体"期待成果"。"进步"这个词是克里斯坦森精选的,代表朝着某个目标或愿望前进,企业可以借这个视角对顾客或顾客的问题进行重新分类,并且从中了解和理解顾客选择某些产品或服务的真正原因。顾客在生活中时时处处都面临着"移动指针(move the needle)"的任务:"我怎样才能进行改善,从而有所进步?"成功的创新可以取代之前有缺陷或不存在的解决方案,帮助顾客移动指针——走出生活中的困境,有时甚至是两难的困境。

- 情境——待办任务的界定必定与特定的情境（流行的说法叫"场景"）有关，比如"什么时候？""什么地方？""一个人还是很多人？""在做什么？""遇到什么问题？"这些是小情境，大情境可能是顾客所处的人生阶段、生活状况、财务状况等。或大或小的情境对于顾客想要完成的任务和想要取得的进步产生深刻的影响。情境不同，一切皆不同；情境变了，一切皆须变。情境比顾客特征、产品属性、新技术、新趋势更加重要。理解了顾客所处的情境，企业会豁然开朗，看见一片完全不同的真正的顾客视角的竞争格局，从而采取有的放矢、行之有效的竞争战略。而忽视顾客所处的情境，将无法找到顾客的具体兴奋点和具体痛点，从而无法为产品创新和营销沟通找到有针对性的有效方案，无法突破竞争僵局，因而只好"乱枪打鸟"。所以，情境是待办任务理论的核心，也是创新的关键之所在，企业在践行待办任务理论时必须对顾客情境的复杂性、多变性保持高度的敏感。

- 三重维度——顾客的待办任务或者所期待的进步是多维（向度）的，而不是单向度的，首先是功能性（functional）任务，这是基础，另外还有情感性（emotional）任务和社会性（social）任务。有时，顾客对后两类任务也很关注，甚至超过功能性任务。

前面我们介绍过，克里斯坦森教授觉得需求和待办任务这两个概念的指向性一致，但是"需求"这个词汇阻止我们深入理解问题，因为需求是一直存在的，所以相对比较笼统、比较模糊，无法为创新者和营销者提供明确的方向。需求就像趋势，可以指出大致的方向，但是无法洞悉顾客之所以选择某个产品或服务的真实原因、深层原因。另外，某些高度抽象的生活理念或原则也如同需求一样笼统、模糊，不具有具体的指导意义。而待办任务则比较明确、具体，其抽象程度比较合适，既不是太低（低到直接落在了某一成熟品类层面），也不是太高（高到无法与具体的产品或服务品类相关联）。待办任务的焦点不在"谁（Who）"或"做什么（What）"或"如何做（How）"，而在"为什么（Why）"。待办任务对于顾客所处的情境尤为敏感，其所提供的是一个由各个片段整合起来的整体或全貌，它更像一个生动完整的故事，而不是抽象平均的统计资料。

当然，在了解和理解顾客的待办任务时，企业也不必抛弃已经收集上来的统计资料，而是可以把顾客画像、民族志研究、焦点小组座谈、顾客固定样组和竞

争分析等数据作为起点,在此基础上去获取关于顾客待办任务的重要洞察。在此过程中,需要着重考察以下五个问题:

● 你有一项待完成的工作吗?过去这个发现是靠企业家的直觉,今后可以由数据提供支持,结合直觉,但绝不可以只有数据没有直觉。

● 你有没有看到非消费或不消费现象?从那些不消费你的产品或服务的潜在顾客那里所能学到的东西与从那些消费的顾客那里所能学到的东西一样多。不消费现象经常蕴藏巨大的商机。

● 人们有没有发明什么变通和补救措施?如果你看见顾客通过拼拼凑凑、修修补补来奋力完成某项任务,那么你就该注意了。他们也许对目前的解决方案很不满意,这会成为一门很有前景的新生意的基础。

● 人们试图避免什么样的任务?在日常生活中,有很多任务我们都是速战速决的。我们称这些任务为"负面任务"。能帮顾客完成避免"负面任务"的任务,也会形成一个不错的商机。

● 顾客利用我们已有的产品发明了什么样的新奇用法?比如,六神花露水,消费者发现,除了用来祛痱止痒、提神醒脑和防止蚊叮虫咬,还可以用来擦席子,甚至清洁手机屏幕。

2.3.2 伍维克进一步细化顾客需求和待办任务理论

知识就是力量。掌握了关于所有顾客的需求的知识能够改变一切。伍维克先生在《待办任务:从理论到实践》一书第2章一开始就带领读者想象了解所有顾客的需求的意义,他一连串问了好几个问题:

● 你们公司有多少人了解所有顾客的需求?

● 如果他们能够就顾客需求是什么形成共同的理解会怎么样?

● 如果公司里的每一个人都能掌握关于所有顾客的需求的知识,公司的决策质量会有多大改善?

● 如果能够高度自信地精准确定顾客未被满足的需求是什么,产品和营销团队的工作效果会有多大提高?

● 如果能够发现具有独特的未被满足需求的细分顾客群体，公司会拥有多少可能性、多少机会？

伍维克先生认为，莱维特教授和克里斯坦森教授提出的基本概念都很重要，但只是看见了冰山一角。作为一个营销和创新思想上的"游戏颠覆者"，"待办任务"理论提供了两个方面的框架：①对所有顾客需求进行分类、界定、捕捉和组织；②把由顾客界定的绩效标准（其表现形式为期待成果表述）与"待办任务"结合起来。如果"待办任务"是一个总纲（功能性、情感性、社会性）的话，"期待成果（表述）"则是待办任务的细目，二者之间的结合相当于"纲"与"目"之间的结合。

了解了某一市场上所有顾客的需求能够显著地改变一个公司推行创新流程的方式。手中有一份关于顾客需求的完整清单，公司能够发现潜藏的细分市场机会，明确哪些顾客需求是未被满足的，哪些是被过度满足的，在开发进程之前测试完成待办任务的能力，把市场部和研发部的行动协调整合起来，系统性地为顾客创造价值。

具备了关于所有顾客需求以及哪些需求未被满足的知识，公司就有可能预测哪些新概念和新产品能够在市场上成功。如果顾客需求是用顾客在完成某项待办任务时自己用来衡量价值的标准来界定的，那么将一个新概念与所有这些需求进行匹配性评估，就会知晓这一概念建议在完成顾客待办任务方面会有多大改进。

因为顾客对于待办任务是忠诚的，所以一旦有能够明显更好地完成待办任务的新解决方案出现，他们就会转换选择。根据伍维克先生及其公司的经验，一个新产品如果能够在完成顾客任务方面优秀20%或更多，那么就很有希望在市场上胜出。确定自己的产品在完成待办任务方面能够比顾客目前的解决方案（或者没有解决方案）优秀20%或更多，那么一个公司的创新成果就会变得可预测。

2.3.3 待办任务需求框架：化凌乱为秩序

伍维克先生用了二十多年时间建立并完善了一个"待办任务需求框架（Jobs-to-be-Done Need Framework）"（见图2-1）。

该框架考察了为了更深入地理解顾客试图完成的任务而必须思考的顾客需求类型：

- 功能性核心待办任务；
- 与功能性核心待办任务相关联的期望成果（结果）；
- 相关任务；
- 情感性和社会性任务；
- 消费链（路）任务；
- 购买者财务性期望成果。

伍维克先生将任务和成果作了区分：任务描述的是顾客试图执行的整体工作，成果是顾客在执行任务时用来衡量成功和价值的具体标准（指标）。对于功能性核心待办任务以及消费链任务来说，每一项都可细分出50个或更多个期望成果表述。

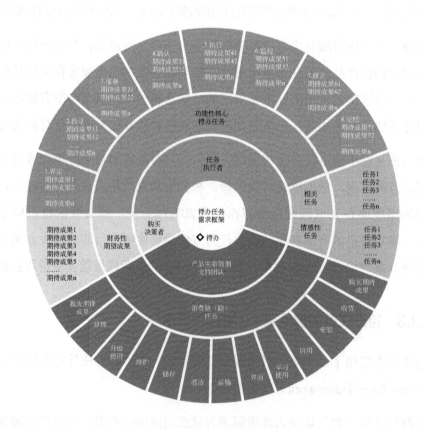

图2-1 待办任务需求框架

待办任务需求框架揭示出理解市场上所有需求方面的复杂性。我们并不能假定顾客只有少数几种需求，或者市场上只有一个顾客。在任何一个给定的市场上，一组分散的顾客的需求加总起来，通常会超过100种。在医疗和社交媒体这样的复杂市场上，顾客需求可能会超过200种。

顾客需求是很复杂的，分多个层级。顾客的需求跟购买产品、使用产品和拥有产品相关。顾客既有功能性需求，也有情感性需求。麦肯锡公司有一个用来分析问题的MECE（Mutually Exclusive Collectively Exhaustive）原则，中文意思是"相互排斥、集体穷尽"，旨在做到无重复、无遗漏。在按照MECE原则将某个整体（不论是客观存在的还是概念性的整体）划分为不同的部分时，必须保证划分后的各部分符合以下要求：①各部分之间相互排斥 (mutually exclusive) ——"相互排斥"意味着问题的细分是在同一维度上并有明确区分、不可重叠的；②所有部分加起来集体穷尽 (collectively exhaustive) ——"集体穷尽"则意味着全面、周密。我们所做的顾客需求表述也需要符合MECE原则。

顾客需求的每一项表述都要独立开来，并进行正确的归类。创新的目标是为满足顾客未被满足的需求设计出解决方案。公司要取得创新成功，就必须不仅了解所有顾客的需求，而且必须明确哪些需求是未被满足的，明确具有不同的未被满足需求的顾客群体（细分市场），只有这方面的洞察才能把公司的创新变得更有可预测性。缺乏这样的洞察，创新只能是一个碰运气的游戏。洞察改变一切。一个公司随机地构想一个解决方案，其满足一个占市场四分之一用户的细分群体的14个未被满足的需求的概率有多大？这种事是不会随机发生的。公司为了取得可预测的成功，需要了解某个细分市场的存在，精确地知晓顾客未被满足的需求是什么。有很多案例表明，如果能够在生成创意之前了解顾客的期望成果（顾客标准），那么公司的创新就会由随机的游戏转变为一门科学。

有一个事实一定不能忽视，那就是，大多数市场都不是均质化（铁板一块）的，几乎在所有的市场上，消费者都无法就未被满足的需求究竟是什么达成一致。在任何一个市场上，都会有顾客比别的顾客在完成某项任务时更加挣扎、更加纠结。其实是因为，在几乎所有市场上，都存在着由具有不同的未被满足需求的顾客群体所构成的细分市场。

发现由具有不同的未被满足需求的顾客群体所构成的细分市场，以及精准地明确存在于某个细分市场的顾客未被满足的需求究竟是什么，需要我们进行在统计上有效的市场研究，而不能只是依靠观察或者其他定性研究方法。通常我们会围绕人口统计和心理统计的数据来建立顾客画像，认为这种画像代表着顾客的"细分群体"，但是伍维克先生指出，这种做法是极具误导性的，因为其所创造（其实是"编造"）的是"影子"（好听一点是"魅影"）目标。

试图猜测市场上存在什么样的基于需求的细分市场，猜测哪些需求是未被满足的，这种做法给企业的创新流程带来了偏差和风险。我们需要通过在统计上有效的定量研究来纠正偏差、降低风险。

待办任务需求框架在理解顾客需求及其类型方面可以发挥重要的作用，历史上企业在顾客需求分析方面往往凌乱不堪、一团乱麻，经过待办任务需求框架分类、整理就显得条理分明、秩序井然。

2.3.3.1 功能性核心待办任务：基础与基准

人们购买产品和服务是为了完成任务。用户试图完成的核心任务是功能性任务。对于该任务的深入理解能够帮助公司创造出比竞争对手更明显、更优越地完成顾客任务的产品或服务。

功能性核心任务一条一条的表述来界定，比如"沿着直线切割木头""把生活经验传给孩子""监控病人的生命体征"，等等。在进行产品创新过程之前和之中，我们必须对顾客的功能性核心概念进行明确界定。

功能性核心任务相当于一个基准，其他需求都围绕这个基准来界定。功能性核心任务要优先确定，然后再据此来确定情感性任务、相关任务以及消费链任务。所有这些任务都处在顾客执行核心任务的情境之中。

公司之所以经常希望了解顾客试图完成的功能性任务，主要有两点原因：①以此来发现需要完成的新任务（或者可以针对的新市场）；②以一种新的方式来界定已经在服务的市场，这样可以通过应用待办任务理论来找到更好地服务该市场的策略和方法。前者需要发现顾客试图完成的多个功能性任务，而后者只需要顾客清晰地界定一个功能性任务就行了。

市场选择是一个更加复杂的情形，它是指一个公司决定进入什么新市场以获得有吸引力的新收入来源的过程。在这一过程中，公司应该首先选择它希望针对的顾客，也就是任务执行者，然后搞清楚这些顾客希望完成的功能性任务。接下来，公司通过定量研究来明确哪些任务对于顾客来说重要性最高但满足度最低，把这些任务转化为值得进入的最有吸引力的市场，以此实现企业的增长目标。这样做，不论对于成熟公司还是初创企业都是至关重要的，因为这是驱动增长的不二法门。

功能性待办任务如果界定得正确的话，会表现出以下三个独特而极具价值的特征：

首先，这样一项任务是稳定的，不随着时间的改变而改变。改变的是交付工具或者技术。比如音乐行业，多年来人们使用许多产品来帮助他们"听音乐"，这就是顾客的待办任务。从唱片机到磁带和盒式录音机到CD机到MP3到流媒体服务，技术"城头变幻大王旗"，待办任务"我自岿然不动"。在变化多端、流动不居的市场上，任务是一个相对稳定的聚焦点，围绕着这个点可以创造出顾客价值。

其次，任务不分地域。不同国家的人会有很多共同的有待完成的任务。但是，帮助不同地域的人完成这些任务的解决方案可能会有天壤之别。因为人们所用的解决方案不同，顾客有哪些期待成果未被满足的程度可能因地而异，但是所有期待成果加总起来却是一样的。因而，一国之待办任务知识，放诸四海皆可借用。

最后，任务对解决方案是不作分别的。任务并不关心你的公司所提供的是产品、软件还是服务。任务不给解决方案设限。当然，如果你能深入地理解顾客任务，那么你可能会创造一个由硬件、软件和服务共同组成的解决方案。理解了顾客任务也有助于推进数字化战略，利用技术来更好地帮助顾客完成任务。技术应用成功的前提是对顾客任务的理解。

2.3.3.2 与功能性核心待办任务相关联的期望成果：细化与深化

通过聚焦顾客的功能性核心任务并将其当作一个流程来研究，我们有可能发现顾客在完成任务的每一环节中用来衡量成功和价值的具体标准，伍维克先生将这些标准称为"期待成果"。正确地界定功能性任务很重要，但是发现顾客具体而微的期待成果（《创新者的任务》里称为"用户目标规范"），才能找到创新努力实现的标的，才是创新成功的关键。

为了发现顾客的期待成果，我们需要将功能性核心任务切分成多个组成部分和完成步骤，形成一个任务地图。关于顾客期待成果的表述精准地解释顾客在完成功能性核心任务的每一步骤时如何衡量成功和价值。这种表述展示的是如何让顾客任务完成得更快捷、更可预测、更有效、更少浪费。对于每一项功能性核心任务，都能获得50～150个顾客期待成果表述。例如，就听音乐这个任务来说，人们的期待成果包括"将按照想听的顺序来找到歌曲的时间缩到最短""最大程度地降低在高音播放时走调的可能性"。

在发展顾客期待成果表述时，我们需要建立并严格地遵循一些规则，比如，每一个表述的设计和结构都要有目的性、可衡量、可控制、可操作性、不包含解决方案、不以时间为转移。另外，这些表述还需要利用有统计意义的市场研究方法来对成果重要性和需求满足度进行排序。

2.3.3.3 相关任务：周边与周全

完成顾客的功能性核心任务是非常重要的，但是在此基础上完成一些边缘性任务也很重要。核心任务加上边缘任务才能穷尽所有功能性任务，这些任务联合起来可以催生平台级的解决方案。

2.3.3.4 情感性和社会性任务：向内与向外

除了功能性任务，顾客还有情感性和社会性任务，或者说顾客的待办任务具有功能性、情感性和社会性三个维度。情感性任务是指顾客执行某个功能性核心任务之后想要获得或者避免的内心感受，即喜怒哀乐。这里我们来看音响品牌Beats。在音响产品市场上，有很多名牌，比如Sennheiser（森海赛尔）、Bose和JBL，其产品质量都是响当当的。Beats却被很多评论家和发烧友批评说其产品质量不行。但是，Beats在与这些有着技术优越性的大品牌竞争的过程中，却占据了40%的市场份额，而且这一成绩是在上市后四年时间内取得的。人们为什么这么钟情于Beats？该公司认为是他们在完成情感任务方面表现出色。Beats一上市就把耳机放进音乐视频、更衣室和秀台，尽力把自己跟名人的气场和地位关联起来。而且，他们还为电影和运动队推出限量版，创造更多让用户脱颖而出、展现自我的机会。耳机当然需要符合一定的功能性门槛，但是Beats能够满足客户情感需求的能力让他们可以在市场上收取溢价（一组耳机要300美金）。不仅如此，Beats还让苹果公司支付了32亿美金来收购自己。

社会性任务是指顾客希望自己如何被他人认知，即在他们心中的印象，通常被称为社交需求。在当今中国，社会性任务似乎成了第一位的情感性任务。

例如，试图把人生经验传给孩子的父母一般会有两种任务："感觉被欣赏、被感激"，是一种情感性任务；"希望被别人看作是一个有爱心的父母"，是一种社会性任务。

关于情感性和社会性的任务表述有助于作出创造顾客价值主张的决定，也可以帮助找准定位，完善产品或服务设计，提高营销效果。

根据伍维克先生的经验，在执行功能性核心任务的最终用户的心智中，发现5～25个情感性或社会性任务并不难。

案例　卖体验的美国女孩

近30年来，"美国女孩"一直雄霸美国娃娃市场。这些娃娃可爱有趣、风格迥异，有不同的种族版本，也算不上惊艳，但为什么有那么多人愿意花100多美元买一个这样的娃娃，然后再花几百美元买更多的服装、书籍和配饰？

因为"美国女孩"卖的不是娃娃，而是一种体验。不同的娃娃代表着美国历史上不同的时期和地点，还附有讲述娃娃身世的书籍。对于十来岁的小女孩来说，娃娃可以使她们与拥有娃娃的其他朋友建立联系，并创造难忘的回忆；父母也能通过"美国女孩"让自己和女儿之间有共同的话题。

为了寻找孩子们的"待办任务"，创始人"快乐罗兰"绞尽脑汁，比如还在专卖店设娃娃医院，帮助修理打结的头发或损坏的部件；专卖店设有餐厅，让父母和孩子一起带着娃娃来享受儿童餐，还能举办生日派对，娃娃成了令人难忘的家庭聚会体验的催化剂；甚至连包装盒上的"腰带"，都为了追求一种特别的体验而精心设计。

虽然近年来玩具反斗城、沃尔玛、迪士尼都试图推出同样类型但价格更低的产品来挑战美国女孩，但依旧无法撼动它的市场主导地位。这是因为，竞争对手觉得自己在做"娃娃生意"，而"美国女孩"从未忘却娃娃被珍视的原因：由娃娃引发的体验、故事和联系，可以说功能性、情感性和社交性集于一身。

2.3.3.5　消费链任务：无瑕与无忧

产品需要一个旅程。顾客购买了产品（这是一项单独的任务）以后，该产品还需要经历接收、安装和启用等任务阶段。然后，必须有人学会使用该产品，习惯与该产品之间的界面。还要有人负责运输、清洁、储存、维护、升级、修理和报废等任务。顾客购买产品是为了使用而不是为了清洁、修理和报废的，所以能够在一个或多个维度来简化消费过程的产品会在市场上建立差异化优势。比如，风靡全球的戴森吸尘器就依靠人性化的设计使得其运用过程极其方便。还有，免烫衬衫减少了消费过程中的麻烦。

产品旅程上的任务被伍维克先生称为"消费链任务"。每一个消费链任务都可以细分为一系列独特的顾客期待成果表述。其实，产品的购买过程本身也可以看作一项消费链任务，因为顾客必须完成研究、评估和交易等一连串工作。"购买任务"是非常值得分析的，把"购买"当作一项任务来分析有助于改进该过程，尤其对于零售商来说，其中价值不可低估。其他消费链任务也可以成为改进产品、加强差异化和提升竞争力的焦点。

消费链任务会影响顾客旅程和体验。理解与消费链任务相关的期待成果可以给设计师和工程师带来很多非常有价值的信息，用来改进创新流程。

将顾客待办任务分为功能性、情感性和社会性三个维度和类别，既不是克里斯坦森教授也不是伍维克先生的首创。品牌专家戴维·阿克在很早就在《管理品牌资产》（Managing Brand Equity）一书中把价值主张分为功能性价值、情感性价值和自我性表现（Self-Expressive）价值（见图2-2），其中自我表现价值就是社会性待办任务，这种说法的"表现力"有时也比"社会性"更强。

图2-2　品牌价值金字塔

但是,伍维克先生在其待办任务需求框架里单独拎出消费链任务还是颇有见地的,虽然这跟通常说的售后服务相关,但是对中国企业今后的发展还是具有前瞻性的指导意义。企业要善于从消费链任务上寻找机会,寻找突破点,哪怕是一个缝隙,加上中国的人口规模,其市场前景也是非常可观的。非常遗憾的是,目前在很多行业都处在自然增长(甚至是疯长)状态的中国市场上,很多企业对售后服务并不是很重视,几乎所有的企业都在大力拓新,都在推销而不是营销(因为在德鲁克看来,营销的目的是使得推销变得多余)。只有那些率先重视消费链任务的企业,关注顾客待办任务,从功能性任务到情感性任务到社会性任务,从核心功能到边缘功能到消费链功能,全面满足顾客的细化和深度需求,才有可能赢得未来的先机。

2.3.3.6　购买者财务性期望成果：价格与价值

顾客在作出购买决策的时候,都会使用一些财务性的指标来决定买还是不买,买A还是买B,从甲家买还是从乙家买。企业对购买者财务需求的理解能够有助于作出产品和商业模式方面的创新。购买者在做购买决定的时候通常考虑的财务性成果(标准)有40～80项。比如,医院的医疗设备采购经理考虑的标准包括该产品能够"缩短病人的住院时间""降低发病率"等。这些标准最终都指向成本,都会影响购买决策。

根据顾客的上述几项期望成果，企业可以推出优质高价、优质低价、低质低价和低质高价等不同解决方案供顾客选择，由顾客在价格与价值之间作出平衡和最终选择。

2.3.4 待办任务驱动因素：背景与情景

在构建和推广"待办任务"理论的过程中，除了被科特勒教授称为"创新界的戴明"的伍维克先生，还有一位与克里斯坦森教授紧密合作的咨询顾问——斯蒂芬·温克尔也发挥了不小的作用。温克尔与杰茜卡·沃特曼和戴维·法伯于2017年出版了《创新者的路径：运用"用户目标达成理论"打破创新者的窘境》。其实，该书英文书名是：*Jobs to be Done: A Roadmap for Customer-Centered Innovation*，直译应为《待办任务：以顾客为中心的创新路线图》。

该书在待办任务的基础上提出了"待办任务驱动因素（Job Drivers）"的概念，引导企业关注对待办任务进行优先性排序的背景性、情境性要素（见表2-1）。该书通过讲述斯坦先生买车的故事，帮助我们理解驱动待办任务的态度（Attitudes）、背景（Background）和情境（Circumstances）（见表2-2）。跟所有买车者一样，斯坦先生买车有几个关键的待办任务要考虑，比如可靠不熄火、驾乘体验舒适、安全性高。如果只考虑这些，他似乎就应该买丰田凯美瑞，因为这款车可靠、舒适、安全。这款车在美国极为畅销，买它会有什么错呢？

但是，斯坦先生的态度把他和其他购车者区别了开来，影响着他对不同任务（伍维克先生称为"期待成果"）的重要性的看法。斯坦从一所名牌大学获得了MBA学位，他的很多同伴和同事都事业有成。这些因素导致他也想炫耀一下自己的成功。这样的话，他也许可以考虑奔驰S系列，这属于顶级豪华车。凯美瑞能够提供的所有特性，奔驰这款车都能满足，不仅如此，它还能让斯坦先生展示其财富。由于赚钱能力强，他不太需要考虑省钱，所以奔驰很合适。

表2-1 待办任务驱动因素

分类	定义	举例
态度	影响行为和决策的个人性格特征	社会压力 性格 他人期望
背景	影响行为和决策的长期背景	地理／文化状况 家庭状况 社会经济地位
情境	影响行为和决策的当下或短期因素	天气／环境因素 工作安排 意外事件

表2-2 斯坦先生买车的驱动因素

	任务驱动因素	受影响的任务
态度	高教育水平成功的社会阶级同伴	炫耀成功
背景	家庭位置（新英格兰山丘） 财富／汽车购买的频率	爬坡性能 持久耐用度
情境	作为教练参与很多志愿活动	运输运动设备

接下来，让我们来看斯坦先生的背景。他住在新英格兰地区，他家在一座陡峭的山峰上。这些地理因素让斯坦先生需要一辆动力足一点的车，可以在冬季下雪的时候比较轻松地开上山坡。这样看来，刚才说的奔驰又不一定合适了。也许保时捷卡宴SUV是更适合斯坦的选择，因为动力够足。汽车评论上显示，从长期看，卡宴不如凯美瑞可靠，但是这对斯坦不是问题，因为他每过几年就换一辆车。短期可靠性对他来说足矣，所以卡宴没有任何问题。

最后，我们来看斯坦的情境。他选车的时候恰逢曲棍球季节，他刚答应他儿子做他们曲棍球队的教练，他担心他不得不用车后箱来拉很多曲棍球设备，而卡宴的后备厢很小，因而又显得不合适了。最终，斯坦决定买更大的豪华SUV——凯迪拉克凯雷德。

斯坦先生买车的故事告诉我们，即便具有类似任务的顾客在他们用来完成任务的产品的选择方面也会作出不同的决定。凯美瑞和凯迪拉克的买家可能都很看重安全性、可靠性和后备厢空间，但是其任务驱动因素却导致他们对这些特性有着各自不同的定义，强调一部分任务、忽视另一部分任务。任务驱动因素是一些基本事实，比如斯坦的出身。这些因素不是任务本身，但是对哪些任务是重要的产生很大的影响。同时，任务驱动因素也可能催生全新的任务，比如斯坦的炫耀需求。最终，待办任务及其驱动因素结合起来将顾客区分开来。

将待办任务及其驱动因素结合起来分析，能够获得关于"所以然（为什么）"而不只是"然（谁和什么）"的洞察，为企业创造有意义的细分市场。让我们来看看美国健身房市场的一个案例。历史上，健身房是通过特性来进行区分的。健身房通常会考虑季节、地段、会员年纪、性别等因素，以此来决定是否提供相关福利。但是，近年来健身房开始基于顾客的待办任务及其驱动因素来配置和营销了。行星健身（Planet Fitness）在全美连锁健身房中排名第三，最近增长态势良好。公司围绕会员的态度来开展营销活动，他们基本上是为了保持健康而寻找方便的健身房。他们不想被评判为健身狂热分子。该公司的广告因而就大力宣扬行星健身是"不评判健身"之家。同时，行星健身也理解会员的情境。他们很多都是年轻人，休闲锻炼者，也想节省时间和金钱。行星健身为会员们推出每月10美金的会员制，周一提供比萨饼，周二提供硬面包圈。这些政策加起来能够帮助会员降低食物成本，同时还能把锻炼跟通勤结合起来。尽管该公司的服务对于高级运动员和"健身狂"看来有些可笑，但是符合其所针对的休闲型健身会员的情境。最后，行星健身安排了大比例的空间给心脏和力量训练机器，这些都是日常健身者的主要需求，完全符合这些会员的背景，也符合其长期需求。

如果严格地按照人口统计变量来进行市场细分，是不会想到行星健身这样的模式的。而那些完全按照顾客待办任务来进行细分的公司也会错失机会的。只有将待办任务及其驱动因素结合起来考虑，才能获得更清晰的客户画像，将不同的客户类型区分开来，从而分门别类、有的放矢地提供解决方案。

2.4 "待办任务"理论对于中国化妆品企业提升顾客需求洞察力的启示

本章介绍的创意优先创新法和需求优先创新法也普遍地为中国化妆品企业所采用，不能说完全没有效果，但是总体效果跟其他行业一样差强人意——失败率高、浪费严重。至于"接着讲"的顾客待办任务理论和需求框架，不能说中国化妆品企业完全无知无觉，但是在创新和营销实践中践行的意识不强、流程不全、经验不足、样板不多。在各类待办任务当中，中国化妆品企业在功能性任务的理解方面相对于外国企业还是有一定优势的，但是优势越来越不明显，因为外国企业在这方面正在迎头赶上，在理解中国消费者需求方面投入的预算和人才在不断增加。但是，中国企业在功能性任务的解决方案方面缺乏原创，不论是概念、技术还是审美，都缺乏原创，模仿、抄袭或者美其名曰"平（价）替（代）"是中国化妆产品和品牌的硬伤。另外，中国化妆品品牌在帮助消费者完成情感性任务和社会性任务方面的能力严重不足，无法创造高附加值，因而难以占据高端市场，难以取得丰厚利润。这是一种"软实力"，需要中国在自然科学、社会科学和人文艺术（特别是后者）方面知耻而后勇、后来而居上。尽管这两年有所谓国潮美妆的兴起，但是本土大牌星群并未涌现，因而不可盲目乐观，不要轻易地喊"厉害了，我的国"和"文化自信"这样的口号，而是要躬身入局（skin in the game），通过深入地体知消费者生活，通过研究他们的功能性、情感性、社会性、财务性和消费链等待办任务来提升需求洞察力，确保找准创新和营销的方向，精准发力，全面增强品牌竞争力。

多少年来，顾客需求似乎已经成为所有商业人士（包括中国化妆品行业的从业者）的口头禅了，但是实际问题仍然很多：一方面，有的企业并不真正重视顾客需求，往往是以我为主、一厢情愿地推出"直男方案"，硬性地推销给顾客；另一方面，有的企业虽然比较重视顾客需求，但是在了解顾客需求方面不够深入、不够细化、不够精准，不掌握有效的需求洞察理论和方法，一直无法打开顾客需求这个隐秘的黑箱，对顾客需求的理解犹如雾里看花、水中望月，不能"分辨这变幻莫测的世界"，特别希望能够"借来一双慧眼，把这纷扰看得清清楚楚明明白白真真切切"。克斯里坦森教授和伍维克先生建立的待办任务理论和方法不啻为这样一双慧眼，能够系统、有效地帮助包括化妆品行业在内的各行各业的企业家和管理者拨云见日——拨开顾客需求的云雾，见到顾客待办任务的太阳，让企业的一切创新和营销工作都围绕着这轮太阳来运转。这样，我们就可以放弃以企业为中心的"地心说"了，转而拥抱以顾客（消费者）为中心的"日心说"——来一场21世纪商业世界的"哥白尼革命"。

Part 2
第二部分
顾客需求洞察之用

第 3 章
顾客需求洞察助力增长战略

企业的创新必须永远以市场为焦点。如果只是把焦点放在产品上,虽然能创造出"技术的奇迹",但只会得到一个令人失望的报酬。

——德鲁克《管理:使命、责任、实践》

笔者在第1章提到过，科特勒胜过麦卡锡的地方是他在4P营销组合的基础上，融合了经济学、社会学、组织行为学和数学等内容，丰富并深化了营销学的结构和内涵。他在4P之前先讲STP，其中引入了温德尔·史密斯的"市场细分"概念和里斯与特劳特的"定位"理论。关于STP的知识，建议读者还是找科特勒的书来学习，而关于定位的思想，阅读里斯和特劳特的原著非常有必要，因为很多"传教者"已经把"定位教"传歪了，以至于这些传教者的言行已经成为对定位的本质和核心并不了解的人对定位理论进行"妖魔化"的"罪证"。

这一章的重点是如何基于顾客需求洞察来制订企业的增长战略。我们首先简要地介绍一下美国哈佛大学教授迈克尔·波特（Michael E.Porter）于1980年在其出版的《竞争战略》（*Competitive Strategy*）一书中提出的竞争战略，也可以称为增长战略，因为增长就得竞争，竞争才能增长。然后，我们介绍美国CSC Index系统公司的咨询师特里西（Michael Treacy）和威尔斯马（Fred Wiersema）的价值修炼战略（value discipline strategies）。最后，我们详细地讲述伍维克先生及其公司所创建的基于成果的市场细分新方法（outcome-based segmentation），以顾客需求作为竞争优势的基本单位的竞争战略新视角（six-growth-path framework）和待办任务驱动的增长战略新框架（jobs-to-be-done growth strategy matrix）。

3.1 波特三种竞争战略

1980年，20世纪全球第一企业战略权威、被誉为"竞争战略之父"、哈佛大学商学院大学教授迈克尔·波特年纪轻轻（33岁）就出版了世界管理思想界的名著《竞争战略》一书。波特在其中为商界人士提供了三种竞争战略：低成本领先战略（overall cost strategy）、差异化战略（differentiation strategy）和聚焦化战略（focus strategy）。波特不仅提出了三大竞争战略，还构建了一整套竞争理论，其中除了三大竞争战略，还包括五力模型、价值链、钻石体系、产业集群等内容。波特的理论一推出即获拥趸，一时洛阳纸贵，被全球（包括中国）企业家敬佩了好多年。后来，随着全球化的发展和商业理论的发展，有人批评波特竞争战略理论只适合美国等发达国家成熟的、结构化的市场环境，应用在产业结构变化迅速的新兴市场，存在明显局限性，其以"五力模型"为分析工具得出的总成本领先战略、差异化战略及专一化战略过于笼统，无法帮助企业获取竞争优势。因此，波特理论在连管理理论也追逐时尚的企业界特别是中国企业界的"波"峰已过，不再"特"别了。但是，波特竞争战略的三分法仍然是理解企业战略的基础，尤其符合"相互排斥，集体穷尽"的MECE原则，具有条理判然、令人一目了然的特点，在帮助企业家实现删繁就简、返璞归真的战略思考方面仍有不可替代的价值。

3.1.1 低成本领先战略

波特认为，成本领先要求坚决地建立起高效规模的生产设施，在经验的基础上全力以赴降低成本，抓紧成本与管理费用的控制，以及最大限度地减小研究开发、服务、推销、广告等方面的成本费用。

为了达到这些目标，就要在管理方面对成本给予高度的重视。尽管质量、服务以及其他方面也不容忽视，但贯穿于整个战略重中之重的是务必使总成本低于竞争对手。你的公司成本较低，意味着当别的公司在竞争过程中已失去利润时，你的公司依然可以获得利润。

赢得总成本最低的有利地位通常要求具备较高的相对市场份额或其他优势，诸如与原材料供应方面的良好联系等，或许也可能要求产品的设计要便于制造生产，易于保持一个较宽的相关产品线以分散固定成本，以及为建立起批量而对所有主要顾客群进行服务。

总成本领先地位非常吸引人。一旦公司赢得了这样的地位，所获得的较高的边际利润又可以重新对新设备、现代设施投资以维护成本上的领先地位，而这种再投资往往是保持低成本状态的先决条件。

3.1.2 差异化战略

根据波特的分析，差异化战略是将产品或公司提供的服务差异化，树立起一些全产业范围中具有独特性的东西。实现差异化战略可以有许多方式：设计名牌形象、技术上的独特、性能特点、顾客服务、商业网络及其他方面的独特性。最理想的情况是公司在几个方面都有其差异化特点。

如果差异化战略成功地实施了，它就成为在一个产业中赢得高水平收益的积极战略，因为它建立起防御阵地对付五种竞争力量——供应商的讨价还价能力、购买者的讨价还价能力、潜在进入者的威胁、替代品的威胁以及同行业公司间的竞争。波特认为，推行差异化战略有时会与争取占有更大的市场份额的活动相矛盾。推行差异化战略往往要求公司对于这一战略的排他性有思想准备。这一战略与提高市场份额两者不可兼顾。在建立公司的差异化战略的活动中总是伴随着很高的成本代价，有时即便全产业范围的顾客都了解公司的独特优点，也并不是所有顾客都愿意或有能力支付公司要求的高价格。采取差异化战略的公司对于这一点要有清醒、清晰的认识。

3.1.3 聚焦化战略

聚焦化战略是主攻某个特殊的顾客群、某产品线的一个细分区段或某一地区市场（niche market）。正如差异化战略一样，聚焦化战略可以具有许多形式。虽然低成本与差异化战略都是要在全产业范围内实现其目标，聚焦化战略的整体却是围绕着很好地为某一特殊目标服务这一中心建立的，它所开发推行的每一项职能化方针都要考虑这一中心思想。这一战略依靠的前提思想是：公司业务的聚焦化能够以更高的效率、更好的效果为某一独特的战略对象服务，从而超过在较广阔范围内竞争的对手们。波特认为，这样做的结果，是公司或者通过满足特殊对象的需要而实现了差异化，或者在为这一对象服务时实现了低成本，或者二者兼得。这样的公司可以使其盈利的潜力超过产业的普遍水平。这些优势保护公司抵御各种竞争力量的威胁。

但是，聚焦化战略常常意味着限制了可以获取的整体市场份额。聚焦化战略必然包含着利润率与销售额之间互以对方为代价的关系。

竞争优势是企业所有战略的核心，企业要获得竞争优势就必须作出选择，必须决定希望在哪个范畴取得优势。全面出击的想法既无战略特色，也会导致低水准的表现，它意味着企业毫无竞争优势可言。虽然这样的警戒不绝于耳，但是取得了一定成功的企业家还是容易过于自信，容易犯全面出击的错误，最终让企业腹背受敌、四面楚歌。波特提出竞争战略是希望企业作出明确选择、适时调整。企业家切莫把全面出击作为一种"勇气"，其实这种勇气是对外部风险的过低估计;也切莫把全面出击作为一种"信心",其实这种信心是对自身能力的过高估计。塔勒布在《反脆弱》(Antifragile)一书中说:"一个过于自信的飞行员,总有一天会让飞机失事(An over-confident pilot will eventually crash the plane)"。可能有的企业家不服气,说"我的战略是经过深思熟虑的,甚至有科学的模型和可靠的数据支撑"。不要忘了,塔勒布紧接着上面一句话说:"量化的预测往往致使人们冒更大的风险(And numerical prediction leads people to take more risks)。"

3.2 价值修炼战略

接下来,我们介绍另外一位思想者的战略理论。

美国CSC Index系统公司的咨询师特里西(Michael Treacy)和威尔斯马(Fred Wiersema)在1995年出版的《市场领导者的修炼》(The Discipline of Market Leaders)一书中,通过解析一些市场上改写竞争规则的成功企业的运作模式,提炼出三个具有普遍性的价值修炼(见图3-1):operational excellence(运营卓越性)、product leadership(产品领导力)、customer intimacy(顾客亲密度)。这里,我们分别加以简单介绍。

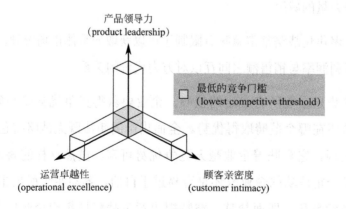

图3-1 市场领导者的价值修炼

3.2.1 运营卓越性战略

该战略与波特的低成本战略和克里斯坦森的颠覆性战略是相通的，其提出时间处在波特和克里斯坦森之间。采用这种战略的企业致力于一流的运营和执行。通常表现为以非常低的价格提供质量优越的产品或服务。任务导向型愿景，对员工有很高要求。关注的焦点是成本、效率、响应度速度（just in time）流线生产、供应链管理、无冗余服务、数量优先。大多数国际大公司遵循这一原则。衡量检测系统非常重要。产品类别极为有限，多元化不足。典型的企业包括丰田汽车、沃尔玛等。

运营卓越性的定义和标准必须与时俱进，不断更新。这方面的最新概念应该是阿里集团学术委员会主席、湖畔大学教育长曾鸣倡导的"智能商业"以及京东集团首席战略官、长江商学院战略创新与创业管理实践教授廖建文推崇的"颗粒度经济"，下面我们简要地介绍一下后者。

廖建文认为，"颗粒度经济"是在数字化技术推动下，基于"生产要素精细化"以及"运营流程准配化"而产生的新商业范式。首先是基于对生产要素的改造：在数字化工具的帮助下，生产要素的颗粒度变得越来越精细。生产要素的精细化一直是推进经济演变和发展的动力。在工业时代，劳动力的专业分工（即劳动力的颗粒度）极大地提升了生产效率，增进了国民财富。走到数字化时代，生产要素的颗粒化不仅仅停留在劳动力这一项上，几乎所有的生产资料都可以通过数字化的方式被精细化。例如，通过众筹，资金可以被划分为极小的单元，从而能够高效率地将社会上的闲散资金聚集起来并盘活，个人手中的好创意也更有希望产生商业价值，变成产品。在技术端，模块化是近年来的一大趋势：通过定义标准化的界面，可以将技术切分为一个个小环节，从而更有效地加以协同，充分发挥规模经济和专业化的作用。在物资端，对物理和数据资产的描述可以做到越来越细致。比如汽车现在不仅仅是一个代步工具，还可以记录其位置、运行轨迹、车速、零部件状态等。货架上的一个商品，可以记录其实时价格、被拿起的次数、拿起后被购买的次数等。通过物理资产的数字化，可以产生巨大的信息空间。数据作为数字时代最重要的资产，其颗粒化、精细化的意义不言而喻，很可能成为引爆下一轮商业范式价值质变的核心动力。

其次，"颗粒度经济"改造了生产要素的运营流程。工业时代的劳动分工是

"让专业的人做专业的事",这是一种物理变化,因为每个环节本身并没有变,只是分配到更合适的位置,以期产生更高的效率。但是,信息时代的劳动分工却是"在正确的时间、正确的地点,以正确的方式,向正确的人提供正确的产品/服务"。这是一种化学变化,因为每个环节本身已经不同以往:生产什么、什么时候生产、在哪里生产都成了变量,组织模式也很可能需要随之转换。最终,各个要素以"准确匹配"为目标进行组合、匹配和协同,一旦形成稳定的商业和组织模式,就可能成就指数级的增长。

当下,很多行业都产生了令人瞩目的新商业模式。这些新锐们倒不是从无到有地创造了新行业,而是无一例外地通过生产要素的精细化和运营流程的准配化,重新定义了所在行业,创造了新的意义。

颗粒度经济带来机遇的同时,也带来了巨大的挑战。对企业而言,核心在于回答两个关键问题:第一,生产要素的数据化水平有多高?第二,运营流程的数字化协同水平有多高?规模与平台制胜的时代已近尾声,下一个时代需要的是"精"(生产要素的精细化)和"准"(运营流程的准配化)。运营卓越性战略就是要同时在这两个方向上不断提升,才能在未来占得先机、引领潮流。

最后,概括起来说,运营卓越性可以一盒三"精"口服液来总结:一"精细"(理念和流程层面)、二"精准"(技术和数据维度)、三"精益"(结果和效益方面)。

3.2.2 产品领导力战略

该战略与波特的差异化战略相通,后者包含前者。采用该战略的企业重点在产品创新和品牌建设方面。企业在市场上表现活跃。关注的焦点是研究、开发、创新、设计、市场的时效性、较短时间内获取高额边际利润。企业文化灵活,其典型代表是苹果、戴森这样的公司。

在一个处于消费升级通道的市场上,这样的战略特别奏效。品牌力可理解为产品力、分(动)销力和传播(沟通)力的合力,同时把当下中国化妆品的产品力细分为五种力:①颜值力(face);②功效力(functionality);③趣味力(fun);④情感力(fulfillment-emotional);⑤社交力(fulfillment-social)。套用"待办任务"

理论，笔者又把从化妆品消费者任务角度提出的产品力的要求进一步总结为"三从四得"：从不失准——功能要强大，从不冷漠——情感要丰富，从不丢脸——身份要匹配；丑不得——要有颜值，笨不得——要有才华，伪不得——要有诚意，呆不得——要有趣味。

对于化妆品企业而言，产品力概括起来也可以用一盒三"精"口服液来总结：一"精效"（内在配方）、二"精美"（外在包装）、三"精进"（迭代升级）。

3.2.3 顾客亲密度战略

该战略也可以说是波特差异化战略的一部分，采用该战略的企业特别重视顾客关注与顾客服务，并有卓越的实际表现。针对每一个顾客，提供量体裁衣的个性化、定制化产品或服务。产品类别丰富，差异化特点明显。关注的焦点是：顾客关系管理（CRM）、产品或服务的供给准时并超出顾客期望（over-delivery）、终生价值概念、可靠性、贴近顾客，等等。将决策权下放给与顾客直接打交道的员工（用任正非的话说，叫作"屁股对着老板，眼睛看着客户""让听得见炮声的人来呼唤炮火"）。典型代表有IBM、华为、茑屋等。

这种战略现在也被形容为"经营用户"，不同于"经营产品"，更注重与一群用户建立基于信任的深关系，然后围绕这群相互"知己知彼"的用户提供体系化的产品、服务和解决方案（见表3-1）。

表3-1 经营产品与经营用户的主要区别

项目	经营产品	经营用户
本质属性	搜索	推荐
接触场所	卖场	买场
用户价值	效率	体验
运营目标	转化率	时长
品类策略	品类定位清晰	品类界限打破
人群策略	人群不清晰	围绕人群经营
营销目的	认知和记忆	关系和了解

用一盒三"精"口服液来总结顾客亲密度战略：一"精当"（有限的用户、合适的关系）、二"精心"（无微不至的服务）、三"精彩"（惊喜不断的体验）。

企业在运用特里西和威尔斯马的三大价值修炼战略时必须遵循以下四个原则，才能取得成功：①在三个价值信条（运营卓越、产品领先、亲近顾客）中，通过"外观大势、内省自身（复旦管理学院孙金云语）"来寻找、确定其中某一个，努力在这方面成为行业内最好，将之设定为企业的价值主张（value proposition），并在企业经营的各个职能领域、各个流程中全面、彻底地贯彻执行，从而形成难以模仿的竞争力；②在其他两个价值修炼维度做到至少及格的水平（"最低竞争门槛"），绝不能够让这两个价值修炼的绩效水平滑坡，而导致公司价值和吸引力的削弱；③在某一已选择的价值修炼上持续改进，夯实优势，当公司将其所有的资产、资源和精力都投入到该价值修炼上的时候，其绩效表现往往要比那些投入分散的企业高得多；④构建协调良好的运营模型，实现价值的传递。在一个竞争激烈的市场上，顾客期望不断提高，顾客价值也必须不断提高，这是市场领导者必须面对的挑战。一个良好的运营模型是把握顾客期望、提升顾客价值的关键。

价值修炼战略非常类似于波特的三个竞争战略，但是二者之间至少有一点不同：价值修炼模型中的三个修炼维度不可偏废，在某一维度追求卓越的同时，另外两个维度虽然不要同样卓越也要必须保持较高水平，以免低于最低的竞争门槛。然而，根据波特的竞争战略理论，企业如果照此而行，则会陷于高不成、低不就的位置，永远无法达到卓越。

也有人在了解了价值修炼模型之后，像了解波特的竞争战略一样，喜欢全面出击，认为只在一个维度上做到优异不太明智，为什么不像门门考第一的学霸那样，做到全面卓越呢？但是，企业经营毕竟不同于学生考试，就算一个企业有能力做到全部卓越（甚至全部第一），但是求全所导致的成本也是高得惊人，难以承受，况且不说企业文化和员工意识不支持这种相互有冲突的行为，更为严重的问题是，就算一个企业真的样样第一，其在顾客心智上也无法被认知、被认同，因为那是自相矛盾的，令人难以置信。

价值修炼战略模型理解和运用起来简单而又方便，具有非常的普适性，可惜在中国商业界一直像"明日黄花"，不受待见。该模型不仅具有普适性，而且还有持（恒）久性、超时代性，即便是进入深度互联网时代和全面数字化世界，企业经营所需要关注的也无非是这三个价值维度和修炼：运营卓越性、产品领导力和顾客亲密度。技术、媒体和渠道不管如何变化、如何进化，其目的无非是进一步提升运营卓越性、产品领导力和顾客亲密度。把媒体分为传统媒体和社交媒体，流量分为公域流量和私域流量，渠道分为线下渠道和线上渠道，运营分为传统运营和数字化运营，把营销分为传统营销和数字化营销，CRM分为传统CRM和sCRM（social CRM），都是一种割裂思维和言行，我们必须具备整体性、一体化思维，关注如何在社交化的世界里经营和利用媒体，在全域的范围内优化流量，在全渠道的融合中开展零售，在数字化的经济中完善运营，在数字化的世界里进行营销推广，在顾客全旅程中建立并深化关系。总之，要做到《孙子兵法》所说的"知己知彼"，根据市场和自身特点，从上述三种价值修炼战略中，合理地选择一项，将其拉长为企业内最长的板，最好也是市场上最长的板，同时不让其他两项修炼成为严重地拖企业后腿的短板，这样才能在数字化世界和智能化时代赢得顾客、赢得竞争、赢得未来。

与总结出价值修炼战略的特里西和威尔斯马在中国的寂寂无闻鲜明对照的是美国学者罗伯特·卡普兰（Robert S. Kaplan）和戴维·诺顿（David P. Norton）在中国的名声赫赫。他们是平衡计分卡的创始人，在对实行平衡计分卡的企业进行长期的指导和研究的过程中，发现企业由于无法全面地描述战略，管理者之间以及管理者与员工之间无法沟通，对战略无法达成共识。"平衡计分卡"只建立了一个战略框架，而缺乏对战略系统全面的具体描述。因此，卡普兰和诺顿战略地图在2004年1月推出了《平衡积分卡》的"续集"（准确地说，更像是"前传"）——《战略地图：化无形资产为有形成果》一书。该书在第十一章"为你的战略定制战略地图"列举了四种战略：总成本最低战略、产品领先战略、全面客户解决方案战略和锁定战略。除了最后的锁定战略（以信息技术为基础的新经济行业的通行战略）是由别人提出的，前面三种战略与特里西和威尔斯马原创的价值修炼战略毫无二致。

另外，特里西在2003年又推出了一本书——《两位数增长》，着力探讨美国企业如何管理其增长战略。在《两位数增长》一书中，作者提出的五项修炼作为企业的增长战略选择是很有价值的，也特别符合MECE原则：

- 保持公司原来所赢得的增长（keep the growth you have already earned），可以概括为"守成"；
- 从竞争对手那里抢生意（take business from your competitors），可以概括为"夺食"；
- 占据即将出现增长的地盘（show up where growth is going to happen），可以概括为"占位"；
- 侵入邻近市场（invade adjacent markets），可以概括为"扩列"；
- 投资新的业务线（invest in new lines of business），可以概括为"投新"。

这五项旨在创造公司业绩增长的战略修炼，是有优先顺序的，首先是守成，其次是夺食，再次是占位，然后是扩列，最后投新。当然，一个有能力的公司应该把这些战略做成一个组合（portfolio），联合促进公司持续增长。另外，杰弗里·摩尔的《梯次增长：颠覆性创新时代的商业作战手册》一书中有讲到关于业绩梯队、产能（劳动生产率）梯队、孵化梯队和转化（转型）梯队四个梯队的分类经营体系，是一套关于产品创新、业务组合、商业执行、企业管理等系统而又完整的工具和方法论，能够帮助企业在快速变化的市场竞争环境中聚焦下一次增长，寻找新的业务，颠覆性创新，超越竞争对手并不断取胜。

3.3 市场细分新方法

营销的成功有赖于对市场进行细分的能力，即识别具有高相似性的顾客群体，以至于使同一种产品或服务能够对该群体的所有成员都产生吸引力的能力。针对一个能够满足有效细分理论的基本原则的细分市场（比如，该群体具有相同的价值观）会显著增加一个产品或服务的成功概率，因为这样做更有可能与目标顾客之间形成紧密关联。

尽管把市场细分做对显得十分重要，但是仍有许多管理者继续采用直接针对幻影般的目标顾客的做法，其所采用的分类标准往往是从内部视角出发来界定的，然后再强加到顾客方面，其实这样的顾客在现实中是不存在的。这种做法导致很多产品和服务推广失败，这并不令人感到奇怪。

这种问题由来已久。例如，半个多世纪以前，丹尼尔·扬克洛维奇就说："我们应该抛弃这样一种古老的不受质疑的假定：人口统计因素是进行市场细分的最佳方式"（《哈佛商业评论》1964年第3～4期的文章"市场细分的新标准"）。尽管有言在此，但是即便是在今天，基于有效理论来进行市场细分的公司仍然是凤毛麟角。企业不遵循正确做法的原因是双重的。首先，很多管理者觉得把顾客分成用产品类型、价格带、年龄、业务规模和其他人口统计或心理统计变量来加以区别的群体更加方便，因为这类数据唾手可得，使他们很容易对顾客数据进行识别、收集、跟踪和分析。其次，管理者尚未发现有效的方法来识别真正同质的顾客群体，并提供给他们少数几种选择。比如，试用过"基于需求"的市场细分法的管理者经常说，这些细分市场的成员构成五花八门，很复杂，很难瞄准，因而无法建立一个可预测的顾客行为模型。

寻求更好的市场细分方法的管理者必须重新解决这个最重要、最根本的问题：究竟是什么让顾客真正与众不同？为了回答这个问题，管理者必须跳出常用的内部划分标准去理解，从顾客的视角去理解市场如何基于顾客希望一个产品或一项服务为他们做什么来自然而然地进行细分。

顾客，个人也好企业也好，会有"任务"经常出现，这些任务需要完成。当顾客意识到这样一个"任务"时，他们就会四处寻找他们可以"雇用"的一个产品或一项服务来帮他们完成该任务。比如，在剃须时，男人可能"雇用"一个刀片和剃须膏或者一个电动剃须刀和须后水来完成任务。一个女人可能会"雇用"一个脱毛贴或者一瓶脱毛露。同样，一个想避免财物损失的顾客可能"雇用"一个保险政策或者一个期权合同来寻求保护。理解顾客试图完成什么样的任务是制订一个有效的市场细分计划的第一步，但是顾客想要如何把任务完成才是市场细分方法论的真正焦点。

当顾客雇用一个产品来完成任务时，通常会使用一组标准来衡量价值，即在他们执行这一个任务时对他们来说重要的东西。伍维克将这些标准称为"期待成果"（见《哈佛商业评论》2002年1月文章"化顾客输入为创新"）。比如，在剃须时，有些顾客可能希望把准备时间缩到最短，把划痕数量降到最低，而另外一些顾客则可能希望防止皮肤受刺激，把刮不到的胡须数量降到最低。顾客的期待成果界定了他们希望任务被完成的方式。例如，考虑到期待成果，第一组顾客可能会"雇用"电动剃须刀，而第二组顾客可能会"雇用"带有润滑带的刀片，因为相应的解决方案更好地满足了每一个细分市场的重要而独特的成果。顾客的期待成果方面的差异构成了市场细分的基础，这种做法不仅帮助营销者实现了让产品和服务的成功更有可预测性的目标，而且增强了营销者为产品进行定位和品牌建设的能力，以及把产品利益点沟通给顾客的能力——这种方法比任何其他细分方法都有效。

击打一个并不存在的目标会使创新流程显得随机而不可预测。采用基于成果的市场细分法能够帮助公司消除变异性的根源，找到正确的目标。该方法需要新思维，相对于标准的人口统计、心理统计或者基于需求的细分方法，该方法需要更深的投入，但是其回报大于投入。基于成果的市场细分法可以帮助公司设计出能够创造显著价值的产品和服务组合，能够发现和测算出高潜力的增长市场，建立强大的基于成果的"目的"品牌，并为颠覆性技术找到切入点。

3.3.1 市场细分的演进

在详细描述基于成果的市场细分方法论及其应用之前，有必要快速地回顾一下市场细分艺术的演进历程。历史上，市场细分的实践一直沿着一条连续线演进，这条连续线由所能获得的顾客信息的类型来界定，同时也受到其制约。例如，在20世纪50年代，市场细分完全基于人口统计特征，比如年龄、地理位置或者性别，因为人口统计信息是唯一容易收集、容易获得的数据类型。结果，这种细分方法很快成为各个公司所使用的事实上的标准。长时间以来，市场、销售和会计系统都是为追踪和分析人口统计视角的数据而设计的，这样一来就让基于人口统计的细分市场在公司环境中获得一个永久性的地位。

随着20世纪70年代信息技术的发展，营销者获得更多关于顾客的洞察的能力也取得了长足的进步，产生了新的市场细分方法，新方法不仅包括人口统计数据，而且包括心理统计数据。获得了关于顾客常见特征以及对产品和服务的态度的信息，营销者就能够生成更加具体的顾客画像。随着企业安装了大型交易数据库，能够捕捉实时的售点数据，营销者获得了更多可用的信息。随着这类信息的涌现，基于购买行为的细分开始增多，赋予公司一种基于顾客年龄、收入、心理画像和过往购买行为对顾客进行细分的能力。

到了20世纪80年代，公司发现了"基于"需求的市场细分方法。该方法由强大的计算机和复杂的聚类技术促成，这些条件使得研究者能够基于产品特性和利益点对顾客的吸引力来对顾客进行细分，该方法为管理者提供了一些颇有帮助的洞察，但是依然无法成为市场细分的标准，因为如此发现的细分市场通常是无形的，既难以理解又难以瞄准。

如今，公司大多把人口统计数据和心理统计数据相结合的方式作为市场细分的基础。尽管公司通常都用这样的细分方法来组织销售、市场和会计数据，但是采用这样的细分方法给公司运营带来的不曾预料和不愿看到的影响往往被忽视。

比如，加拿大北电网络公司很多年来一直围绕垂直行业（比如公共服务、交通运输、制造业）来组织其小企业业务的销售和会计系统。他们发现，其对细分市场的标准的选择被动地主导着其所雇用的资源、其所获得的技能、其所推行的流程以及其所采取的行动。例如，在人力资源方面，北电网络公司招聘人员来代表大多数垂直的细分市场——交通运输、通信、政府等，其最终结果是人力资源都有一个垂直的细分视角、聚焦和观念。销售团队、市场推广活动和传播计划都为这些细分市场而设计。工程师和设计师从垂直细分市场的视角来思考市场问题，努力调适和改进产品以满足不同细分市场的独特需求。最重要的是，优先性的设定和决策的制定都是围绕垂直市场的思维来进行的，例如，有人会说："我们会把这一特性加进这个产品里面，因为它对公共服务细分市场有吸引力，而我们需要在这一个领域获取市场份额。"事实上，北电网络公司的市场和产品战略、资源选择和能力建设都由某一垂直行业的细分标准所主导，而这些标准是当初为销售、市场和会计目的而选择的。细分标准数据的错误应用在很多公司都存在，因为传统的细分方法为战略制定者和开发者设立了一个方便的目标对象，但是这些对象通常都不值得去针对。

伍维克及其所成立的咨询公司建议公司采用基于成果的市场细分法，这样可以帮助管理者从无意义的顾客分类转向对战略、研发、资源分配和流程管理问题产生积极影响的细分市场。基于成果的市场细分法之所以能够具有这种优势，是因为它能够让管理者基于真正让顾客与众不同的标准来对顾客进行细分，这就是，当顾客雇用一个产品或一项服务来完成任务时期待实现的成果。

为了接纳这一新的范式，公司必须打破"标签"或"属性"思维，在对市场进行细分时接受一种新的信息。使用顾客期待成果作为市场细分的基础将改变关于产品如何开发、如何定位、如何沟通的全部看法。

有一个重要的点值得指出，应用基于成果的市场细分法并不会迫使公司改变其收集、跟踪销售和会计数据的方式、方法。基于成果的市场细分计划可以独立运作，帮助公司与顾客沟通、开发新的产品和服务、界定顾客价值主张，不受销售和财务结果的跟踪方式的影响。

以上就是全世界的企业在过去七十年时间里走过的市场细分的演进历程——从基于人口统计变量到基于心理统计变量再到基于购买行为然后到基于需求，最后是基于成果。

3.3.2 基于成果的市场细分方法论

基于成果的细分市场，其发现或创造的方式与"基于需求"的细分市场几乎是相同的，都是通过使用强大的计算机和复杂的聚类技术来进行的。不过，其输入与输出完全不同。不同于传统的基于需求的市场细分方法，基于成果的市场细分方法的基础是顾客的期待成果，因此形成的细分市场几乎就是机会市场，即认为某些成果很重要但又未得到满足的顾客群体。

为了更详细地考察基于成果的市场细分方法论，伍维克先生以摩托罗拉无线电产品集团（以下简称摩托罗拉）为例，该集团制造安装在车辆上的移动无线电设备，用来与调度员、一个中央系统或者其他双向无线电使用者联系。该市场似乎是个成熟市场，一直以来增长都非常有限，于是在1997年摩托罗拉开始寻找新的方法来实现其增长目标。

很多年以来，摩托罗拉一直用垂直行业来细分无线电市场，例如，公用事业、公共服务等，并经常发现这些细分市场之内和之间的顾客行为出现很多不一致的地方。他们从本能上认识到，存在着另一个市场细分结构，但是却无法界定这一结构。

通过采用基于成果的市场细分法，摩托罗拉发现存在三个独特的细分市场，只不过这三个市场之前未被认识到。其中一个细分市场，占市场的40%，即"雇用"无线电产品进行私人通信，这样就不会被偷听到，可以进行离散通信或隐秘通信，例如，不被其他人注意到；第二个细分市场（28%）是"雇用"无线电产品，从而能够在面对危险乃至威胁生命的情形时以清晰、不模糊、不间断的通信来沟通；第三个细分市场（32%）是"雇用"无线电产品与团队和群体进行沟通，协调各种活动、从事行政任务。

直到这个时候，摩托罗拉生产的所有产品以及其竞争对手的产品都无法提供高度吻合的产品和服务，无法实现每一个细分市场所期待的独特成果。一种规格打天下的思维充斥着整个行业。发现了这些细分市场之后，摩托罗拉就能够针对每一个细分市场来优化无线电产品。这些产品包括了新的特性，能够满足顾客之前未被满足的成果期待，同时取消了其成果中对于不同细分市场来说重要性很低或者根本不重要的那些产品特征。

最终的结果如何呢？产品更好，价格更低，顾客满意度会更高。依此推出的产品在一个停滞的市场上将增长率提高到18%，同时帮助该公司（在当时）在移动无线电市场上取得了领导地位。

基于成果的市场细分方法论基本上是一个四步骤的流程，包括：①收集所需要的数据；②选择市场细分变量；③聚类；④聚类画像。

3.3.2.1 收集所需要的数据

与其他市场细分方法不同，建立基于成果的细分市场所需要的数据事实上是顾客的期待成果。摩托罗拉发现，无线电用户在使用无线电产品时差不多有100个期待成果。这些期待成果包括将被未授权的对象所拦阻的通话次数减少到最低，将不小心改变设置的可能性降到最低，将产生误解的沟通降到最低。捕捉到这些成果之后，他们开始设计调查文件，然后针对大量具有准确代表性的无线电用户来调查。问卷调查的目的是捕捉用户认为每一个期待成果的重要性以及目前产品满足每一个期待成果的程度，并对二者加以量化。捕捉到这两类数据对于确定哪一个期待成果会成为最佳的市场细分标准具有重要意义。

3.3.2.2 选择市场细分变量

摩托罗拉并没有将所有期待成果都用于制订市场细分计划。只有那些对顾客在试图完成任务时希望实现的一切的差异作出解释的成果才被包含在聚类过程中。例如，如果每个顾客都希望将设备的故障时间缩到最短，那么这一成果就不能帮助解释顾客之间的差异。

识别出是什么因素造成了顾客之间的差异对于成功地进行市场细分来说是非常重要的。基于成果的市场细分法以一种独特的方式来界定这些差异。该方法不同于传统的聚类方法，传统的方法往往聚焦于顾客对产品属性的重要性方面的差异，而新的方法则注重那些能够提高顾客对期待成果的满意度的机会方面的差异。这种机会变量能够帮助管理者快速地决定哪些成果是既重要又未被满足的，显示顾客希望看到改进的点在什么地方。正是这些差异帮助管理者发现不同的细分市场机会。

摩托罗拉最终发现，在一个细分市场，隐私和安全相关的成果既重要又未得到满足，而在另一个市场，通话清晰度、畅通率以及与可以在生命受到威胁时使用相关的其他成果既重要又未得到满足。这些有机会的细分市场希望能够以独特的方式完成任务，比较看重不同维度的改进。发现这样的细分市场的存在是发现高增长的市场机会的关键。

为了明确哪些成果能够解释顾客之间的差异，摩托罗拉关注那些对某类成员而不是另一类成员而言是重要而又未得到满足的成果。他们利用统计分析来进行评估，从接近100个成果中只找出11个成果符合上述标准（见表3-2）。

表3-2 市场细分属性选择

序号	属性
1	将被误解的信息数量降到最低
2	将通话被中断的次数降到最低
3	将通话中遇到的干扰降到最低
4	将单独通话——不被人注意——所需要的努力降到最低
5	将打进来的骚扰电话的数量降到最低
6	将确认来电所需要的时间缩到最短
7	将建立通话记录所需要的努力降到最低
8	将能够被拦截的通话数量降到最低
9	将不小心改变设置的可能性降到最低

续表

序号	属性
10	将设置设备所需要的努力降到最低
11	将戴手套操作设备所需要的努力降到最低

3.3.2.3 聚类

摩托罗拉使用最常用的基于计算机的统计分析中的聚类算法来执行聚类流程。聚类算法聚焦11个被选中的成果中的机会清单，并根据受访者的反应将它们放入预先设定的细分市场中。使用机会评估方法作为市场细分的基础使该方法真正别具一格，因此产生的聚类确实能够识别出有机会的细分市场。

最终，摩托罗拉认为有三个细分市场是最佳的，它们分别占所有被访者的40%、28%和30%（见表3-3）。在产生由这三个细分市场组成的方案过程中，聚类算法把所有认为成果4、7和8是重要而又未得到满足的用户放在一组，形成细分市场A；把所有认为成果1、2、3、9和11是重要而又未得到满足的用户放在一组，形成细分市场B；把所有认为成果5、6和10是重要而又未得到满足的用户放在一组，形成细分市场C。聚类算法认为，这样分组能够最好地以调查的被访者视角来看待11个市场细分标准的方式来解释顾客之间的差异。

表3-3 细分市场的差异

细分市场 A：40%		细分市场 B：28%		细分市场 C：30%	
成果4	将单独通话——不被人注意——所需要的努力降到最低	成果1	将被误解的信息数量降到最低	成果5	将打进来的骚扰电话的数量降到最低
		成果2	将通话被中断的次数降到最低		
成果7	将建立通话记录所需要的努力降到最低	成果3	将通话中遇到的干扰降到最低	成果6	将确认来电所需要的时间缩到最短
成果8	将能够被拦截的通话数量降到最低	成果9	将不小心改变设置的可能性降到最低	成果10	将设置设备所需要的努力降到最低
		成果11	将戴手套操作设备所需要的努力降到最低		

3.3.2.4 聚类画像

当这个由三个细分市场组成的方案最初产生的时候，摩托罗拉搞不明白是什么因素使每一个细分市场组合在一起，或者他们在每一个细分市场里会发现什么类型的用户。他们通过描画这些细分市场来理解它们，即给它们添加描述语。调查问卷中除了与成果相关的问题还包括许多能够帮助摩托罗拉理解每一个细分市场所具有的特性的问题。这些问题包括年龄、工作职务、如何使用产品、使用产品的目的是什么、行业编码、使用无线电的频率、地理位置以及其他重要描述语。

这类问题对于调查工具的开发是至关重要的，因为它们对理解聚类被识别出来之后的细分市场内涵来说起了重要的作用。摩托罗拉在分析数据之后很快得出结论，细分市场A更看重隐私和与安全相关的成果，经常在交通工具内进行隐秘的通信，他们包括联邦和州警察、安全人员和其他个体用户、年轻用户，他们通常在城市里活动。他们认为，细分市场B包括在生命受到威胁的情境下依靠无线电来沟通的用户，主要有消防员、警察和安全人员，他们经常离开车辆去执行任务，但是必须与车辆随时保持联系。细分市场C包括整日需要通过无线电来沟通才能完成任务的海岸执勤人员、机车工程师和其他用户。与其他细分市场不同，细分市场C的用户对隐私的需求以及对管理紧急情况的需求都是可以忽略不计的。对这一细分市场进行画像之后，摩托罗拉就可以把这些新的信息作为制定市场和产品战略的基础。

3.3.3 在创新中应用基于成果的市场细分方法论

基于成果的市场细分法不仅给公司提供了新的市场洞察，还给管理者提供了其所需要的信息，以便构建有价值的产品组合、识别高潜力的增长市场、创建基于成果的品牌以及发现颠覆性技术的市场进入点。实际上，基于成果的市场细分法在建立成功的市场和产品战略的基础方面走过了漫长的道路。

3.3.3.1 构建有价值的产品组合

一家公司在构建产品或者服务组合的时候，如果能够了解哪些成果被整个市场看重、哪些成果在某个具体的细分市场里具有独特的价值，是很有意义的。有了这样的知识，公司能够建立一个产品"平台"，囊括带有普遍吸引力的特性和功能。公司可以以此为基础，不断地建设该平台，创造不同的产品，使之具有被每一个目标中的细分市场的用户特别看重的额外特性。使用这种方法，公司能够创造出提供显著价值、减少上市时间的产品，因为他们只提供被顾客看重的特性。结果，顾客只需要接受、使用其所看重的特性，也许最重要的是，只为其所看重的特性付费。从顾客的角度来说，这将使得一个产品更加有吸引力，更容易使用，而且更便宜——带来更高的满意度。

摩托罗拉就采用这种方法来设计产品平台，它包括了声音清晰度、降噪和延展范围等特性，这些特性针对的是整个市场都看重的成果。对于细分市场A（重视隐私的用户）来说，公司在平台基础上增加了其他特性（见表3-4）。这些特性包括加密技术（防止他人偷听通话的机制）、无噪声操作和其他特性。对于细分市场B（面对威胁生命的情境），公司增加了声控技术、紧急情况定位，并修改了界面，以适应戴手套的用户的需求。对于细分市场C（管理工作任务），公司增加了让设置无线电变得更容易的特性，以及确保信息被接收的特性。

表3-4 摩托罗拉设计产品平台的方法

项目	细分市场A：隐私	细分市场B：紧急情况	细分市场C：行政性任务
期待成果	●单独通话 ●通话记录 ●低拦截率	●清晰的信息 ●很少中断 ●更少干扰 ●不小心改变设置的风险更低 ●可以戴手套使用	●很少有不重要的电话打进来 ●快速确认来电 ●容易设置
特征	●在车辆内隐秘操作 ●更年轻 ●多数集中在城市	●消防员、警察、安全人员 ●经常需要离开车辆 ●必须随时保持联系	●海岸执勤人员、机车工程师等 ●日常工作离不开无线电 ●执行行政任务
方案	●加密 ●防止他人偷听通话的机制 ●无噪声操作	●声控技术 ●紧急情况定位 ●修改了界面，以适应戴手套的用户的需求	●容易设置设备 ●确保信息被接收的机制

了解了顾客看重什么以及使他们有所差异的因素之后，摩托罗拉能够进行优先性排序，识别哪些成果能够提供为整个市场带来改进的最大机会、哪些成果能够提供为每一个具体的细分市场带来改进的最大机会。他们能够设计和交付帮助顾客以其所期望的方式完成沟通任务的产品。通过将公司的思维和资源与顾客的价值任务关联、协同起来，摩托罗拉制定了完全不同但又十分有效的市场和产品战略。

3.3.3.2 识别高潜力的增长市场

当公司考察一个市场的规模时，通常会依靠财务数据，根据其在过去所产生的收入来确定该市场的规模。采用这一指标，不能衡量出产品尚待开发的市场的规模，因为销售收入尚未产生。因而公司经常会问，在一个高潜力的增长市场出现以前，如何进行识别和估算？基于成果的市场细分法为了回答这一问题进行了长时间的探索，终于可以从非财务的视角来识别和估算一个市场。让我们来看看证券市场上的日内交易员这一细分市场[由E-Trade（亿创理财）公司创造出来的]，如果使用基于成果的市场细分法当时的市场领导者应该能够发现这一机会。

从传统的市场衡量和细分的视角来看，"日内交易员"市场在20世纪90年代显示出的是很低的收入潜力或增长率。当时，希望在短时间内做多次交易的交易员只能通过在交易所拥有一个席位来完成任务。因为这样的席位的数量有限，而且一个席位的价格超过了大部分人的年收入，所以从产生收入的角度看该市场相对较小就不足为奇了。因此，各公司对于投资这个市场都显得意兴阑珊。

但是，如果像美林这样的公司能够以"基于成果"的方法来研究这个市场，他们就会看到一个迥异的景象。在整个20世纪90年代，在"雇用"产品来进行交易的时候，许多人希望增加每日完成的交易的数量、减少完成一笔交易所花的时间，将做交易的成本降到最低。如果使用基于成果的市场细分法，管理者就会发现，一个相当大的细分市场觉得上述成果属于既重要又未得到满足。这一细分市场的人的比例，也就是该市场的规模，很容易测算出来。事实上，该市场一直存在，但是潜在的消费者一直在等待一个可行的方案出现。当这样的方案一旦出现了，他们会快速行动，为E-Trade这样的公司带来收入，从传统的财务的视角来看，等于开辟了一个新市场。

希望在发现高潜力增长市场机会方面表现得更积极主动的营销者可以使用基于成果的细分法来识别人们极度渴望完成的任务，这些任务是人们苦于没有好的产品或者服务来帮助他们完成的任务。因此，如果美林公司或者其他大的券商能够关注到"频繁、快速、低价交易"这一任务所带来的市场机会的话，他们完全可以在这一市场上为自己建立起领导地位。

3.3.3.3　创建基于成果的品牌

围绕顾客在使用产品或服务时希望实现的成果来建设品牌是非常有力量的，因为这样做是聚焦于顾客心智中对产品或服务为他们所完成的任务。例如，电动工具制造商美沃奇为其往复锯产品打造了一个品牌"Sawzall"，在需要切割木头、金属、钉子、墙面和其他建筑材料的电工、水暖工和拆迁工的心智中进行了毫不含糊的清晰定位。美沃奇这样定位品牌，能够利用上述成果，把Sawzall打造成能切任何东西。如今，Sawzall主导着这一市场，其名称经常被用来指代任何往复锯。

基于成果建立的品牌通常具有一项不可比拟的优势。这样的品牌的直接应用和针对顾客的清晰沟通能够创造长久的影响，有助于顾客在作出购买决定时减少困惑。这样的品牌能够帮助销售组织更具体地找到目标，能够提出与顾客的关键目标和其所期望的"待办任务"直接相关的价值主张。品牌是作为复杂的服务或产品功能的简洁反映而存在的。基于成果的品牌以最高的准确度来完成这一任务。

3.3.3.4　发现颠覆性技术的市场进入点

克里斯坦森在《创新者的窘境》一书中指出，一项颠覆性的技术往往会在特别地被一部分细分群体所看重的成果方面带来显著的改善，而无法满足对于主流群体而言非常重要的成果。颠覆性技术通常是以不具威胁性的方式进入市场，在主流顾客那里的最初接受度很低、拒绝率很高。可是，随着技术不断改进，颠覆者开始更好地满足对于主流顾客而言十分重要的成果，并在更大的群体中获得支持，从而颠覆整个市场。

有趣的是，技术只有在一个相当大的细分群体看重技术当初对其进行改进的成果的时候，才能成功地颠覆一个市场。如果这样一个细分群体不存在，那么技术就很难成熟，因为其发展很难在财务上持续。因此，在管理创新的时候，管理者必须能够确定新的颠覆性技术的市场进入点是否存在。了解了这一点，管理者就可以确定从哪里颠覆以及公司是否会被别人颠覆。

为了实现这些目标，管理者必须知道什么标准是市场当中各式各样的细分群体所特别看重的。他们必须了解各个细分市场的规模以及他们对主流顾客所看重的标准的关注程度。许多公司都不具备获得这些所需要的信息的能力。其后果是，他们面临着被为新技术打造品牌的竞争对手所遮蔽的风险。

使用基于成果的市场细分法，管理者能够识别颠覆性技术的市场进入点，能够使用这一信息来主动地推进技术，瞄准最有可能带来成功机会的细分市场。另外，他们还可以使用该方法来抵御竞争对手的进攻，因为该方法能够帮助管理者衡量颠覆性技术在更大、更多细分市场里的潜力到底有多大。有了识别颠覆性技术取得成功所依赖的动力，公司就能够更好地管理颠覆性创新。

当管理者清晰地将一个产品或服务定位于一个过去完成得很糟糕的任务，而且该任务是许多人都试图完成的任务时，该产品就创造了一个新增长的发射台。基于成果的市场细分法能够帮助一个公司以新的眼光来看待市场，快速发现一个由新兴市场和新的市场机会构成的世界，这一世界在被创造出来以前其他人无法看见。采用一个满足有效的市场细分理论的各个基本原则的方法，管理者破天荒地有能力识别使得顾客与众不同的因素是什么，而且使自己与顾客的主要目标——完成一项任务完美地结合、协同起来。随着战略家和营销者远离幻影目标，开始聚焦基于成果的细分市场，公司就开始更加紧密地将自身的资源、流程和能力与顾客价值的创造结合起来。

3.4 竞争战略新视角

在人们的认知中，有很多被普遍接受的关于战略的基本真理。例如，我们知道，一个公司只有在能够建立可持续的差异的情况下才能够超越竞争对手。我们也知道，一个公司为了取得成功必须为顾客提供更大的价值或者以更低的价格建立比较价值，或者两者同时做到。用战略大师迈克尔·波特的话来说，战略事关独特而有价值的定位的创造。当然，关于战略还有很多广为接受的理论，但都不如波特的理论更有吸引力。随着公司对失败的战略的容忍度越来越低，这些理论也越来越有争议、越来越受到严格审视。

有一个假定特别值得重新检视。波特在其关于战略的解释中，还提出了这样一个概念："（经营）活动是竞争优势的基本单位。"今天这一个概念被广泛接受，波特关于战略的理论是围绕着选择本身有差异或执行出差异同时又可持续的那些活动而建立起来的，这一理论也基于上述假定。伍维克先生根据其与上百家公司互动的经验，得出了另一个结论：竞争优势有一个更加相关、更加合适的基本单位，那就是顾客未被满足的需求。

伍维克先生认为，所有成本和价格上的差异最终都来自公司为创造价值而选择聚焦的未被满足的顾客需求，以及公司为满足这些未被满足的需求而设计出的解决方案。同理，差异化既来自聚焦那些未被满足的需求的选择，也来自最终如何满足这些需求。一个公司通过设计和创造能够满足未被满足的顾客需求来获得独特、有价值的竞争地位。从另一个方面来看，经营活动是竞争优势的赋能者，但不是基本单位。经营活动是一个公司为执行战略而完成的工作——这些工作（活动）的完成是为了满足顾客需求，或者为了创造和提供一个公司想要提供的产品和服务。

这一视角为回答战略究竟是什么这个问题带来了新的亮光。战略是一个如何为增长奠定基础的计划。一个有效的战略必须在三个关键方面为公司提供指导。首先，战略必须为价值创造识别有吸引力的市场，以便公司只追求值得追求的市场。其次，战略必须明确公司要聚焦什么样的未被满足的需求，公司需要什么样的产品组合来获取一个独特的、有价值的竞争地位。最后，战略必须确定公司需要采用什么样的运营能力和商业模式才能实现收入最大化、成本最小化。有了这些洞察，一个公司可以用合适的产品和服务来追求有吸引力的市场，既为顾客创造价值又给公司带来利润。归根结底是这样一种认知：谈到战略，顾客需求才是竞争优势的基本单位。

3.4.1 确定目标市场

战略是从选择市场开始的，这一任务需要发现有吸引力的新市场或正在兴起的市场，确定哪一个市场更值得追求。这一过程会带来独特的挑战，因为新市场的发现通常带有偶然性，对测算市场规模在传统上要求已在市场上销售的产品所产生的收入的数量，而对于新市场而言这一数字是零。

但是，这些问题来自关于"市场"的颇有问题的定义。一个市场，有时是由一项技术来界定的（比如，半导体市场或者搜索市场）；有时是由一个产品或服务的用户来界定的（游戏者市场或者软件开发者市场）；有时是由一个产品或服务来界定的（比如打印机市场或者保险市场）。尽管这些定义对于很多目的而言都是充分的，但是在进行市场分析、决定目标市场时它们却没什么帮助。在界定一个市场时更加有用的是顾客需求。

我们知道，人们使用产品和服务是为了完成任务。基于这一事实，我们能够用任务执行者（执行某项任务的人）和他们想要完成的具体任务来界定一个市场。例如，一个进行干预手术的心脏科医生用血管成形术气囊来恢复血液流通，父母们用奖励系统来激励孩子取得好成绩，一个业主用电动门开关打开车库。恢复血液流通、激励孩子和打开车库门这些任务都代表着潜在的市场。正如你可以想象的那样，世界上存在着无穷多个市场。

如此界定的市场是特别稳定的，因为尽管顾客用来完成任务的解决方案可能会变化，但是顾客试图完成的任务不会随着时间的迁移而改变。恢复血液流通、激励孩子和打开车库门这些任务存在很多年了，尽管用来完成这些任务的解决方案已经发生了变化。那些聚焦顾客任务而不是解决方案的公司能够避免最大的商业错误。如果宾州中央运输公司（Penn Central）能够认识到其市场不是铁路（其所代表的是一个解决方案），而是帮助原料供应商完成运输原料的任务，帮助制造商完成运输产成品的任务，帮助通勤者完成上下班的任务，那么它在20世纪70年代或许就不会破产了。后来，逐渐有其他公司建立起来，帮助顾客完成这些任务。

尽管关于"市场"的新定义是围绕着任务执行者和执行者试图完成的任务，我们仍有必要指出，执行者和任务存在于一个尚有其他相关者参与的市场生态系统。例如，购买决策者执行购买的任务，安装者执行安装的任务，维修部门执行维修的任务。当然，人们购买产品并不是为了安装它们或者修理它们，人们购买产品是为了完成任务。可是，这些其他活动对于任务的整体执行很重要。伍维克先生把这些次一级的活动称为"消费链任务"。

正如我们所展示的那样，用任务执行者和他们想要完成的任务来界定一个市场这种做法，不仅能够帮助公司发现新的正在兴起的市场，而且能够帮助公司对于市场的规模进行估算。从这一个视角出发，公司可以重新界定已有的市场，因此更有力地聚焦顾客价值的创造和交付。

3.4.1.1 发现新的正在兴起的市场

新的任务（以及由此而生的市场）不停地产生。这些任务有许多来源，但是总括起来有四点值得提及：宏观变化、新发现、政策变化和新的产品或服务的引进。例如，从气候变化中产生了对海洋水位进行监测以及对排放进行控制的任务，从DNA的发现中产生了DNA排序的任务，从美国有关处方药购买的新政策中产生了从加拿大获取处方药的任务，从飞机的发明中产生了驾驶和维护飞机的任务。率先认识到新的任务的出现并推出有效的产品和服务来完成这些任务的公司有望实现重要的先发优势。

新市场的发现可能通过以下两种方式之一来完成。首先，公司可以询问当前的顾客，因为有了具体的宏观变化、新发现和政策变化等因素，他们希望完成什么样的新任务。其次，公司可以选择一个有吸引力的人群来研究，比如企业主群体、老年人群体、医疗服务提供者或者木匠，看看因为有了具体的宏观变化、新发现和政策变化等因素，这些群体有没有什么新的任务要完成。

在进行访谈准备时，公司必须了解宏观变化、新发现、政策变化和最新推出的产品。被访者必须被具体地问及每一个宏观变化、每一个新发现。例如，在今天的环境中，公司可以问业主，考虑到房价下跌（这是一个宏观变化）他们希望完成什么样的新任务。企业可能会发现，业务可能想要进行新的房产价值评估，以便降低房产税，或者跟银行重新谈按揭计划，从而降低房屋被赎回的风险。看见了这么多可能存在的新市场，公司接下来可以对它们的规模进行估算。

3.4.1.2 估算一个（在传统观念看来）并不存在的市场的规模

使用顾客任务作为分析单位，甚至在产品引入市场之前就能发现很多关于一个新的或正在生成的市场的规模和吸引力。公司可以通过一手研究来确定：

- 多少人执行某一任务；
- 他们执行该任务的频率如何；
- 他们对完成该项任务的能力的满意度如何；
- 今天他们花多少钱来组合解决方案以便把该任务完成；
- 他们花多少时间来完成该项任务；
- 他们愿意花多少钱来把该任务完成得完美无缺；
- 该任务的期限——该任务一直需要执行的年数。

一个市场被认为是最有吸引力的情形包括：任务执行者的数量很大，他们试图完成任务的频率很高，他们当下是不满意的，他们当下完成任务需要花很多时间和金钱，为了把任务完成得完美无缺他们愿意花费很多金钱，这种任务会存续很多年。有了这些基础信息，公司就能够估算一个新的或者正在兴起的市场的规模。例如，1000万人每周执行一次任务，他们每次愿意花20美金把任务完成得完美无缺，那么这个潜在的市场每年的规模大概就是20×10000000×52=104亿美金。

一旦公司从收入产生的视角确定了一个市场是有吸引力的，那么就可以评估该市场的吸引力和其他特性，比如任务执行的不满意程度和组织创造有价值的解决方案的能力、维持市场领导者地位的能力和控制组织风险的能力。

这种选择目标市场的方式与公司通常选择市场的方式截然不同。例如，在做市场选择功课之前就来生成产品点子的做法在很多公司都普遍存在。伍维克先生建议，公司应该先决定所追求的市场，然后再开始思考能满足该市场需求的点子。这样做，可以使得公司不必浪费时间和资源来为没有吸引力的市场而创造、模拟和测试产品或服务概念。

3.4.2 设计产品组合战略

一旦公司选中其市场，就必须明确要满足顾客哪些未被满足的需求（以及采用什么样的产品和服务组合），这样才能获得并维持一个独特的、有价值的竞争地位。决定针对什么样的未被满足需求以及如何为了定位和竞争优势的目的去满足它们，是战略制定的核心。归根结底，公司所能收取的价格，其成本以及差异化能力都来自这一过程。

在公司为一个选中的市场设计产品组合战略之前，必须理解顾客试图完成的任务，发现与完成该任务相关的所有需求，并明确这些需求中有哪些是未被满足的。

为了理解顾客试图完成的任务，公司必须建立任务地图。任务地图所详细描述的不是顾客正在做什么，而是顾客试图完成的任务是什么。任务地图是汇总顾客用来衡量任务成功完成的所有标准的框架。这些标准是顾客的期待成果，是顾客需求的详细组成部分，公司在开始设计能帮助顾客更好地完成任务的解决方案之前必须理解这些细微的需求。任务地图也是界定顾客希望完成的其他相关任务的框架，能够协助公司设计帮顾客完成任务的解决方案。以任务和成果来界定的顾客需求，是竞争优势的基本单位。

公司掌握了完整的顾客需求之后，还必须进行定量研究来明确每一个需求未被满足的程度。这将显示市场是不被满足的还是被过度满足了的，显示具体应该针对哪些需求，以便获得一个独特的、有价值的竞争地位。在此基础上，公司才可以设计产品组合战略。

3.4.2.1 六种增长路径

决定针对什么样的未被满足需求以及如何为了定位和竞争优势的目的去满足它们的时候，公司必须知道有什么样的选择。传统上，在设计组合战略的时候，公司必须在低成本战略和差异化战略、延续性战略和颠覆性战略、核心市场战略和邻近市场战略之间作出选择。

但是，公司如何知道应该选择这一个而不是另一个战略？如何知道有时候应该追求多个战略？概括起来，有六种主要的增长路径解释一个市场如何通过一系列创新活动、用很多年时间来演进。有了这种知识和这一框架，公司可以确定在每一个增长路径上的定位，从而实现市场领导地位、营利性以及抵御竞争对手攻击的市场地位。

这些增长路径来自一个公司关于其所追求的每一个市场所提出的三个问题：

应该聚焦顾客试图完成的核心任务还是核心任务加上顾客试图完成的相关任务？应该在现有的产品平台上增加新的特性还是需要建立新的产品平台？最后，应该为传统的任务执行者创造产品还是为一个新的任务执行者创造产品？根据这组变量建立的这一框架（表3-5），究竟应该追求某一种增长路径还是所有六种增长路径，取决于市场上存在哪些未被满足的需求以及针对这些需求所采取的措施。

表3-5 六种增长路径框架

	增长路径2 相关市场增长 给核心平台增加一组特性，帮助顾客完成一项或多项相关任务	增长路径4 相关市场融合 在新的平台上构建特性组合，帮助顾客将一项或多项相关任务完成得更好	增长路径6 颠覆市场融合 在新的平台上构建特性组合，帮助新的顾客完成一项或多项相关任务
相关任务			
核心任务	增长路径1 核心或延续性市场增长 给核心平台增加一组特性，帮助顾客完成一项或多项核心任务	增长路径3 核心平台颠覆 在新的平台上构建特性组合，帮助顾客将一项或多项核心任务完成得更便宜或更好	增长路径5 核心市场颠覆 在新的平台上构建特性组合，帮助新的顾客完成专业人士的核心任务
	核心平台	新平台	
	现有的任务执行者		新的执行者

增长路径1：当顾客努力想要完成一项任务，而从技术上也有可能在现有的产品平台上设计出一个特性组合来解决这些未被满足的需求的时候，公司应该追求核心或延续性市场战略。采取这一战略的公司必须选择未被满足（未被充分满足）的成果来聚焦，在核心平台上增加一组特性来解决这些成果，使现有的任务执行者能够更好地完成核心任务。

增长路径2：有时，在执行核心任务的同时，任务执行者也想完成其他任务，但是不能够轻松地完成。在这种情况下，公司应该追求相关市场增长战略。这要求公司给现有的产品平台增加一组特性，帮助现有的任务执行者完成其他的相关任务。

如果没有未被满足的期待成果或任务，不管是追求核心市场增长战略还是相关市场增长战略都不会奏效。这种情况下，给核心平台增加更多特性只会增加产品成本，而不是受欢迎的功能。例如，对想要完成剃须任务的人来说，只要剃刀里有几个刀片就可以了，在这种情况下，剃刀制造商如果继续给剃刀增加更多刀片，只会增加成本，而没有针对未被满足的成果。

增长路径3：如果某些需求不能被核心平台满足，而且也不存在顾客想要完成的其他任务，那么公司应该追求的是核心平台颠覆战略。该战略要求公司建立一个新的平台和一个新的特性组合，帮助现有的任务执行者把核心任务完成得更好。例如，平板电视建立了一个新的平台，拥有一组能够替代阴极射线管电视的新特性，能够满足许多以前未被满足的顾客需求。平板电视不仅颠覆了阴极射线管电视市场，而且与此同时，它也把一个无差异的商品替换成了一个能够带来更高毛利和更高净利的产品。这推翻了这样一个概念：颠覆（一个新的平台和商业模式）通常导致低毛利。可是，当一个市场是被过度满足了（没有未被满足的需求）的时候，颠覆确实会导致低毛利。据伍维克先生的经验，这类市场在他们所研究过的市场中只占不到5%的份额。在这样的情形下，公司仍然应该追求核心平台颠覆战略，但是必须建立这样一个新的平台：既能够显著地降低产品成本又能继续帮助顾客更好地完成任务。在钢铁行业，小型钢铁厂都追寻这种战略，其所建立的低成本的平台能够像传统钢铁厂所采用的成本更高的平台一样完成某些任务。一旦建立了这样的平台，小型钢铁厂所追求的战略就能帮助完成其他相关任务（增长路径2），不断地扩大地盘，增强实力。

增长路径4：在某些市场上，任务执行者希望完成一组相关的任务，但是因为技术限制，只是在现有的平台增加特性无法完成这些额外的任务，因而需要一个新的平台。在这种情况下，公司就需要追求相关市场融合战略。该战略要求公司建立一个新的平台和新的特性组合，来帮助现有的任务执行者完成一组相关的工作。这是一个有效的战略，因为帮助顾客完成多项任务而不是一项任务是创造顾客价值和高毛利业务的最佳方式。这里的核心思想是把许多任务的执行都融汇到一个单一的平台上。这就是苹果公司在iPod产品线上取得成功所采取的战略。人们不仅只是想要听音乐，他们还想获取音乐、建立乐曲清单、组织音乐库以及与朋友分享音乐——这些任务不能够单独通过MP3技术来完成，需要一个新的平台。苹果将iPod和iTunes结合起来，建立了一个新的产品/服务平台，帮助顾客完成这些核心任务以及许多相关任务。这一完美执行的战略的成功强化了苹果的市场地位，更不用提它的股票价格。苹果公司利用同样的战略让iPhone也取得了成功。

增长路径5：在有些市场上，执行核心任务的人是在代替另一个人执行任务，后者可以称为任务受益人。服务提供商就属于这一类别。例如，护士执行任务的受益人是患者，牙医、推拿师和其他医生也一样。同样，咨询师执行任务的受益人是公司。当这类市场的需求满足度正合适或者被过度满足了，公司应该采用核心市场颠覆战略。这意味着，公司必须使用一个新的价值交付平台来帮助一个新的任务执行者完成核心任务。例如，宝洁公司在推出佳洁士美白牙贴的时候所采取的就是这种战略，将美白牙齿的任务从牙医那里转移出来，交到个体消费者——一个新的任务执行者的手里。宝洁公司在Dryell品牌上采取的也是这种战略，该产品将干洗衣服的任务从传统的干洗店那里转移出来，转到个体消费者的手中（DIY）。许多咨询公司在教客户执行通常由咨询师为他们执行的任务时也采取这一战略。在许多市场上，许多任务受益人正逐渐转变为任务执行者，这是一个自然的演进过程。

当市场需求处于未被满足的状态，即现有的任务执行者在完成任务时都面临很多困难，该战略就不太可能成功。这是因为，如果一个有技能的任务执行者完成一项任务都有困难，那么公司是不太可能设计出一个新的产品平台，让新的无技能的任务执行者成功地完成任务。

增长路径6：最后，有时候一个新的任务执行者也有其他相关的任务，他们想要在完成核心任务之余加以完成。在这种情况下，公司应该采用颠覆市场融合战略。在采用这种战略的时候，公司必须利用新的价值交付平台帮助新的任务执行者把核心任务和其他相关任务都完成，就像宝洁公司通过增加牙齿保护（这是与美白牙齿相关的任务）来改进佳洁士美白牙贴时所做的那样。

3.4.2.2 利用六种增长路径来解释历史上的增长

市场会通过上述六种增长路径，而且通常会以一种可预测的秩序来自然而然地演化。一般来说，公司试图在现有的产品平台上帮助顾客更好地完成任务，然后在新的平台上完成更多的任务。逐渐地，任务受益人会变成任务执行者（如果开始时并不是这样的），或者选择从一个更有成本优势的供应商那里获得服务。

以音乐制作市场的演进为例。五六十年以前，音乐家必须依赖专业人员利用磁带录制装置来录制音乐。规划多个轨道、混合和其他任务的完成需要使用多种设备。随着时间的推移，这些磁带录制机变得比较成熟了，能够在录制机上帮助专业人员执行某些其他任务（这是增长路径2，相关市场增长）。二三十年以后，数字设备出现了，能够帮助录制专业人员把这些任务完成得更漂亮（这是增长路径3，核心平台颠覆）。不久之后，这些设备又具备了新功能，能够帮助录制专业人员完成更多工作（这是增长路径4，相关市场融合）。最近，家庭录音室变得很流行了。这些技术创新帮助新的任务执行者（音乐家）可以自己录制音乐（这是增长路径5，核心市场颠覆）。有了苹果GarageBand之类数码音乐创作软件，音乐家如今可以完成30年前必须由专业录制人员才能完成的大多数任务（这是增长路径6，颠覆市场融合）。

事情并非都是如此一帆风顺，看看报纸行业。当初，报纸的目标对象是想要掌握新闻事件（待办任务）的人（任务执行者）。这时报纸遵循的是第一种增长路径，其工作重心是围绕能获得令人感兴趣的信息并将之写成故事的训练有素的新闻工作者和一个将新闻直接送到家的运转有序的发行系统。随着时间的推移，报纸开始帮助顾客完成其他任务，比如找工作、买卖房屋、销售个人用品（这是增长路径2，相关市场增长）。帮助顾客完成这些任务能够带来新的收入来源。后来有了互联网，这个新的平台能够帮助顾客将核心任务完成得更好：最新的新闻，由全世界优秀的记者撰写，一天24小时滚动提供（这是增长路径3，核心平台颠覆）。与此同时，在美国，类似monster.com和Craiglist这样的组织，以及各种房地产公司建立了基于网络的产品和服务，帮助顾客把这些重要的相关工作完成得更好。这些公司分流了报社的收入，当然事情也并不是非得如此不可。

报纸从来没有选择第四种增长路径（相关市场融合），这对报纸的伤害非常严重。为了成功地促进相关市场融合，报纸不得不找到一种办法来帮助顾客把传统的报纸曾经帮助他们完成的任务都完成了，而且还要完成其他任务，将它们统统整合进一个平台，创立一个能够确保盈利性的商业模式。这样一个平台既提供由可信的记者撰写的新闻，又提供类似monster.com、Craiglist、Realestate.com、Zagat、Wine Spectator之类机构所提供的服务。这仍有可能发生。我们目前所看到的是一些人通过博客和推特在撰写和分发新闻，这样一个新的平台（增长路径3，核心平台颠覆)将改变我们看待新闻的方式,除非现有的报纸能够成功地执行相关市场融合战略。

3.4.2.3 利用六种增长路径来实现未来的增长

一旦公司决定进入一个市场,就必须竭尽全力地拥有和引领该市场。因为市场会像上面所描述的那样不断演进,最有效的战略是能综合所有六种增长路径来优化公司盈利性的战略。如果公司能够确定,许多未被满足的成果需求能够在帮助顾客更好地完成任务的核心平台加以解决,那么公司就应该追求核心市场增长战略。如果公司还能够确定一个或多个未被满足的任务可以在核心平台上加以解决,那么公司也应该追求相关市场增长战略。在这之后,如果还要许多未被满足的成果需求不能通过核心平台来加以解决,那么公司应该采取核心平台颠覆战略。如果公司能够确定,许多高度相关但远未被满足的任务仍然无法通过核心平台来完成,那么公司就应该发展一个新的平台,使得执行所有的任务变得可能(这是相关市场融合)。当一项任务是代替任务受益人来执行的,那么应该采取最后两个战略(核心市场颠覆和颠覆市场融合)。

战略就是为增长而制定的计划,这种增长所围绕的是一个市场必然通过其来演进的所有路径。不能采取这种综合的方法来促进增长,会让公司在竞争对手的进攻下逐渐变得脆弱不堪,丧失当下或者未来的收入来源。只有沿着增长路径聚焦竞争优势的基本单位——顾客需求,公司才能够获得和维持市场领导地位。

3.4.3 优化盈利性

在认可了一个值得追求的有吸引力的市场,并制定了能够获得可持续的竞争地位的产品组合战略之后,公司接下来必须确定优化盈利性的最佳公式。这需要选择一组活动才能实现,才能确保成功的产品开发、交付、支持,然后设计一个有效的商业模式,把各种选择的优势发挥到极致。

3.4.3.1 确定推进哪些活动以及如何推进

前面说过,经营活动是公司所从事的旨在满足顾客需求或者创造和交付能够满足顾客需求的产品和服务的一系列活动。这些活动能够建立竞争优势。因此,在决定如何开展一项活动之前，公司需确定哪些经营活动是成功的关键。

经营活动有顾客导向的，也有内部导向的。顾客导向的活动可以界定为消费链任务。为了获取和使用产品或服务，顾客必须完成一组任务：对于产品，顾客必须能够购买它、收到它、安装它、学习如何使用它、接触它、运输它和储存它。顾客还必须能够维护它、升级它、替换它、处理它。服务也类似：顾客必须能够获取、接触、启用、学习如何使用、互动、维护和修改以及最终终止服务。顾客必须执行哪些任务取决于公司选择开发的产品概念。最好是任何任务都不需要执行。现实地讲，有些任务可能会带来挑战，公司不得不考虑如何应对这些挑战。在执行一项或多项消费链任务方面超越于竞争对手能够建立竞争优势。

内部导向的活动通常是指供应链活动。对于产品来说，这些活动可能包括自然资源监管，原材料提取、采购，配件和组装件的生产、最终的组装、后勤和调配、储存和终端配送。对于服务来说，内部导向的活动可能包括上述一切以及其他活动。考虑到所提供的产品或服务概念，公司必须确定每一种活动如何有效果、有盈利地推进。同样，在执行这些任务方面超越于竞争对手才能够建立竞争优势。

3.4.3.2 制定商业模式

一旦公司确定了将如何执行每一种顾客导向和内部导向的活动，就必须制定商业模式。商业模式明确公司如何从概念中的产品或服务中获取收入以及通过运营来控制成本，从而产生利润。好的商业模式既利用产品或服务所创造的价值，也利用所选择的消费链和供应链任务的执行方式所创造的价值。对于上述六种增长路径的每一种，都需要不同的商业模式来优化盈利性。

为了优化盈利性，公司必须将收入最大化，将变动成本和固定成本最小化。例如，公司想到了清洁牙齿的口香糖这种概念，将成本最小化的办法可能是要求提供溶解物质颗粒的化学品的供应商以可直接处理的方式提供所需要的成分，这样可以避免额外的处理成本和资本设备的投资。公司将收入最大化的办法可能是在通过常规渠道把口香糖卖给消费者的基础上，把它作为牙签的替代品卖给饭店。这些关于成本和收入的决定是公司商业模式的两大因素，它们解释了该产品如何为公司赚钱。

公司可以通过很多方式来界定变动成本。例如，公司可以把成本转嫁给顾客、供应商或者分销商；把执行效率低下的活动外包；自建基础设施而不自建内容；免费获取供给、原料或劳动；使用易货贸易；把成本或废品转化为收入；把变动成本固定下来。如果能够从价值链上其他人那里获得收入来源，公司就能够增加收入；销售废品、信息或能量之类的副产品；以不同的频度来获取收入；接受非现金支付手段或非传统形式的所有权；或增加与购买相关的或支持相关的收入来源。

例如，在推出iPod/iTunes产品和服务的时候，苹果利用了拥有基础设施而不是内容的概念，苹果创立了独家的文件格式，推出了iTunes来支撑内容的分发。苹果赋予购买者购买单独的歌曲的自由，利用了通过不同的频率来获取收入的概念。在这种情况下，商业模式利用了解决未被满足的需求的产品或服务平台，也利用了被用来支持该产品的创造和交付的各种经营活动。

一个有效的战略会产生顾客愿意购买的产品或服务。战略制定包括以正确的市场（任务执行者和任务）为目标，设计一个能够解决认真挑选出来的顾客未被满足的需求的产品或服务。另外，战略制定还包括针对所有相关的消费链任务的计划，以及仔细地结构、有效地执行的供应链任务的计划。最后，战略制定还包括将收入最大化、成本最小化的商业模式。当企业把顾客需求（而不是经营活动）作为竞争优势的基本单位的时候，战略制定的整个过程就变得格外清晰。

表3-6 三种战略观

1. 隐形的战略模式	2. 可持续的竞争优势	3. 基于成果的战略
在行业中居于一个理想的竞争地位； 对所有经营活动进行对标，实现最佳实践； 积极推进外包和合作来提高效率； 将优势建立在少数关键成功要素、关键资源和核心竞争力上； 对竞争者变化和市场变化作出快速响应，表现出灵活性； 经常错误地把运营有效性当作战略	为公司建立独特的竞争地位； 为战略定制经营活动； 相对于竞争对手作出清晰的取舍和选择； 从各种经营活动的匹配中获取竞争优势； 可持续性来自活动的整个系统，而不是部分； 运营有效性是一个给定条件	为公司提供的每一个产品或服务建立独特的竞争地位； 对经营活动进行定制，以便最优化地执行所需要的消费链任务和供应链任务为创立和维持市场地位而发展必需的能力； 从选择未被满足的需求来聚焦以及发现解决这些需求的最佳方式当中获取竞争优势； 可持续性来自综合所有六种增长路径来执行增长战略的能力； 运营有效性必须与能够满足未被满足的需求的经营活动相关联

综上所述，从顾客需求（待办任务或期待成果）的视角来看战略能够产生不同于迈克尔·波特所总结的两种战略观的第三种战略观（见表3-6）。

3.5 增长战略新框架

在了解了所有顾客的需求，了解了哪些需求未被满足，哪些需求已被过度满足，了解了市场上存在哪些独特的需求未被满足或已被过度满足的顾客细分市场，公司必须考虑是否进入、如何进入每一个细分市场。公司可做的选择包括：①给已有的产品增加一个新的特性；②开发一个低成本的产品；③建立一个新的平台级的解决方案，更好地完成顾客的待办任务，或者以全新的方式来完成待办任务。

为了确保在市场上取得成功，公司必须有战略。根据待办任务理论，如果公司推出的产品和服务能够帮助顾客更好、更便宜地（better and cheaper）完成待办任务，就能在市场取得成功。有鉴于此，伍维克先生及其公司首先对各种可能性进行分类（见图3-2），按照MECE原则可分为四种：①功效更好、价格更高

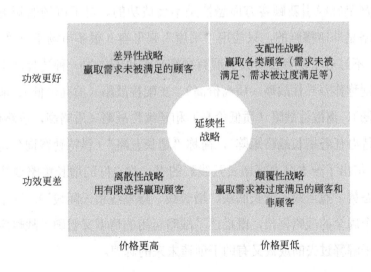

图3-2 待办任务增长战略矩阵

（简称"质高价高"）；②功效更好、价格更低（简称"质高价低"）；③功效更差、价格更低（简称"质低价低"）；④功效更差、价格更高（简称"质低价高"）。让我们来看看与顾客需求或待办任务之间的关系：

① 质高价高的产品只对需求未被满足的顾客有吸引力。因为他们有些需求还未得到满足，所以愿意支付更高价格来把待办任务完成得更好。

② 质高价低的产品对所有类型的顾客都有吸引力。

③ 质低价低的产品对需求已被过度满足的顾客有吸引力，他们没有未被满足的需求（指在某一任务类别），这样的产品对于非顾客（也称"品类未进入者"）也有吸引力，这类顾客目前的任务完成方式不涉及市场上的任何产品，或者他们不想完成某项任务，因为他们要么负担不起市场上现有解决方案的价格，要么学不会使用现有方案。

④ 质低价高的产品只对选择受限的顾客有吸引力。这种场景往往比较特殊，属于非典型市场，比如机场的餐饮。

按照迈克尔·波特的理论，质高的属于差异性战略（1和2），价低的属于低成本战略（2和3），因而2自相矛盾，类似生物学上的"雌雄同体"（hermaphroditism），容我们以后详解。波特还发明了一个说法，叫"夹在中间"，对应上面介绍的四种情形，这样的产品质略高，价略低，可算作第5种选择。这样的产品在吸引新顾客方面恐怕是不会成功的。对于市场的新进入者来说，这种战略是非常糟糕的，只能用"平庸"来形容（很多市场不乏"平庸者"不断涌入），不过对于现有公司吸引现有顾客来说也不失为一种选择。上述五种选择可以分别称作差异性战略（质高价高）、支配性战略（质高价低）、颠覆性战略（质低价低）、离散性战略（质低价高）和延续性战略（质略高，价略低），合起来组成"待办任务增长战略矩阵"，简称"增长五略"（科特勒咨询公司合伙人王赛在2019年出了一本名为《增长五线》的书，称"好的增长策略要能描述出企业的增长态势：撤退线、成长底线、增长线、爆发线和天际线"）。这个"增长五略"是一个周全的战略框架，既描述了战略运用的情境又明确了战略应用的方法，既有助于解释过去的成败又有助于创造未来的辉煌。

应用待办任务增长战略这一矩阵的前提是了解目标市场上是否有需求未被满

足和/或已被过度满足的顾客。缺乏对这些情况的了解，公司无法明确采纳哪一个增长战略，作出错误选择的概率会很高。比如，面对一个顾客需求被过度满足的细分市场，差异性战略就很难奏效，因为没有顾客在寻找更昂贵的产品或服务来帮助自己把待办任务完成得更好。相反，在一个需求未被满足的市场，颠覆性战略就很可能失败，因为没有顾客会寻求更便宜的产品或服务，会让自己的任务完成更差。公司应该对顾客的全部期待成果表述进行汇总和优先性排序，在此基础上明确细分市场是属于未被满足的还是过度满足的，然后实施对应的正确战略。

3.5.1 差异性战略

差异性战略就是"质高价高"，针对的是希望把待办任务完成得更好而不在乎价格更高的顾客。该战略实施后的利润非常可观，因而世界上很多增长速度最快、盈利性最好的公司都采用这种战略。

美国有一个取暖设备品牌，叫作"Nest"，一上市就打败了霍尼韦尔（Honeywell）、White-Rogers等传统大公司，该公司的产品是专门针对市场上非常不满足的细分顾客群体的，产品性能优异，价格是竞争对手的七倍。虽然Nest的市场份额只有10%，但是其利润份额却有25%，给整个行业带来很大冲击，把竞争对手逼到了被迫防御的位置上。

差异性战略之所以值得追求，是因为公司可以进入高端市场，获得较大利润份额，随着时间的推移，还可以进入中端和低端市场，谋取更大的市场份额。公司可以一开始采用差异性战略，然后推出其他产品，转移到支配性战略。一个公司在产品库中增加了新的更好的产品之后，就可以把老产品的价格降下来，成功地进入中低端市场。这样做通常会比从中低端市场升级到高端市场要容易。

市场上的现有企业在实施差异性战略方面还是有一定优势的，容易获得利润和市场份额的双增长。

3.5.2 支配性战略

对于市场新进入者而言，支配性战略总是最有吸引力的选择，因为现有的竞争对手无法抵挡。根据Strategyn公司的研究经验，一家公司，如果其所推出的产品或服务在帮助完成顾客待办任务（实现未得到满足的期待成果）方面至少优越20%、价格方面至少便宜20%的话，就可以采用支配性战略。通过将所提出的概念与完整的顾客期待成果表述进行对比来评估，这种优越度的概率可以比较精准地计算出来。

这里介绍一下美国奈飞公司（NetFlix）这家在线影片租赁提供商。曾几何时，美国人都是到遍布全国的一家家线下录像租赁点百视达（Blockbuster）去租录像看电影或电视剧。但是，后来出现的奈飞公司所提供的服务要方便得多，不论是搜索、获取还是观看都比原来实体店提供的服务要好。对于顾客而言，看电影的成本大大降低了，一方面是因为取消了实体店通行的收取"晚还费"的做法，另一方面是因为提供了在线订阅模式的包月制，订阅者能够观看更多内容但仍然享受更低价格。支配性战略帮助奈飞公司一飞冲天，如今如日中天。

在任何一个市场，现有公司或市场新进入者都可以采取支配性战略——通过提供能够帮助顾客明显更好地完成任务的产品或服务，同时收取明显更低的价格来赢得市场。但是，相对而言，现有公司不太可能创造出这样的产品或服务，一方面是因为担心互食和影响利润，另一方面是因为这样做意味着要在新的产品平台、能力和资源等多方面投资。

3.5.3 颠覆性战略

颠覆性战略的首创者是克里斯塔森教授。通过1997年出版的《创新者的窘境》和2003年出版的《创新者的解答》两本书，克里斯坦森教授在商业世界普及了"颠覆性战略（其基础或前身是颠覆性技术）"。待办任务增长战略矩阵与克里斯坦森的颠覆式创新可以互相印证。二者都认为，通过向过度满足的顾客提供不是很有竞争力的产品但是特别具有竞争力的价格，公司是可以赢得这些顾客的青睐的。另外，颠覆性战略不仅匹配需求被过度满足的顾客（他们为了价格可以在功效和品质方面作出一些牺牲），而且匹配非消费者（即品类未进入者，他们负担不起现有产品，因而其需求并未得到满足）。

在克里斯坦森看来，颠覆式创新也存在一个过程，"其作始也低，其将毕也高"，其中有一个坚持不懈地向上攀升的过程，从提供简单方案到取代"建制派"对手。透过待办任务视角来看，颠覆过程需要先后推出一系列产品，最初的产品符合颠覆性战略原则,虽然任务完成得更差但是价格也更低廉,接下来的产品则基于一定的技术平台,具备越来越多的新特性,最后发展出能够更好地完成任务但价格却更低的新产品。

尽管市场新进入者更有可能采取颠覆性战略,但是现有公司如果有意于此,推出颠覆性的方案,其成功概率应该不低于甚至高于前者。对于很多公司来说,颠覆性战略的最大问题在于其盈利性通常很差。该战略的支持者们需要说服管理层,采用该战略有助于击退竞争对手、阻止新进入者。有的公司(比如华为、优步、滴滴出行)会推出多个产品,有的针对顾客需求被过度满足的细分市场,有的针对顾客需求未被满足的细分市场。这里面有一个非常常见的问题,那就是,这么多针对不同市场、采用不同战略的产品,到底是一个/套产品一个品牌好呢,还是几个/套产品共享一个品牌呢,假使共享一个品牌,需不需要增加子品牌。在颠覆式创新过程中,与低端产品相关联的品牌向上攀升时的问题能否以及如何克服负面联想和低端形象,公司在后期需不需要创立新的品牌专门针对高端市场。另外,从顾客的待办任务角度来看,到底是一个任务一个品牌(one job, one brand)好还是一个品牌多个任务(one brand, many jobs)好呢。这些问题犹如"乾道变化",需要各公司"各正性命"。克里斯坦森在《营销弊病:病因与解药》(Marketing Malpractice: The Cause and the Cure)一文提出了关于目的品牌(purpose brand)与背书品牌(endorser brand)的关系问题,对上述疑问作出了深刻思考,我们将在本书第5章予以介绍和讨论。

3.5.4 离散性战略

离散性战略是指公司瞄准一群"(物理上、情感上或者法律上)受到限制"的顾客,给他们提供的产品完成任务的能力更差,但价格却更高。这样的产品的最典型代表是机场候机厅的餐饮。采用离散性战略的公司也不一定非要把产品做得更差,而是通常把现有产品的价格提高,因为顾客的抢购或非常情境支持这种涨价行为,或者说"被俘获"的顾客至少不会反对。产品定价高使得离散性战略的利润(至少是利润率)特别高。

离散性战略的成功关键是具备识别顾客因受限而接受低质高价的情境。比如,在航班、影院、体育馆、主题公园等场所,进驻的餐饮企业都可以或者说都必须抬高价格、采用离散性战略。

另外，价格也受供求关系影响。比如航空公司就是根据座位的紧俏程度来定价的。再比如，疫情防控期间的口罩，价格猛涨。

离散性战略的高价格是一把双刃剑，一方面有可能获得高利润，但另一方面会面对公众的舆论压力，会造成剥削顾客的口实，引起反弹，造成企业声誉损失。危机时期的救命药，药企就不能以过高价格销售，因为会被批评"图财害命"或"发国难财"。

总之，离散性战略不是不可用，但必须慎用。

3.5.5 延续性战略

延续性战略是指公司所推出的产品比竞争对手略好一点，价格略低一点。那么，好多少算略好一点，低多少算略低一点呢？根据伍维克先生及其公司的经验，是5%以下。对于市场新进入者来说，尽量不要采用延续性战略，因为其所提供的产品的吸引力不足以促使顾客放弃他们所钟爱的现有产品。顾客们转换产品和品牌的风险太大。前面在谈到差异性战略和支配性战略时我们说过，通常情况下，一个新产品只有在完成顾客待办方面的表现比竞争对手优越20%以上，顾客才会动心，才会转换。当然，公司在创新过程中给作出这样的判断，需要进行定量分析和数据支撑，需要针对顾客具体的期待成果表述一项一项地评估。

对于一些公司来说，采用延续性创新战略有助于维持市场地位、市场份额和利润率。在一个成熟市场上，一家公司，如果帮助顾客完成待办任务的产品略好一点、价格略低一点，比较容易从对手那里获得市场份额。

待办任务增长战略矩阵并不是一个复杂的理论框架，其"相互排斥，集体穷尽（MECE）"的类型和结构特征理解起来比较容易，但是从公司的实践结果来看，情况并不理想，不论是单一战略的选择运用还是多重战略的组合运用，不论是增长战略的结构调整还是发展战略的动态优化，都存在很大的改进空间。如何改进？唯有深入理解顾客需求（待办任务），通过扎实的研究搞清楚与顾客各类待办任务相关的具体而微（细化、量化、颗粒化）的期待成果，以此来明确合适的细分市场。

3.6 需求全景图战略矩阵

战略咨询公司剑桥集团的创始人、首席执行官里克·卡什与尼尔森调查公司执行董事兼首席执行官戴维·卡尔霍恩在《赢的力量——如何从需求商业模式中赢利》一书中提出过一个有别于传统的市场细分的需求识别和市场分类方法，叫作"需求利润池"，其全景称为"需求全景图"，当前需求、潜在需求、新的需求、利润、竞争对手、品牌、销售渠道、创新机会、包装、媒体解除、价格敏感度以及其他一些重要的衡量标准，全部纳入一张图中（见图3-3）——为一

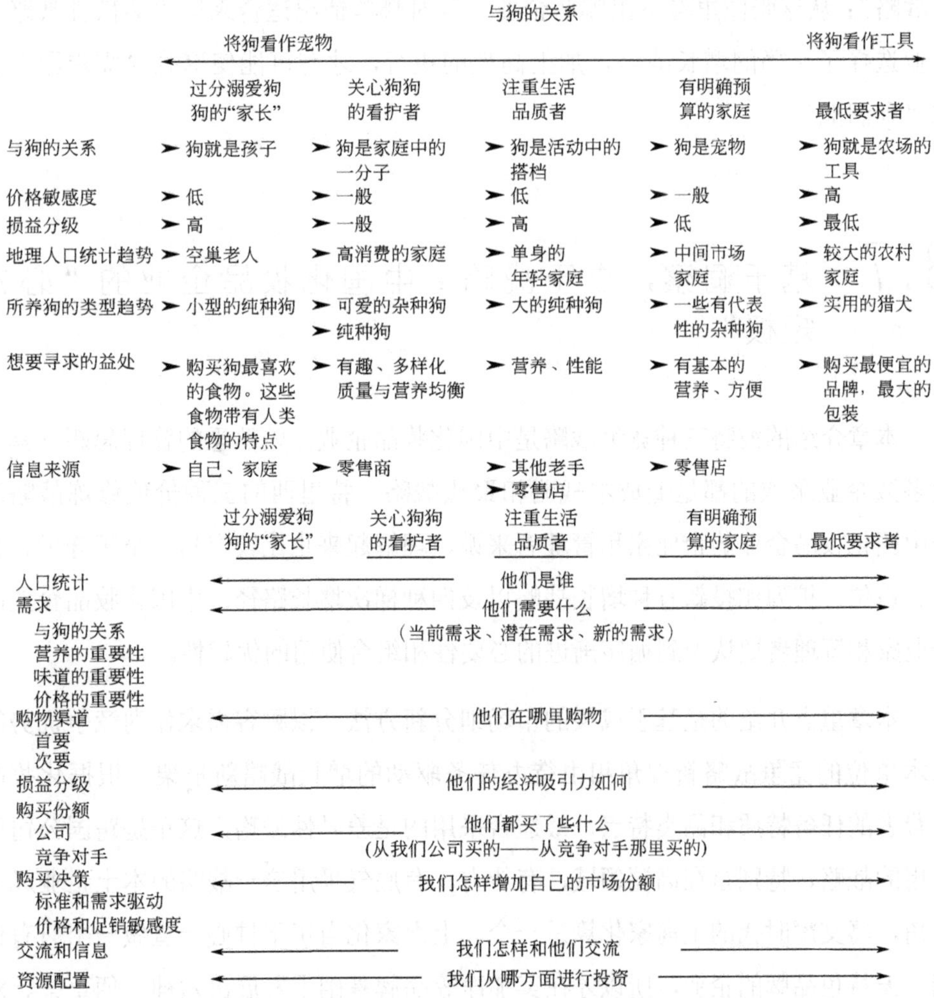

	与狗的关系				
	将狗看作宠物 →				← 将狗看作工具
	过分溺爱狗狗的"家长"	关心狗狗的看护者	注重生活品质者	有明确预算的家庭	最低要求者
与狗的关系	▶ 狗就是孩子	▶ 狗是家庭中的一分子	▶ 狗是活动中的搭档	▶ 狗是宠物	▶ 狗就是农场的工具
价格敏感度	▶ 低	▶ 一般	▶ 低	▶ 一般	▶ 高
损益分级	▶ 高	▶ 一般	▶ 高	▶ 低	▶ 最低
地理人口统计趋势	▶ 空巢老人	▶ 高消费的家庭	▶ 单身的年轻家庭	▶ 中间市场家庭	▶ 较大的农村家庭
所养狗的类型趋势	▶ 小型的纯种狗	▶ 可爱的杂种狗、纯种狗	▶ 大的纯种狗	▶ 一些有代表性的杂种狗	▶ 实用的猎犬
想要寻求的益处	▶ 购买狗最喜欢的食物。这些食物带有人类食物的特点	▶ 有趣、多样化质量与营养均衡	▶ 营养、性能	▶ 有基本的营养、方便	▶ 购买最便宜的品牌，最大的包装
信息来源	▶ 自己、家庭	▶ 零售商	▶ 其他老手零售店	▶ 零售店	

	过分溺爱狗狗的"家长"	关心狗狗的看护者	注重生活品质者	有明确预算的家庭	最低要求者
人口统计	←――――――――― 他们是谁 ―――――――――→				
需求 　与狗的关系 　营养的重要性 　味道的重要性 　价格的重要性	←――――――― 他们需要什么 ―――――――→ （当前需求、潜在需求、新的需求）				
购物渠道 　首要 　次要	←――――――― 他们在哪里购物 ―――――――→				
损益分级	←――――――― 他们的经济吸引力如何 ―――――――→				
购买份额 　公司 　竞争对手	←――――――― 他们都买了些什么 ―――――――→ （从我们公司买的——从竞争对手那里买的）				
购买决策 　标准和需求驱动 　价格和促销敏感度	←――――― 我们怎样增加自己的市场份额 ―――――→				
交流和信息	←――――――― 我们怎样和他们交流 ―――――――→				
资源配置	←――――――― 我们从哪方面进行投资 ―――――――→				

图3-3　狗粮需求全景图

家狗粮公司制作的"狗粮需求全景图"。

这种方法改变了狗粮市场和企业过去以狗的大小和品种或者狗粮的形式（干与湿、袋装与罐装）作为细分市场的主要依据，而是根据消费者与狗的关系及相处方式作为分析消费者作出狗粮购买决定的深层原因。从顾客任务的角度来理解，以此划分的不同类型的消费者有着各自不同的待办任务，主要体现在其所寻求的利益和价格敏感度上。对于"最低要求者"，狗粮企业不妨采取"颠覆性战略"；对于"过分溺爱狗狗的'家长'"，则适合采取"差异性战略"，因为他们对于狗粮的追求"没有最高，只有更高"；对于"关心狗狗的看护者"和"注重生活品质者"，适合采取"支配性战略"；传统的狗粮可以采取"延续性战略"；从这张图里看不出哪些企业、针对哪些情况适合采取"离散性战略"。企业选择了正确的增长战略，加上高效的执行，才有可能使这张"需求图"变成"利润池"。

3.7 基于洞察，立于战略：中国化妆品企业的"必补短板"

本章介绍的波特三种竞争战略是中国化妆品企业比较熟悉的管理思想，其中大多数企业采取的都是低成本战略和聚焦战略。特里西的三种价值修炼战略对于中国化妆品企业的企业家和管理者来说，理解起来也比较容易。至于守成、抢食、占位、扩列和投新五种增长战略以及四种梯次增长路径，中国化妆品企业的企业家和管理者要认识到循序渐进的必要性和组合使用的优越性。

本章重点介绍的是基于成果的市场细分新方法，以顾客需求作为竞争优势的基本单位的竞争战略新视角和由待办任务驱动的增长战略新框架。根据化妆品消费者的任务特质和品类特点，最适合采用的是差异性战略，这正是跨国公司所采用的战略，特别是在高端领域，有能力、有底气采用这一战略的本土企业凤毛麟角，葛文耀时代的上海家化算是一个。上海家化当年不甘心一直做一个只有低端、无特色品牌的企业，所以才在美加净等品牌基础上发展出六神、佰草集、双妹这样有鲜明特色因而有条件采用差异性战略的品牌。大部分中国化妆品企业所采取的都是低价格（低成本）战略，虽然他们未必很晚才听说颠覆性战略这样的管理术语，但是这种战略早就深入中国化妆品企业家的灵魂和骨髓，多年下来，已经运用得炉火纯青了，当然，这种惯性战略或者战略惯性跟我们在这个工业领域的历史短、基础差、底子薄有关系。但是，经过了改革开放四十多年的发展，我们也不能把这种不太有追求的选择完全归结为外部环境，企业家和精英团队的志气和才气也很重要，甚至更重要。

中国化妆品企业应该下决心以颠覆性战略为基础，通过切实完善创新和营销平台，逐步尝试、最终擅长差异性战略和支配性战略。也许有人认为中国化妆品企业已经有采取支配性战略的了，因为该战略的特点是把顾客的待办任务完成得更好、价格更低，即价廉物美。乍一听，这一判断似乎有道理，中国确实不乏价廉物美的本土化妆品，但是对照顾客待办任务的完整维度（功能性、情感性、社会性），就会发现这里所说的"物美"基本上只是某一维度（比如功能性）的任务完成得好，而不是所有维度都表现出色。《21世纪商业评论》当年在一篇题为《佰草集：坚硬的认同》的文章中指出，"时至今日，化妆品行业早已非仅凭'材美工巧'便可取胜的，尤其在以时尚和文化为内核、消费心理高度感性的高端化妆品领域，掌控市场的是一个个跨国巨头——宝洁、欧莱雅……它们大都全球运营，管理之成熟严密超过大多数高科技公司，以极其冷静和精密的方式批量制造着梦想和幻象。这个领域的主流竞争是一台巨大的梦想制造机器和另一台巨大的梦想制造机器之间的较量，中国制造所谓的质优价廉的优势几无用武之地"。所以，我们不能轻易地相信中国制造的化妆品"质优价廉"，我们必须认识到中国的化妆品品牌在帮助消费者完成情感性和社会性（自我表现）待办任务方面与国际先进品牌还有巨大的差距；我们也不能轻巧地宣称中国化妆品企业已经在普遍地采用支配性战略了，其实它们更多的是在采用颠覆性战略和延续性战略。"一家从事化妆品制造的中国企业，如何克服消费者的心理抵触和深层次的文化自卑，在一个以时尚和文化为内核，西方企业占据统治地位的产业领域里获得发自内心的认同，从而占据市场的一席之地？"上述文章的作者在十多年前提出的问题，中国化妆品企业至今没有很好地回答。

孔子说："兴于诗，立于礼，成于乐。"意思是说，"(人的修养)开始于学诗，自立于学礼，完成于学乐。"翻译成商业语言，我们不妨说："兴于洞察，立于战略，成于品牌"。孔子还说："不学诗，无以言"。再翻译成商业语言："没有洞察，无法制定战略。"前面我们分析过，中国化妆品企业的战略的选择、组合和升级都有很大的改进空间，用孔子的话说，就是"不学礼（战略），无以立"。但是，所有的战略都不可能是无源之水、无本之木，不可能缘木求鱼、无的放矢，而战略之"源""本""的"乃是一种"知"，即对消费者待办任务及其期待成果的理解，这种理解需要细化、量化、颗粒化。这就需要中国化妆品企业的企业家和管理者躬身入局去做细致的研究。这种研究需要一种"无我"的精神，需要一种"静气"，离开了这种静气，再有志气，再有才气，所谓创新、所谓增长依然是一种拼运气的游戏。

如同"诗"和"礼"一直是崇权、拜金的现代中国人的短板，"洞察"和"战略"一直是善于投机、长于执行的中国化妆品企业的短板。中国人的复兴梦，化妆品的"中国梦"，供给侧的改革，都需要我们补短板。

第 4 章

顾客需求洞察
助力产品创新

> 　　创新既是理性的，又是感性的。因此……走出去多看、多问、多听。这种做法值得再三强调。成功的创新者往往左右大脑并用，他们会既观察外形，又观察人的行为。他们先分析出要满足某个机遇所必需的创新，然后，开始走进人群，观察顾客和用户，了解他们的期望、价值观和需求。
>
> ——德鲁克《创新与企业家精神》

企业进行产品创新时最容易发生两种情况，一是无的放矢，根本不考虑顾客的需求，完全按照企业自己的意愿、资源和能力来"打造"（其实是"编造"而不是"创造"）产品；二是"影的放矢"，也就是针对自己设定的影子目标（根本不是顾客的真实需求或者"刚需"）来开发和推广产品。随着市场经济的发展，企业无的放矢的计划经济式的创新活动会越来越少见，更普遍的是"影的放矢"的创新活动，有人才、有流程、有大数据、有人工智能，但是没有效果：产品被顾客嫌弃，被竞争对手碾压，不能给企业带来增长，不能提升盈利性。这种行为类似缘木求鱼，其后果是南辕北辙。为什么会这样？经过前面几章的介绍和分析，我们知道，企业只是掌握了很多似是而非的相关关系数据而不是因果关系数据，因而不知道顾客购买某种产品的真正原因，一门心思想着如何让自己的产品变得更好更酷，更有利可图，如何打造爆品，如何"秒杀"对手，而不是把目标对准顾客的真正需求和动机，连"懂顾客"都做不到，更不要说"秒懂顾客"了。对于企业来说，产品创新的结果最好能犹如探囊取物、瓮中捉鳖一般的确定性和可预测性，靠"无的放矢"和"影的放矢"肯定做不到，必须有的放矢、"真的放矢"，这个"真的"就是顾客的真实需求和动机，就是克里斯坦森和伍维克等创新探索者在其理论中提炼的顾客"待办任务"。

本章将在"待办任务"这一革命性理论的指导下考察企业的产品创新流程，详细介绍两套"从实践中来，到实践中去"的方法论，企业可以借助这些方法论来改变企业创新过程中存在的"无的放矢""影的放矢"、求相关关系而不求因果关系、重解决"错误"问题而不重提出"正确"问题等弊端，提高产品创新成功率与可预测性，创造可持续增长。

4.1 成果导向创新法

《中庸》中有三句话："好学近乎知，力行近乎仁，知耻近乎勇。"用在两千多年后的美国创新战略咨询师伍维克先生身上似乎也挺合适，经历了早年在IBM公司的失败之后，他痛定思痛，在接下来的二十几年时间里几乎做到了"知耻、好学、力行"，他带领公司Strategyn的同事一起打磨创新流程，将顾客"待办任务"理论转化、深化、细化为一个上接天线（待办任务理论）、下接地气（企业创新实践）的方法论——成果导向创新法（Outcome-Driven Innovation，ODI），帮助很多企业客户提高了产品创新的可预测性与成功率，实现可持续增长。

成果导向创新法将创新划分为十个步骤，其中包括界定顾客、界定待办任务、揭示顾客需求、发现细分市场机会、界定价值主张、开展竞争分析、制定创新战略、瞄准隐形增长机会、制定市场战略以及制定产品战略。

4.1.1 界定顾客

在企业理解顾客需求之前，管理者必须就顾客是谁达成一致意见。但是，获得这样的共识并不容易。每当问及"你们的顾客是谁"，管理者通常会说："我们有很多顾客。"他们甚至会补充说，顾客包括"内部的利益相关者和外部顾客。"外部顾客通常又细分为影响者、决策者、采购小组、最终用户、操作者、安装者，等等。比如，对于一家医疗器械公司而言，其外部顾客包括手术医生、患者、保险公司、护士、手术室经理和医院采购小组等。这么多外部顾客，情况很复杂。有没有办法删繁就简呢？有的，这需要反问一个问题：我们究竟为什么想要知道顾客是谁呢？很显然，我们想要知道我试图为谁服务，但除此之外，还有一个更加技术化的原因。从战略和创新的角度来看，我们必须对顾客加以识别，然后我们才能获得有助于我们创造出能够帮助顾客更好、更便宜地完成任务的产品和服务所需要的洞察。

因此，我们真正要问的问题是："谁拥有（能提供）上述洞察呢？"通常有三类关键顾客（也可称"任务执行者"）：①最终用户（或者功能性任务的执行者）；②产品生命周期支持团队；③购买决策者。

4.1.1.1 最终用户

最终用户是指使用产品和服务来完成功能性核心任务的人。最终用户能够给企业提供功能性的标准（期待成果），企业需要根据这些标准来创造出能够帮助顾客把任务完成得更好、更可预测、更有效率、产出更高的产品。

对于一家医疗器械制造商而言，一个手术工具的最终用户是手术医生。手术医生可能寻找这样的产品："将摘除健康组织的可能性降至最低""快速确定连接点"。最终用户不仅可以向企业提供功能性任务的标准，而且还能够提供情感性任务和相关任务的清单（"待办任务需求框架"当中包含了这类任务）。

4.1.1.2 产品生命周期支持团队

产品生命周期支持团队由与产品有关的下列人员构成：安装者、启动者、储存者、运输者、维护者、维修者、清洁者、升级者、销毁者。在某些情况下，最终用户也可能是产品生命周期支持团队的一部分。并不是每一种情况下这些消费链任务都适用。但是，在适用的情况下，这些角色能够给公司提供关于期待成果的信息，这些信息有助于企业创造出减少相关支持的产品。

对于一个产品来说，如果不需要安装、启动、储存、运输等支持，会比那些需要这些支持的产品要更有价值。简化或取消消费链上的这些任务会带来两个好处：①降低产品的拥有成本，这能够满足购买决策者的需求；②产品使用起来更方便，这能够满足最终用户的需求。在整个生命周期为产品提供支持的这些角色能够为企业提供洞察，帮助企业创造更加正面的顾客体验。

4.1.1.3 购买决策者

购买决策者负责寻找和评估可供选择的产品并确定最终购买哪一个产品。购买决策者能够给企业提供财务方面的期待成果，帮助企业创造出能够帮助顾客更便宜地完成任务的产品或服务。比如，手术工具的购买者可能寻找这样的产品："减少患者住院天数"或者"减少复发率"。这样一些财务性指标会影响购买决策。

通过聚焦分析上述三类顾客，企业能够获得大量洞察，用于创造能够在诸多维度帮助顾客把任务完成得更好并且更便宜的产品或服务。更加重要的是，如果企业能够创造出满足这三类顾客的未被满足需求的产品或服务，就会进入左右逢源的佳境：影响者极力推荐，批发商和零售商积极分销，社交媒体大力推广，顾客踊跃购买，内部的利益相关者看着财务回报眉开眼笑。

在存在多个利益相关群体的市场上，为了不忽视某一类顾客，最好是从顾客角度绘制一个流程图（见图4-1）。企业在研究的过程中，要关注该流程中的每一步骤，关注顾客所采用的具体办法。这种按部就班、步步为营的方法能够帮助企业识别关键利益相关群体，理解他们如何影响顾客最终界定其任务的方式。

步骤	准备	采购	烧菜	用餐	收拾清洁
利益相关者	• 妻子 • 丈夫	• 妻子 • 丈夫	• 妻子 • 女儿	• 妻子 • 丈夫 • 女儿	• 丈夫
目前的方法	妻子下班前打电话给丈夫以决定吃什么	• 轮流采购 • 走过每一个过道看看有什么想买的 • 在手机上查找食谱	• 妻子烧菜的时候女儿做其他准备工作 • 一边烧饭一边聊天	• 在厨房餐桌上一起吃饭 • 讨论世界大事	• 把锅浸泡在水中 • 把餐具放入洗碗机 • 洗锅
痛点	没人记得冰箱里还有什么东西	• 工作结束还要逛超市,太累了 • 漫无目的逛超市的开支会比预先有购买计划来的高	短信、电话等各种干扰会延误晚餐的准备	因为担心烧不熟,鸡肉有些干	• 感到孤独 • 食物残留在盘子上 • 锅很难洗干净 • 很无聊

图4-1　任务流程图示例

在绘制流程图的时候,要具体而微地识别顾客的痛点,因为这些痛点通常是创新的沃土,值得特别留意。另外,流程必须根据具体的场景而不是均质化的情形来绘制。在不同的场景下,顾客的功能性任务和情感性任务会有很大差别。企业试图以均码的方式来解决问题是不现实的,有一句话说得好:"适合所有人就不适合任何人(one-size-fits-all means one-size-fits-none)"。

4.1.2　界定待办任务

以功能性核心任务作为分析单位是创新成功的基石。所谓功能性核心任务是稳定的长期的焦点,所有其他需求都是围绕这个点来界定的,企业的价值创造活动也是以此为中心的。

正确地界定功能性核心任务是使得成功具有可预测性的前提条件。错误地界定功能性核心任务是一个很大、很严重的问题。正确地界定这一任务并不容易。界定的宽窄范围必须得当,界定窄了会限制对增长机会的发现,界定宽了会得不到可操作性的洞察。

实际经验证实，大多数产品只能完成一项任务的一部分。企业的目标是发现顾客试图完成的完整任务。"你雇这个产品做什么？"这样问是不正确的，因为这也许无法揭示整个任务。这样问问题的错误很普遍，其背后隐含的是以产品为中心的思维。

为了避免过于狭窄地界定任务，你所要做的不是从顾客那里理解他们为什么买你的产品，而是你的产品如何贴合他们所要完成的任务。该问的问题是："你为什么用这个产品，最终想要完成的任务是什么？"

例如，如果一家炉顶水壶制造商问用户："你雇这个产品做什么？"用户们很可能回答雇它来"烧水"。这样回答也不能说错，但是烧水只是顾客最终试图完成的任务的一个步骤而已——其最终目的是要"准备热饮来喝"。如果炉顶水壶制造商把任务界定得过于狭窄，就会面临风险：竞争对手可能会推出在一个平台上完成整个任务的一套解决方案。新竞争者通过发现合适的能力、资源、资金、技术和诀窍来创造出能够帮助顾客将整个任务完成得更好的产品，从而占领市场，这样的事例屡屡发生。

另一方面，将任务界定得过于宽泛，会使企业在应对整个任务时面临困难甚至无法应对。为了避免这种情形发生，需要在考虑企业及其产品和能力的基础上问这样一个问题："公司能够在一段时间内从头到尾地完成这个任务吗？"如果公司不拥有或者不愿意获取所需要的能力、资源、资金、技术和诀窍来解决更宽泛的问题，那么从实际的观点来看，这个任务就界定得太窄了。

4.1.2.1　采用顾客的视角

在界定功能性核心任务的时候，要从顾客的视角而不是公司的视角来思考顾客的待办任务。例如，一家给农民提供杀虫剂的公司可能得出这样的结论：农民们试图"除杂草"。但是，农民们可能说，他们的待办任务是"防止杂草影响庄家收成"。

4.1.2.2　不要搞得太复杂

尽管待办任务需求框架分多个层次，很复杂，但是一项功能性任务表述不应该复杂。一项很好地界定的功能性任务表述以及所有的需求表述都应是单一维度的、相互排斥（独立）的。这一点有必要加以强调。把所有东西都硬塞进一个复杂的表述或者"任务故事"里会使得后期对顾客在哪些地方未得到满足进行精准量化的工作变得无法进行。企业在创新过程中的目标是独立地界定给完成任务带来波动性的所有因果关系要素，实现这一点需要我们完成100多个独立的成果表述，而不是一个表述。

4.1.2.3　先不考虑情感性需求以及其他需求

当我们界定待办任务的时候，很容易犯混杂的错误。界定功能性核心任务的时候，要确保所界定的只是功能性任务，而不是功能性、情感性和社交性纠缠在一起的混杂任务。功能性任务并不具有社会性和情感性维度。与功能性任务相关的情感性和社会性任务在一系列独立的情感性任务表述里加以界定。

另外，也不要在功能性任务表述里面包含期待成果。这些期待成果也必须分类表述。如果任务是"沿直线切割一块木头"，那么不要说"准确地、安全地、快速地沿直线切割一块木头"。准确、安全和快速对于所要完成任务相关的期待成果的描述太模糊了。比如，"在我试图让早上通勤的路途变得更加有趣的同时让我保持清醒和聚精会神"，这样的表述就通不过关于清晰性的测试。更清晰的功能性表述应该这样："在我早上通勤路上保持清醒"。伍维克先生说，对于这样一个任务的解决方案可能是一杯浓缩咖啡，而不是克里斯坦森案例里的奶昔。

4.1.2.4　要界定任务，而不是情境（场景）

不要把待办任务界定为顾客所遭遇的情境（场景），而要围绕顾客在该情境下决定做什么来界定任务。例如，通勤者可能发现其"通勤路途很长很无聊"，但是"上班路途遥远而无聊"并不是一项任务，这是通勤者所经历的一种情境。你无法研究"克服无聊"这样的任务，因为它并不是一项功能性任务。

相反，要考虑通勤者在漫长、无聊的路途上选择做什么。他们可能做的是在通勤上班的路上停下来，去一家提供快速服务的餐馆去买早餐（这是实际的功能性任务）。与此类似，你可能发现自己在排队看医生的时候很无聊，但是，像前面说的那样，克服无聊并不是任务，"一边等一边消磨时间"也不是任务。

而顾客在无聊的时候选择做的事情才是真正的"待办任务"。例如，当你在排队看医生的时候，你可能选择使用智能手机来"保持对兴趣点的关注""检查信用报告""付账单"，或者通过智能手机的应用来完成其他任务。这些都属于"待办任务"。

4.1.2.5　以正确的格式来界定任务表述

一项任务表述总是始于一个动词，该动词后面跟着一个对象（名次）。这种表述还应该包括一个情境描述语。在"一边走一边听音乐"这个任务表述中，情境表述语是就是在任务描述后面所加的"一边走"。通勤者在上班的路上，去一家提供快速服务的餐馆去买早餐，其中"在上班的路上"就给任务表述提供了所需要的情境。任务表述的格式如下：

任务表述 = 动词+动词的对象（名词）+情境表述语

4.1.3　揭示顾客需求

功能性核心任务界定了之后，就要为该任务创造一个"任务地图"。一张任务地图是功能性核心任务的视觉展示，分解为若干步骤，每一步骤详细地解释顾客试图完成什么。任务地图并不展示顾客正在做什么（这是解决方案的视角），而是描述试图完成什么（需求视角）。

任务地图聚焦于顾客所采取的行动背后的目标。例如，你不能说一位麻醉学家"正在看显示屏"（这是一个解决方案，描述麻醉学家正在采取什么行动）。你应该说这位麻醉学家正在"监控病人的生命体征"，这是看显示屏背后的目标。

另外，任务地图也不是顾客旅程或顾客体验地图；它并不描述顾客所经历的对于某个产品的全部旅程：购买、接收、启动、使用、升级、清洁和维护。这些活动是消费链上的任务，应该单独捕捉和对待。如果你聚焦顾客旅程，那你并不是聚焦功能性核心任务。

一张好的任务地图应该描述清楚顾客试图完成什么，这独立于顾客正在使用的各种相互竞争的解决方案。换句话说，这种描述对于所有的顾客情境都是准确的，不管其为完成任务所使用的是什么产品。一张完整的任务地图代表着该任务的"理想流程":步骤完整、秩序恰当、执行高效。

建立任务地图是为了一系列原因:

● 完整的任务地图为整个组织描绘长期战略——设计一套解决方案,在单一平台上或利用单一产品(可能是硬件、软件和服务)来完成整个任务。

● 创新的想法经常会在分析任务地图时产生,因为它能看出现有产品的漏洞和低效的地方。

● 从战术的角度来看,任务地图会成为捕捉顾客期待成果的框架和指导。正因为如此,所以最好是在试图完成期待成果表述之前来创造任务地图。

4.1.3.1 普适任务地图

伍维克他们通过分析上百个任务发现了一条规律:所有的任务基本上都由八个基本的流程步骤的一部分或全部构成,见表4-1。

表4-1 以顾客为中心的创新地图

在这一步骤	顾客	公司的创新措施	例子
1. 界定(define)	明确其目标,并对资源进行计划	对计划进行简化	慧俪轻体(Weight Watcher)通过提供一个不需要对卡路里进行计算的系统,简化了饮食计划
2. 找寻(locate)	收集关于完成任务所需要的项目和信息	让需要收集的输入因素更简化,确保这些因素在需要的时间和地点都在	U-Haul公司给顾客提供预包装的移动装置,其中有需要搬迁的箱子的数量和类型
3. 准备(prepare)	设置用来完成任务的环境	让设置不那么困难,并为确保工作区域设立得适当提供指导	博世给其圆锯增加了能调节的杠杆,方便房顶施工者在割木头时调整角度
4. 确认(confirm)	验证自己是否为完成任务做好了准备	为顾客提供供他们判断自己是否准备好了所需要的信息	甲骨文ProfitLogic商品优化软件为零售店对每一个产品降价的降价活动确认最优的降价时机和降价幅度
5. 执行(execute)	完成工作	防范问题或把问题往后延	金佰利患者警示系统通过放在手术病人身上、用于手术时维持身体正常体温的热垫来自动循环热水

续表

在这一步骤	顾客	公司的创新措施	例子
6. 监控(monitor)	评估任务是否被成功地完成	通过监控来改善执行	耐克推出了一款跑鞋,含有一个感应器,能够将关于时间、距离、节奏和所燃烧的卡路等音频反馈传给跑步者带的iPod
7. 修正(modify)	作出改变,以便改善任务的执行	减少作出改变的需要和次数	微软的操作系统通过自动下载和安装更新来为计算机用户减少麻烦。用户不必决定哪些更新是必需的,不必自己去找更新,也不必自己去确保更新与自己的操作系统兼容
8. 完结(conclude)	完成任务,或者准备重复上述任务	设计出能够简化完结任务的流程的产品	3M推出了一个能够延展、只贴附于自身的伤口贴,不贴附到病人的皮肤或缝合处。这给医护人员带来方便,确保手术完成时有伤口贴可用,而伤口治愈时可以把伤口贴拿掉

一旦针对某一具体的功能任务地图绘制出来了,接下来就可以来捕捉任务地表中每一步骤所对应的期待成果。伍维克公司在为客户进行咨询时,针对顾客的每一项待办任务,通常都能找到50～150个期待成果表述。

顾客非常清楚其在完成一项任务时如何来衡量成功,也非常擅长沟通这些标准。这些标准,简单地说,就是顾客的期待成果。例如,一个种玉米的美国农民,可能想"把从玉米种子到发芽的时间缩到最短"或者"把庄稼不同时长出的可能性降到最低"。

4.1.3.2 期待成果表述

期待成果表述必须符合具体的结构,必须遵循一系列严格的规则。这样做是非常有必要的,因为不同的表述在结构、术语和句法方面的差异会带来令人讨厌的波动性,改变顾客在进行表述时的重要性和满意度评分。这反过来会影响顾客最终对创新进行优先排序的方式。

一项期待成果表述包括一个改进的方向、一个绩效标准(通常是时间或概率)、一个控制目标(期待成果)和一个情境描述语(描述该成果被期待的情境)。

"最大程度地降低在高音播放时走调的可能性",是我们听音乐这项任务的一项期待成果表述,可作为期待成果表述的一个范例。

在创造期待成果表述时,一定要记得下面这个结构:

成果表述 = 改进的方向+绩效成果+控制目标+情境描述语

期待成果表述可以通过任何常规的访谈方法来完成,包括个人访谈、小组座谈、观察法或者民族志访谈。

尽管大多数定性研究的生命周期都很短暂,但是一份完整的期待成果表述却是公司可以长久保存很多年的一项重要资产,因为期待成果并不随着时间而改变,改变的只是用来实现这些期待成果的解决方案。

有了一份完整的期待成果表述在手,公司就可以从市场上获取定量的洞察了,这在以前是完全不可能实现的。

4.1.4　发现细分市场机会

市场细分是企业将其独特的产品与珍视该产品的顾客群体进行对接的方法。历史上,人们发明和运用了很多方法来进行市场细分。

定性方法,包括用户画像描摹,在进行市场细分时会使用人口统计、心理统计和行为类型或者模式。定量方法,比如联合分析,通过使用数目价值和计算来获得更高的精确性。遗憾的是,几乎所有细分方法,不管是定性的还是定量的,都无法对具有不同的未满足需求的顾客作出区分,而市场细分只有在作出这种区分之后才能创造出真正的价值。

伍维克在研究了各行各业多家企业的市场细分实践之后得出的结论是:人的需求的差异并不来自人口统计变量或者心理统计变量。人口统计、心理统计、行为数据、态度数据几乎都无法解释为什么顾客会有不同的未被满足的需求。伍维克举了一个例子:一个28岁、大学毕业的蒙大拿州的男子跟一个高中辍学的55岁的佛罗里达州的女子可能会有相同的未被满足需求,比如,都对自己的互联网服务不满意。

发现具有独特的未满足需求的顾客细分群体的唯一办法是围绕未被满足的需

求来进行市场细分。在为该目的而设计的顾客需求表述方法论还未发明以前，做到这一点是不可能的。是围绕功能性核心任务的期待成果表述使得基于需求的市场细分变得可能。

顾客具有不同的未被满足需求，因为更小的顾客群体经常会遇到其他顾客并不会遇到的特殊困难。这些特殊困难给该用户带来其他的未被满足需求。例如，Strategyn在为一家汽车公司做咨询时发现，有些司机在试图"按时到达目的地"（这是待办任务）时会比其他司机遇到更多麻烦，因为前者不得不去很多地点，而不是直接开去目的地。因为要去不同的地点，就会遇到不同的交通状况，因此产生停车等很多问题。这些增加出来的复杂性使得预测路程时间（完成待办任务）变得特别困难。换句话说，这群司机具有其他司机所没有的未被满足需求。

在几乎所有市场，都会有一些顾客群体在完成任务时比其他人遇到更多困难。这意味着一个独特的新机会。为了捕捉这一机会，企业必须使用未满足需求（细化为期待成果表述），而不是人口统计、心理统计或行为数据来进行市场细分。

基于成果的市场细分方法分四步进行：

● 首先，分析待办任务，捕捉所有的顾客需求，并把他们转化为期待成果表述。这些成果表述的特殊句法能够保证精准性和可比较性。

● 其次，进行现场调查，抽取统计上有意义的有代表性的顾客样本，通常在180个到3000个。他们的回答提供两种信息：一是实现每一个成果对于他们来说有多么重要；二是今天所有的解决方案在满足他们的期待成果方面表现如何。有了这些数据，就可以明确哪些成果满足程度最高、哪些成果满足程度最低。未被满足的成果和过度满足的成果都意味着创新机会。

● 再次，采用因子分析和聚类分析来把市场细分为具有不同的未被满足期待成果的顾客群体。

● 最后，使用调查中所包括的画像性问题来理解哪些因素导致了复杂性，使得一些顾客在完成任务时格外困难。上述调查也收集相关信息，揭示调查所发现的不同顾客群体的需求未被满足的程度。

如果你不知道哪些未被满足的细分顾客群体、他们有哪些期待成果，你就无法知道公司应该采取什么样的增长战略。你就会靠猜测来创新，靠运气来竞争。了解顾客细分群体是否具有不同的未被满足需求以及为什么会有这些需求，对于制定有效的市场和产品战略来说至关重要。如果一个新产品，在一个大到足以保障投资回报的细分市场上，不能解决顾客的未被满足需求，那么它一定会失败。如果一项价值主张不能与未被满足的顾客需求对接，那也一定无法与顾客连接。

不同的顾客细分群体在需求满足方面通常分三种情况：未被满足（有未被满足的诸多需求）、过度满足（得到一些可有可无的特性、福利或服务）和适度满足（需求全都被满足，不需要的特性全都没有）。一个市场上可能会由三个需求未被满足的细分群体构成，另一个市场上可能由三个需求被过度满足了的细分群体构成。如果你在前一类市场上采取颠覆性战略，那么必败无疑，因为该市场根本就没有任何过度满足的细分顾客群体。而在后一类市场上采取差异性战略，也会失败，因为该市场不存在需求未被满足的细分顾客群体。

因为没有市场是均质化的，所以基于需求的市场细分是制定市场战略和产品战略所不可或缺的。成功的关键在于发现有意义的细分市场，发现能够带来价值创造机会的隐藏着的细分市场。

4.1.5 界定价值主张

伍维克先生在为康乐保（Coloplast）公司的伤口护理产品团队做咨询时，聚焦的对象是伤口护理护士，作为产品的最终用户，其待办任务是"治疗伤口"。他们采用基于成果的市场细分方法，发现了需求未被满足的一个护士细分群体，据此提出了新的价值主张，在不到六个月时间里创造了两位数的增长。秘诀何在？这里值得引用美国一个冰球明星的话来解释——该公司"向球将要去的地方滑去"。

当时，所有其他伤口护理公司的价值主张都是建立在"我们帮助伤口更快地愈合"之类说法上，只是措辞略有不同而已。Coloplast公司认为，谈论愈合速度就相当于向球已经去过的地方滑去。不错，在过去的某个时间点上，伤口护理护士在这个维度上有需求未被满足，那样的价值主张与他们产生过共鸣。但是，这样的日子已经一去不复返了。

在为Coloplast进行基于成果的市场细分时，项目组发现一个特殊的护士细分群体，他们排在第一位的未被满足需求跟愈合速度毫无关系。排在前面的15个未被满足需求（其期待成果）当中有10个都与"伤口是否恶化"有关。在很多伤口治疗情境下，患者会不小心让伤口恶化，而防止这样的复发对护士来说是一个巨大的挑战。Coloplast认识到，"防止复发"就是"球将要去的地方"。

Coloplast将新的伤口护理价值主张推向市场："我们防止伤口复发"。他们并没有改变产品或者价格，只是将沟通和销售重点转向护理的未被满足需求，就实现了两位数的增长。

顾客今日的未被满足需求代表着未来的制胜价值主张。了解顾客有哪些需求未被满足，哪些期待成果没有实现，能够帮助企业找到独特而有价值的竞争定位。这是战略的本质，其最佳获得方式是有效地使用待办任务理论。为了获得一个制胜的价值主张，企业必须：①了解顾客任务中的哪些地方未被满足；②获得能够针对其需求得到满足的顾客进行沟通的价值主张；③竭尽全力，比竞争对手更好地满足所针对的未被满足需求。

发现顾客未被满足需求的最佳方式是采用基于成果的市场细分方法。该方法是专司其职的。为了创造出制胜的价值主张，企业必须了解一个顾客细分群体的需求为什么未被满足，在哪些维度未被满足，未被满足的程度如何。一旦企业了解了这三件事，就能够界定价值主张，并将其解决顾客未被满足的所有需求的意愿和能力沟通给顾客。

一旦价值主张确定了，企业必须兑现其承诺。首先，企业必须向顾客说明其产品和服务解决其所发现的顾客的未被满足需求的方式。其次，企业必须加速储备中的产品和服务特性的开发，以便进一步解决其所针对的顾客的未被满足需求。然后，企业必须创造或发明新的特性来解决余下的未被满足需求，这些新的特性需要落在价值主张范围内。

顾客未被满足需求相关联的价值主张能够帮助企业把员工统一在一个共同的愿景上，公司的长期成功与此密不可分。

4.1.6 开展竞争分析

为什么要开展竞争分析？只是想看看竞争对手的产品的哪些特性从技术上讲更优越吗？还是为了获得创造产品和服务所需要的洞察，使得公司的产品和服务能比竞争对手的解决方案更好和或更便宜地完成顾客的任务？当然是后一条。单纯地比较竞争性产品的特性其实是浪费时间。这种方法落伍了，而且会提供不相关的信息。

在开展竞争分析的时候，需要让顾客对照一份完整的期待成果表述来对竞争性产品进行定量评估。这样的评估流程可以很精准地显示出哪些产品任务完成得更好、哪些产品任务完成得更差。来自顾客的这些洞察能够起到两方面的作用：①精确地指出需要针对解决的期待成果，以此来对抗竞争性产品的强项；②揭示在整体市场上存在什么样的未被满足的期待成果，为超越所有的竞争对手建立独特而有价值的竞争定位指明道路。

上述为收集进行基于成果的市场分析所需要的数据所做的现场调查也可以用来收集竞争分析所需要的信息。这种调查会确定每一项期待成果的重要性和用户使用市场上主要产品（竞争性产品）的满意度。

一旦这些工作做完，就可以开始对竞争性产品进行评估。博世公司在竞争激烈的北美圆锯市场上所做的竞争分析对于我们理解这种评估非常有把帮助。

首先是对顾客和待办任务的界定：试图"沿直线切割木头"的工匠。咨询项目组通过访谈顾客形成了75个期待成果表述。接下来，调查了270个圆锯的使用者，包括两个最畅销品牌得伟（DeWalt）和牧田（Makita）的使用者。项目组让这些品牌的用户给75个成果当中的每一个的重要性以及他们对所使用的圆锯的满意度打分（见表4-2）。

表4-2显示了其中八个成果表述的调查结果，列举了期待成果表述、该成果的平均重要性（IMP）、对该成果的平均满足度（SAT）、机会得分（OPP）以及DeWalt和Makita两个圆锯的使用者满意度。

表4-2 期待成果表述

期待成果表述	IMP	SAT	OPP	DeWalt SAT	Makita SAT
将沿切割线切割时木屑飞入空中,比如飞到使用者脸上和眼中的概率降到最低	8.9	3.2	14.5	3.1	3.3
将在有灰尘的情况下切割不小心偏离切割线的概率降到最低	8.7	3.8	13.5	4.2	3.4
将设定锯刃角度的时间缩到最短	8.6	4.1	13.0	5.0	3.6
将切割长木时锯绳与材料相互纠缠的概率降到最低	8.2	3.7	12.7	3.8	3.6
将电源线被拔掉后复原锯位的时间缩到最短	7.0	2.5	11.5	2.5	2.5
将接近完成切割时脱轨的概率降到最低	7.8	4.2	11.4	3.6	4.8
在锯不用时将锯固定好以防止滑落的时间降到最低	6.7	2.7	10.7	3.0	2.6
将从梯子或屋顶下降时把锯子弄掉的概率降到最低	7.8	5.1	10.5	5.0	4.8

调查对75个成果表述当中的每一个都生成这样一组数据,利用这些数据博世公司能够得出一些结论:

● 博世可以明确75个期待成果中有哪些是"基本面",即重要性和满足度都很高的期待成果,博世新进入市场的产品也不能忽视这些基本面。

● 博世可以看出顾客在哪些成果方面对DeWalt比较满意,在哪些成果方面对Makita比较满意。这不仅揭示出每一个竞争对手的优势和劣势,而且能够帮助博世了解成功者之所以成功过的技术原因,从而为创意生成指明方向。

● 因为在75个成果中有14个的机会得分超过10,所以博世可以有把握地下结论说,这14个成果代表着未被满足的成果(需求)。表上展示了这14个成果中的8个。

● 博世明白,如果能在这14个未被满足的成果方面比DeWalt和Makita显著更好地满足顾客需求,那么博世就能够占据一个独特而有价值的竞争定位:它将满足任何竞争对手都没有满足的未被满足需求。此为战略之本质,亦属竞争分析之必要。

● 博世还能了解DeWalt或Makita是否以及在哪些方面有强项，但是这些强项只是增加成本而不增加价值，这些是指满意度得分很高但重要性得分很低的成果。有了这样的洞察，博世可以避免增加成本很高但是必要性很低的特性。

基于成果的竞争分析给企业提供通常不容易获得的顾客洞察。了解顾客如何衡量价值、竞争对手表现如何，能够让企业创造出帮助顾客更好和/或更便宜地完成任务的产品和服务，实现创新的终极目标。

4.1.7 制定创新战略

到目前为止，很多公司依然是依靠直觉来制定创新战略。但是，有了成果导向的市场细分方法，就可以比较精准到地找到需求未被满足的顾客群体，掌握其未被满足的期待成果，这样就可以制订瞄准这些顾客的计划，从现有产品、改进产品和全新产品当中选择合适的产品帮助顾客更好或更便宜地完成待办任务。创新战略还包括进入不同细分市场的时机选择以及执行时间表。

创新战略的选择跟我们在第3章中所介绍的增长战略遵循同一个原则，即根据顾客需求的满足或未满足程度以及企业所提供的品质和价格来从差异性战略、颠覆性战略、支配性战略、离散性战略和延续性战略当中选择合适的战略。对顾客需求满足程度的正确识别是制定创新战略的基石。在任何市场取得成功，企业都得帮助顾客把任务完成得更好或更便宜。博世当年就面临过是否推行颠覆性战略的选择，即是否要针对那些对圆锯需求过度满足的细分用户群体，帮助他们把任务完成得更便宜。尽管这是一个不错的选择，但是与博世在北美圆锯市场试图建立高端品牌的愿景不吻合。另外一个选择是把新的激光技术推向市场。尽管这听上去令人兴奋，但是遗憾的是该技术并不能帮助顾客更好地完成任务，而且会增加成本，因此失败的概率很大。博世最终的选择是沿用现有技术，只要给平台增加新的特性，就能满足一个未被满足的细分市场上的14个未被满足的期待成果，而且这样的成本还可以做到比竞争对手的解决方案更低。价更低，质更好——博世最终采用的是支配性战略，在该战略指导下的CS20圆锯满足了顾客的未被满足需求，十多年来一直是北美市场最畅销的圆锯。

创新的失败率之所以高居不下，是因为企业的创新战略往往都是以猜测为基础制定出来的。正确、有效的创新战略必须建立在顾客需求洞察的基础上，而顾客需求洞察是在扎实、系统的定性研究、定量研究和数据分析基础上获得的。

4.1.8 瞄准隐形增长机会

战略的本质在于瞄准那些未被满足的期待成果来实现业绩增长，这是企业最重要的决定，企业的一切作为都要围绕这个核心来进行。

为了作出这一决定，我们需要收集在统计上有意义的定量数据来进行基于成果的细分市场分析。一旦发现了基于成果的细分市场，决定了要瞄准的市场，我们就可以明确在每一个细分市场里应该针对哪些未被满足的需求，从而在两个方面发力：一是帮助顾客更好地完成任务；二是帮助顾客更便宜地完成任务。

为了对机会进行优先性排序，我们采用"机会算法"。这种算法能够帮助我们确定两点：哪些成果对顾客来说是很重要的；哪些成果是顾客在使用现有解决方案来完成任务时感到不满意的。

4.1.8.1 机会算法

机会算法的公式是：

$$机会分数 = 成果重要性 + （成果重要性 - 成果满意度）$$

这个公式能够计算出每一个期待成果表述的机会分数，能够揭示出哪些成果代表着最佳的增长机会。例如，在270个圆锯用户当中有200个（74%或量表上的7.4）给"将偏离切割线的概率降到最低"这一成果的重要性评了4或5分（1～5分量表，5代表最重要），而270个用户中只有75个（28%或量表上的2.8）给该成果的满意度评了4或5分（1～5分量表，5代表最满意）。这样算下来，该成果的机会分为7.4+（7.4－2.8）= 12。根据伍维克先生他们的经验，10或更高的机会分意味着该成果是未被满足的。

4.1.8.2 机会地形

机会地形是对成果未被满足和过度满足的视觉展示（见图4-2）。从图4-2中

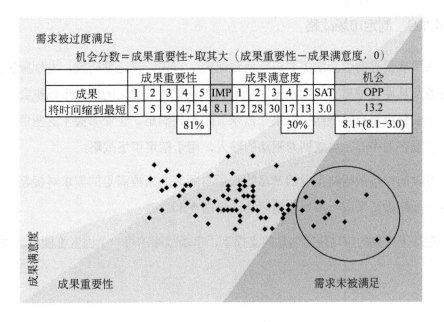

图4-2 机会地形图

我们可以看出,该机会地形分为三个部分:①未被满足区域(右边),包括了所有机会分数为10或更高的成果;②适度满足区域(中间);③过度满足区域(左边),成果的满意度超过了其重要性。

调查中涉及的所有成果都分布在这张地形图上了,精确地显示了目标细分市场未被满足和过度满足的程度。

这种方法清晰地指出了应该针对哪些成果来获得业绩增长。地形的右上角部分显示的是"基本面",这些是重要的成果,市场现有的产品已经满足了,新进入市场的产品也必须满足。在最左边的过度满足的成果中,存在着很大的降低成本的机会。如果现有产品包括一些用来满足这些过度满足的成果的特性成本太高了,那么可以考虑用低成本的特性来替代,让顾客更便宜地完成任务。

右边阴影区域的下面部分是未被满足的成果。针对这些成果推出解决方案能够帮助顾客更好地完成任务。一旦产品研发人员精准地了解哪些是未被满足的成果,创新成功的概率就会大大提高。成果导向创新法的效力就在于此。

机会算法和机会地形图是企业明确成果方向、创造业绩增长的宝贵工具。

4.1.9 制定市场战略

采用成果导向创新法需要进行两种研究：首先，是定性研究，发现顾客的待办任务及其期待成果；其次，是定量研究，发现基于成果的细分市场机会，明确每一个细分市场有哪些期待成果（需求）未得到满足。企业掌握了这些信息，就能有以顾客为中心、以数据为驱动的输入，用于指定市场战略。

有效的市场战略将企业的产品的长项与顾客的未被满足的需求对接起来，实现这一战略需要采取一系列营销活动（见图4-3）。

在基于成果的市场研究信息的支撑下，市场战略的每一个因素都能得到强化。

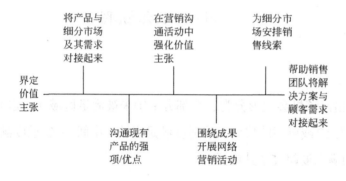

图4-3 营销活动支撑市场战略

（1）决定针对每一个基于成果的细分市场的产品

界定市场战略的第一步是用哪些现有产品来应对你已经发现的每一个基于成果的细分市场。这应该建立在"吻合度"的基础上：选择最能满足每一个基于成果的细分市场上的顾客的未被满足需求的产品。比如，伍维克先生的公司在帮助一家工业泵制造商做咨询时发现，有一类顾客的需求未被满足，因为他们经常会碰到气穴现象（形成气泡），该公司有一系列产品都能有效地解决这个问题，但是他们从来没有通过正确的沟通内容来把顾客未被满足的需求与公司已有的合适的产品对接起来，这种对接往往是成功的第一步。

(2) 将产品的强项/优点沟通给目标细分市场

在为康蒂思（Cordis）公司提供咨询的时候，伍维克先生他们发现，该公司现有产品中有一个产品能够很好地满足顾客的一个期待成果，而市场上的主要竞争对手都无法满足。后来，公司向顾客沟通了该产品"隐而未宣的优点"，带来的结果是市场份额大增：六个月内从1.5%增加到了5%。在企业将产品组合与顾客未被满足的需求进行对接的时候，了解到某个产品具有与某个细分市场相关的竞争优势，这是一个重要的洞察。

(3) 将基于成果的价值主张融入营销沟通之中

Coloplast公司的伤口护理部门在进行基于成果的创新过程中发现，有一个细分群体的伤口护理护士，其15个期待成果都得不到满足，其中10个与伤口不进一步恶化相关。尽管竞争对手都在强调其产品能顾帮助伤口更快地愈合，但是Coloplast决定采用并坚持基于成果的价值主张。其推广的重点是这样一个事实：其产品能够帮助"防止复发"，并将其产特性与其所能解决的相关成果问题对应起来。

(4) 围绕未被满足的成果制定数字营销战略

当消费者使用谷歌来搜索和评估产品选择的时候，他们很少会从输入产品和型号开始，因为他们还没有发现它们。但是，他们会输入与"待办任务"相关的关键词或短语，比如他们试图完成的某一任务的一个步骤或者具体的期待成果。对于公司而言，这些关键词或短语预先都是知晓的，因而可以用这些关键词或短语来开展线上营销活动，大大提高产品在购买者心目中的知名度。每当潜在顾客使用谷歌来搜索如何来解决未被满足成果时，就能看到公司的广告并发现其产品。SEO（搜索引擎优化）就是要做这样的工作。

(5) 为细分市场安排销售线索

虽然顾客有不同的未被满足需求，但是许多公司在处理销售线索时往往采用"一刀切"的办法。但是，公司只要稍做调查（在网上或销售线索管理工具上），就能准确地明确一个潜在顾客是属于哪一个基于成果的细分市场。有了这一洞察之后，就可以帮助潜在顾客找到能够最好地解决其未被满足的成果期待的解决方案。

（6）为销售人员提供有效的销售工具

公司可以对销售人员进行培训，帮助他们识别一个现有顾客或潜在顾客归属哪一个基于成果的细分市场，指导他们开展相应的对话。带着合适的价值主张、对顾客情境及其未被满足需求的清晰理解去接近顾客，有助于建立可信度。美国艾禾美的动物营养部门围绕未被满足的细分市场和期待成果来协同产品、沟通和销售方面的努力，取得了令人印象深刻的结果：在产品和价格都没有变化的情况下实现年销售额增长30%。

4.1.10 制定产品战略

一个有效的产品组合战略能够给公司提供以下指导作用：①改进产品，更好地服务每一个基于成果的目标细分市场上的顾客的未被满足需求；②提供一整套解决方案，能够逐步在单一平台上完成整个任务。

企业在发现了基于未被满足的成果的细分市场并对这些市场进行了优先性排序之后，就可以采取以下行动来服务于每一个细分市场（见图4-4）。

同样，在基于成果的市场研究信息的支撑下，产品战略的每一项活动都能得到强化。

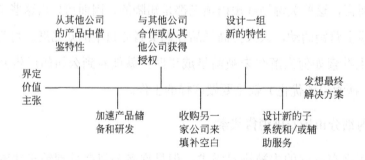

图4-4　创新活动支撑产品战略

（1）从其他公司的产品中借鉴特性

"为什么要重新发明轮子？"是我们经常听到的一句话。是的，创新并不一定要求有发明。创新是利用已有技术或新技术来解决顾客未被满足的需求。公司在确切地了解了某一目标市场有哪些成果未被满足，就可以分析一下其产品组合，看看现有的产品或服务中哪些具备帮助顾客解决一个或多个成果的特性。这将为产品开发节省大量的时间和精力。

伍维克先生的公司在为微软公司做咨询寻找改建软件保险产品的机会时发现，很多这样的机会通过公司内部用来完成任务的工具就可以获得。所以，微软并没有另起炉灶，从头开始，其保险团队把内部的产品改造成商用的产品。

企业建立的产品特性库和期待成果表对于企业来说可能是非常有价值的资产，特别是对于那些拥有成千上万个产品的大公司来说。产品团队有时完全可以借用（套用）公司已经发明出来的东西。

（2）加速产品储备和研发

在伍维克先生帮助Cordis公司发现血管成形术气囊产品的市场机会时，有一个未被满足的成果跳了出来："将手术后再狭窄（即再次堵塞）的概率降到最低"。获得这个洞察之后，公司研发团队说，他们正在开发的一种印模有可能解决这一未被满足的成果问题。考虑到机会的规模和第一个上市的重要性，研发团队在该项目上投入了额外的资源，最终第一个在市场推出了该产品，在接下来几年时间里产生了10亿美金收入。

这个印模当时已经处在开发过程中了，但是只是作为四十个开发项目中的一个在开发而已。只有当公司了解了顾客的未被满足的期待成果并对其进行优先性排序之后，他们才认识到印模值得投入更多资金和精力。其他的项目就没有那么幸运了：但凡不能对应顾客需求的项目都得不到资金支持了。

在创造能够更好地完成顾客待办任务的时候，利用已经在进行的项目可以节省很多时间和精力。

（3）与其他公司合作或从其他公司获得授权

生产硬件产品的制造商经常会发现，市场上很多未被满足的成果都不能单独依靠硬件来解决，经常需要加上软件或服务。在这种情况下，与在该领域拥有专长的公司合作或者从他们那里获得授权就显得有必要了。

精准地了解顾客有哪些需求未被满足，能够让公司选择合作伙伴变得比较容易。例如，Strategyn在帮助一家汽车公司做咨询时发现，他们在解决某个未被满足需求时缺乏相关能力。他们就拿着经过优先性排序的未被满足成果清单，评估了100多个合作伙伴。通过比对潜在合作伙伴的能力与每一项未被满足的成果，他们发现有三家公司最匹配。在见了这三家公司的管理层之后，他们作出了选择，找到了最理想的合作伙伴。

未被满足成果的优先性排序清单是一个非常好的积分卡，可以用来评估哪一家外部公司能够帮助你完成一项任务的更多内容或者更好地完成某一项任务。

（4）收购另一家公司来填补空白

艾禾美动物营销部门收购了一家叫作Vi-COR的公司，后者给前者的乳品业务带来了互补性产品。为本次收购提供有力支撑的框架是建立在成果导向创新法的研究基础上的：该部门向管理层证明其现有产品不足以完成顾客的完整任务，而Vi-COR的产品能够帮助解决一些特别优先的未被满足成果。

Vi-COR还能够提供一种服务，帮助捕捉乳品业务中的其他优先机会。公司管理层也认为，Vi-COR在一个非常重要的利基市场上经营，为乳品生产商提供了重要的解决方案。如果没有这种未被满足成果的优先性排序清单，艾禾美很容易忽视这样一个重要的潜在收购对象。

（5）设计一组新的特性

给帮助顾客完成一项任务的更多内容或者更好地完成该任务的产品增加合适的新特性，对于创新成功是至关重要的，这取决于对顾客未被满足需求的了解。在顾客期待的100个成果当中，了解其中15个是未被满足的，可以让企业聚焦这15个需求，这样可以终结浪费，增加成功率。

任何企业都不缺点子，通常企业会有数千个点子。企业真正需要的是对顾客未被满足需求的洞察。成果导向创新法旨在提供这样的洞察。一旦每一个人都精确地了解了顾客的未被满足成果是什么，那么整个公司就可以把所有的资源集中起来，重点针对这些需求开发解决方案，从而以系统而且可预测的方式来创造顾客价值。

(6) 设计新的子系统和/或辅助服务

硬件和技术公司通常会因为拒绝增加必要的服务内容而阻碍公司的潜在增长。但是，当一项完整的任务被界定、未被满足的需求被发现之后，公司往往不得不面对这样的事实：满足余下部分的未被满足需求的唯一办法是增加辅助服务。手上有了一份未被满足成果清单之后，公司就可以精准地界定服务所能提供的价值。

时下商业界最流行的顾客忠诚度分析指标是净推荐值（Net Promoter Score，NPS），即推荐者所占的百分比减去批评者所占的百分比。

净推荐值(NPS)=(推荐者数/总样本数)×100% −(贬损者数/总样本数)×100%

通常，提供合适的服务的公司，其净推荐值也会攀升。

(7) 发想最终解决方案

一家公司的终极目标应该是打造一个统一平台，在其基础上提供能够完成顾客整个任务的产品。这样的平台通常由硬件、软件和服务等子系统构成。发想这样一个终极的解决方案可以为公司提供一个长期愿景，指引公司的发展方向，采取必要措施建立或维护公司的市场领导地位。有了关于终极解决方案的规划，公司就可以聚精会神地谋求发展，同仇敌忾地遏制竞争对手抢先拥有平台级解决方案，坚定不移地补短板，不失时机地搞收购。

通过采取上述七项行动，企业就能够系统性创造出帮助顾客更好或更便宜地完成任务的解决方案。这些行动是有效的产品战略的本质和精髓。

4.2 待办任务路线图

斯蒂芬·温克尔、杰茜卡·沃特曼和戴维·法伯在《创新者的路径：运用"用户目标达成理论"打破创新者的窘境》一书中将其创新流程方法论称为"待办任务路线图"，由以下六个部分组成：

● 建立战略目标；

- 选择研究方法；

- 通过顾客研究编制待办任务地图集；

- 基于地图集生成创意；

- 通过开放式创新提升创造力；

- 试验、测试、迭代、学习。

4.2.1 建立战略目标

企业在开发新产品的过程中，如果目标模糊、沟通不畅，会制造很大障碍。如何扫除这样的障碍呢？必须从"头"开始。企业的领导者需要思考如何抵御潜在的颠覆者，如何领先现有的竞争者，如何平衡核心业务的优化与边缘业务的增长，一句话，需要制定出具体的战略。该战略不能像使命陈述那样笼统、抽象，必须精准地回答如何应对和超越竞争。这样的战略需要回答五个问题：

- 界定何为"赢"（Define what it means to win）；

- 决定如何赢，依靠谁来赢（Decide how and with whom you will win）；

- 明确竞争优势（Determine competitive advantages）；

- 克服明确、具体的挑战（Defeat specific and articulable challenges）；

- 确定增长选择和发展能力（Develop growth options and capabilities to move forward）。

一旦公司的战略确定了，负责开发新产品的团队就可以明确哪些问题需要解决，并将产品范围的边界确定下来。通过确保每一步都把目标和优先性沟通清楚，这样整个团队可以规避由于缺乏基本协调所导致的失败。

公司之所以需要高层次的战略，是因为需要组织相关活动，并对资源使用进行优先性排序。战略目标在项目团队的层面上也一样有用，因为能够指明哪些机会最值得追求。项目团队要确保回答好商业计划通常要回答的问题：

(1) 市场方面

- 顾客试图完成的任务是什么？
- 有最重要任务的顾客能构成多大的市场？

(2) 产品方面

- 新产品的基本情况是什么？
- 目标顾客是谁？

(3) 接受度方面

- 需要多长时间才能推向市场？
- 一旦上市，加速或减缓产品接受度的因素是什么？

(4) 竞争方面

- 主要竞争对手是谁，他们在做些什么？
- 我们跟他们比的优势是什么？

(5) 能力方面

- 为了这个新产品，我们需要构建哪些组织能力？
- 有哪些能力可以从已有产品业务中借用？

(6) 商业模式方面

- 我们如何通过新产品来创造、捕捉和交付价值？
- 对财务有什么影响，包括收入和成本？

项目团队还要确保把项目范围控制在合理的范围内，对于初步产生的想法要分门别类，最好结合顾客、竞争者和公司自身状况把它们及早归类：理想型、可想象型和不可思议型。

4.2.2 选择研究方法

在新的技术和商业时代，数据的重要性是不言而喻的。但是，数据不能脱离其背景和情境，一旦脱离了，也会产生误导，促使企业作出错误决定。企业在开发和推广新产品的时候需要与真实的人交谈,理解他们作出的决定背后的"为什么"。尽管在获得顾客洞察方面不存在所谓最佳的方法,但是研究计划做得好的话,还是能够回答很多具体问题,可以减少很多不必要的风险。

二手资料的收集和分析是必不可少的,但是代替不了一手研究。只有一手研究才能帮助我们理解顾客作出购买决定的背景和情境,才能了解产品到了最终用户手上是如何被使用的。尽管大数据可以告诉我们很多关于产品被购买的情况和信息,但是大数据的问题是不能给我们背景(场景)性、情境性数据,不能提供顾客为什么作出这样的决定以及购买以后如何与产品进行互动这类关键信息。顾客如何在情感上与产品产生关联,如何以企业从未想象过的方式使用产品,对产品所带来的小烦恼忍受了多久,有多么期待更好的产品推出来,这些重要信息,大数据目前都提供不了。企业开发新产品必须建立在深刻的顾客需求洞察基础上,顾客如何做决定以及为什么这样做决定,什么样的挫败感会导致他们选择别的方案,新的产品和服务必须满足什么样的标准,这些深层次信息,特别是情境性信息,企业必须掌握。而汇总起来的数据是看不出问题因而也解决不了问题的。像宝洁这样的消费品公司对大数据的局限性理解得比其他类型的公司要深刻,他们通常会雇用民族志研究员来堵大数据的漏洞,据说微软雇用的人类学家的数量在世界上的所有机构中排名第二。

进行顾客研究有各种各样的方法可供选择,企业需要对项目的阶段、试图解决的问题以及资源状况进行综合考虑,在此基础上选择合适的方法或方法组合(表4-3)。

除了研究方法以外,研究对象也很有讲究。为了获得更多、更高质量的洞察,企业需要跟不同的顾客类型交流,包括自己产品的现有顾客、竞争对手的顾客和非消费者。

表4-3 研究方法矩阵

项目	时间短、卷入浅	时间长、卷入深
情境具体程度高	顾客拦截访问 顾客日记 一线反馈	民族志 概念测试/原型
情境具体程度低	顾客调查 众包	深度访谈 小组座谈会

跟第一类顾客交流，他们会告诉你，你的产品好在哪里、差在哪里，以及你的产品是否被尴尬地用于解决一个与你预想的不太一样的问题，甚至你的产品是否被用于完成一个你根本想不到的任务。纸巾品牌舒洁（Kleenex）20世纪20年代最早推出的时候是如何定位的，你知道吗？定位为卸妆用的卷筒纸。后来，品牌商发现顾客用这个纸擦鼻子，就因势利导，把品牌进行了再定位，使得销售大增，如今成为数十亿美元的大品牌，并成为笔者最爱的纸巾品牌。

企业的第二类交流对象是竞争对手的顾客，从他们这里企业可以了解到他们的不同之处何在，他们选择竞争对手的理由是什么，为什么对你公司的产品和服务缺乏兴趣。

企业甚至还要与非消费者（这是克里斯坦森用的术语）进行交流，了解他们不消费的原因到底是消费不起还是嫌产品或服务起来不方便，其中也许隐含着被忽视的市场机会。

案例　Absolut伏特加

以奇思妙想的瓶型广告创意闻名于世的高端伏特加品牌Absolut几年前对其产品的不同消费场景进行深度研究。对于他们在酒吧和饭店的市场，他们认为自己了解得足够多了，比较确信，而对于家庭聚会的场景他们则不太清楚。

为了搞清楚如何向个体消费者营销他们的酒，他们决定了解对于聚会主人和聚会参加者各自的关注点。考虑到他们需要有具体情境的洞察，Absolut雇了研究人员去参加全美国18个不同的家庭聚会，去观察饮酒者。研究者从中得到的一个洞察是，酒的顾客并不是聚会的主人，他们并不想购买高端酒在客人面前显得高雅。事实上，大部分伏特加都是参加聚会的来宾购买的，他们想带一个小礼物来。而且，更重要的是，他们想带一个故事来。所以，他们的购买决定特别受围绕着酒的故事的影响，而不是酒的品质标志。

在获得了这些关于零售酒市场上的不同类型的购买者的洞察的基础上，Absolut又进行了定量研究，帮助估算市场规模，验证上述洞察。通过这两类研究，该公司深刻地理解了酒的零售市场，而且获得了团队可以与之相关联的人文视角。

4.2.3 通过顾客研究编制待办任务地图集

研究顾客，识别其待办任务，是创新成功的首要基础。许多公司试图通过向后看来实现创新，这样做就像司机只看后视镜来开车一样危险。所谓向后看，是指公司往往聚焦已经或正在做的事情，聚焦顾客过去和当下的行为。尽管这种聚焦也是基于数据甚至大数据的，但是很容易忽视真正的问题，把虚幻的机会当作真实的机会来追逐。只有聚焦顾客的待办任务，编制"待办任务地图集"，公司才能深入洞察驱动顾客行为的因素是什么，才能确保所生成的创意与顾客的真正动机而不是其当前的表面行为相关联。大部分创新项目都事倍功半或者一事无成、一败涂地，都是因为没有对准顾客的关心点（兴奋点或痛点），为一个错误的问题寻找更多更新更"好"的解决方案。

编制待办任务地图集的"任务"有三项：①发现任务，感知现状——理解顾客试图完成什么样的任务，如何给不同的任务进行优先性排序，对目前所使用的解决方案有什么不满意的地方（痛点）；②瞄准目标，清除障碍——如何针对顾客所界定的成功和价值来创造新的解决方案以及如何帮助顾客清除购买或使用新产品的相关障碍；③创造价值，应对竞争——理解如何通过推出高价新产品和改造商业模式来为顾客和公司双方创造价值，同时探索如何从顾客的视角，也是更宽广的视角来看待行业竞争。以下是对这三项任务的简要描述。

4.2.3.1 发现任务，感知现状

聚焦顾客待办任务可以给企业带来更宽广的创造空间，给创新带来更多机会。一个新产品的首要基础是帮助顾客更好或更便宜地完成功能性的任务。在此基础上，如果还能满足顾客的情感性或社会性任务，那就可以创造突破性的产品，创造更大的附加值。但是，这需要创新团队充分理解具体的顾客、具体的场景，有针对性地推出个性化、定制化的解决方案。不过，这不意味着要跟竞争对手PK产品特性，因为产品特性是很容易被模仿的，而且无谓地增加产品特性还有两个弊端：一是增加顾客使用的复杂性，带来糟糕的体验；二是增加企业的成本，降低毛利率。

为了更深刻地理解顾客的待办任务，需要对待办任务背后的驱动因素（顾客态度、顾客背景和顾客情境）进行考察和挖掘。将待办任务及其驱动因素结合

起来分析，能够获得关于"所以然（为什么）"而不只是"然（谁和什么）"的洞察，为企业创造有意义的细分市场，企业可以有的放矢、无微不至地提供有针对性的解决方案，增强产品的"体贴力、贴心力"。

研发人员有时会认为更好、更创新的产品是一种客观的存在，其实一切都是主观的认知，只有顾客心智中的"好"和"创新"才是有意义的"好"和"创新"。顾客使用现有的解决方案可能会有痛点，但是解决了顾客痛点的新方案在面对顾客根深蒂固的行为和习惯的时候，也不可一味地与之对抗。为了使用你的产品，顾客也许会愿意作出一些改变，但是这种情况并不总是发生，发生的话，其速度也不一定快。所以，企业在推出新方案的时候，要因势利导，充分考虑哪些旧的方法值得借用，哪些必须取消。另外，企业在推出新方案解决顾客在完成待办任务时所遇到的痛点的时候，不要只是针对哪些显而易见的痛点，而要重点考虑顾客的隐藏着的动情点或者盲点问题。

4.2.3.2 瞄准目标，清除障碍

关于成功的标准将顾客的待办任务转化成具有可操作性的参数。这些标准通常会受到顾客的态度、背景和情境的影响。标准可能是有形的、可感知的，也可能是情感性的。一个企业只有满足了顾客的成功标准，才能让顾客相信你能够帮助他们完成其待办任务。对于企业来说，了解顾客的成功标准是获得顾客需求洞察与明确产品特性之间的关键步骤，有了这些标准，企业就比较容易把粗糙的想法变成清晰的概念。企业在捕捉顾客的成功标准时，必须把焦点放在对于顾客来说最重要的场景和情境。企业的成功取决于其所提供的产品在多大程度上满足了顾客的关键任务。要做到这一点，企业必须具体而微地了解、感同身受地理解顾客在哪些方面想要的更多，哪些方面想要的更少，哪些方面需要寻求平衡。企业必须用顾客的眼光来衡量成功和价值。企业在为顾客创造价值的过程中，还要注意不能贪大求全，这既不可行也不必要，要懂得放弃一些顾客很少关注或很少有顾客关注的不重要的特性，要根据顾客态度的好恶轻重来安排产品特性的强弱详略——好钢要用在刀刃上。企业在产品创新过程中经常会发生轻重失衡和详略不当的问题，市场和研发人员貌似面面俱到、勤勉有加，其实是研究功夫做得不到位，抓不住问题的核心、本质和重点，因而才在各个方面平均使用力气。这还不是最致命的，最致命的是在顾客不太关注的点上拼命用力，盲目地把某根板拉

长,其实,只有拉长顾客关注的板才是制胜的法宝。

在供大于求的市场上,让顾客对你的新产品感兴趣犹如蜀道之难——难于上青天。在大多数情况下,顾客在满足其任务方面会经常购买或考虑某些产品。新出的产品需要格外有吸引力,才能撼动顾客改变其日常的选择。为了赢得早期使用者,企业需要降低顾客购买其新产品的障碍——要么让它不那么昂贵,要么把它的好处说得更清楚。企业应该努力把早期使用者发展成标杆客户或者关键意见客户(Key Opinion Customers,KOC),让他们对他人宣扬其所用的产品的好处(即所谓的"裂变式传播")。长期来看,为了让顾客更多地回头复购,企业也需要不断地为这样的顾客扫清障碍。

人都是习惯动物,行为的改变是一个缓慢的过程。顾客有各种各样的理由阻止其改变现状,企业将其创新产品推广成功不能仅仅依靠产品本身的魅力,还要想方设法引导顾客习惯的改变。首先,企业要认清并扫除顾客在首次接受新产品方面的障碍,包括顾客缺乏必要的知识、顾客行为要作出改变、存在多个决策者且各自意见不一致、顾客感知的成本过高、风险过高、顾客对产品品类感到陌生。其次,企业还要认清并扫除顾客使用和持续购买该产品方面的障碍,包括支持系统薄弱、使用该产品带来了新的痛点、该产品与竞争对手比缺乏差异和优势、该产品并不针对具体痛点(偏离刚需)。

案例 咪咪乐猫粮(Meow Mix Tender Centers):一条两全其美的新产品线

美国大心宠物品牌公司(Big Heart Pet Brands)花了大量时间与猫的主人交流,试图了解他们的日常生活状况以及他们与宠物之间的关系。并不令人惊奇的是,这种关系就像一张由情感性任务织成的网一样复杂,当中还会穿插着许多功能性痛点。大心公司的创新团队发现,养猫的人持续不断地让独来独往的猫表达情感,其中喂食的时间发挥着极端重要的作用。干的猫粮比较便宜,不容易脏,准备时间短,还可以一整天都放在那里,而且购买起来也方便,可以一大袋一大袋地买。同时,很多养猫的人会说,他们的猫更喜欢湿的食物。但是,以目前市场上所提供的产品结构来看,猫的主人不得不做非此即彼的选择。为了满足猫的口味，满足自己的情感任务，就得给猫吃湿的食物，但是这就避免不了湿的食物所带来的痛点。在这种受限的情况下，大心公司如何来符合顾客所界定的成功标准？这一问题挑战着现有产品类别的结构（主要是供应链问题），避免干湿二分问题。

大心公司根据对顾客待办任务和痛点的洞察，开发了一个新的产品概念——推出了一款外干内湿的猫粮。在做测试的时候，顾客反应极好。通过快速、持续的模型和产品改进，该公司创造出了一款两全其美的产品：顾客非常喜爱，企业大规模生产起来也有成本优势。这款新的产品——Meow Mix Tender Centers，既完成了功能性任务，也完成了情感性任务，解除了顾客必须在二者之间作出抉择的痛苦。该产品上市两年销售就超过1亿美金，在过去五年市场上只有三个宠物产品实现了这样的业绩。

4.2.3.3 创造价值，应对竞争

企业的产品创新必须同时为顾客和企业自身创造价值。企业必须问的问题是：一个新产品在满足顾客的待办任务的同时是否能增厚企业的利润？这种利润贡献是否具有可持续性？对于顾客而言，价值跟新产品的价格和性能有关。该新产品所增加的快乐（"慈"）或者所减少的痛苦（"悲"）是否值得花这样的代价去购买？

获得了关于顾客的关键点（待办任务）、检验点（成功标准）和痛点（原方案的问题）的洞察，企业不仅可以在开发产品方面切中肯綮、有的放矢，而且可以找到从前被忽视的顾客类型，从而精准地测算出一个扩大了的市场的规模。

在定价方面，企业通常会采用成本加价法，但是这并不一定符合企业的战略目标。考虑到新产品能够满足顾客的独特任务或者情感性任务，企业可以采用基于价值的定价策略，打开更大价格空间，获得更高财务回报。

有了关于顾客关键点、检验点和痛点的洞察，企业还可以精准地改进其商业模式，不仅对如何降低潜在风险心中有数，而且对如何获取顾客、维系顾客和扩大业务方面胸有成竹（见图4-5）。

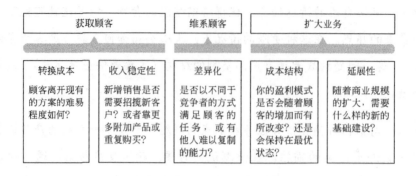

图4-5 待办任务视角下的商业模式检讨

所有的企业都会做行业研究，看看行业里的各家企业都在销售什么产品，看看他们的做事方式。这种研究也会带来一些洞察，但是对于创新的帮助不大。企业必须认识到，你不是在简单地销售产品或服务，而是在销售帮助顾客完成任务的方法。基于顾客待办任务来看问题，深刻理解顾客在生活中的悲欢离合、喜怒哀乐、爱恶忧惧，会大大地增加企业满足顾客需求的思路和做法，把竞争对手远远地甩在后面。对于行业的销售方式或运作方式，企业要学会带着挑战和批判的眼光来看。

企业往往用传统的观念来看待竞争，只关注直接竞争对手的所作所为，这种看法会限制企业的视野，影响其长期发展。采取待办任务视角，可以获得更宽广的竞争视野，看清更多增长来源，对潜在颠覆者的出现保持警觉。该视角还有助于帮助创新团队戒骄戒躁、谦虚谨慎、与时俱进。

过犹不及。企业扩大视野，并不意味着要忽视传统的竞争对手，后者也许拥抱变革有些缓慢，但是仍有知耻而后勇、置之死地而后生的可能。

采用待办任务视角所获得的洞察具有双重作用：一方面保持竞争优势和战略定力，另一方面保持灵活性和机动性。

4.2.4 基于地图集生成创意

正如我们在本书第2章所分析的那样，大部分头脑风暴的成果非常有限。如何避免糟糕的头脑风暴呢？《创新者的路径》一书的作者们认为，生成好想法的关键在于遵循一个结构化的流程（见图4-6），该流程要保持对情境的敏感，促进创造性的发挥，坚持优先性排序。好的点子生成过程要抵制摘取低悬果实的诱惑，鼓励人们挖掘更创新的想法。另外，还要消除参与者取悦老板的压力，让每个人都有参与的机会，只要保证遵循一定结构，围绕重要话题不跑题，点子生成会是可以开得既趣味盎然又富有成果。

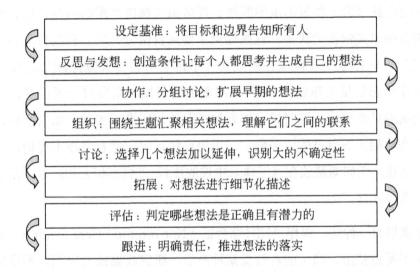

图4-6　头脑风暴优化流程

除了头脑风暴的结构和流程需要不断优化之外，更重要地是让每个参与者明白集思广益想创意的目的，一定要紧紧围绕我们编制任务地图集阶段所掌握的顾客任务及其驱动因素、顾客当前所采用的解决方案以及所遇到的痛点，只有这样才能走出了"为了创意而创意"的孤芳自赏和"一日看尽长安花"的自鸣得意。

4.2.5　通过开放式创新提升创造力

"温水煮青蛙"的效应想必大家都很熟悉。一个人在一家公司待得越久，就会越忠诚于该公司的理念与实践。其创造性就会像温水里的青蛙的警觉性一样慢慢丧失，取而代之的是各种各样的借口，比如"我们一直这样做""我们以前试过了，不管用"。"问渠那得浊如许？没有源头活水来"。这时候，"外来的和尚好念经""它山之石,可以攻玉"。我们需要邀请外部顾问带来新鲜思想,为创新引入活水,让借口不再说出口。跳出企业的围墙还可以看到对顾客来说日益重要的趋势,了解顾客的所思所想、所欲所求。

公司大了很容易丧失创新能力,而缺乏创新能力企业是无法实现可持续增长的。为了保持创新能力,企业需要时刻保持"外观大势"的外部视角,通过健全的机制和流程确保对顾客的待办任务了然于心,确保创新想法的源源不断。

在企业获取关于顾客需求的洞察、打磨相关解决方案的时候,总有一些偏见出来影响事关创新的决策。这些偏见主要来自傲慢(企业有其自身的"傲慢与偏见"),这种态度来自以往的成功(平常老听到"失败是成功之母"的说法,往往会忘记反之亦然),来自根深蒂固的习惯,来自对一手信息、大量或最新数据的过度自信。这时候,需要为企业的创新流程铺就一张安全网,请外部人员来检验一下自己的诸多假定。历史已经证明,迷者之迷不可怕,可怕的是觉者之迷。正如刘慈欣在《三体》中说的那样:"弱小和无知,都不是生存的障碍,傲慢才是。"

企业里有一种病,叫作"NIH综合征(Not Invented Here Syndrome)",是指人们不愿意使用、购买或者接受某种产品、研究成果或者知识,不是出于技术或者法律等因素,而只是因为它源自其他地方。当年宝洁公司这个病就很严重,以至于雷富礼先生不得不改"R&D研发(Research & Development)"为"C&D联发(Connect & Develop)",在全员范围内倡导开放式创新,广泛地利用社会上的创新成果。宝洁有很多成功的产品都是借助联发得以推出的,比如魔力擦(Mr. Clean Magic Eraser),使用了德国巴斯夫化学公司的技术;还有除尘掸(Swifter Dusters)是宝洁改进了它在日本的竞争对手尤妮佳(Unicharm Corp.)开发的产品,双方谈判协商后,尤妮佳允许宝洁在日本以外地区销售这一系列的产品。

顾客总是期待企业设计出契合当下趋势的产品。真正理解而不是盲目猜测人们用来满足其重要任务的新方式、新方法,有助于企业发现并把握重要的趋势。德鲁克说:"企业管理层必须设法让顾客诚实地说出他们的感受,而不是企图猜测顾客的心思。"

4.2.6 试验、测试、迭代、学习

企业以及经营企业的个人都有规避风险的倾向。人们喜欢答案胜过问题，所以总想避开试验，因为试验就有不确定的结果。但是，从有针对性的试验中获得信息的质量却是无与伦比的。通过进行旨在回答关键问题的快速、低成本试验，企业能够作出更好的决策，相比大规模的创新失败，做试验能够既节省时间又节省金钱。特别是面向消费者的试验，能够提供很多宝贵信息，比如顾客是如何做决定的，在新产品中寻求什么，对你所推销的产品他们的购买意愿如何。

在创新走得太远之前做试验，能以一种代价较小的方式解决主要的未知问题。当然，试验需要仔细设计，确保其结果是合理有效的。

概念测试是了解顾客是否对你的新产品有兴趣的有效方式，但是每一个概念都需要一个故事，帮助再造一种体验，顾客可以在其中作出关于购买或使用产品的实际决策。

通过让顾客针对产品原型作反应，或者参加旨在发现对他们来说很重要的事情的活动，可以在很大程度上帮助企业改变、完善最终的产品。对于顾客的爱恶、疑问和建议，都要给予充分关注。

企业以消费者为中心的创新始于消费者的需求。雀巢公司针对研发和创新理念做过如下表述："我们必须了解消费者心目中的高品质食品以及该食品对提升他们的生活质量有何意义。在所有业务部门和产品类别中，消费者洞察力、营养、健康和愉悦是我们研发和创新的根基。"其中，消费者洞察力被界定为研发和创新的根基（还排在第一位）的地位。不仅如此，在创新的每个阶段，企业都需要洞察消费者（见图4-7），以此来确定潜在顾客对企业提出的概念和提供的方案的满意度如何，是否能够帮助他们完成想要完成的任务。日本著名广告人大松孝弘在《深层营销——洞察消费者潜意识的营销方法》一书中认为，把对消费者心理的探索加入商品的开发过程中，并由此诞生出既能刺激消费者同时又具有顽强市场生命力的产品（见图4-8）。

企业在了解和明确顾客待办任务的时候，要做到"纲举+目张"，所谓"纲举"是指全面考察功能性、情感性和社会性三个维度的任务，所谓"目张"是指

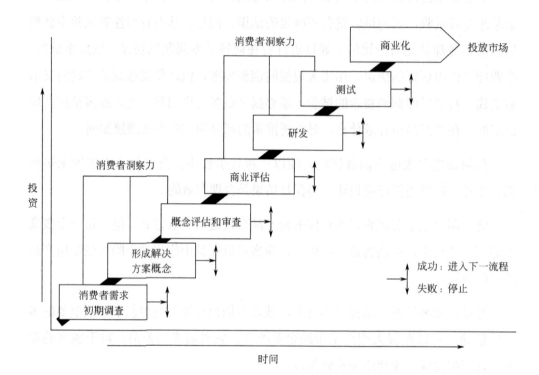

图4-7 创新过程中的消费者洞察力

在进一步细化顾客在每一个维度的任务下的具体要求和期待（伍维克先生称为"成果"），并把这些要求和期待转换成指导市场和研发人员进行产品创新的细节性操作指南。这份指南充分考虑顾客待办任务的丰富性、复杂性和变动性，除了包括对三重维度的任务的进一步界定之外，还包括顾客的优先性排序、顾客的障碍和焦虑。基于顾客需求洞察而开发出来的解决方案，要有相应的可行计划来克服种种障碍，营造出便于顾客了解、购买和使用的美好体验。

本章介绍的将"待办任务"理论转化为创新实践的两种方法论——成功导向创新法和待办任务路线图，都在"纲举"的基础上着重进行了"目张"，提供了既体现因果关系又极具操作性的企业内部工作指南，对于提升产品创新和品牌建设成功率和成功可预测性都具有真切的指导意义。

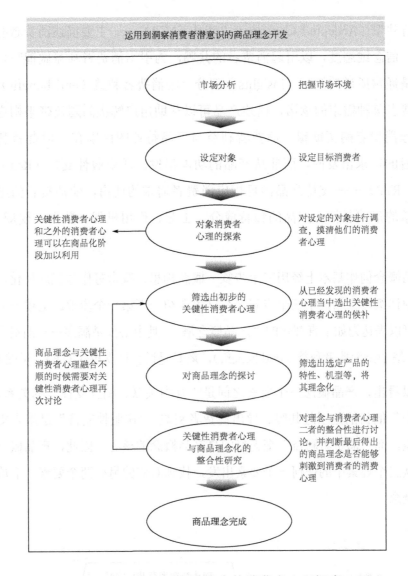

图4-8　商品开发过程中的消费者心理探索

4.3　产品概念塔

汪德宏在2016年底推出了《品牌本质》一书,其中介绍了很多关于产品概念与产品创新的方法论与案例。他认为,产品概念是一个产品对满足消费者某种需求的承诺,包括它为什么可以满足该需求,以及其他一些影响消费者对产品认知的要素的描述。具体来讲,一个"产品概念"通常包括三个要素:

①消费者共识（Accepted Consumer Belief，ACB）——主要描述消费者有共识的问题、信念或态度，以引起消费者的共鸣，为引出消费者利益做铺垫。这一部分就是通常所说的洞察（insights）部分。②消费者利益（end benefit）——满足消费者某种需求的承诺，描述产品可以帮助用户解决问题及带来相应的利益，引起消费者购买欲望。消费者利益与产品特性的区别在于消费者利益是从消费者的需求出发的，而非从产品的功能出发。③说服性支持（Reasons to Believe，RTB）——支持产品满足相应消费者需求的理由，使消费者信服的依据，通常的形式包括：产品的独特成分、工艺、作用机理、数据、权威认证，等等。

产品概念创作基本上经历三个步骤：概念构思、概念写作与概念优化。汪先生在书中详细地介绍这个三个步骤，在这里介绍一下第一个步骤。上述产品概念三要素可以表达为如下直观化的"产品概念塔"：其中塔顶是洞察——消费者共识（ACB），塔中是消费者利益（end benefit），塔基是说服性支持（RTB）（见图4-9）。

可以看出，产品概念三个要素之间是"互为关联、相互支撑"的关系。"消费者共识"的目的是引起共鸣、导出消费者利益，"说服性支持"是用来支撑消费者利益，而"消费者利益"毫无疑问是产品概念的核心。因此，产品概念的构思可以从三个要素中的任何一个要素出发，找到对应的另外两个要素，形成完整的产品概念。

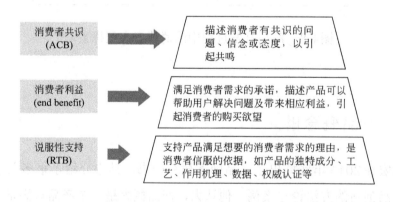

图4-9　产品概念塔

4.3.1 从说服性支持（RTB）出发

这是比较常见的产品概念构思方式，因为多数产品概念是基于一定的产品技术基础的，所以先行获得产品独特的技术性能特征可以产生有效的产品概念。包括：

- 产品配方，例如，蓝月亮洗手液采用"pH值平衡配方"。
- 产品中含有的特殊成分，例如，王老吉含有"三花三草一叶"。
- 产品独特的工艺，例如，茅台酒的复杂酿酒工艺。
- 产品作用的机理，例如，舒适达牙膏采用先进的修复技术，找到并帮助修复牙齿上的小孔，保护牙本质。
- 产品使用方法的改变，例如，iRobot扫地机器人扫吸一体，代替传统扫地方式。
- 厂商的信誉，例如，《财富》500强的企业。
- 权威机构的认证/推荐，例如，ISO 9000认证等。

从说服性支持出发，推及对应的消费者利益和消费者共识，产品概念塔示意如图4-10和图4-11所示。

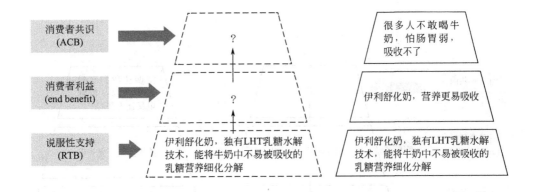

图4-10 从说服性支持出发的产品概念塔

图4-11 从说服性支持出发的产品概念沟通

4.3.2 从消费者利益（end benefit）出发

消费者利益是承诺帮助消费者解决问题，满足消费者需求，从而带给消费者的功能性和情感性的利益。

从消费者利益出发是最直观的产品概念构思方式，推及相应的说服性支持和消费者共识，产品概念塔示意如图4-12所示。

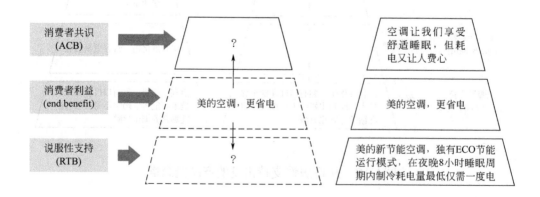

图4-12 从消费者利益出发的产品概念塔

4.3.3 从消费者共识（ACB）出发

消费者共识在某种意义上是一种对消费者的同情，表明我们了解他/她的问题，从而给消费者以我们能帮助他/她解决这些问题的信心。

从消费者共识出发构思产品概念的关键是找到准确的消费者利益，进而推及相应的说服性支持，产品概念塔示意如图4-13和图4-14所示。

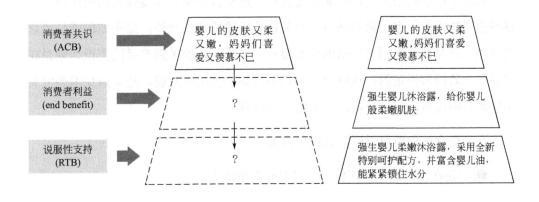

图4-13　从消费者共识出发的产品概念塔

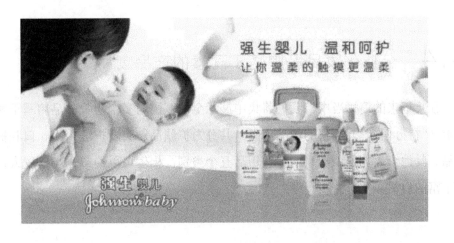

图4-14　从消费者共识出发的产品概念沟通

概括而言，产品概念是从消费者角度描述一种产品构想，它的主要目的有两个：

(1) 提供一个完整的描述，让消费者评价该产品构想

尤其是在新产品的早期发展过程中，品牌管理人员通常有很多不同的构想，而这些构想的出发点各不相同，描述的方式也各有特色，通常品牌内部人员的评价也不统一，这个时候需要消费者参与评价。

(2) 帮助公司评估产品构想的市场潜力以决策相应的投资

新品上市前的很多投资，如固定资产、原材料采购等需要较长的提前期，而这些投资决策的依据是财务估算，财务估算中除成本因素外，最重要的就是销量的预测，产品概念是预测销量的核心要素。实际上，很多新产品的上市计划是在产品概念阶段被否定的，这种否定非但不会影响公司的发展，还会避免很多没有市场前景的投资，保证公司的产品组合的健康。

产品概念的作用可以概括为四个方面：

- 一是在新产品早期评估一个产品构想的潜力。
- 二是指导产品开发以满足消费者需求。
- 三是指导广告发展及其他沟通策略（基于产品概念发展广告创意策略）。
- 四是预测新产品的市场成功机会及回报。

4.4 全球化妆品品牌基于洞察的产品创新案例

在接下来的篇幅当中，我们将集中展示全球范围内多个化妆品品牌基于顾客需求（"待办任务"）洞察的产品创新，共分为护肤品、头发护理用品、口腔护理用品、其他个人护理用和家庭护理用品五个类别，相信可以给市场和研发人员带来丰富的启示。

4.4.1 护肤品品牌基于洞察的产品创新

4.4.1.1 妮维雅（Nivea）细胞修护抗衰老系列

在一个传统上由高端品牌占据的品类中，针对极其有鉴别力的消费者推出主打抗衰老的大众市场产品，对于妮维雅来说一个很大的挑战。面对这个挑战，妮维雅在抗衰老业务上采取积极的措施，针对最有辨别力的消费者，他们寻求兴奋点，期待很高，想要获得多重利益。妮维雅希望说服消费者，不要只购买一次，而是做忠诚消费者。当然，这很难做到，因为消费者总是喜爱改变，愿意尝试新的东西。

另一个挑战是妮维雅的Q10业务，这是一个很稳健的抗衰老业务。妮维雅想针对要求更高的消费者增加一点新东西。妮维雅团队最早所采取的一个措施是，在Q10的消费者和未来细胞修护系列消费者之间作出区隔。Q10消费者关注健康的衰老过程，对自身的年龄感到有信心。而细胞修护系列的目标人群看重显得年轻、低于实际年龄的外貌。他们感觉很年轻，希望显得很年轻。对于妮维雅来说，一部分挑战来自界定目标消费者以及如何让她们改变行为。

妮维雅获得的主要洞察是消费者特别想要年轻的容颜。但是这说起来容易做起来难。这时，妮维雅的研发部门参与进来，试图理解与年龄变化相关的肌肤特征：哪些成分缺失了，哪些系统在改变，时间进程如何，衰老的可视结果是什么。

该团队开始研究胶原蛋白合成和弹性蛋白合成。简单地说，他们研究细胞如何相互交流，而且需要理解如何以某种方式来改变细胞的互动，从而减缓衰老的外观显现。

研发团队试过不同的成分。皮肤熟悉的成分很容易起效果，这一点是他们从Q10的经验中了解到的。他们研究透明质酸，这种成分很好但很不容易使用；这是一种很有用的成分，但是容易刺激皮肤。所以，为了满足消费者希望显得像他们所感觉的那样年轻的要求，他们得研究皮肤需要发生什么、需要如何发生等机理。他们工作的方式是：消费者的拉力加上技术的推力。在拜尔斯道夫，神奇之处在于，团队之间确实是在紧密地合作。

为了让事情变得简单，妮维雅团队在不同的国家针对女性做了很多轮测试，了解到她们确实需要的是什么，是想要真的显得像她们感觉的那样年轻——这是研发所面临的严峻挑战的消费者语言。妮维雅团队还从女性中发现，她们认为，衰老从肌肤内部和深层开始，而不是从皮肤表层开始；衰老从更深层开始。想要显得更年轻，而衰老是从皮肤深层开始的，这两点认知结合起来构成了关于需求的另一关键洞察。

反馈给研发部门的信息里夹带着一个很大的问题：如何才能让现在的肌肤细胞表现得像更年轻的细胞那样（有活力）？

"魔力"发生在团队之间——从科学家、营销者、市场研究员、设计师、沟通专家和包装人员到团队的核心，即研发和市场人员。这就是"魔力"发生的地方——人与人之间。一切都需要黏合起来。你可能有一个完美的配方，完美的想法，完美的包装，但是当你把这一切放在一起的时候，相互之间并不吻合，不管用。一部分是科学故事，一部分是营销故事，你需要把它们加以转化，跟消费者解释科学的原理。

负责品类创新储备的创新伙伴（研发和市场人员）一起工作，追求极致效果。他们总是在问，还能做得更好吗？还能改进吗？要努力兑现承诺。这就是拜尔斯道夫的方式、妮维雅的方式。产品性能不应该有什么争议；产品应该说到做到，消费者应该重复购买，而不是只买一次。团队希望自己的创新能够持续。

但是产品上市推广并非一帆风顺。上市准备是一个很长的过程，等了好几年，推迟了好几次，因为妮维雅团队对结果不满意，所以几次开始又几次中止。他们在整个过程中都进行消费者测试，包括测名字、香味、配方效果和感官体验等。在整个项目上他们与20000名女性交谈过。所以，这是与女性消费者共同开发的。

团队针对不同竞争品牌的使用者、妮维雅的使用者、高端品牌的使用进行测试。当然，他们所做的都是盲测。令人感到惊奇的是，即便是高端消费者也觉得妮维雅的产品很好。

另一个问题是香味。香精公司把妮维雅的标志性特征用香味体现出来。但是拥有最终发言权的是消费者。他们在三个国家的消费者当中测试了三个最好的香精。看到一款香精能够在不同的国家都满足反应标准，他们颇感振奋。在做过测试的所有国家，胜出的都是同一款香精。

妮维雅的这个项目在内部被称为"杰作"。这就是他们期待每一个人都做到的。他们期待每一个参与项目的人都将其杰作贡献出来。他们与几家广告公司合作来发现创意，但是为消费者发展出动人的故事线却颇费时间。

除了聚焦消费者洞察，他们在这个项目上还花了很多精力来理解购物者洞察。这使得他们在整个创新过程中比较一致地激活产品概念。不仅在产品上和沟通上，而且在售点上。

核心信息是围绕着如何创造来自肌肤深层的更年轻的容颜。命名很重要——细胞修护（CELLULAR）。这个名字与公司的专长相吻合，也与产品的功效相吻合（图4-15）。

在设想产品名称时，他们想了500个名字，经过了很多轮，很多次讨论，很多次测试，然后再讨论。最终，一切变得显而易见，就应该是这个名字。但是，过程却不那么容易。他们不得不在不同的国家进行检索，看看在全球范围内其可理解性如何。他们检索的范围很宽，速度也很快，但是只在准备上市推广的国家进行。不只是在欧洲，他们分析了所有的国家，快速地进行推广，这是当年公司最关键的产品上市活动，整个公司各个管理层都非常关注——不仅涉及市场部，也涉及终端部、销售部、数字化团队、购物者/消费者团队，涉及分销加速、终

图4-15　妮维雅 CELLULAR

端重点陈列、额外陈列、新闻发布会、公关事件、在伦敦的大事件以及很多其他事件。通过这些整合性的活动，消息广为传播。

妮维雅这个项目的关键点是聚焦，其创新战略之一就是界定少数几个关键的创新点，然后长时间地、持续地给予支持，最终创造惊人的效果。

优化工作持续地进行，上市两年半了一切还在持续进行。他们不断地寻求消费者反馈，针对包装做些细微的改变，提高货架醒目度。

在妮维雅团队认为，该项目的主要经验是团结协作。如果只有市场或者研发部门参与，这一切就都不会发生、不会成功。每一个部门、每一个人都要一起努力；核心团队必须做到使命必达。从一开始概念就必须极其清晰。创新不能围绕日历来转，创新必须从不间断。

4.4.1.2 妮维雅男士（Nivea Men）水活滋润精华露

（1）洞察

尽管妮维雅过去十年在中国取得了巨大的成功，但潜力还很大。多样化的产品组合，每一个产品都有自己的卖点，都有一大批粉丝，但是他们知道，他们在男士品类当中还缺少一个英雄产品。

他们通过几轮消费者研究发现，男士是比较简单的消费者，追求轻松的生活方式。数据表明，50%的男士使用面霜或润肤蜜作为日常护肤的一个步骤，超过40%的男士认为这是"不必要的"。对于这些持消极态度的人，试图在短时间内改变他们的消费习惯是很困难的。

研究的另一个重要发现是，超过30%的男性消费者拒绝使用润肤蜜，因为他们不喜欢产品在他们脸上产生的黏黏的感觉。他们在用完面部清洁产品之后感觉清新、舒适，因而他们就止步于此。妮维雅保湿精华旨在带来高技术产品的利益点，让肌肤保湿但不会造成黏腻的感觉。

在这一点上，我们利用科学来创造出有效的产品，提供水样的肌理，对于男性消费者来说这是一个虽然简单但是却强有力的支撑理由。

（2）开发

妮维雅在全球拥有强大的研发能力，但是这个创新却是针对中国的。中国男性与欧洲男性相比有很多不同的消费习惯,后者更加关注剃须护理,但是在面部清洁方面的需求相对较弱。整个亚洲的面部清洁市场与欧洲相比差异明显。中国团队在研究和开发方面发挥着领导作用,这使得这次的创新带有很强的本土特征。

他们在开发阶段面临一系列挑战。他们做了很多原型,但是只有一个留存下来。首批产品要么对水性肌理反应得太快,要么不能完成保湿任务。他们尝试了好几次才找到了平衡。

对于包装,他们从德国进口了一个妮维雅产品。那时候,这个产品尚处于利基市场阶段,但是人气很旺、声誉很好。瓶子很有记忆点,在针对男性进行测试时反响很好,因为泵头发出类似"点击"的机器般的声音。为了避免被仿冒,这一独特的包装还申请了专利。

妮维雅保湿精华的中文名称很难记,所以起了一个昵称:"小蓝瓶",这比较容易记忆,有助于在消费者当中产生口碑效应。

鉴于这是一个高度竞争性的市场,也因为他们面临着业务上的压力,整个过程从概念生成到正式上市,只用了九个月时间。妮维雅有严格的门-关制度来控制效率,加速上市时间。他们根据当地市场的特点进行必要的定制。这样能够确保他们在相对较短的时间里完成突破性的创新。

(3) 推广

找到一个能够代表品牌和产品的相关度高的名人,与消费者之间建立情感关联,是非常关键的。

2013年,妮维雅男士(NIVEA MEN)开始是广告活动(图4-16)。广告之后是为期两天的促销活动。随着店内销售开始攀升,产品知名度和需求被创造出来之后,网上计划在六个月后开始,将产品打造为电商上的爆品。

如果说这一次或者下一次要做什么改动的话,答案是应该先在线上推出,并将资源倾斜到线上。但是,即便这一次没有这样做,他们还是在线上和线下都取得了骄人的业绩。

图4-16 妮维雅男士

4.4.1.3 Dove多芬男士+护理系列

多芬品牌是于1957年针对女性推出的，其承诺是"不像肥皂那样让皮肤干燥"。在大约六十年时间里，该品牌一直恪守该承诺。在过去十年间，多芬广受赞誉的"真美"运动使其成为特立独行的品牌的典范——创建了清晰的识别特征，拥有了专属的顾客基础。所以，你能想象把如此鲜明的女性资产转进男性的世界，而且找到相关性吗？

洞察驱动一切。品牌建设副总裁罗博·康迪利诺回忆说，"第一，男性已经在使用多芬了，通常是从他们的妻子那里借用的，因为多芬把他们的干燥肌肤护理得很好。第二，肌肤干燥是男性的头号肌肤护理问题。第三，男性对理容的兴趣越来越越大、越来越公开。第四，当男性越来越开始理容时，他们发现自己与广告中对男士所进行的刻板的描画非常不符合。"

从品牌的立场来看，这些发现与多芬品牌之间是很协和的，原因是我们对超级呵护力的关注以及我们推崇真正的女性的历史。

关于这些男性及其在生活中的地位的大洞察是：他们名副其实地对他们自己的皮肤感到舒适自在。这对于多芬来说是非常完美的隐喻——就像你对内在感到舒适自在一样，肌肤在外在感到舒适自在。

这些内容都很令人兴奋，但是，不管怎么说，多芬作为一个女性品牌已经存在了60多年。一个男性在洗澡时使用他太太的香皂是一回事，让他自己为自己购买多芬品牌则是另一回事。康迪利诺描述了其团队是如何探索这些问题的：

"我们从我们的洞察工作中发现,与男性进行连接的方式之一是通过他们生活中的女性。这意味着,要么是女性为男性买,要么是男性在这一领域寻求女性的意见,把女性作为值得信赖的专家。结果,拥有一个女性在护理方面十分信赖的品牌,被证明为是一个真正正面的因素。"

多芬团队知道他们有一个特别棒的产品和包装,而且如果要兑现机会的完整承诺的话,这一切是不可或缺的:创造一个以相关的真实的方式与真正的男性相连接的品牌。但是,如果不能促使男性去尝试的话,一切都将是空洞的幻想而已。多芬营销团队感到了巨大的压力,因为负责洞察和研发的人已经把工作做得非常漂亮了。

执行遵从洞察来推动。多芬团队在美国推出了一个电视广告,其中以编年顺序和轻松幽默的方式记录着真正的男人在人生中经历的旅程。然后多芬团队推出了"舒适之旅"运动,展示体育名人和明星,但是惊奇之处在于多芬团队并没有让他们谈论他们在赛场上的英雄事迹,也没有让他们谈论我们的产品的美妙好处。相反,他们谈论的是在他们的人生中具有深远影响的瞬间,这些瞬间最终有助于把他们塑造为真正的男人、父亲、儿子、专业人士和丈夫。事实证明,这些出人意料地坦诚而亲密的花絮,具有不可思议的强大力量,与美国男士产生了强烈的共鸣。

多芬男士+护理系列(图4-17)在2009年上架的时候,取得了巨大的成功。第一年的销售收入超过8500万美金,第二年销售增长超过75%。成功自带魔力:香皂和沐浴露打下了很好的基础,为第三年和第四年延伸到止汗剂、头发护

图4-17　多芬男士+护理系列

理产品和面部护理产品铺平了道路。持续的创新、稳健的媒介支持和深入的分销渗透带来了强劲的增长。

多芬男士+护理系列团队所研究的是竞争对手也研究过的同样的市场和消费者，在别人只看到饱和状态的地方看到了机会。"具有讽刺意味的是，尽管多芬历史上是一个女性导向的品牌，"康迪利诺指出，"但是它提供了一个独特的视角，让我们识别出男性中未被满足的需求。我们建设了一个品牌，该品牌所提供的东西恰恰是男性在理容时所寻找的东西，因为我们理解这些东西在他们的生活中的地位，以及对他们来说比较重要的东西背后的宽广背景。"

多芬男士+护理系列所取得的成就是罕有其匹的。"这真的是一个关于聚焦、严谨、执行和团队协作的故事。"康迪利诺总结道。他将功劳归于消费者和市场洞察部门的领导力，他们的发现和洞察驱动了品牌的增长。

公司大力投入，为的是把核心产品搞对。我们真正在聚焦品牌，而不是用无休无止的花样来制造拥塞。

从许多方面来说，联合利华的多芬男士+护理系列都符合需求驱动的原则，也展现出持续执行和聚焦的转型希望。这一切远非容易，但也不需要天才或者巨大的风险承受力才能实现。相反，浪费、时间和风险已经从该系统中被系统性地驱除了。

4.4.1.4 卡尼尔（GARNIER）樱花白护肤系列

卡尼尔作为一个品牌，建立在自然所激发的灵感的基础上。一直以来，这一定位指导着卡尼尔的产品开发和创新努力朝向利用自然成分的技术上。正是通过这一方向性聚焦，卡尼尔发现了一个机会，利用樱花所具有的天然的治愈因子。樱花的花期一年只有七到十四天，在很多亚洲文化当中，樱花被理解为生命短暂的象征。卡尼尔也非常关注消费者需求。发现了泰国女性想要白皙、粉红（白里透红）的肤色和零毛孔的肤质，卡尼尔挖掘了市场上的这一需求差距，创造了一款温和但是有效的产品，能够实现白里透红的肌肤和零毛孔的面容。

卡尼尔樱花白（图4-18）承诺在将毛孔减到最少的同时给消费者的肌肤带来粉红的光彩。该产品的定位和信息通过每一个消费者触点一致地传递出来，从

图4-18 卡尼尔樱花白护肤系列

广告到包装，再到公关，到售点，到数字沟通，特别是对色彩的统一使用。包装通过粉红色的罐子和花盒上的樱花图案来传递信息。从面部泡沫到保湿霜到面膜，整个产品系列的设计十分协调。公关事件通过有着闪亮粉肌、穿着淡粉服装的当地代言人来进一步强化同样的信息。信息的统一传播强化了营销执行，让每一分营销预算都财尽其用。

泰国消费者平均每周在网上花23个小时，因此整个推广运动也充分利用了数字广告。2015年，卡尼尔樱花白发起了一场运动，提供"不受限制的最长的自拍杆"，这样"你永远都不必再在照片里暴露你的大毛孔了"。这一运动旨在契合泰国年轻消费者爱自拍的文化，为该运动拍摄的网络广告片在油管上获得了几乎300万次观看。卡尼尔团队把卡尼尔樱花白成功的一部分原因归结为数字化运动，这些运动与泰国消费者产生共鸣，在社交媒体上为该品牌创造了显著的声量。

总体上说，在产品上市推广的各种要素中都统一地体现关键视觉和文字信息这一点，有力地支撑了卡尼尔营销战略及其执行，确保了最大投资回报的实现。

4.4.2　头发护理品牌基于洞察的产品创新

4.4.2.1　卡尼尔Fructis头发洗护系列

2013年时Fructis品牌与今天很不一样。该品牌当时在中性头发细分市场上的表现很强。但是，在德国，干性和受损发质细分市场很大，占整个头发护理品类差不多四分之一份额。这对于公司来说是一个显而易见的机会。

通过分析干性头发消费者的需求，卡尼尔团队了解到，德国女性为打理头发采取一系列机械性的动作，比如梳理、拉直、强力吹干、染色。所有这一切都造成头发毛糙、干燥、受损，并产生碎屑、断发。Fructis并没有针对这些需求的产品。

一旦理解了这一机会，公司就开始进一步调查，努力理解消费者的使用习惯和日常方式。我们花了很多精力来理解头发常规护理之前和之后的阶段：消费者在洗头发之前做些什么，她们如何梳头发以及用的是什么样的梳子。我们想详细地理解造成给消费者带来痛苦的损伤背后的各种因素。来自各个不同来源的信息加总在一起，帮助识别了差距之所在。细分市场研究、德国美容美发方式分析、消费者座谈会以及密集的配方测试，帮助团队时刻把握趋势和消费者行为变化。

研究发现，年轻女性受到极度头发损伤比较严重，因为她们更加有时尚意识，更多更频繁地做头发，做试验。Fructis对年轻消费者很有吸引力，二者之间完美匹配，前者能够以非常相关的方式解决后者的问题。

Fructis团队发现，年轻女性真的希望做发型，通过头发进行自我表达。这些女性意识到了她们的行为给头发带来的后果，但是依然我行我素（图4-19）。

卡尼尔产品能够为消费者创造一种附加价值。她们不需要改变行为——她们可以继续按照她们喜欢的方式来染发、做发型——卡尼尔产品可以逆转她们的习

图4-19　卡尼尔Fructis头发洗护系列

惯所带来的负面后果。给她们随心所欲的自由，同时让她们依然保持头发的健康和强韧。

有几件事情，卡尼尔的做法不同于市面上的其他品牌。这一次是卡尼尔第一次引入利益点驱动的名字："Schadenlöscher（损伤橡皮）"，这是最前卫的一个名字。他们还在包装方面打破了常规，采用了明橘色，迥异于市面上其他品牌的颜色，也不同于Fructis品牌自己所使用的色码。研发团队开发了开创性的新配方。

沟通的创意以一种有趣的方式，几乎等于玩笑，来演绎每天对头发的犯罪这个想法。加上覆盖所有媒体的整合营销运动——既有线上活动也有数字媒体和派样——卡尼尔将上市的声势造到了极致。

品牌团队挑战了原先关于消费者的知识，深度理解头发护理的日常程序，洗发前后的动作，日复一日的习惯，以及我们的产品是如何被使用的。我们认识到了附加价值，开发了全新的配方，清楚地向消费者传达了产品的利益点。这一切，让我们取得了长期的成功。

4.4.2.2 巴黎欧莱雅（L'Oréal Paris）高级头发护理系列

巴黎欧莱雅花了五年时间才把高级头发护理系列这件事做对。一开始，负责这个项目的团队希望在2010年上市，后来推到2011年，最后直到2012年晚些时候才上市。该团队一直有一种紧迫感，只是这种紧迫感是为了把事情做到完美的程度，他们绝不会妥协。对于试图解决的消费者情境，他们有着清晰的认知，而且从文化上他们对于完美有着深深的承诺。

这个项目的优先性很高，在所有主要的全球市场上，欧莱雅在头发护理领域都处于第一或第二的位置，但是在美国他们仍然是一个相对较小的玩家，通常聚焦在高端产品领域。从战略的角度来讲，他们希望在美国参与竞争并获取胜利，而且他们也想向主流消费者提供高级的解决方案。从国外引进一个成功的品牌，使之适应这里的市场，是一个相对容易的做法，但是他们还是有雄心壮志的，他们希望建设巴黎欧莱雅这个品牌，让它改造并扩展美国的头发护理市场。

他们了解到关于美国和美国一般女性消费者的一些特别的地方。首先，通过花时间与女性聊天发现，头发一直都是美容的优先事项。她们会跟朋友说起头发，会在社交媒体上互动，会花时间和金钱来追求自己想要的理想头发——对于很多女性来说，其中充满了纠结。这种纠结是欧莱雅团队确实想要理解的点。

结果发现，跟许多全球女性比起来，美国女性使用更多电动工具，进行更多化学处理。例如，在欧洲大部分国家，其理念是"更少意味着更多"，但是在美国，女性采取更加主动的方法来处理和对待她们的头发。这些处理办法，加上不可避免地暴露在户外条件下，意味着头发生长在"敌对的环境"中。这不仅是值得品牌团队记录下来的点，而且也是美国女性有意识、有顾虑的点，她们为自己给头发带来的压力感到焦虑。她们希望拥有一头秀发，所以她们会护理、会处理，但是她们知道这对于头发来说有硬伤，因为头发本身是非常脆弱的。

欧莱雅在研究方面进行了大量投入，跟消费者开展了很多次对话，这些观察都用来完善概念和产品开发。令人称奇的是欧莱雅的洞察工作如何改变了团队对美国市场的认知。远距离地看，你可能得出结论说，头发市场很成熟了，甚至变得无差异了，因为有很多响当当的品牌，品牌忠诚度也很低，各家都在进行大力度折扣和促销。但是，研究表明，尚有大量尚不满足的消费者——女性都在为拥有一头自己想要的头发而纠结，都在经历对产品的极度不满，这些产品跟肥皂液相比通常也好不了多少。

欧莱雅的基因和传统是在头发方面，是染发的鼻祖。他们看到的品类需求是头发护理。女性既向往更加情感化、更加超验的美，也同样拥抱科学。他们知道，科学和美之间具有协同效应，而不是出于对立关系之中，而头发护理当中缺乏对科学的重视。这一市场空白与欧莱雅的基因十分契合。

欧莱雅看到了将秀发大众化的机会，有成千上午的主流女性会极其欢迎能够带来她们可感知的突破性利益点的沙龙级的优秀产品。考虑到女性的需要，这确实是一个甜蜜点：即刻的效果加持久的改变。

在研发方面，欧莱雅也面对挑战。在全球五大研发中心工作的3000多名科学家都在为这个项目作贡献。超过5000名女性参加了早期的原型测试。他们在选定一款香精之前测试了40种香精。在设计出完美的方案之前，他们甚至评估了三种不同的制造技术。为了创造出一组能够让美国女性倍感愉悦、能够重新定义头发护理行业的产品，欧莱雅的全球团队众志成城、务求必胜。

巴黎欧莱雅在高级头发护理系列（图4-20）的开发过程中动用了大量原创而又影响力的科学力量。这个品类不乏各种宣称，以至于消费者根本就无动于衷，因此欧莱雅团队知道，他们不仅要有宣称，还必须有科学来予以佐证。他们最终开发出的是绝对史无前例的头发护理方案，采用的是分子层面的工程技术。他们创造一组产品，其表现和感觉与该品类中的其他产品相比有显著差异。

图4-20　巴黎欧莱雅高级头发护理系列

巴黎欧莱雅花了大量的时间和成本，去做了旨在证明产品功效的独立的临床试验。他们知道他们需要独立测试的支持，因此他们做了这方面的工作，既花了钱又花了时间。

为了从视觉上强调这些差异点，他们还进行了全面的包装研究。他们知道，在货架上脱颖而出对于一个低忠诚度、高竞争性的品类来说是一个关键的成功要素。他们的黑色包装不仅能从白色瓶子的汪洋大海中跳出货架，而且能让消费者发现该设计具有现代感、奢华感和沙龙品质，而且更重要的是，这样的包装能体现通过科学实现突破的大胆承诺。

市场上典型的产品组合是洗发水加护发素。巴黎欧莱雅推了五条独特的子产品线，每一条都是一个独立的方案，其中包括头发护理。这意味着消费者购买的是一套完整的产品系统，能够给特别的需要带来即时的改善。在他们推出第一个五条线：全效护理5（Total Repair 5），强力保湿（Power Moisture），三重防护（Triple Resist），亮色闪耀（Color Radiance），极致顺滑（Smooth Intense）。一年之后，他们又上市了高级护理Volume Filler系列，销售继续飙升。这是一个比只是上市一个新产品更大的想法。他们希望做的是创造脱胎换骨的顾客体验，重新定义头发护理这个类别。

这绝不是一劳永逸或者一个产品单打独斗的事情，这是一个平台、一个长期战略，他们以此来为主流消费者、为零售合作伙伴，当然也为巴黎欧莱雅改造升级一个市场。

4.4.2.3 施华蔻（Schwarzkopf）斐丝丽睡莲水养洗发露

（1）洞察

今天的消费者，特别是年轻的女性，一直在寻找个性化、高端化、专业化的产品。他们不同于父母那一辈，而是更愿意表达自己的个体性和个性。他们有购买力，也懂得如何通过最好的品牌和产品来提升生活质量。这也同样适用于类似头发护理这样的日常生活。

施华蔻团队研究了其他美妆品类（比如彩妆、香水和面部护肤）的高端品牌，也发想了类似的趋势，比如在品牌和产品中将趣味与年轻元素整合在一起，施华蔻斐丝丽（图4-21）捕捉到了这一大趋势，倾听到了消费者的心声，在2014年推出了一个头发护理产品线，包括三个系列的洗发露和护发素。

图4-21 施华蔻斐丝丽睡莲水养洗发露

有施华蔻先进的头发护理技术作支撑，在包装上展现可爱而又时尚的"大眼娃"，斐丝丽不仅为其目标顾客提供了优异的功能性的头发护理利益点，而且激发了其"年轻的心"的情感反应。

尽管大部分竞争对手都聚焦头发护理的功能性需求，斐丝丽通过每一瓶洗发露和护发素上的形态各异的大眼娃形象来展示品牌个性。他们把施华蔻的高端和专业形象融合在一起，让斐丝丽这条头发护理产品线既带给消费者很强的功能性体验，也带给消费者很强的情感性体验。

(2) 开发

施华蔻斐丝丽用鲜花萃取物来丰富其配方，提供优异的头发再生和保护能力。它有三个系列：睡莲水养系列为干性头发提供保湿能力，樱花护色系列为染色头发提供锁色保护，兰花顺柔系列为受损和粗糙头发提供顺柔效果。

除了技术，斐丝丽还与孩之宝（Hasbro）进行IP合作，把大眼娃（Blythe）这个可爱、时尚的设计印在瓶子上。Blythe因其前沿的时尚感而闻名，包括与时装相匹配的头发色彩和发型变化。这对于品牌多才多艺的个性来说是完美的互补。

困难的地方在于对象品牌的时尚承诺和定位。在开发中他们总是需要快速前进——这样做不仅是为了在竞争对手那里先发制人，同时也是为了保持与趋势同步。他们必须在很短的时间内，一次又一次地提供新东西。整个团队在管理品牌的时候，必须行动敏捷，对热门话题和生活方式趋势保持敏感。

(3) 推广

中国有数千个本土和国际上的头发护理品牌，要想脱颖而出，获得消费者的注意，并非易事。因此，对于新品牌来说，与消费者产生连接、带给他们惊喜就成了关键。施华蔻斐丝丽品牌在上海当代艺术博物馆开了一家快闪咖啡店，把它作为新产品推广运动的一部分。咖啡店由鲜花装饰，强化产品的鲜花萃取技术，还为自拍者准备了很多大眼娃，公司会在周末为年轻消费者举办一系列活动（比如做花手绢、做蛋糕和做发型设计）。

品牌不把广告强推给消费者，而是让消费者自己走进品牌，亲身来体验。

品牌后来还推出了限量版，带有旅游主题的设计，带大眼娃去巴黎、东京和纽约。店内促销活动提供值得收集的礼物，与大眼娃合影的机会，甚至在炎热的夏季还提供冰淇淋。这一切都让斐丝丽品牌在年轻消费者的眼中显得独一无二。

施华蔻成功的一个关键要素是持续创新。他们在技术上、形态上、使用上和概念上都进行创新，为的是给消费者提供更好的头发护理方案。

4.4.3 口腔护理品牌基于洞察的产品创新

4.4.3.1 高露洁（Colgate）零龋齿挑战牙膏

自从一个多世纪以前含氟牙膏出现以来，对于普通消费者来说，抗龋齿的科学几乎是一成不变的。扫描一下超市口腔护理货架上的几十种牙膏，你可以假定——不管它们之间可能存在多大差异——它们在抗龋齿方面的效果都是一样的。

"我们发现，人们对抗龋齿这个细分市场的研究并不充分，它在很大程度上已经变得无差异化了。"高露洁法国口腔护理品类经理玛琳娜·奥尔哈格瑞解释说。

高露洁团队认识到，他们并不能随随便便就取得突破，因此他们开始研究消费者在本质上是如何考虑龋齿问题的。他们的假定是什么，他们怎么看待当下的抗龋齿努力？在研究过程中，团队发现了一个关键洞察：消费者认为龋齿是不可避免的，他们无法防止龋齿的发生。团队发现的具体的点包括：

● 每三个消费者就有一个认为每个人都会有龋齿；

● 每三个消费者就有两个认为，如果一个人吃甜食、喝苏打水，龋齿就不可避免；

● 有72%的人认为，他们的所作所为不足以解决这个问题，但是他们也不知道还应该做点什么；他们认为他们只能忍受龋齿。

消费者每天都会用牙膏。他们知道龋齿——在应对龋齿这一挑战时，消费者的需求当中存在一个差距。这一洞察给了人们一个提醒。那么，牙膏应该增强功效，更好地解决龋齿问题吗？

氟的加入对于防龋齿来说是一个巨大的进步。高露洁作为牙膏品类的全球领导者，一直把"让天下人没有龋齿"作为自己的奋斗目标，因而总是居于抗龋齿新方法的研究前列。高露洁的糖酸中和剂技术被证明为是第一个显著地优越于含氟牙膏的技术。

高露洁团队清楚，他们正在做一件大事，但是他们也面临两个巨大的挑战：首先，他们需要开发一个革命性的方案，然后，为了鼓励人们接受，他们需要改变消费者对于龋齿的根本性认知。他们努力开发一个配方，使之能够做到其未来所用的名字的承诺：Défi Zéro Carie，意思是：零龋齿挑战（图4-22）。

图4-22　高露洁零龋齿挑战牙膏

糖酸中和剂技术的开发是在高露洁全球研发团队领导下努力了八年的结果。"在龋齿对抗和保护方面，这真的是一项突破性创新。这是含氟牙膏发明以来我们最大的创新之一。"

高露洁公司申请了专利的糖酸中和剂经过临床试验证明，可以通过两种方式对抗牙齿腐坏。首先，它在牙菌斑里的糖酸开始伤害牙齿之前就将它们灭活。其次，加氟和钙可以强化牙釉，使之再矿物化，这有助于防止龋齿形成。"我们经过临床试验的配方为消费者提供比现有的标准的含氟牙膏强两倍的保护能力，使消费者的牙齿免受腐坏。"

高露洁决定为其革命性的牙膏提供三个品种：两种针对成年人，一种针对孩子。

说服零售商认同产品的潜力并不太难，"我们的产品定价更高，因为它提供了比市场上已有的产品更好的解决方案，所以对零售商来说，这自然而然地成了让消费者升级的机会。这为他们在一个渗透率颇为稳定的细分市场上创造价值提供了可能。"

有了一个改变游戏规则的产品做后盾，高露洁团队开始开展改变消费者对龋齿的认知这一艰巨工作，他们需要打破消费者根深蒂固的关于龋齿基本上是不可避免的假定。他们聚焦教育方面的沟通战略，利用牙医社群的力量，发起全国性的运动来触达大众。

该产品们的目标对象很广泛,所以他们的媒介运动就努力触达更广泛的群体。他们还使用法国本土的电视代言人斯蒂芬·罗滕伯格,在上市初期她是教育性运动的声音——真的与消费者进行沟通,问问题,教育他们龋齿问题及其解决方案。在2014年9月上市后的三个月,广告片和公共卫生信息每天都在电视上播放。除此之外,该团队还开展了强有力的数字运动,包括很有吸引力的网上测验,帮助消费者评估龋齿风险,了解防御办法。

另外,高露洁还与包括牙医和非牙医在内的专业人士合作。"我们的想法是在专业人士当中传播最新的关于龋齿的科学数据,这样他们可以教育他们的患者。这些专家参加了专业会议,我们支持他们开新闻发布会。他们是我们为消费者推出的媒介运动的一部分,为我们针对公众传播的关于龋齿的知识提供咨询意见。"高露洁还与这些专业人士一起来开发教育性材料,这些材料可以通过牙医诊所与产品样品一起发放。

零售商与高露洁公司建立了合作伙伴关系,把产品上市做得很成功。在2000多个门店,他们进行了具体的货架陈列,还有格外的陈列,很好的售点物料,以及专门的店内促销事件,这一切都有助于拉动试用。有的商店还允许他们在店中设立"迷你店"——在这个特殊的地方展示牙膏、牙刷和漱口水。

为了进一步提升产品的可见度,团队想出了非常吸引眼球的紫色包装,在主导着牙膏货架的一片蓝色、红色和白色海洋中脱颖而出。高露洁团队给这个了不起的配方配上了大胆而又独特的色彩,使之非常有吸引力。包装的形状也与众不同,很有高级感,比常规的牙膏要短一点。该产品强有力的名字也赢得了消费者的注意。这一想法对消费者来说很有吸引力——可以与消费者一起来对抗龋齿。包装、产品名称以及货架上的视觉展现对于高露洁团队取得成功都是功不可没的。

上市后仅仅用了八周时间,"零龋齿挑战"就赢得了3.8%的市场份额。

在该产品上市的第二年,高露洁继续提供强有力的营销支持。他们除了继续开展教育活动,还更新了沟通战略,与消费者之间结成了更强大的情感关联。例如,他们推出了一个电视节目,强化父母对孩子长期健康的关心。有了这些持续的支持,"零龋齿挑战"的销售在第二年又增长了10%。

高露洁团队通过重新考察存在了几十年的关于牙膏能够做什么和应该做什

的假定，发现了一个突破性的机会。他们挑战自我，刷新了一个多年来很少发生改变的品类，不仅提供更多而且使消费者期待更多。尽管面临着严峻的产品研发和营销沟通挑战，他们还是取得了成功。"零龋齿挑战"在一个无差异的品类中创造了一个突破性创新。

4.4.3.2　黑人（Darlie）超白竹炭深洁牙膏

（1）洞察

在超白竹炭深洁牙膏（图4-23）上市以前，黑人在市场上已经有了四款成功的美白牙膏。这次其所针对的核心受众是20～35岁的女性，他们的生活方式非常社交化，对于尝试新事物保持着开放的态度——特别愿意尝试那些能够提升和展示他们的个人风格的化妆品。

图4-23　黑人超白竹炭深洁牙膏

黑人试图通过找到尚未被已有产品充分满足的额外的消费者需求来提升市场渗透率。他们考察了在2011年推向市场的一种牙刷形式。他们获得了巨大的成功，因此他们选择利用这一成分继续走创新道路。

（2）开发

颜色是个挑战。牙膏通常都是白色的，全黑色对有些消费者来说造成情感上的挑战。他们会担心，这是否会清洁他们的牙齿，所以黑人公司把牙膏做成双色的，以此来显示既美白又清洁（竹炭）的利益和威力。

他们还要确保竹炭颜色不那么黑，颜色真的能够互补并维持视觉吸引力。当他们准备好了颜色概念之后，就回到消费者那里，去理解色板如何对他们产生影响。从概念上讲，这需要在内部发想和消费者验证之间取得平衡，消费者的响应相当正面。

他们接下来所面临的挑战是生产。在生产阶段我们很谨慎，因为一个关键元素：竹炭。出于技术衡量的考虑，他们需要有效地管理竹炭粒子的诸多元素。首先，粒子需要足够顺滑，要能够与加工机器相匹配，也要有助于提高生产效率。

另外，竹炭粒子需要足够稳定、足够平衡，确保最高程度的清洁，不能有异味，不能有色差。

由于生产、研发和市场团队之间的紧密协作，从概念到开发，整个过程非常顺利。产品从概念到市场只用了18个月时间。

(3) 推广

在沟通阶段，消费者教育是非常重要的。考虑到牙膏的颜色，他们想要确保消费者真正理解牙膏在去污和深度清洁方面的利益点。

与此同时，在门店层面，他们推出了一个促销装，把2013年上市的竹炭螺旋牙刷与新的超白竹炭深洁牙膏进行捆绑销售。这帮助他们在已有的竹炭牙刷用户中进一步提高了渗透率，一方面有助于增加试用，一方面有助于教育用户。

市场验证对于黑人来说一直是非常重要的。数据表明，60%的竹炭购买者都是黑人美白产品的新用户。这是令人惊喜的，因为超越了他们预期的渗透目标。这次的新产品开发帮助他们增加了在美白资产方面的总体份额，产生了增量销售，没有与现有的美白产品之间形成互食现象。

4.4.4 其他个人护理品牌基于洞察的产品创新

4.4.4.1 爽健（Scholl）丝柔电动修足机

当利洁时（RB）2011年收购SSL的时候，他们一起买下了杜蕾斯和爽健两个品牌，在这两个品牌当中爽健对他们来说优先性显然更低，这样说是很公平的。100多年来，爽健打造了一个稳健但有些老牌的品牌资产，给人的印象是其产品能够非常有效地解决足部问题。但是，他们不久后就认识到，爽健实际上拥有比杜蕾斯更大的增长潜力。

实现这一增长的关键就在于听取消费者心声，然后以真正愉悦消费者的方式来解决消费者的挫败和苦恼。爽健一直是一个问题解决方案品牌，提供很多具体产品来解决脚癣和灰指甲问题。但是，当爽健团队开始听取消费者关于日常足部护理的反馈，他们发现，许多消费者特别是女性在常规的足部护理方案中或者常规的足部护理"任务"中还有很多未被满足的需求。

大部分人脚部都有死皮，特别是女性还会累积，这是因为她们所穿的鞋子带给她们的压力。但是这一问题的解决方案，一百多年来并没有什么改进——依然是依靠缓慢的手工锉刀或者浮石，效果很不理想。

人们已经习惯了使用非常没有效果或者非常缓慢或者非常邋遢的产品，或者接受自己发明的解决方案，其中有些方案还有潜在危害。因此，随着死皮不断积累，脚部问题会越来越多。

爽健团队发现了这一需求，这是一个巨大的机会，但是他们并没有能够满足这一需求的产品。他们开始向外寻找，找到了一个生产电子锉脚刀制造商，不过只能小批量生产。他们快速行动起来，委托制造商加工产品，在2013年用爽健品牌进行市场测试。当下结果非常非常好！女性很喜欢这个器具，其效果不仅更快而且更好——改进了她们完成日常护理"任务"的方式。

爽健团队通过测试市场快速地进行了学习，结果，开始与工程师们一起，设计出更好的版本。最终，在2014年上市了新产品。

该产品成功的原因是，他们并没有改变人们已经养成的根深蒂固的习惯，因为女性已经在去除死皮了。她们只是用了效率不那么高的工具而已。因此，有了这个器具，感觉就像从马和马车换成了汽车。其所带来的好处是相同的，但是新的方式却更快也更好。她们根本不需要去改变习惯。爽健并没有给消费者一个新的"任务"，或者要求消费者改变任务。爽健给消费者的是完成任务的新方式，一个改进了的方式。

当他们从测试市场上看到了巨大的潜力之后，立即全力以赴。到2014年底，爽健团队在48个不同的市场推出了产品。一旦确定某件事是对的，就一往无前。

爽健团队在测试市场能够不断调整营销推广的执行细节，因此能够梳理出最佳的执行方案。这使得其能够快速地在全世界推广开来，他们对自己的模式非常有信心。然后在当地根据零售渠道的状况进行调整,增加当地元素。但是该模式的核心、数字化和电视沟通、店铺铺货、定价、陈列展示、促销,所有这些都是固化下来的,以非常一致的方式在执行。但是,以月为单位不停地更新成功模型,一边推广一边与所有这些市场沟通,这样每个人都能掌握最新的媒介模式。每一次新的推广都受益于前一次的推广。

从根本上讲,这一切都源于消费者洞察和未被满足的消费者需求,因为问题是普遍性的:女性脚上会长死皮,同样的解决方案或者同样地缺乏解决方案,存在于世界各个地方。爽健的产品的功效比较强大。他们知道该需求以及他们的方案对于所有的市场都是相关的,所以他们有信心在所有的地方都以同样的方式来执行。当然,这并不适用于所有品类或者产品,对于其他品类或产品来说,不同国家或地区的洞察各有不同(图4-24)。

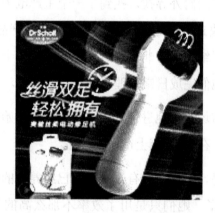

图4-24 爽健丝柔电动修足机

爽健团队从各个市场都能一致地看出来该产品在驱动品类增长——这对于他们的零售合作伙伴来说是一个很有吸引力的故事。它给一个相对沉闷的品类带来了兴奋点。

当一个品牌实现了像这样强劲的品类增长,从低个位数到高两位数增长,它就能够与零售商之间建立起更好的伙伴关系。爽健想要第二个展示区就变得很容易了,而他们这样的产品需要这样做。足部护理品类在大多数门店里都不会放在高客流区域。它通常会在商店后面的"问题/方案"区,为了让产品卖得好,爽健需要放在高客流区，因为消费者并不把死皮看作一个"问题"。从零售商那里获得这样的支持会建立起良性循环。爽健带来品类增长，零售商在店里给爽健更醒目的空间，消费者也很高兴。

成功的很大一部分原因要归于利时洁极其精益的运营模式和管理结构。当他们发现某样东西管用，执行的决策点会非常少。他们有两个地区小组——一个负责欧洲和北美，一个负责发展中市场——事实上只有三个关键人物来决定推广什么、何时推广。他们的品类总监每月都会见区域负责人和CEO，决策就在见面时作出。一旦决策出来了，他们的行动速度非常快。

甚至按照利时洁的高标准来衡量，他们这次推广都算是执行得非常好的了。他们将两件事结合起来，一件是发现一个广泛存在的未被满足的需求，一件是将品牌重新塑造，使之不仅作为一个"问题解决者"，而且以更好的方式帮助消费者完成一个常规的个人护理"任务"。然后再加上精益的决策结构和快速的行动反应，爽健的成功秘诀就完整了。

从产品组合管理角度来看，像这样的突破式创新已经改变了爽健业务在公司中的地位。他们借用这次的成功推广，又凭借强大的创新进入了其它足部护理细分市场。如今，不论是在消费者端还是在零售商端，爽健的品牌势能都很强，在公司内部显现出了巨大的能量。

4.4.4.2 舒耐（Sure）压缩止汗喷雾

多年以来舒耐的止汗产品业务一直很成功。当他们认识到自己有一个机会来回报环境和社会的时候，他们产生了压缩的想法。压缩止汗喷雾（图4-25）是三十多年来气雾剂品类当中最大的可持续性创新。重新设计的喷雾系统不需要作出质量妥协，也不需要消费者改变习惯，与传统的止汗剂相比，每个压缩产品所含的气体减少50%、包装所用的铝减少25%。

舒耐是公司采用压缩技术的诸多品牌之一。但是，公司的创新范围要广得多。他们在所有的品牌上都应用这些创新：Rexona/Sure舒耐、Dove多芬、Axe/Lynk和Vaseline凡士林。

这个项目起始于一个清晰的愿景：做善事！经过了十年的快速增长，联合利

图4-25 舒耐压缩止汗喷雾

华的止汗业务团队感觉到一种真实的愿望，想要给社会回报点什么。这是很勇敢的一个动作。他们识别了最大的领域，其中，不论是作为一个品类还是作为一个品牌都对环境和社会产生影响。他们发现，最大的影响是废弃物，而在废弃物中，影响最大的是来自罐子的铝，因此他们就把压缩技术作为环境足迹最有前景的道路。

这个项目推进了三年多，他们在考虑不同的方法和路径来跟消费者沟通他们的创新之处。从一开始头脑中就有一个清晰的愿景：希望鼓励整个行业都转向压缩气雾剂，因为这是作为全球最大的止汗剂制造商值得做的正确事情。

他们探索了好几个方案，试图在消费者当中推进这一技术行动。但是最终选择的方式是，让罐子的体积缩小一半，而产品的效果却与常规罐子中的产品所持续的时间一样长。缩小了的体积显然给消费者带来很多潜在的好处：产品的可携带性更好，你可以把它放在手袋或运动包中，而且放在家里也很容易。但是，他们很快认识到，向消费者推广这种变革的最佳方式是公开地解释新技术，告诉消费者公司是为了环境而做这一切的。最终，公司没有试图用附属的利益来粉饰他们的概念，而是聚焦环保利益点。

他们对消费者的反应感到惊讶。他们预想会遇到阻力，但是消费者不停地告诉品牌方：如果你们真能做到——给我只有一半大小的罐子，同时是同样的产品和同样的使用体验——那么我就会选择它，这想都不用想！消费者很擅长为品牌方提供最初的信心，让品牌方相信这是很棒的想法，尽管在执行中还有很多复杂的问题需要解决，但是绝对值得尝试。可见，有时制造商比消费者显得保守。

正是消费者的持续鼓励和公司一开始就确定的强烈愿景，才让舒耐这个项目梦想成真。实际上，通过参与这个项目的工作，团队真正理解了一个强烈愿景的力量，该愿景是如何激励人们，让变革发生，最终向善而行。

事实上，这个压缩项目令团队印象颇为深刻的地方是，消费者始终被置于该项目的中心。尽管有很多会涉及敏感问题的可能性，但是整个项目组还是超越其上，始终把消费者利益放在心中。这种聚精会神的执着帮助项目团队走过了整个创新过程，直至产品上市。

在如何执行上市推广方面，品牌团队面临过很多困难的战略问题需要回答。他们做了充分的研究，最终决定采用产品延伸的方法，因为有些消费者对于压缩的气雾剂与常规产品持续时间一样长这一事实一开始持怀疑态度，需要时间来说服他们。

为了进一步减少对环境的影响，公司的愿景和梦想是逐渐把所有的气雾剂产品都转向压缩技术。但是，在取消常规产品之前，公司需要逐渐说服消费者接受压缩技术。同样，公司理解，公司所有的品牌都在同一时间、采用同一全覆盖的沟通策略来推广压缩技术，会创造与众不同的效果，因为这样做会增加这一主张的可信度。

下一步是让采用压缩技术的止汗产品变成全行业的普遍实践，公司邀请其他制造商与公司一起开启可持续性之旅。这是一个思考创新、践行创新的全新方式，为了消费者利益，比如产品功效，公司应该与同行开展竞争，但是为了更大的善和类似可持续性这样的共同目标，同行之间不应该竞争，而应该合作。公司应该避免在消费者作为公民和消费者作为购物者之间引发争斗。公司不想保护自己的创新，而愿意将之分享，尽量广泛地分享。据统计，世界上每年要销售30亿罐止汗气雾剂，转到压缩技术上来将会节省大量的铝，足够制造1000万辆自行车。

公司已经分享了所有的关键信息，包括供应商、消费者洞察和其他细节，这一切都放在一个叫作compresseddeodorants.com的网站上。等到公司说服整个行业都转向压缩气雾剂时，公司就可以说这个项目真正取得了成功。

这样一种方式显然带有很强的思想挑战性，联合利华已然开启了一个重新定义止汗剂以及其他品类和事业的旅程。

4.4.5 家庭护理品牌基于洞察的产品创新

4.4.5.1 碧浪（Ariel）三合一洗衣凝珠

（1）洗衣革命

地球上没有任何一个消费者愿意分三步走，如果他们一步就能获得同样的结果。但是，消费者为了让他们的衣服获得理想中的清洁效果，他们还是得分布三步走，这很不方便。但是，消费者和营销者都知道的事情是，少数产品（如果有这样的产品的话）如果组合起来使用就能在简便性和性能方面达到更好的总体效果，与分开来的独立步骤是一样的效果。

因此，在这方面，省去多重步骤但将简便性和效能非同寻常地结合起来，就成了任何想要开发突破性产品的产品制造商的主要目标。可是，其中的挑战是巨大的，不是很多企业敢于轻易尝试的。

总有人敢于接受考验、直面挑战，就像宝洁公司碧浪团队那样，他们之所以这样做是因为看到了全世界的消费者都在寻找更好的衣服清洁体验：既有卓越的效能又有极大的简便性。洗衣液很久以前就成为市场上最强有力的选择，但是该品类缺乏真正的简便性。碧浪团队在研究阶段发现，对于当今时代来说，市场上没有特别有效的技术上可行的方案。但是全世界而不是某个小地方的消费者都存在这种需求。这是一个世界性的需求，所以公司就下定决心，要把全球性的创新带到每一个市场上去。

（2）技术助力碧浪响应需求

但是，识别出一个全球性的市场需求只是"万里长征走完了第一步"。事实上，从洞察到上市，差不多走过了七年时间。考虑到该市场需求的具体性质，碧浪团队认识到，技术将在最终产品的开发和成功推广中发挥主要作用。事实证明，技术最后成为打开大门以及整个织物护理市场品类的关键。

碧浪的突破是一种"化学的分离效应"，其展现形式为一层透明的薄膜，该薄膜使得碧浪团队把一个清洁产品的三种组成部分包装在一起，形成一个洗衣凝珠（图4-26）。该团队通过密集的测试了解到，在一个单位内使用三个独立部分是创造超级强力的洗衣产品的唯一方式，这样既能满足对效果的要求也能满足对方便性的要求。

图4-26　碧浪三合一洗衣凝珠

但是，为什么需要三个组成部分？根据碧浪大欧洲设计组的弗朗西斯科·乌尔索的解释，每一个组成部分负责洗衣过程的一个不同的关键方面，在合适的时间之前它需要与其他部分隔离开来。乌尔索说，营销故事来自产品无与伦比的三合一效果——清洁能力、亮色能力和去污能力三合一，其整体体验超过任何其他产品。可是，乌尔索强调，三合一并非真正创新点所在。真正的创新点在于建立在方便性基础上的超级清洁力。

(3) 驱动"上瘾"的体验

尽管产品和营销都作了强有力的宣称，但是直到团队针对消费者进行凝珠的测试，更强有力的情形才得以显现。尽管在为一个能够满足三个具体需求的产品进行营销推广时作出了强烈的价值主张，碧浪团队在进行消费者测试时了解到，三合一凝珠所能做到的不只是满足上述宣称——它其实能带来上瘾的效果。在测试中，团队让消费者试用一段时间三合一凝珠，然后收回它们——基本上剥夺他们使用的权利——倒逼他们用回原来的产品。所谓"剥夺"测试带来了"三合一瘾"，认识到凝珠的超级效果之后，消费者对凝珠大加赞许。消费者们在提供反馈的时候，并没有咬文嚼字地说凝珠跟其他产品不相上下。乌尔索说，消费者的反馈基本上一边倒地聚焦在这样一个事实上：凝珠整体性地完成所有的任务，而且使用起来非常方便。

在推广三合一凝珠时，碧浪团队使用了跟凝珠概念本身一样简单的方法。事实上，团队甚至作出了这样一个决定：把凝珠醒目地置于包装的中心位置，而把碧浪的标志放到边上，使凝珠成为消费者新的洗衣方式的象征，把焦点放在产品背后的创新点上。另外，该团队针对不同的媒介设计了不同的营销战略。该方法有助于进一步提升产品的差异化程度，创造出更加新颖、真正创新的氛围。

从最终概念到最终上市，碧浪的欧洲团队用了六个月时间。这一速度是在一个年销售额2000亿美金的一家大公司实现的，即便对于最小的公司来说，这也算是快节奏的了。该产品甫一上市就取得了巨大的成功。宝洁公司原本就对上市后的成果有所期待，但是最终结果还是超出了预期。工厂开足马力生产，以保证满足市场需求。

乌尔索说，当团队回顾整个旅程时，心中颇为惊叹，甚至到了2014年，他们依然把改变一个存在了几十年的品类变成了可能，而且这种改变是变得更好。

4.4.5.2 喜诗（Air Wick Pure）空气清新剂

所有突破性创新都代表着这样一种品质——像激光一样聚焦于消费者的真正需求，即便这样做需要采取完全不同于预想的道路。

喜诗团队从一个合乎逻辑的假定出发：消费者购买空气清新剂是为了罩住异味，所以留香时间长的产品，其市场空间更大。他们围绕着"香味寿命"这个想法开发了一个概念以及能够带来这种利益的更聚焦的产品。但是，当他们开始做消费者测试时才发现，这样做无法满足上市的基本要求。

该团队并没有被坏消息吓退，他们深入挖掘，发现了令人惊讶的事情：消费者看中产品所提供的具体的利益点，但这并不是要留香长久，消费者看中的点完全被该团队忽视了。结果是，消费者喜欢的产品利益点是不弄湿各种表面。这一"特性"其实该产品配方开发过程的副产品。它不额外加水，因此立即消散在空气中，不会落在家具、衣服和皮肤上。这一利益点通过提供"香味而不留坠尘"解决了消费者生活中一个关键性的烦恼。

该团队知道该产品能够说到做到。尽管如此，它还是没有通过测试，高层利益相关者需要关于推进该计划的合理依据。该团队明确地知道他们的价值主张有问题，因而把定位与新发现的利益点关联起来。他们选择了"pure（纯净）"作为名字，昭示该产品让消费者只享受香味，而没有水渍的烦恼。高层管理者相信新的定位具有巨大的潜力，因而决定继续推进，决定在法国、比利时、荷兰和卢森堡市场进行测试。

接下来，该团队通过包装设计来赋活"纯净"这个概念。设计得干干净净的瓶子传递一个简单的宣称：没有湿喷头的气雾剂。为了确保包装在货架上能够脱颖而出，他们选择了有活力的颜色——每一种香味都配一个不同的颜色——并把"Air Wick"的标志放得特别醒目（图4-27）。

图4-27　喜诗空气清新剂

零售商立即看出了"pure"的价值。这一概念简洁而又优雅，而且产品言出必行。另外，pure的价格能够比竞争产品高出20%。2014年，喜诗在法国的大卖场和超市推出了三款pure清新剂。

在广告公司的帮助下，该团队确定了明确的讯息，既不试图建立情感连接也不强调香味品质，而是聚焦pure为消费者解决的烦恼。电视广告里面有一个演示，两款产品——一款是pure、一款是传统的"湿"的空气清新剂——喷在一张画的笑脸上，但是只有传统的气雾剂弄坏了画面。这种比较很简单，也很有效，该团队在店内展示也使用了同样的形象。

为了配合上述努力，喜诗团队还开展了促销活动，直至试用量上来了，这是他们开始主动减少促销力度。值得注意的是，虽然很少进行折扣，但是pure的市场份额并未下滑,这说明该产品在消费者的生活中承担起一个独特的"任务"。

随着时间的推移,该团队优化了他们的活动计划。观察到电视在上市推广阶段是一个特别有效的媒体——事实上,每次当推出电视广告的时候销售额都会翻倍——因此,他们决定增加电视投资。另外,他们通过线上游戏广告来触达年轻受众。

事实证明,pure计划带来了很大的增量,第一年就使得该品类增长了6.8%。为了维持第二年的势能,喜事保持了与第一年持平的媒介花费。他们还上市了三种新的香味。令人印象深刻的是,pure第二年的销售比第一年增长了20%。

喜诗团队的旅程验证了顾客需求洞察驱动的创新,而且提醒我们,旗开得胜的事情并不普遍。突破性创新者都知道,路障并非末路,而是把学习的机会带给我们。

4.5 中国化妆品企业基于顾客需求洞察进行产品创新的努力方向

根据麦肯锡的研究,创新可分为四个原型:科学研究、客户中心、工程技术和效率驱动(见图4-28),中国企业表现最好的是效率驱动性创新,这得益于中

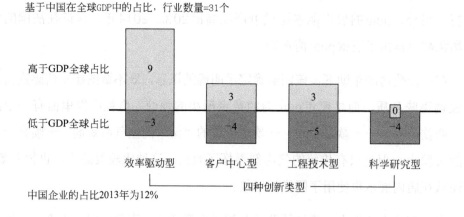

图4-28 中国行业:创新实际表现vs预期表现

国广泛而全面的制造业生态系统。其次，是客户中心型创新，从家电企业到互联网企业，先后成为这方面的典范。中国企业表现最差的是工程技术型创新和科学研究型创新，高铁和华为并不能形成这两方面的整体竞争力。

化妆品行业更多地需要客户中心型创新，在这一方面，中国本土企业与外资企业相比还有巨大的差异。中国化妆品企业在产品创新方面严厉一点说，可谓乏善可陈，其中原因很多，但是缺乏对消费者需求的敏锐洞察和精准把握是根本原因。由于缺乏正确方向和具体目标，中国化妆品的大多数创新在万众瞩目之下推向市场，最终"赔了夫人又折兵"。这些创新项目无不大费周章地在改进产品，而这些改进和消费者想要完成的任务毫无关系，因而走不进消费者的生活，碰巧走进了消费者的生活，也走不进其内心，因为消费者仍然觉得你不懂他。

上述情况背后的最严重的问题是，从企业领导者到市场人员到研发人员，普遍存在自以为是而不是以消费者为是，总是不以己为非而以消费者为非的现象。可以说，"兴于洞察，立于创新"的道路只是万里长征才走了第一步，甚至还没有开始迈步。

中国化妆品企业在战略上喜欢贪大求全、兼而得之，执行上喜欢见机行事、即兴发挥，对于系统的流程和严密的方法论不太感兴趣。这种状况必须改变，希望本章介绍的基于顾客待办任务理论的两套方法论能够启发和指导尚思进取的中国企业的产品创新流程。不论是成果导向创新法的十个步骤还是待办任务路线图的六个步骤，都是另辟蹊径、切中肯綮的实战智慧和理论结晶。

恩格斯说："一个没有理论思维的民族，是不可能站在科学的最高峰的。"同样，一个没有理论思维的民族，也不可能站在文明和社会发展的前列的；一个轻视理论思维的民族，是不会有光明的未来的。克里斯坦森教授生前在一次采访中说："我花了一辈子时间来研究管理理论。理论是对因果关系的表述。你作为管理者，每次采取行动，其实都是基于某种理论：如果我做了这件事，那么就会有这个结果。如果我们这样做，那么我们就能够成功。管理者是理论的如饥似渴的消费者。"英国经济学家凯恩斯也说过："生活在现实中的人，通常自认为能够完全免除于理论的影响，其实往往都还是某些已故经济学家的奴隶。"反观中国化妆品企业的企业家和管理者太不重视理论和方法论了，太缺乏思想了，缺乏科学精神和人文素养，只要这样的状态继续存在，洞察弱、原创弱、品牌弱的"三弱"局面就难以改变。

深刻的洞察既来自事前的研究（research）也来自事后的反思（reflection）。有这样一副对联，上联：二三四五，下联：六七八九。什么意思？"缺一少十"的意思，"一"是研究，"十"是反思。而中国化妆品企业做事情最不愿意花功夫的就是前期的研究和后期的反思。往往直接从"二"开始做，上来就自以为是地做，而不是以顾客需求为基础、为依据来想有的放矢的方案。然后一直做到九，也就是说没有达到十全十美就停了，下一次怎么做还没有总结出经验教训就去做下一件事情了。由于没有研究，所以犯了很多错误，由于不做反思，所以下次还会再犯同样的错误。《世说新语》里有句话叫"盲人骑瞎马，夜半临深池"，这是古时几个读书人比拼，每人说一句话，看谁的话能体现最危险的情境，结果这句话夺得第一。这是最危险的情境，而很多中国化妆品企业的经营就是在这种情境下进行的，靠的是侥幸，这是很大很严重的问题。很多企业也不做反思，这是不对的，苏格拉底有句话，叫"未经反思的人生是不值得过的"，你看人生都如此，那么化妆品企业搞创新怎么能不反思呢？葛文耀时代的上海家化有一个重视反思的好习惯，公司每半年（年中和年终）都会召开一次由中高层管理者参加的业务反思会议——找出问题、把握机会。

中国化妆品企业对有拥有品牌力的产品和企业往往会艳羡不已。但是，化妆品的品牌力不是无缘无故地得来的——"it's earned（是靠自身努力换来的）"。一个化妆品产品和企业有没有品牌力，一定跟该产品、该企业是否曾经帮助过很多消费者完成了诸多关键任务相关，要么是功能性任务完成得好，要么是情感性任务完成得好，要么是社会性任务完成的得好，要么是两个任务都完成得好，要么是三个任务都完成得好，要么是这三个任务以外的任务也完成得好。对于消费者而言，最大的任务是全过程（售前售中售后）、多维度（功能情感社会）都获得美好体验。为此，中国化妆品企业需要建立一个完整流程，使之围绕顾客的待办任务和理想体验来运转。但是，大部分企业在这方面都做得不够好，正如克里斯坦森教授一针见血地指出的那样："他们要么根据顾客类型，要么根据竞争者类别，要么根据产品类目来建立组织，没有人对顾客体验负责。没有人对造成顾客体验的流程负责。所以，你很快就会失去焦点。"克里斯坦森接着说："一旦你理解了顾客的待办任务，你就需要人来具体地负责为顾客提供那种体验。如果对于完成一项任务来说,有六种体验对顾客来说是很重要的,那么我们就需要六个人来管理相关的流程。这非常关键。"克里斯坦森还举两个例子来说明聚焦顾客体验的意义:一是美国南新罕布什尔大学所跟踪的一个指标——学校对潜在申请者的网络问询的响应时间(8分钟以内);二是亚马逊公司不考核订单的发货时间,而考核到达顾客手里的时间。这些措施让顾客在乎的体验得到企业的组织保障。可以断言,中国化妆品未来的关键成功要素(KSF)将不再是流量,而是体验:流量大,体验差,企业收获的只是一次性的生意而不是持久性的品牌;体验好,流量小,少数满意顾客的"星星之火"终究可以燎原。

不论是为了帮助消费者更好地完成任务、获得美好体验,还是提升产品魅力和创新成功率,中国化妆品企业都需要进一步发扬工匠精神。什么是"工匠精神"?概括来说,工匠包括专业与敬业两个方面,也可以用葛文耀时代上海家化的企业口号来表述:"精致优雅,全心以赴"——"精致优雅"体现"专业","全心以赴"体现"敬业"。对于化妆品而言,魔鬼在细节之中(the devils are in the details)。中国化妆品企业必须在每一个领域而不是少数领域,在每一个环节而不是单一环节,在每一个层次而不是个别层次都发扬工匠精神。

"需求洞察+工匠精神",合起来构成中国化妆品企业产品创新的基础配方。

第 5 章

顾客需求洞察助力营销沟通和品牌建设

　　当前仍然存在的一个基本事实是,谁愿意把营销作为战略的基础,谁就有可能快速取得一个行业或一个市场的领导权。

——德鲁克《管理:使命、责任、实践》

前面两章，我们分别谈了如何基于顾客需求洞察制定增长战略以及如何基于顾客需求洞察进行产品创新，这一章我们的主题是如何基于顾客需求洞察改进营销沟通和品牌建设，重点是营销沟通。营销沟通的英文是"Marketing Communications"（缩略为Marcom），通常被译为"营销传播"。

最近这些年，营销沟通发生了很多很大的变化，特别是媒体的变化最多最大，电子邮件、短信、即时通信、博客、微博、微信、短视频、直播等形式层出不穷；数字化、智能化、数智化、社交化、电商化、移动化、社群化、私域化、全域化、全球化等趋势川流不息。媒体的这种变化，对于企业、营销服务机构（咨询公司、广告公司、公关公司、促销公司、MCN等）、网红/KOL（关键意见领袖）和消费者，既是莫大的机会也是巨大的挑战。最近这些年，企业的营销工作有大部分时间都是在应对媒体（当然也包括以电商为颠覆力量的渠道）的变化所带来的机会和挑战，因为赶上潮流、抓住风口而沾沾自喜，因为错过潮流、错过风口而郁郁寡欢，又因为期待下一个潮流、下一个风口而跃跃欲试……鲁迅先生说："曾经阔气的要复古；正在阔气的要维持现状；未曾阔气的要革新。"爱因斯坦说："你只有两种方式度过你的人生，一种是把什么都不当奇迹，另一种是把什么都当作奇迹。"这几种态度，用来描摹企业营销人员对于媒体的变化也基本合适。广泛而深刻的媒体变化催生了中国营销界原本就比较兴盛的机会主义风气。本章主要聚焦于沟通战略、内容生成和品牌建设等问题，力求基于顾客需求洞察，针对这些问题精准施策。

5.1　顾客需求洞察的定义与意义

需求洞察也称顾客洞察，美国西北大学的丽萨·福尔蒂尼-坎贝尔教授认为，顾客洞察包含以下三个要素：①顾客洞察包括识别现有顾客或者潜在顾客心智中最强的驱动力；②顾客洞察是指发现为营销者和顾客提供互动和交流的最大的心理机会；③顾客洞察意味着一个"甜蜜点"，是营销者和顾客之间在营销者所希望传递的内容与现有顾客或者潜在顾客所希望获取的内容方面的完美连接点。

对顾客需求有洞察力的企业可以让顾客感觉到公司是真正理解他们、尊重他们的,而且还能预知他们的需求。企业对顾客的理解要做到尊重有加、感同身受、全面深入,最重要的是要把顾客视为一个活生生的人——顾客作为人有着各种各样的需求和要求,希望企业及其品牌能帮助解决。这种信息源自对顾客生活的深入洞察,洞察到这类产品究竟如何契合顾客的生活,以及在这种契合方面该品牌如何与竞争对手区别开来。最重要的是,顾客洞察并不只是对于一个人或者一群人的简单的人口统计意义上的描述,也不仅仅是纯粹基于顾客以往行为而获得的理解(比如大数据解读)。相反,它是一种更深入、更有意义的理解,理解顾客,理解其生活或者工作,理解其需求、愿望和向往(即"待办任务"),理解其经历、背景和梦想("待办任务"的驱动因素),理解其当下乃至未来的其他方面。经历和体验对于获取顾客洞察来说助益良多,但是更重要的还是企业的营销人员的能力,要看他们是否有能力将上述知识和信息用于对当下和未来的判断或预判,从而真正地将顾客洞察凸显出来,使之区别于传统意义上的消费者细分策略、定位方法和单纯的直觉感受。

为了确定企业是否具有洞察,企业需要做一个自我测试,看看是否能够轻易、完整地完成下述问题:

(1)我们的产品或者服务针对谁?(从行为层面而言,我们的营销沟通活动想影响的目标对象是谁?)

(2)哪些人?(我们已经掌握了什么样的顾客洞察?推动现有顾客和潜在顾客购买该产品类别的驱动力究竟是什么?)

(3)我们的产品是……(在现有顾客或潜在顾客眼中,我们所提供的产品或者服务究竟是什么,也就是说,我们所提供的产品整体或者品牌整体包含哪些内容?)

(4)它能够带来……(基于我们所获得的洞察,顾客想要的、我们的品牌或产品能够提供的核心利益或价值是什么?)

(5)不同于……(谁是与我们相关的竞争对手?)

(6)我们的产品……(能够将我们与对手区别开来但又与顾客息息相关的关键点是什么呢?)

5.2 顾客需求洞察与营销沟通策略

缺乏顾客需求洞察使营销沟通变得千篇一律，显得模糊不清、毫无意义、无关消费者的"痛痒"。企业将绝大部分的时间都花在了对自己的传播上，却花极少的时间来说明自己的产品如何解决消费者面临的问题。这已经陷入了一个困境，再加上大部分营销者总是无意识地在营销沟通中把各种"大杂烩"一股脑儿地推给消费者，问题就变得更加严重。大众市场广告说的可能是一回事，而折价促销活动却给顾客传递了完全不同的信号。产品标签上说的是一回事，而销售资料又采用了截然不同的语言，销售员一般又侧重于向零售商强调价格。这些大众导向的相互之间的不协调的混杂沟通完全来自企业本身的主观意愿，而不是基于顾客的真正需求。所以，整合营销沟通在一个由消费者主导而营销者必须聆听的市场上就显得如此必要。

优秀的营销沟通，就如同优秀的销售，应该是个人化的。一个高效的销售人员面对不同的客户，从来都不会采用雷同的策略来进行推销。一个优秀的销售人员会尽可能地了解每个顾客的所有情况，然后针对顾客个人制定合适的沟通策略。换句话说，该销售人员要做到真正懂得顾客！营销者越是能够理解顾客，其推销说辞就越是有力。比如说，要发现消费者究竟是因为什么而承受压力，什么时候有压力，压力是与工作有关还是与生活方式有关，压力是真实存在的还是臆想出来的，他们目前在使用什么样的产品来解决这一问题，他们对此满意吗？顾客喜欢使用这些产品吗？为什么？他们会将自己目前所用的产品推荐给朋友吗？

想象一下，如果你和这些顾客知根知底，而不是将他们视为陌生人，那么你和他们沟通起来会多么容易。如今，技术已经具备了帮助企业和每一个顾客都保持亲密关系的能力。因此，企业已经有可能全面了解每一个顾客的需求、行为和期望，从而能够在比以往任何时候都更加个人化的基础上与每一个顾客打交道。

这种新的思维方式要求建立一个深思熟虑的营销沟通策略，并投入宗教般的热情。如果企业在制定这样的策略的过程中能够全力以赴，那么最终的结果就会发展出一个更加精准、更加有说服力、充分整合的营销沟通计划，指向最有可能做出响应的潜在顾客。而这，也会相应地帮助企业建立一个独特的品牌个性或者服务个性，使其产品或者服务区别于竞争对手。整合的营销沟通内容一旦策划和利用得好，则可以成为个人化的传播，这样的传播既让人们心动又让人们行动。

唐·舒尔茨教授在《整合营销传播：创造企业价值的五大关键步骤》一书的第8章介绍了企业制定营销沟通策略所需要回答的一系列问题，共有十个部分：

一、谁是我们的消费者？

（1）顾客的目标购买动机是什么？

常规的产品类别是什么：_____

①这一群体的成员是如何看待这一类别的产品或者服务的？

②他们现在购买的是什么？他们是如何购买，如何使用这些产品或者服务的？

③他们的生活方式、购买心理以及对这一类别产品或者服务的具体态度是怎样的？

（2）关键的顾客洞察有哪些？

（3）顾客究竟希望从这一产品类别中获取到什么，哪些是他们目前并没有获得的？

有针对性的购买激励："我会购买一款产品在_____方面超过这一类别中其他任何一款产品。"

（4）究竟哪个东西最能够达成整合营销传播目标：是信息、激励计划或者是两者的结合？

二、产品或者服务能够契合这一群体吗？

（1）产品或者服务的实际情况究竟是怎样的？

①其中，究竟有什么？

②它是用来做什么的？

③它和别的产品或者服务相比，有什么不同？

（2）顾客是如何看待产品或者服务的？

（3）它看上去、感觉上、闻起来和真正用的时候究竟如何？

（4）顾客是如何看待产品背后的公司的？

（5）所谓"赤裸裸的真相"究竟是什么？

（6）产品或者服务契合这一群体吗？

建议：_____

三、竞争如何影响我们的目标？

（1）品牌网络和竞争框架是怎样的？为什么是这样的？

（2）竞争对手现在是如何向现有顾客或潜在顾客进行传播的？

（3）我们的计划启动后，竞争对手会如何回应和反击？

（4）竞争对手的脆弱程度如何？我们可以从哪些对手那里抢夺市场份额？

四、有竞争力的消费者利益点是什么？

（1）必须是真正的利益点（比如说解决消费者面临的问题，提升消费者的生活方式等）。

（2）每个群体都必须有一个聚焦的利益点。

（3）必须具有竞争力（也就是说，要比竞争对手"更好"）。

（4）不能只是一句口号或者一段广告说辞。

（5）必须是一句话（比如说，"Sanka 比其他即时咖啡更好喝""假日酒店比其他任何一个酒店都能让你睡得更舒适"）。

五、与下列要素相关的营销沟通究竟如何使得现有顾客或者潜在顾客更相信我们所沟通的利益点呢？

（1）产品或者服务本身。

（2）认知上的支持。

（3）传播上的支持。

六、品牌、公司或者产品的个性应该是什么样子的呢？究竟是哪一方面的独特个性可以帮助我们进一步界定我们的产品或者服务，并且能够与竞争对手显著地区别开来？

七、我们希望消费者从营销沟通中获取哪些关键的信息?

(1) 我们会提供哪些主要的激励计划?

(2) 我们希望消费者在接触到我们的传播之后采取哪些行动?

①试用产品或者服务。

②希望获取更多信息。

③更频繁地使用这些产品。

④尝试用同一产品线中的其他产品。

⑤其他:_____。

八、沟通的认知效果和促销效果如何?

(1) 如果沟通获得了预期的成功,那么顾客会如何认知产品,相对于竞争对手会发生什么样的变化(以月或年计)?

(2) 如果激励计划获得了预期的成功,那么现有顾客或者潜在顾客会采取什么样的行动?

九、消费者有哪些品牌接触点?为了能够让一个具有说服力的、可信的信息或者激励计划最有效地传递到消费者那里,应该考虑哪些消费者品牌接触点?为什么?

十、我们如何进行未来的研究(列举为了进一步完善整合营销沟通策略所需要进行的研究的类型以及各自的理由)?

舒尔茨教授说,无论是大规模的蓝筹股公司还是小型的新兴公司,其营销都可以采用这一策略。不管该企业是卖包装消费品还是服务,不管是B2B还是B2C产品,不管是否是零售业,也不管是制订企业形象计划还是推销具体产品,都可以采用这一策略。

上述制订营销沟通策略问题清单的最大好处在于,它迫使企业的营销沟通管理者深思熟虑,从而形成一个实际可行的沟通策略。这一策略问题清单使得每一个人都能明确顾客究竟是谁,其需求是什么,品牌或者产品如何满足其期望,这样一来就把所有利益相关者都整合到了一起。这一策略明确地界定了产品的定位、个性、存在理由、竞争力以及消费者从其中所获得的利益，同时也体现了营销者思考顾客问题的方式也会受到竞争对手的影响。更重要的是，这些问题为营销部门所应承担的责任提供了行为方面的衡量标准。该策略还包括了有利于营销者接触顾客的最佳媒介接触点，也回应了未来为进一步完善和更新该策略而进行研究的需求。

在这个新的整合营销沟通方法中，沟通策略对于企业内部所有部门的沟通过程来说都是一个极为重要的因素。这一策略促使沟通流程中的每一个方面都清晰而一致地传递给消费者。这样一个整合的策略中的每一个沟通战术都要强化消费者应该对该产品或者服务抱有信心的理由。

比如说，如果你是在营销一款口红，那么所有有关口红的沟通都需要由消费者的基本需求来驱动，而且应该为该品牌建立一个统一的个性。整体的策略可以进行分解，让营销者有目的地针对次级的消费者群体，比如忠诚用户群体、偶尔使用者群体，等等。而且，还应该针对批发商、分销商、零售商、贸易团体以及其他影响产品销售的周边利益相关者制定具体的策略。每一个群体都有其自身的购买驱动因素，因此，最终的结果是这样的沟通策略需要为每一个群体都提供独特的有竞争力的利益点。这才称得上是真正的整合，因为是你关于顾客的深入分析在引导你得出有依据的结论，知道自己究竟应该针对哪些群体以及如何接触到每一个群体。

看出这一策略的重要性并不难。关键在于，要将有关产品的所有沟通要素都真正地整合起来，这些要素会影响到与产品的销售和重复销售相关的每一个人和每一件事。营销沟通策略制定得好的话，能够形成两条纽带，一条是企业内部的纽带，一条是企业和服务于该企业的各种营销服务机构之间的纽带，后者会更加紧密一些。

对营销沟通策略问题的答案能够为我们提供行为方面的反馈，这些反馈可以帮助营销者在更长的时间范围内来微调和完善其策略。一个有效的整合营销沟通策略需要经历不断的修正，因为消费者不断地在变化。营销者的沟通、竞争对手的沟通、非商业的沟通、新产品以及不断更迭的生活方式，所有这一切使得战略以及用来执行战略的战术性手段必须与时俱进、不断更新。是消费者在驱动战略，这一点怎么强调也不过分。营销者必须与顾客建立关系，这样的关系必须是朋友式的，而不是征服者式的。营销者必须时刻牢记，你不是在试图推销一种产品，你试图做的是解决问题（完成顾客的"待办任务"）。

与顾客建立关系，展示你对顾客的了解和关爱，是有效营销的本质和核心所在。和传统营销手段只会口头上说以顾客为驱动不同的是，整合营销沟通的核心原则是首先用产品的力量来开启消费者对其的信心，其次是想方设法让这种信心尽量"天长地久"。不过，由于企业的产品与竞争对手的产品可能在很大程度上相差无几，因此，营销者无法单独依靠产品就能建立和维持这种信心。

真正管用的是品牌和顾客之间的相互好感，是同理之心，是愉悦对话，是亲密关系，是充分沟通。正是因为实施整合营销沟通策略的营销者做到了这一切，才显得出类拔萃。简而言之，只有始终以消费者为中心，才能制定出并执行好有效的整合营销沟通策略，否则的话，一切都是空话。

在制定能够影响到顾客行为的营销沟通策略和内容的过程中，首先面临的挑战是顾客洞察。这些洞察要与产品或者服务能够提供、企业能够交付的价值、利益和解决方案关联起来。有效的营销内容并不只是体现为讨巧的口号、精美的展示、难忘的音乐，或者营销沟通部门以及为其提供服务的代理公司可以采用的其他各种沟通工具。尽管不同的手段都可能有助于营销沟通的内容生成，但是其更主要的目的是使正确的、基于价值的整合营销沟通策略变得更加有效。这些手段并不能取代整合营销沟通主张的核心，也不能取代对顾客的洞察。简而言之，有效的营销内容更多的是来自了解现有顾客和潜在顾客的诸多挑战，这些挑战看似是例行公事，但却极其艰巨。顾客们是怎么想的？他们的感受如何？他们努力的目标是什么？他们喜欢什么？营销计划和沟通内容源于顾客洞察，这些洞察有助于营销者提高对每一个作为个体的顾客的相关度，不管是现有顾客还是潜在顾客。

与此同时，顾客洞察还必须理解企业的文化和能力。除非整个企业都能够与现有或者潜在顾客步调一致，否则的话，关系就进行不下去。就我们的经验而言，在很多情况下，营销企业总是更愿意谈其最擅长的那些事情。这就造成他们并不着眼于现有顾客和潜在顾客，而是着眼于品牌和产品。如此着眼，怎么能够发展出有效的营销策略和沟通内容呢？

5.3　顾客需求洞察与广告创意

顾客需求洞察不仅有助于企业提升其产品创新成功率，而且有助于降低营销沟通浪费度，这一道理我们在反复强调。

说起"顾客需求洞察"，人们通常容易想到营销咨询公司和市场研究公司。所以，当你听到这两类公司吆喝"洞察"时，你不会感到稀奇，因为"卖什么吆喝什么"，顺理成章。但是，当你听说广告公司吆喝"洞察"而不再那么大声吆喝"创意"，甚至声称"洞察远胜创意"的时候，你会觉得奇怪吗？其实在广告的"盛唐"时代，奥格威、伯恩巴赫、李奥贝纳等首先是"洞察大师"，其次才是"创意大师"。消费者洞察的思想其实最早诞生于广告创意领域。没有消费者洞察的广告创意和有消费者洞察的广告创意，在效果方面差别很大，前者的成功多数靠侥幸，而后者的成功则更有可管理性和可预测性。日本著名广告人大松孝弘在《深层营销——洞察消费者潜意识的营销方法》一书中，对二者进行了直观比较（见图5-1）。优秀的广告创意并不是天才的灵光乍现，而是建立在创意

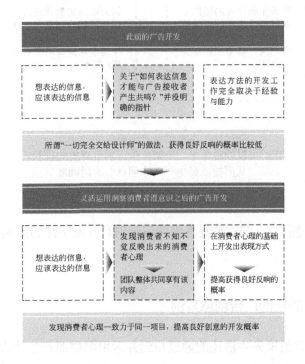

图5-1　洞察消费者潜意识对广告开发方式的影响

人员对消费者准确把握以及巧妙刺激的基础上。创意人员自己或许觉察不到这一点，他们只不过自然而然地抓住了吸引消费者眼球的诀窍，继而付诸实际创作中而已。其实，拥有出色的消费者洞察能力是优秀创意人员的必备条件之一，甚至是首要条件。具备了这一能力，即便是普通人，也可能创作出优秀的广告作品。擅长洞察消费者需求，对于提升广告创意的系统性和精确度大有裨益（具体参见图5-2）。

图5-2　洞察消费者潜意识对创意开发手法的影响

5.3.1　基于洞察的广告创意案例

以下介绍杜森伯里先生讲述的通过找到并运用洞察而产生伟大创意的一些经典广告案例。

5.3.1.1 通用电气

1979年，离杰克·韦尔奇就任通用电气公司董事长和CEO之前两年，他发起了一场广告战略，决定把"散装通用电气（不同业务各自为战、各打各的广告）"集中起来，变成"整箱通用电气"，以此来为公司创造新的公众形象。这为韦尔奇本人领导整个公司，创造"前无古人后无来者"的辉煌奠定了基础。广告公司接此任务之后最终提炼的主题广告语是："We bring good things to life（我们带来美好生活）"。其背后洞察是：通用电气是消费者生活中所有事情的重要一部分。这个基于深刻洞察的口号从1979年用到2003年，一共23年，成为流变中的不变，其意义不仅仅是一句有效的广告口号，还表达出了通用电气公司的根本理念：通用公司开展的每一项业务都必须造福一批顾客，都必须使人们的生活更美好。

5.3.1.2 百事可乐

在百事可乐与可口可乐的持久战中，前者的转机应该始于1960年，始于一个洞察：可以让更多年轻人来喝百事可乐。于是，百事就推出了这样一个口号：百事，给思维年轻的人。后来，百事长期使用的口号是"百事，新一代的选择（Pepsi，choice of new generation）"，当然，期间也有很多不同的口号，但是不管口号怎么变，却从来没有偏离过自己的目标，即颂扬百事消费者的年轻和活力。有了这样一个坚定不移的"主见"并不断重复的时候，广告创意就可以万变不离其宗了。

5.3.1.3 吉列公司

吉列公司自20世纪60年代开始一直使用一个广告口号："看着锋利，感觉锋利，确实锋利"。这个广告口号用了30年，虽然用在吉列身上依然贴切，但是遗憾的是它在拉动销售方面却不再"锋利"了。到20世纪80年代末，吉列决定把所有的赌注都放在他们拥有绝密技术的"感应"（sensor）剃须系列上，要求广告公司就此拿出一个重大的营销洞察来。广告公司从哪里找洞察呢？通常，广告洞察更多地来自市场调查数据、CEO的讲话、会议中某句无心之言，甚至是顾客的投诉。但是，这一次，广告公司不是从上述这些地方找到洞察的，而是从吉列员工身上。吉列公司的技术人员在严肃地研究解决刮胡子这个问题的完美方案，比如率先采用了激光技术来大规模焊接剃须产品（这本来是制造心脏起搏器的技术），其"感性"产品拥有29项专利。"吉列人做事，不只是要做好，也不只是要做到更好，而是一定要做到最好"，这一理念和印象深深地映在了广告公司创意人员的脑海中，于是自然而然地产生了几十年来一直在用的主题广告语："男士的最佳选择。"这样一个基于洞察的价值主张转化成创意和执行俱佳的传播力，再加上给力的产品和深广的分销渠道，吉列的"感应"系列取得了消费品历史上罕见的成功，连收到产品的美国前总统里根都说，他通常对新技术兴趣不大，但是"感应"是一个例外，他很喜欢它；而克莱斯勒汽车公司当年的董事长亚科卡说，他盼望广告公司可以把他的车推广得像吉列剃须刀一样好。

5.3.1.4 金宝汤

金宝灌装汤在20世纪80年代遇到过销售不振的问题，作为该行业的长期领导者，他们对此迷惑不解，因为虽然不时有竞争对手出现，但是金宝灌装汤的市场份额依然超过了70%。当广告公司走访市场，打开遍及全美国的几百个橱柜时，他们发现了一个有趣的现象：里面都装着几听的金宝灌装汤。这是一个在营销中很少会遇到的现象：顾客买了灌装汤，但不会喝完。他们会储藏灌装汤，然后就把它们给忘了。通过调查得来的数据（这是典型的小数据）让金宝汤公司的营销人员明白了消费者为什么没有再次购买。从专业的角度看，这属于购买率和使用率脱节。基于这一洞察，解决方案很明显：必须让顾客不再把灌装汤看成储备型食品了，只在橱柜里没有其他东西可吃时才吃它；必须让他们开始使用自己购买的产品；必须让他们打开橱柜，更频繁地喝汤。因此，金宝汤推出了这样的主题广告语："去拿金宝汤，它就在你的壁橱里。"这是一个不去鼓动消费者去商场购买某种产品的广告，而是提醒他们去使用产品，以此来提高使用率，通过使用率的提高转而提高购买率，使得购买率和使用率不再脱节。

5.3.1.5 士力架

玛氏公司有一个当家品牌——士力架，在20世纪90年代中期，其市场地位从第一滑到第二。分析原因，是其定位出了问题，原来公司一直把它当作健康食品来销售。为此，玛氏公司改变了策略，把士力架定位成一种在抽不出时间好好吃顿饭的情况下的可行替代品。有了这个基于洞察的新定位，广告公司根据其名字和品类的趣味性设计出一系列表现人们被困于某种可笑的情境中而无计可施的情节，把士力架塑造成一种英勇地解救了烦闷而饥饿的芸芸众生的产品。年轻男性是其广告的直接目标顾客，因而广告大量采用体育题材。后来，广告还微妙地扩大了士力架的时间范围，暗示了不仅仅是饿的时候要吃士力架（在中国市场上的广告口号是"横扫饥饿，做回自己"），还有无聊的时候也可以吃。由于精准地定位了爱好甜食的年轻男性，让他们笑，并使用他们的语言，士力架这个品牌重新赢得了市场地位。

5.3.1.6 谢弗啤酒

谢弗（Schaefer）啤酒是营销史上的一个经典案例。它有一个集洞察和策略于一体的广告口号："谢弗——多喝几瓶的啤酒。"这个口号用了几十年，但是其背后的洞察依然有效：谢弗啤酒的消费者是忠诚的一次喝很多杯的饮酒者。既然忠诚是支撑谢弗啤酒的首要价值，做广告时就可以继续拨动感情这根琴弦。其中有一个得过克里奥广告奖（Clio奖）的广告片设计了这样一个场景：一群谢弗的卡车司机在一起，新来的司机必须唱谢弗的主题歌。所有人都在笑，因为年轻司机们一个也不会唱。然后，一个生面孔的新手站上了桌子，他唱起了"多喝几瓶的啤酒"。他甜美的男高音是如此清新动人，以致所有人都安静了下来，泪水从司机们的眼里流了下来。有了洞察，策略自然就有了，策略有了，创意就会源源不断，接下来要做的无非是坚持，直到品牌强大起来，直到需要与时俱进，发现新的洞察。

5.3.1.7 辛格勒通信公司

辛格勒（Cingular）是由两家电信公司合并而成的一家新的通信公司。在竞争激烈的美国电信市场（不同于中国市场）上，一家新的通信公司该如何让人知晓、让人接受乃至偏爱呢？接下这个任务的广告公司未走寻常路，既没有走情感路线，宣扬相爱的人使用手机彼此通话、保持联系，也没有去谈服务、通话质量、价格、技术等理性指标，因为这些都分别有竞争对手在卡位。那走什么路线呢？用户路线。天联（BBDO）广告公司曾经的董事长汤姆·狄龙在为百事公司写的一份"白皮书"中说，有些竞争性的产品，比如软饮料，在质量上极端同质，因此区分和关注顾客要比针对产品本身更有效。BBDO就是根据这个理念，为百事创作出了以"百事，给思维年轻的人"为主题的广告，并产生了"百事一代"这个在当时令人震惊的理念（不过现在已不足为奇了）。另外，BBDO为大众汽车设计的广告"驾驶员的最爱"所关注的也是买车的人而不是车。

面对辛格勒，BBDO又一次把目标集中在了消费者身上。他们问消费者："你用手机干什么？"消费者回答："听别人说话，和别人说话。"又问："你讲什么？"答："表达我的想法。"再问："这是什么？"答："自我表达。"这既是洞察也是策略，二者融为一体：辛格勒是一家向消费者看齐的公司，告诉消费者："嗨，这里有一家公司，就像你一样，崇尚自我表达。我们知道在你的世界里，不管讲的内容是什么，你的表达对你来说很重要。辛格勒会帮你的。"基于这一洞察和策略，辛格勒的广告请了著名的脑瘫画家丹·凯普林格来主演，旁白读起来像一首禅诗：

我用颜色和光亮向世界说话。

艺术给了我表达自我的方法。

大多人认为"跛子"就意味着跛行。

但是"跛子"还意味着战斗的精神。

我是一个艺术家。

我无比幸运。

总结语："没有任何力量比自我表达更强大、更美好。"然后，是辛格勒的主题语："你有没有话要说？"

5.3.1.8 联邦快递

联邦快递的诞生就是源于其创始人弗雷德·史密斯在20世纪60年代读大学时兼职做包机飞行员的洞察。在问起其他飞行员的乘客以及目的地时，他听到了令他惊讶的回答，因为他们所载的乘客根本不是人，而是包裹、盒子和装着贵重技术设备的小箱子，是工厂用于更换的零部件。史密斯本人的"乘客"也不是一个人，而是绑在座位上的一个盒子。包机送零件肯定很贵，但是停工所带来的损失比包机的费用高得多。史密斯因此得出结论：除非有人发明一种神奇的办法，可以把机器零件从地球上的一处传到另一处，否则对于快速运输的需求不会消失，甚至还会不断增长。就这样，联邦快递诞生了。这是联邦快递的创业洞察，其广告洞察动态地调整价值主张，即其竞争战略和竞争优势：前期，他们针对为速度买单的顾客，理解其对速度的要求（苛求），用更快的速度把包裹发送到美国任何一个地方，隔夜到达；后期，他们针对更看重可靠性的顾客，所有的安排和设置，都是为了帮助顾客达到更快和准时的目的，并通过简洁的"使命必达"口号来向顾客郑重承诺：在一个并不完美的世界里，你不能指望太多，但你可以永远信赖联邦快递。有了这种动态的洞察，广告创意才有可能有正确的方向和发挥的空间。

5.3.1.9 维萨卡

维萨卡当年在20世纪80年代处于低潮，不但在形象上被视为低端品牌，而且市场份额也在下滑。而广告公司在分析数据的时候却发现，接受维萨卡的商户数量是接受运通卡的5倍，于是洞察出来了：利用接受度这个优势来针对运通卡（后者是信用卡行业的标杆）。广告把维萨卡定位成高贵身份的象征，唯一更好的地方在于接受它的零售网点要多得多。广告告诉消费者，他们可以在用不了运通卡的地方用维萨卡，暗示他们两种卡都可以用，从而在两者之间创造出前所未有的同质来。维萨卡无所不在，"它在你想要的所有地方。"这样一来，维萨卡的真正竞争对手万事达可能会被无视，让人感觉它们不在一个档次。

5.3.2 关于洞察与创意的思考

5.3.2.1 关于洞察的意义和作用

（1）一个创意可以带来一个绝妙的广告。但是一个好的洞见（即洞察，下同）可以催生一千个创意、一千条广告。

（2）没有什么可以比一个洞见更能阐明一个道理，从而使你改变看待世界的方式。这就是深刻洞见的诱人之处：从你听到它的那一刻开始，你就无法再用其他的方式看待这个世界了。

（3）如果你有一个好的洞见和策略，好的广告差不多就出来了。

（4）一旦你有了一个好的洞见，执行问题实际上就水到渠成了。

（5）一个洞见可以让会议结束，让愤怒的争论平息，让大家停止说话、开始做事。

（6）如果你不能把洞见以一种人们可以理解的方式表达出来，那它就一文不值。

（7）如果你身处一个可以产生洞见的行业（洞见不仅仅适用于广告业），你就必须把你自己当成一个传授经验甚至是智慧的人。你必须把自己当成一个顾问，人们要向你寻求意见。年龄、头衔和等级都不是障碍，你是新兵也好，老将也罢，都没有问题。重要的是你的观点的水准。这才是你和高层人士建立关系的方法。

（8）不能把洞见制度化。你不可能让你的人总是到时候就有创意。但是你可以组织洞见；你可以为其创造一个有利的环境；你可以指挥人们前进，提出要求，并在它没有达到你的标准时驳回去。

5.3.2.2 关于广告语

（1）一句时机适当、精心打磨的话，可以挽救一个公司，开创一段事业，甚至回应你的祈祷。

（2）一句口号或者主题广告语必须能让你要表达的信息洗练、集中，或者指引正确的方向。

（3）有时候，口号不过就是洞见本身而已。它并不需要高瞻远瞩地描述整个公司，而是一句目的明确、用来打动消费者的话。如果它够好的话，便可以激发出突破性的广告。

5.3.2.3 关于广告公司工作的本质

（1）好的广告公司擅长提出洞见，这可以重塑或拯救一个企业。好的广告公司擅长抓住最棘手的经营难题，并解决它。他们一再这么做——这就是他们的业务——很大程度上是因为他们有一套找到问题并提出富有洞见的解决方案的系统，"可以治愈疾病，而非仅仅止住疼痛"。

（2）这套系统并不复杂，也不精巧。如果你曾经不得不以一幅示意图来说明"广告公司可以为客户做些什么",那么它肯定是一个简单的,以调查(research)、分析(analysis)、洞察(insight)、策略(strategy)、执行(execution)为内容的线性矩阵。

(3)这就是广告业的运作模式:对充分的调查进行准确的分析,从中可以得到深刻的洞见,它可以引导出一个创造性的策略,执行后取得佳绩。

(4)洞见并非精确地依照节奏而动,它也不一定会在这个自调查始至执行终的流程中适时出现。洞见可能会出现在这个矩阵当中的任何一点。有时候它是广泛调查和精准分析的产物。但有时候,它来源于客户在谈论其真正想要的效果时,不经意的一句评论。还有时候是被一个拙劣的广告给逼出来的——太过缺乏洞察,以至于你不得不想点东西来填充。有时又差不多就是跟着感觉走,依赖本能,觉得被某个概念打动了,并认定其他人都会同样被打动。

(5)从完美的数据到完美的洞见绝不是一件理所当然的事。

(6)广告公司要处理的问题是大问题,这些问题每个商业人士都很熟悉。因此如果你不能以一个精炼的句子来表达你的解决办法,从而让自己坚持不懈地重复它,直到它在你心里扎根,你就没有解决这个问题。

(7)奥格威喜欢说,在广告业中"我们雇用那种我们的客户绝对不会雇的人"。他的话解释了一个事实,那就是,即使客户公司拥有众多聪明的品牌经理和营销专家,还是绝对无法自己做出伟大的广告来。那里有太多的限制、太多的企业声音、太多照本宣科的数据分析、太多的集体决定,却没有足够多的特立独行的思考。

5.3.2.4 关于德鲁克的洞见

管理大师彼得·德鲁克广受尊崇,被称为"发现了商业的人",这主要是基于他在70年里的近40本著作中的管理文章。但是,如果你研读德鲁克的著作,希望能找到其中蕴藏的关于如何管理一个企业的具体方法和实际建议,你会大失所望。因为德鲁克没有去理会具体方法,他论述的是对事物的深刻洞见。从他的书里我们可以发现,他实际上就是一台洞见机器。德鲁克不会告诉你怎么打推销电话,但是他会让你思考关于推销电话的意义,思考你的企业是不是过分依赖推销电话了,以及你是如何对待你的老顾客的。德鲁克不会告诉你如何解雇一个难以驾驭的员工,但是他会让你思考员工的去留标准问题。他的洞见通常采用苏格拉底式的提问方式,让你用更敏锐的视角来看待这个世界。一个广为人知的例子是,德鲁克建议一个大型跨国公司的首席执行官问一问自己:"如果你现在不是这个公司的老板,而你有一个机会买下它,你会怎么做?"德鲁克所做的事,要比指出为什么应当保持或者关闭一个分公司之类的事要有价值得多。他教这个首席执行官如何思考,古谚云:"授人以鱼,可食一日。授人以渔,可食终生。"德鲁克帮助这个首席执行官从一个新的角度来看这个世界——精确苛刻、逻辑严密、无法反驳,这是最好的洞见所特有的属性。

科特勒教授曾经说过:"德鲁克是营销学的祖父,做营销的人应该感谢的是德鲁克而不是我科特勒。"德鲁克的管理思想是从顾客的立场出发,他对营销的理解,"反而更接近于营销的本质"。科特勒给予营销的只是"形",而德鲁克给予营销的却是"神",赋予了营销全新的理解,让营销作为一门学科有了全新的发展和突破。

杜森伯里先生在《洞见远胜创意》一书的最后,对洞见(洞察)与创意之间的区别作了总结。他说:"创意一毛钱可以买一大把,任何人都可以拥有它。它们可能是好的,也可能是糟的;有些情况下能救你一命,有些时候则在浪费你的时间。一个好创意的最妙之处,就是它能迫使你行动起来。比起创意来,洞见更为稀少,更为珍贵百倍。一个有力的洞见可以催生出一千个创意,一千个行动。这应该成为你为了自己的洞见时刻而奋力斗争、锲而不舍的最重要的理由。当你拥有了一个强有力的洞见时,创意就会源源不绝地到来。"

5.4 顾客需求洞察与营销沟通内容

顾客需求洞察方法——"待办任务"理论,不仅对于产品创新具有直接的指导意义,而且还可以用来为营销沟通提供正确的方向,完成营销沟通"找对人、说对话"的任务。以下介绍如何根据顾客的待办任务和期待成果来精准生成营销沟通内容、显著提升营销沟通效果。

5.4.1 分析营销沟通策略经常不能体现产品真实价值的原因

企业或许有一个非常棒的产品，但是如果不能很好地向顾客沟通产品的价值，那么产品就不一定能畅销。很多产品的定位和沟通策略经常不能传达出该产品的真实价值，其原因有三条：①企业不知道市场机会的存在；②产品的传播内容非常模糊、无的放矢；③营销沟通使用过时信息。

5.4.1.1 企业不知道市场机会的存在

很多企业并不了解其顾客想要的全部期待成果，也不了解其中有哪些是未被市场上现有的解决方案所满足的。缺乏这些必要的基础信息，企业不可能制定正确的营销沟通策略、生成有针对性的沟通内容，无法告知顾客企业的产品如何与顾客未被满足的成果有关联。如果企业偶尔在其营销沟通内容中把产品的特性与顾客未被满足的成果联系了起来，那多数属于运气好。企业如果不清楚哪些细分市场存在机会，那么往往会围绕不重要的顾客期待成果来沟通，或者围绕顾客已被满足的成果进行沟通，使得产品潜在的真正价值仍然不为顾客所知晓。市场不是缺少机会，而是缺少发现机会的敏锐眼光。

5.4.1.2 产品的传播内容非常模糊、无的放矢

企业在沟通时往往会使用一些与客户需求相关的形容词，比如"可靠的""始终如一的""强劲的"，或者使用一些描述产品能够给顾客带来的好处的形容词，比如"更快""更好""更便宜"。然而，这些描述非常模糊，毫无精确性、精准性可言，客户可以有很多种方法来理解它们。另外，在营销沟通中，产品相对于竞争对手的优势往往不是很清晰，需要顾客自己想象。

5.4.1.3 营销沟通使用过时信息

虽然产品的定位应该相对保持稳定，在顾客的期待成果满足之前，企业应该持续不断地通过各种营销沟通方式来强调自己的产品如何满足顾客的期待成果，但是，如果顾客的某一期待成果已经得到满足了，而企业的沟通仍然在宣扬产品在这方面的特性，那就不会再引起顾客的共鸣了。因此，企业的营销沟通贵在与时俱进、适时调整。企业的产品创新和营销沟通之所以都必须是一个动态过程，是因为顾客的价值期待是动态的。如果企业维持着刻舟求剑、守株待兔的思维，

一味地坚持已经过时了的沟通策略，那么只会造成顾客冷淡、销售惨淡的局面。

5.4.2 提升营销沟通有效性的前提条件

有这样一种普遍存在的情况：企业现有的产品或服务明明已经能够满足顾客的一个或多个未被满足的需求，但是企业的营销沟通却没有把这一成果或优势传达给顾客。为了更好地把企业和顾客连接起来，营销沟通必须满足以下几个条件：①识别市场机会；②拥有过硬产品；③对接产品功能与顾客需求；④诊断营销沟通问题。

5.4.2.1 识别市场机会

识别市场机会是企业成功的前提。企业必须有能力发现市场上的机会，也必须懂得如何对不同细分市场的机会进行优先性排序，如何做出追求哪些机会、放弃哪些机会的选择。这既是产品创新的前提，也是营销沟通的前提。

5.4.2.2 拥有过硬产品

了解了市场机会之后，企业必须比较一下自己的产品对顾客未被满足的需求的满足度，如果发现自己的产品有独特的优势，要想方设法把这些优势发挥到极致。

企业可以通过两种方法来检验自己的产品或服务是否能够解决甚至超越顾客的未被满足需求：一是从外部进行量化研究，即从顾客处直接获得顾客满意度数据；二是从内部着手，请员工对企业的产品进行客观的评价。一般来说，前者要比后者来得更客观、更准确。当然，有时候外部的数据未必容易获得，不得不转而依赖内部分析，这时候最好建立一个由不同部门的员工组成的评估小组，以尽量多元化的视角来审视公司的产品。

5.4.2.3 对接产品功能与顾客需求

企业一旦发现自己的产品有竞争优势，那么一定要将这种优势具体化、清晰化，把产品的独特功能与顾客的具体的未被满足需求联系起来，只有这样，才能把产品的真正价值传递给顾客，在顾客心中占据优先位置。

5.4.2.4 诊断营销沟通问题

企业在制定未来的营销沟通策略和具体的执行计划之前,最好对当下的营销沟通问题进行全面而深入的分析,看看是否存在没有找对人、没有找对事、没有说对话的问题。企业在营销沟通中,只沟通一些不重要的、顾客不关心的内容,或者只沟通一些顾客需求已经得到满足甚至过度满足了的点,是普遍存在的现象,既造成了营销的浪费,也造成了产品的滞销,走到了开源节流的反面。

5.4.3 对接顾客待办任务与营销沟通侧重点

根据顾客的待办任务理论,顾客除了功能性待办任务,还有情感性待办任务和社会性待办任务。对于某些人(比如女性)、有些品类(比如香水和化妆品),后两种任务在顾客心中所占的比例不低,甚至更大。但是,不管如何,功能性待办任务都是一个最最重要的基础,完全脱离功能性进行纯情感性或纯社会性任务演绎的营销沟通,会像空中楼阁。

伍维克先生在《创新从头开始》(另一版本《产品经理的设计思维》)一书中,根据不同产品的功能数量和情感强度总结了一个象限图(见图5-3)。其中,

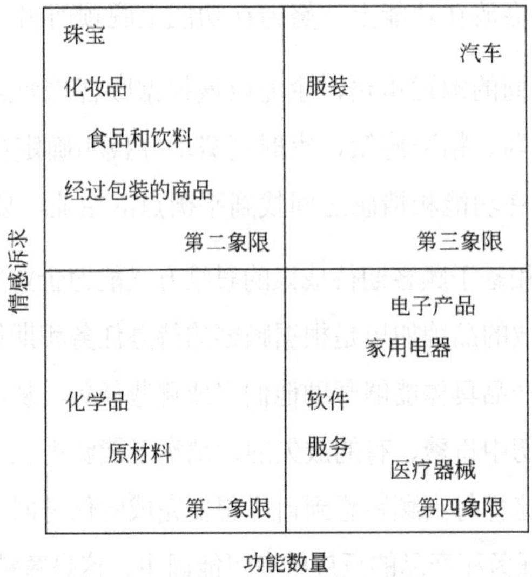

情感诉求	珠宝 化妆品 食品和饮料 经过包装的商品 第二象限	汽车 服装 第三象限
	化学品 原材料 第一象限	电子产品 家用电器 软件 服务 医疗器械 第四象限

功能数量

图5-3 功能性与情感性

第一象限（产品功能少、情感诉求低）涉及的行业有原材料和化工行业。顾客对这些产品品类的功能性和情感性成果的期待较少，因而为了更好地对这类产品进行定位和区分，往往需要从成本或服务方面切入。

第二象限（产品功能少、情感诉求高）中包含的品类有珠宝、化妆品、食品和饮料以及其他包装消费品。生产这些产品的企业往往注重从情感的角度来进行沟通，这是有道理也有效果的，因为产品功能有限而且同质化严重、差异化难。但是，正如我们前面所说的，产品的功能性沟通是不可或缺的，功能毕竟也是顾客期待首先完成的任务。不论是食品、饮料还是化妆品，都存在强化功能化的趋势，近些年化妆品领域崛起的"成分党"更是化妆品传统的情感化路线、时尚化路线的逆行者，如今也赢得了一片天地。

第三象限（产品功能多、情感诉求高）中有服装和汽车。尽管这些产品的功能性非常强，但是它们同样对顾客的个人塑造非常重要（符合顾客自我表现的待办任务和成果期待），这些产品塑造了顾客在他人眼中的形象。因此，在区别产品和品牌时，情感因素是非常重要的。当然，顾此失彼也是不对的，必须双管齐下，功能和情感兼顾。不论是汽车还是服装都要"两手抓，两手都要硬"。

第四象限（产品功能多、情感诉求低）中可以看到电子产品、家用电器、软件、医疗器械和服务等类别。因为这些产品或服务对顾客缺乏情感上的感召力，所以其营销沟通通常都会放在功能上，努力在功能上脱颖而出。

不同的市场需要不同的沟通策略，企业应该根据顾客想要达成的任务和成果进行分门别类、对症下药、精准施策，审时度势地寻找和确定合适的内容和风格侧重点。对于那些希望在功能和情感之间找到平衡点的企业，要注意避免模糊。

顾客待办任务理论和基于顾客期待成果的思维方式能为企业塑造独特而强大的品牌打下坚实基础。企业的品牌如果是根据顾客的待办任务和期待成果建立的，那么顾客就会非常清楚其产品具体能够帮助他们完成哪些任务，从而避免在选择时容易出现的混乱和困惑。切中肯綮、有的放矢的营销沟通能够把企业的产品和顾客的任务精准地联系起来，这样每当顾客想到自己想要完成的任务时，就会想到这个产品，长此以往，顾客对任务和产品的反应就有可能同步。这是营销沟通的理想境界，也是目的品牌（purpose brand）建设应有之义，我们接下来重点讨论这个问题。

5.5 顾客需求洞察与目的品牌建设

对于顾客而言，其待办任务大致分两类，一类需要一个外显的、有意识的、理性的过程来发现；另一类是作为顾客日常生活的一部分而存在的，顾客对其并没有明显的意识。不管是哪一类待办任务出现，深入研究，顾客就会发现有一个品牌化的产品的存在，恰巧为该任务而设计，其专属目的清清楚楚，绝无模棱两可之意。与该任务紧密关联的产品的品牌，克里斯坦森教授称为"目的品牌（purpose brand）"，其意思与"个性品牌"基本相同。这是他的专属定义，因为其他人通常把有精神性追求、体现文化特征或者热衷公益活动或社会责任（CSR）的品牌称为"目的品牌"。

5.5.1 作为双面指南针的目的品牌

我们前面介绍的联邦快递的历史很好地说明了目的品牌是如何建设的。顾客有一个几乎永远存在的任务："我需要以最快的速度、最大的确定性把这个东西从这里送到那里"。在美国，大部分顾客当初都是雇美国邮政局来完成这项任务的；还有少数人会雇信使坐飞机来完成任务。还有一些人会提前规划好，以便能够用UPS（美国联合包裹运送服务公司）卡车来完成任务。但是，每一种选择都有其粗糙、费用高、不确定或者不方便的地方。因为没有人设计出一种能把该项任务完成得出色的服务，这些差强人意的服务的品牌在被雇来达成这一目的的时候，其名声就会被败坏。但是，自从联邦快递设计出专门针对这一任务的服务，而且一次又一次地漂亮地完成任务之后，每当人们想到要完成这样一个任务时，联邦快递这个品牌就会浮现在他们的脑海中。联邦快递变成了一个目的品牌——事实上，联邦快递在国际商务语言中已经变成了一个动词，跟快递这个具体任务密不可分的一个动词。这样一来，联邦快递就成了一个非常有价值的品牌。

领先的企业营销主管不只是试图去理解典型顾客的画像，而是努力发现顾客希望完成什么样的任务，然后有针对性地发展目的品牌，即顾客可以"雇用"来完成任务的产品或服务。如今，大多数名牌，比如佳洁士、多芬、舒洁、金霸王、迪士尼、星巴克、安吉星、哈佛、易趣网、爱彼迎、滴滴、谷歌、百度等，都是作为上述目的品牌而起家的，都与某一任务紧密关联。其产品能对准任务，把任务完成好，满意的顾客就会竞相谈论该产品，将该产品融入其生活，这样一来，品牌就有了资产（equity）。资产够强大的品牌还会让顾客不再去寻找另外的选择，形成一定的忠诚度。

但是，如果企业没有把品牌跟某个目的关联起来，那么品牌的资产就会被毁坏。有时，企业会打造一个通用型品牌，这样的品牌在顾客该买还是不该买其产品时不能给到顾客一个明确的提示，这样的企业通常会面临这样的风险：顾客可能用其产品来完成并非其设计目的的任务。这会导致顾客不信任该品牌，就像美国人长期以来不信任美国邮政局那样。不具备清晰目的和鲜明个性的通用型品牌容易患上"多重人格分裂症"，让顾客深感困惑并逐渐流失，最终导致品牌"零落成泥碾作尘"。

一个清晰的目的品牌像一个双面指南针。一面将顾客指向正确的产品，另一面在公司的产品设计人员、营销人员和广告人员开发和推广改进产品和全新产品时指引方向。一个好的目的品牌能够清楚界定与顾客任务相关的特性和功能，明确判断哪些潜在的改进是无关痛痒的。这样的品牌所收取的溢价就是顾客为该品牌以双面指南针的形式所提供的指导而支付的"工资"。

企业想要获得目的品牌这个指南针并不容易，即便企业有大量乃至充足的预算，也不见得能够成功。在尚未找到顾客未被满足的待办任务之前，过早花费大量的金钱来开发产品或进行营销沟通都属于战略性错误，这种倾向必须予以纠正。企业需要一个试验的心态，给正确战略的出现以充分的时间。可以这么说，一朝未找到值得为之奋斗的顾客待办任务，一朝就无法制定正确的创新和营销战略。

5.5.2 颠覆性创新与目的品牌

众所周知，颠覆性创新具有为企业创造增长的潜力。根据克里斯坦森教授的定义，颠覆性创新是指这样的产品和服务：其性能不像主流产品那么好，但是其成本有很大的优势。领先的公司的高管们在推出这些产品和服务时都颇为犹豫，害怕它们破坏品牌的价值。如果公司能为颠覆性创新赋予一个独特的目的品牌，那么这种担心通常是缺乏根据的。

我们可以拿柯达公司的两个颠覆性创新作为例子，其中目的品牌建设起到了关键作用。第一个是柯达的一次性相机，这是一个经典的颠覆性技术。因为该相机的镜头是用便宜的塑料做的，所以其所拍的照片的质量不能与一台好的35毫米相机在柯达胶卷上拍出来的照片相提并论。推出一款一次性相机的主张在柯达公司内部的胶片部门引起了激烈的反对意见。公司最终把把握这一机会的责任给到了一个完全不同的组织部门，该部门在推出时为这种一次性相机创造了目的品牌——柯达趣味捕手（Kodak Funsaver）。这款产品是让顾客在需要保存某个趣味时刻，但忘记带相机或者不愿意使用相机的时候来雇用的。为一个颠覆性的任务创造一个目的品牌，将该产品差异化了，清楚地界定了其用途，让消费者满意，强化了柯达这一品牌的背书力量。最终，质量是对应于需要完成的任务和能够用来完成该任务的各项选择来衡量的。后来，很不幸的是，柯达放弃了Funsaver这一目的品牌，选中了"Max"这个词，将之放在单一用途的相机上，也许是聚焦于推销胶卷而不是胶卷所服务的任务。

柯达通过另一个颠覆性产品——柯达易享（EasyShare），取得了目的品牌的成功。公司期初不论在差异化方面还是争取市场份额方面都举步维艰，因为在百万像素和高倍变焦相机市场面临着来自日本数码相机制造商的激烈竞争（所有这些日本公司都激进地对其公司品牌进行广而告之，但是却并不拥有目的品牌）。然后，柯达实施了一个颠覆性战略，只聚焦一个单一的任务，那就是分享欢乐。公司做了一款低价的数码相机，顾客可以把它放在一个支架上，在他们的电子邮件系统里点击"附加"，然后就能不费力气地与朋友和亲戚分享照片了。其任务是分享欢乐，而不是为后代保存最高清晰度的照片——柯达的易享作为一个目的品牌把顾客引到为该任务定制的一个产品上。这项战略帮助柯达一度成为美国数码相机的龙头。

5.5.3 适合通过广告来建设的品牌的类型

营销界有一种错误的观念，以为单独靠广告就可以创造品牌，这种观念导致广告浪费了大量营销预算。广告其实无法建设品牌，但是它可以告诉人们某个现有的品牌化产品完成某项任务的能力。联合利华亚洲公司发现了办公室职员的一项重要任务，它出现在每天下午四点左右。虽然他们的体力和精力都差不多耗尽了，但是在一天结束之前还有很多工作要做。他们需要点东西来提升其劳动生产率，他们想各种办法，包括带咖啡因的饮品、糖果棒、伸懒腰和与人聊天，来完成这项任务，当然，其效果参差不齐。

联合利华设计了一款能用微波炉加热的汤，其特性是为这一任务定制的：准备起来很快，有营养，可以在办公桌喝，但是去热的时候又能休息一小会儿。联合利华专门针对职场推出了该产品，起了一个描述性的名称——汤小点（Soupy Snax）。但是，市场反应不温不火。然后，品牌经理将产品重新上市，广告展现了没精打采的职员在使用了该产品之后又活跃起来的状态，同时将品牌名称改为汤小点之下午四点（Soupy Snax——4:00）。看了广告的人的反应是："这就是我下午四点时的状态！"他们需要一些东西来帮助他们有意识地同时发现两点：任务以及他们雇来完成任务的产品。通过主题语言和广告，原来一个只是简单地描述了产品的品牌转化成了一个目的品牌，不仅清晰地界定了任务的性质而且明确地提供了旨在完成该任务的产品，最终该产品在市场上取得了巨大的成功。化妆品领域类似的案例是水密码的熬夜安瓶以及欧莱雅与天猫联合开发的零点霜，产品的场景化和目的性特别强。

让我们来看看广告在上述过程中所发挥的作用。广告清楚地界定了任务的性质，帮助更多人意识到有这样一项任务要完成。广告告知人们市面上有一款能够完成这样的任务的产品，而且给该产品起了一个人们能够记住的名字。广告所起的作用并不是设计出能够完成这一任务的产品，也不是确保产品特性和功能的改进与该任务相关联。事实是大多数伟大的品牌在广告主开始打广告之前就打造好了，比如迪士尼、哈雷（摩托车）、易趣网和谷歌（这些都是产品力强大的品牌）。这些品牌在没怎么做广告之前就已经有响当当的声誉了。

通过广告试图缩短上述过程，在零基础上打造一个人们信任的品牌，是白费力气。福特、日产、梅西百货和许多其他公司投入了数百亿的金钱，试图在顾客的一般意识中维系公司名称或者产品名称。大多数这样的公司的产品都不是为完成某项具体的任务而设计的，因而与竞争对手相比通常缺乏差异性。这些公司的品牌组合当中目的品牌比较少，也缺乏创造目的品牌的明确战略。这些公司的经理人无意识地把数十亿的利润转移给了品牌代理公司，茫然地希望能够买到光荣。更糟糕的是，许多公司认为建设品牌费用太高了，因而他们不再愿意这样做了。通过广告来建设品牌确实是无比昂贵，但是那是因为这是一个错误的建设品牌的方式。

营销"独行侠们"喜欢说，品牌只是一些空洞的字眼，等着意义被灌输进去。小心！认为品牌广告是向某个所选择的字眼灌输意义的有效机制的高管们，虽然成功地完成了灌输，但是这种意义是模糊不清的。广告公司和媒介公司在这门生意中都是大赢家，但是其品牌被一般性地灌输了意义的公司发现自己深陷代价高昂、无休无止的军备竞赛，与之竞赛的对手的品牌的意义也同样模糊不清。

有时，有这样一个任务会在我们许多人的生活中出现，即满足某种情感的需要，比如感觉男子气概、感觉时髦、感觉被呵护、感觉高大上。当我们发现自己有完成这样一种任务的需要时，我们可以雇一个品牌化的产品，其目的就是提供这种情感的。古驰、伏特加（Absolut）、万宝龙和维京（航空公司）都是这样的目的品牌（奢侈品居多）。这些品牌把有上述任务想要完成的顾客与不论在购买过程还是使用过程都能把该任务完成得很好的体验联系在一起。这些任务也许可以被称为"志存高远的"任务。在此种的情境下，把任务完成得好的是品牌本身而不是其产品的功能性维度。这类品牌具有一流的完成顾客情感性和社会性任务的能力，这种能力是一种附加值（超越基本的功能性价值）创造能力，属于"软实力"。这类旨在完成志存高远任务的目的品牌必须通过广告形象来建设，因此成为上述品牌建设规则的例外。但是，由于适合完成这些任务的品牌建设方法（广告作为其中主要部分）具有极强的诱惑性和误导性，所以就"出圈"了，被无节制地误用到其他类型的品牌的建设中去了，因而造成了巨大的浪费。

5.5.4 作为双刃剑的品牌资产延伸

定位大师特劳特认为，一家公司一旦成功打造了一个品牌，接下来应该是"把稳舵，照直行"。对照笔者的"营销三力"理论，就是要有"定力"（另外两个力是"眼力"和"合力"）。

一家公司一旦创造了一个强大的目的品牌，公司内一定有人想要借用它，将其用在其他产品上。高管们应该慎重考虑这一建议。这类延伸有可能强化品牌，也有可能侵蚀品牌，我们需要掌握趋利避害的规则，其中有两个重要因素必须考虑：一是适合不适合（fit）延伸到新的产品线，二是延伸出去能不能带动（leverage）新的产品线。

如果一家公司将其品牌延伸到能够用来完成同样任务的其他产品上，那么不必顾虑这种延伸会折损该品牌的作为和表现。例如，索尼便携式CD机，尽管与原本以Walkman为品牌的收音机和卡带机相比是一个不同的产品，但是其所针对的仍是同一项任务（帮我—躲避—喧嚣）。因此，这样一个新产品将使得Walkman这个品牌在顾客想要完成上述任务时会更加本能地浮现在顾客的脑海。如果索尼在这样一次转换中没有稀里糊涂，以Walkman为品牌的MP3播放器将会进一步强化该目的品牌，甚至有可能先发制人地阻止苹果的iPod成为一个目的品牌。

目的品牌与具体的任务紧密相关这一事实意味着，一旦某个目的品牌延伸到针对不同任务的产品，该品牌就将失去其作为目的品牌的清晰意义，反而变成了一个不同的"牌设"（相对于"人设"），即背书品牌（endorser brand）。一个背书品牌能够体现关于品质的一般性感觉，从而在营销方程式中创造一定的价值。但是，一般的背书品牌会失去把有一个特别的任务要完成的人引向某个专门设计出来完成该任务的产品的能力。缺乏适当的引导，顾客就会开始用背书品牌下的产品来完成并非原来设计的任务。由此导致的糟糕体验将使顾客不再信任该品牌。因此，除非公司给其品牌架构增加第二个字眼——即在背书品牌边上加一个目的品牌，否则的话一个背书品牌的价值将会流失。

特劳特说："一个品牌在顾客心中只能代表一种事物。品牌指代过多，会使顾客心智偏离原来的焦点。"因此，克里斯坦森建议，不同的任务用不同的目的品牌来完成。

万豪国际的高管们在试图借用万豪这个品牌去对接酒店被雇来完成的不同的任务时，就采用了上述原则。万豪围绕适合用来召开大型会议的全面服务设施来打造其酒店品牌。当它决定将其品牌延伸到其他类型的酒店时，它采取的是双品牌架构，为新的酒店连锁系统试图完成的每一个不同的任务都在万豪这个背书品牌边上加一个目的品牌。因此，当个体商务旅行者需要一个干净、安静的酒店，方便在晚上完成工作的时候，他/她可以住在万豪万怡——该酒店是由商务旅行专家为商务旅行者设计的。长期旅行者可以住在万豪居家酒店，等等。尽管这些酒店的建设和装修达不到全面服务的万豪酒店的高级标准，但是新的连锁酒店实际上强化了万豪品牌的背书品质，因为它们能够完成它们被雇来完成的任务。

美沃奇电动工具公司为其电动工具产品打造出了两个（只有两个）目的品牌。美沃奇Sawzall是一种横切长锯，工匠们会在需要快速切割墙面但不能确定里面有什么东西时，雇用这种长锯。水暖工在狭窄空间钻孔时雇用美沃奇Hole Hawg直角钻头。百得、博世和牧田提供与美沃奇性能和价格差不多的横切长锯和直角钻头，但是他们都没有当顾客想要完成其中某项任务时会浮现在脑海的目的品牌。数十年来美沃奇在这两个任务市场上拥有超过80%的份额（有点像六神在中国常规花露水和驱蚊花露水市场中的地位）。

有趣的是，美沃奇在其背书品牌下提供全系列的电动工具，包括圆锯、手枪钻头、磨砂机和竖锯。尽管这些产品的耐用性和相对价格与Sawzall和Hole Hawg这两个品牌相比相差无几，但是美沃奇并没有为其他那些产品打造出目的品牌。它们每一个的市场份额都不到5个百分点——这证明了目的品牌相对于为产品品质赋予一般性意义的背书品牌所具有的清晰性作用和价值。事实上，一个清晰的目的品牌通常比卓越的产品性能更能成为有威慑力的竞争壁垒，因为竞争对手比较容易抄袭产品性能，但是很难抄袭目的品牌。

在汽车市场，早先的通用汽车公司和如今的奔驰公司胡乱地延伸品牌。特劳特一针见血地指出：通用汽车几十年来没完没了的品牌延伸一直在践踏其品牌，而奔驰公司在不到10年的时间内也做到了这一点。从前，奔驰汽车拥有极高的品质、精湛的机械工艺并享有盛誉。然而现在，当你走进任何一家欧洲的汽车经销店，你会面临以下选择：A级、B级、C级、E级、S级、CLK、CLS、CL、SLK、SL、M以及G级，销售价格在2万～20万欧元之间。结果在欧洲，奔驰并没有被列入顶级品牌行列。奥迪A8、宝马、玛莎拉蒂与捷豹已占据了那个位置。这些年，奥迪和宝马也在步通用和奔驰的后尘。甚至是沃尔沃，沃尔沃曾经是"安全"的代名词。1999年福特汽车收购了沃尔沃之后，开始推出更加浮华的车款，与豪车品牌竞争，结果导致销售下滑，其在安全方面的领导地位也因此丢失了。2010年，福特把沃尔沃卖给了中国的吉利，最近刚开始恢复增长。克里斯坦森说，他担心沃尔沃汽车作为一个目的品牌的地位一去不复返了。

宝洁的佳洁士品牌所经历的痛苦与辉煌就是一个有起伏的产品故事，其产品先是漂亮地完成顾客的任务，后来失掉了焦点，再后来又反弹回来了，重新变成了一个目的品牌。佳洁士品牌是在20世纪50年代推向市场的，当时有一项经典的颠覆性技术,其含氟化亚锡的牙膏能够把防龋齿的氟化物治疗变得便宜而又适合居家使用,没有必要很不方便地去看牙医,也没有必要花大价钱。尽管宝洁当时可以把这款新产品放在其现有的牙膏品牌格利姆(Gleem)下面,但是当时的经理人选择了建设一个目的品牌这条道路,该品牌就是后来的佳洁士,其独特的定位是完成一项专属的任务。想要在孩子青少年时期就帮助他们预防龋齿的母亲们,在看到或听到"佳洁士"这个词时,都知道这个产品是专门设计出来完成这项任务的。因为该品牌把这项任务完成得特别好,母亲们逐渐信任这个产品,事实上,对不是这个品牌下的产品完成这项任务的能力会表示怀疑。这样一种毫不模糊的联想使之成为一个特别有价值的品牌,佳洁士超越了所有的竞争对手,连续十年成为牙膏市场上不容争辩的领导者。

但是,任何品牌都不能靠停滞不前来维持胜利。竞争对手逐渐抄袭佳洁士的防龋齿能力,把防龋齿变成了一种无差异的商品。随着竞争对手在其他领域,包括口味、口感和类似烘焙苏打这样的常见成分,竞相创新,佳洁士不断丧失市场份额。宝洁也开始抄袭别人的特性,并大打广告。与万豪的做法不同,宝洁并没有在佳洁士的常规背书上附加一个目的品牌,导致该品牌失去了特色。

到20世纪90年代末,新的佳洁士管理者在市场推出了两个颠覆性产品,每一个都有自己的比较清晰的目的品牌。他们兼并了一个新锐品牌——约翰博士——并将其拳头产品电动牙刷的品牌改成了佳洁士炫洁(SpinBrush),售价5美金一支,比当时的竞争对手的产品便宜得多。另外,他们还推出了佳洁士深层洁白牙贴(Whitestrips),帮助人们居家美白牙齿,只需25美元,比牙医收费便宜多了。靠着这两项带目的品牌的创新,佳洁士获得了长足的新增长,在整个牙齿护理市场上重新夺取了领导地位。

为什么类似佳洁士这样的品牌的管理者会热衷于延展品类?特劳特将之归咎于每一届管理者都有建功立业的"雄心壮志",都有大把的时间需要打发。他说:"在我的职业生涯中,我从未见过一位新上任的营销员,四处看看后说:'一切看起来都挺好的,那就什么都不要碰了。'高层管理者并没有意识到,正是'修缮'铺就了通往毁灭之路。"

图5-4显示了企业既延伸目的品牌又不侵蚀其价值的两种方式。第一种是沿着纵轴移动,即针对一个共同的任务开发不同的产品。索尼在Walkman的CD播

放器上的所作所为就属于这一种。当佳洁士仍然是一个清晰的目的品牌时，宝洁也可以走这条道路，比如，通过推出佳洁士品牌的氟化物漱口水，这样的话，该品牌会继续保持其目的的清晰性。但是，宝洁并没有这样做，让强生公司在防龋齿这一任务空间挤进了一个品牌，即其氟化物漱口水ACT。因为宝洁走的是第二条道路，沿着横轴延伸品牌，进入其他任务（美白、口气清新等），这样一来目的品牌就变成了背书品牌（为旗下完成不同任务的产品提供品质方面的背书）。

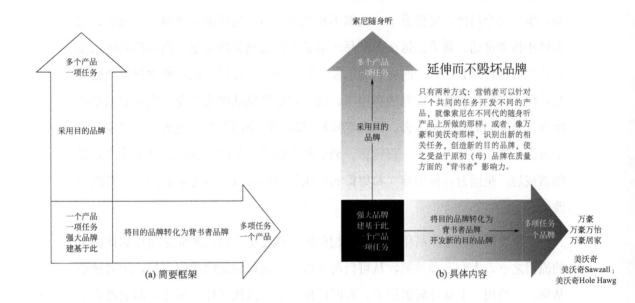

图5-4　目的品牌与背书品牌

2004年9月《哈佛商业评论》上有一篇《以顾客为中心的品牌管理》的文章，其中关于品牌延伸，三位作者（美国教授）指出，许多公司都会犯将品牌过度延伸的错，其中一个重要原因是他们通常是根据新产品与老产品之间的相似度（不是指在完成顾客待办任务方面）来评估是否要延伸品牌的。事实上，他们更应该思考的是两个产品的顾客之间是不是类似的。很明显，试图把品牌延伸到一个不相似的产品上去，延伸到一批不相似的顾客那里去，是没有道理的。如果顾客几乎没有共同之处，那么即便把品牌延伸到一个相似的产品上去也不一定管用。大众汽车在推广辉腾豪华车时就犯了这样的错误。IBM在1981年进入个人电脑市场时也面临这样的烦恼。当时有一个普遍的看法，认为IBM在计算机方面的卓越品牌资产一定能够确保其在个人电脑市场上的主导地位。事实上，IBM遭遇了远超预想的困难。IBM个人电脑的顾客（个人）与大型计算机的顾客（商业用户）完全不同。个人电脑买家与IBM之间的关联很少，对计算机市场上的苹果、雅达利（Atari）和其他之前还比较小的厂家的竞争性产品完全持开放态度。这为后来进入个人电脑领域的厂家，比如戴尔、康柏和惠普，铺平了道路。

如果顾客是相似的，即便产品是不相似的，品牌延伸也容易取得成功。例如，维京这个品牌，延伸进了一大堆不相关的产品，包括航空公司、音像店、软饮料和移动电话。将维京这么多产品一以贯之的是划算的价格、高品质和吸引某一特别的顾客细分群体的时尚有趣形象。维京顾客在心理上的相似性使得该公司把看似不可能的品牌延伸挑战克服了。同样，蒂芙尼品牌也发现，有可能从昂贵的珠宝延伸到高价香水上去，因为这两种产品所吸引的都是有钱的高端买家。迪士尼涉及的类别也很广泛，有电影、酒店和主题娱乐公园，这些品牌延伸之所以能够成功，是因为目标市场（希望得到娱乐的年轻人以及心态年轻的人）并没有改变。

最理想的状况是产品和顾客都是相似的。这就是产品线延伸之所以如此常见的原因之一。人们不难预测，从可口可乐很容易延伸到无咖啡因可乐，或者维萨从贷记（信用）卡延伸到借记卡。有时即便不是产品线延伸，只要产品足够相似而顾客也非常相似，品牌延伸也能够取得成功。雅马哈可以颇为自信地从风琴延伸到钢琴再延伸到吉他，因为所有这些都是乐器，都有相似的顾客。音乐家赋予雅马哈的品牌资产可以很容易地延伸到吉他上去。

5.5.5　寥若晨星的目的性品牌

考虑到目的品牌在创造诸如差异化、溢价和增长等机会方面所有的强大力量，每一个公司都应该制定旨在创造目的品牌的明确战略，但是这样的公司却并不多见，这是不是很蹊跷？

让我们来看看汽车行业。人们购买汽车想要完成各种各样的任务，其数量不可谓不多，但是只有少数几家公司明确地用目的品牌来夺取这些任务市场。路虎揽胜（Range Rover）曾经是一个清晰而有价值的目的品牌。沃尔沃品牌当初把完成"安全"这个任务作为其定位。保时捷、宝马、奔驰、本特利和劳斯莱斯都与各种志存高远的任务相关联。丰田作为一个背书品牌赢得了可靠性的口碑。但是，剩下的那么多车呢？人们很难知道他们代表什么。

克里斯坦森拿自己做例子。当年，他女儿即将大学毕业，他需要买一辆车送给她作为毕业礼物。这个任务有功能性维度也有情感性维度。这款车需要很有吸引力，驾驶起来有乐趣。这是最基本的，但是更重要的是，当他心爱的女儿即将闯入冰冷、残酷的社会，他所要完成的一项重大任务是确保她的安全，而且当他的宝贝女儿拥有、驾驶和保养这辆车时，她能时常想起老爸对她的关爱。车里有一个免提电话是必需，而不是可有可无。有一个像通用汽车提供的安吉星这样的服务，在遇到事故的时候不仅可以打电话给警察还可以打电话给老爸，是非常重要的。如果有一个系统，能够在需要保养车的时候提醒记性不好的女儿的话，做爸爸的他也会省心不少。如果这项服务能够变成由他来支付的预付费项目，那么他又会省去一份顾虑，因为他自己偶尔也会记性不好。这样考虑下来，究竟应该雇什么牌子的车呢？福特金牛座、福特锐际、雪佛兰科沃兹、克莱斯勒霓虹、丰田花冠、丰田凯美瑞、丰田亚洲龙、日产轩逸、本田思域、本田雅阁、现代索纳塔？还是别的？汽车制造商花费数十亿美金为这些品牌打广告，努力在形象方面创造某种微妙的差异，但是这对于他选车有帮助吗？他说，一点帮助也没有。找到一个最佳组合来雇用，既花时间又很不方便，最终选中的产品一点也不令人满意。克里斯坦森开玩笑说，这种不满意程度就像那个著名的奶昔案例中的早期情况。

把一个产品及其品牌聚焦在一项任务上能够创造差异性。困难在于，当一个公司向外沟通一个专门设计出来的品牌化的产品所完美地完成的任务时，也同时沟通清楚该产品不应该被雇来完成什么任务。聚焦很可怕，至少汽车制造商似乎这样认为。他们刻意地创造一些字眼作为品牌，它们在任何语言中都没有任何意义，与顾客任务之间没有关联，其短视的希望是每一款车都能被每一个顾客雇来完成每一个任务。他们"通常意识不到保持聚焦的重要性，他们中的大部分人患上了大企业狂妄症，深陷复杂的方案中无法自拔。"这一战略的结果是不言而喻的。有证据表明，将具体的任务完成得非常出色的目的品牌下的产品可以要求溢价，能够在远比由产品品类所界定的空间更广阔的市场展开竞争。相形之下，汽车制造商的产品基本上都缺乏差异性，子品牌平均占据的市场份额不足1%，而且大多数汽车制造商都亏损。不知道是谁把错误的配方给了他们，令他们找不到繁荣的道路。

2004年9月《哈佛商业评论》上那篇《以顾客为中心的品牌管理》的文章的作者认为，未来的品牌是越窄越好。亨利·福特当年把T型车卖给各式各样的消费者，但是如今，随着技术的发展和顾客信息的增加，细分变得很容易了，而且这一趋势还将继续，而且也应该继续。如果顾客是中心，那么品牌的目的应该是满足尽可能小的顾客细分群体，只要这样做在经济上是可行的。尽管事实上品牌有保持一定宽度的必要，但是趋势是，随着时间的推移，品牌会变得越来越窄。更紧密的聚焦只会提升品牌在顾客心目中的清晰性和价值感。

在企业内部，顾客管理与品牌管理到底哪一个更重要，是一个争论不休的话题。假设我们都认为顾客管理比品牌管理更重要，那么，因为每个顾客都是有着独特品位和欲望的个人，这是否意味着我们要为一个顾客都设计一个品牌呢？其实不一定。从某种程度上说，顾客希望品牌提供基于一定数量的安全感。购买一个受欢迎的品牌的产品不仅有助于增加顾客对品牌所承诺的产品表现的信任，而且有助于满足顾客的社会性需求。（如果不是为了跻身哈雷社群，谁会购买哈雷摩托车呢？）因此，尽管从财务上和运作上来看，创造数百万或数十亿个孤立的品牌也是可能的（极致的定制就是如此），但是这样做还是不明智的。考虑到当下规模经济的门槛，品牌只需尽可能具体地满足个人消费者的需求（完成其某个待办任务）。

美国的杂志业很好地显示了在当下的技术和消费者信息条件下，利基市场可以变得多么窄。过去，人们都是订阅常规兴趣杂志。如果你是女性，那么你就通过订阅一份女性杂志来满足你的阅读兴趣。如今，常规性的《生活》《容貌》和《星期六晚报》都不复存在了，甚至一份妇女杂志都显得很模糊，模糊到可笑的地步。根据不同类型的女性，对其胃口的杂志可能有一般健身——《健美》（*Fitness*）、健康——《自然健康》（*Natural Health*）、自尊——《自我》（*Self*）、为人父母——《上班妈妈》（*Working Mother*）、高端时尚——《流行》（*Vogue*）、中年高端时尚——《更多》（*More*）、购物——《确幸》（*Lucky*），等各种选择层出不穷。

不管我们是在谈论杂志还是汽车，关键在于能否识别出一个点，在这上面，创造一个更窄更清晰的品牌所带来的顾客利益能够抵消企业支持这一切所需要的成本。长期的历史趋势显示，这样一个平衡点在不断地变动，越来越移向更窄更聚焦的品牌一边，这一趋势的背后是两个原因：一是顾客需求变了，二是生产能力变了。在美国和其他发达国家，移民的激增和媒体的爆炸带来了极端碎片化的顾客市场。同时，自动化和模块化制造使得产品和服务的定制成本变得越来越低了，互联网和大数据能够帮助企业精准地定制沟通内容。

品牌宽度变得更窄、数量变得更多的这场变革，即便是对机敏的营销者来说，接受起来也有一定难度。例如，联合利华在1999年开始压缩品牌，管理层为了追求规模经济取消了上百个品牌。被抛弃的品牌阵营中有雅顿化妆品、泰华施（Diversey）清洁和卫生业务。该战略在当时得到了有些分析师的认可，但是成长性却并不如意。五年后，联合利华的销售停滞不前，而主要竞争对手宝洁却因为推行了利基品牌战略而取得了健康的增长。

每一家企业的高管都负有获得盈利性增长的重任。他们认为，品牌是满足其增长和利润目标的工具。这并没有错。但是，举目四望，建设得成功的品牌仍然寥若晨星。何以至此？问题并不是不努力，或者缺资源，也不是市场没有机会。问题的根源在于市场细分和品牌建设实践的理论充满了错误的假定。宝洁公司前董事长和CEO雷富礼认为是过去的模式出了问题，以至于企业陷入了一个充斥着产品失败、机会错失和财富浪费的怪圈。过去，营销者总是倾向于按照产品品类或者顾客人口统计变量来划分市场，思维往往是以垂直行业为框架的。当营销者针对由顾客人口统计特征或者产品特性所界定的市场时，他们往往是在猜测市场到底会不会存在有效需求，这是一个高风险的游戏。过去的模式可以用"谋广大而不尽精微"来概括，克里斯坦森教授针对这一弊端，引导管理者更多更深入地关注顾客的具体待办任务理论，通过帮助顾客完成一项他们面临困难或没有找到满意解决方案的任务来界定业务，这样产品找到顾客的概率会大大提高；与此同时，更专注、更持久地聚焦目的品牌建设，走一条"尽精微而致广大"的创新和营销新道路。率先实现这种理论自觉的管理者将拥有新的道路自信，不仅能够打造出多个成功品牌，而且能够取得增长与利润双丰收。

5.5.6 目的品牌与品牌目的

根据克里斯坦森教授的定义，与顾客的某一任务紧密关联的品牌可以成为"目的品牌"，这跟其他人所称的目的品牌有一定区别，后者也可以称为"意识形态品牌"，即有精神性追求、体现文化特征或者热衷公益活动或社会责任（CSR）的品牌。为了更好地理解这些品牌的特征，我们不妨颠倒过来，将之称为"品牌目的"（奥美广告公司称之为 Big Ideal^{TM}——大理想）。

发现品牌在目的品牌意义上的任务关联之上的某种目的是企业整体品牌战略的一部分，但是却很少有企业在这样做。品牌目的是企业各项活动的理由，相当于我们常说的"愿景"和"使命"，或者"初心"。品牌目的是建立在一个公司所坚信的东西，以及其给世界带来的影响。品牌目的并不一定意味着你要"拯救地球"，只是要创造某种价值，比如采取了虽然微小但却有意义的行动。

为了发现品牌目的，企业（家）需要问自己：你的组织和品牌为什么而存在？相对于今天，你准备改善社会的长期目的是什么？美国一位资深的营销人士说："我给品牌的建议是，回顾品牌的目的。目的不是要跟慈善机构或政府部门一起制定一项战术性的计划，目的需要志存高远、激动人心、简洁明了、经久难忘。目的要能够激发公司里的每一个人，激发所有股东、所有利益相关者、所有服务机构。"

一个品牌拥有清晰目的的好处有：①代表一种信仰，该信仰能够为消费者的生活、社会和环境创造价值；②通过聚焦长期战略、传递清晰信息，从竞争对手当中脱颖而出；③通过为品牌的长期使命确立清晰愿景，建立强大的公司文化，措公司于磐石之安。

今天，所有的企业都知道自己在做什么（比如卖洗发水、沐浴露、润肤霜、口红），有些企业知道自己如何做（比如通过清晰的品牌差异化战略，即成为与顾客任务紧密相关的目的品牌；或者通过好玩的包装设计；或者通过有创意的广告），但是只有少数企业真正知道自己为什么做（比如帮助人获得良好感受、接受自己的身体和长相）。

但是，一家企业，如果其员工能够回答"我为什么会在这里？"这样的问题，就会与消费者、员工、投资者和其他利益相关群体之间建立深厚的情感连接。如今，消费者需要品牌和产品为他们的生活带来真正的意义，员工需要理解为某一个组织工作的真正意义是什么。品牌不仅要代表其产品，还要代表产品背后的人。

"人们不会为你做什么而买单，而是为你为什么做而买单。"这就是品牌之所以要有目的的原因。多芬品牌的全球负责人斯蒂夫·迈尔斯说："展现目的的品牌不仅有益于社会，而且为卓越增长铺平道路。"多芬基于对女性在颜值方面"宽以待人，严以律己"的洞察，在社交媒体上开展了一系列真实、真诚的沟通，这些沟通没有去利用女性的焦虑，而是设身处地、感同身受地表达了他们的焦虑，从而塑造了多芬具有共情力的领导者形象。

有很多品牌用一句话很好地表达了它们的目的，给人们留下了深刻的印象。这些表述其实更像是顾客在情感性和社会性方面的任务，即非功能性任务，与这些任务紧密关联的品牌也能成为目的品牌，只不过这些多是志存高远的品牌——理想品牌（aspirational brands）。

各个品牌目的宣言如下：

● 多芬的品牌目的宣言——"缔造美丽新世界，只有绽放无凋谢。"如图5-5所示。

● 耐克的品牌目的宣言——"人人皆是运动员，你追我赶永向前。"如图5-6所示。

图5-5　多芬品牌目的宣言

图5-6　耐克品牌目的宣言

- 护舒宝always卫生巾的品牌目的宣言——"厚德地势坤，女子耀芳尊。"如图5-7所示。

- 星巴克的品牌目的宣言——"一人一杯一邻里，全心全意全人类。"如图5-8所示。

- 可口可乐的品牌目的宣言——"人生灿如许，能饮一瓶无？"如图5-9所示。

图5-7　护舒宝品牌目的宣言

图5-8　星巴克品牌目的宣言

图5-9　可口可乐品牌目的宣言

5.6 影响数字时代营销沟通和品牌建设的趋势洞察

1956年，毛泽东南巡时在武汉三次畅游长江，写下了《水调歌头·游泳》，其下阕是这样写的："风樯动，龟蛇静，起宏图。一桥飞架南北，天堑变通途。更立西江石壁，截断巫山云雨，高峡出平湖。神女应无恙，当惊世界殊。"可以用这些词句来形容以互联网为主题的数字革命带给人们的感受。虽然我们不是"神女"，但是我们也"惊"讶于"世界"之"殊"：数字时代的广告、沟通、营销和品牌的壮阔活剧，其演员阵容更换了，场景不同了，设施是全新的，新的生态系统里有许多新元素或者旧元素新组合之后的新名称——社交媒体、移动互联网、传统电商、内容电商、社交电商、移动电商、兴趣电商、短视频、电商直播、公域流量、私域流量、他域流量、全域运营、关键意见领袖（KOL）、关键意见顾客（KOC）、客户关系管理（CRM）、社交客户关系管理（sCRM）、营销技术（Martech），五花八门，千变万化。但是目的基本上都是获客、拓新，越多越好，越快越好，感觉是在围猎一群动物。但是，数字时代，剧情变了吗？悲与喜的情感真的变了吗？恐怕并没有。原奥美集团全球董事长兼首席执行官杨名皓（Miles Young）在《奥格威谈广告：数字时代的广告奥秘》一书中指出，要把"数字"当作是一个渠道，而不是一项"修炼"，是对"传统"业务的巨大促进，而不是一个平行宇宙。多芬品牌的全球负责人斯蒂夫·迈尔斯认为，其实不存在所谓数字营销或者数字广告，只存在好营销和好广告。他说："如果多芬擅长数字化，那么其在数字化方面做得好的能力与其在其他方面做得好的能力是完全相同的。这些都是营销的基本面。"这与数字化营销大师皮特·布莱克肖遥相呼应："'基本面'仍然是基本面"。

数字时代，媒体、企业和用户之间的"社会契约"关系会比以往复杂很多，因为链接无时不在、无处不有、无人不为，让这种复杂性激增的原因主要是数据，数据的"三维"[体积（volume）、变化（variety）和速度（velocity）]都以几何级在增长，出现了所谓"大数据（big data）"。这使得数字时代的顾客需求洞察呈现出很多新的变化，我们将在下一章重点探讨如何利用大数据来提升顾客需求洞察力，从而更好地为企业在数字时代提升产品创新成功率和营销沟通效果。这里，我们简要地判断数字时代正在发生的深刻地影响营销沟通和品牌建设趋势的六大趋势：①从企业为中心的地心说到顾客为中心的日心说；②从黑箱运作到真实透明；③从模棱两可到旗帜鲜明；④从空口许诺到行为至上；⑤从媒介即内容到内容为王；⑥从四分五裂到一以贯之。其中，每一个趋势都有助于在数字时代生成新的顾客需求洞察，也会因为更多、更深的顾客需求洞察，而让营销沟通和品牌建设在数字时代有所变革，有所创新，有所进步。

5.6.1 从企业为中心的地心说到顾客为中心的日心说

在古代，全世界的人都认为地球是全宇宙的中心（"地心说"），直到1543年，一位伟大的天文学家哥白尼提出了"日心说"。在计划经济和短缺经济时代，流行的也是地心说——企业也认为自己是市场的中心，消费者处于边缘地位。随着市场经济和剩余经济时代的到来，消费者逐渐变成市场的中心（"日心说"），但是这一转变过程，就像当初的"哥白尼革命"一样十分艰难，因为它触及了当时占据统治地位的知识体系和信仰体系的根本，是关乎大是大非的根本问题。如今，虽然哥白尼的观点几乎已经成为科学常识了，但是我们习惯中还是觉得地球才是宇宙的中心，甚至自己所站立的地方才是宇宙的中心。同样，在市场上，在各个行业中，企业的管理者虽然嘴上不停地说着："消费者、消费者、消费者"，而观其决策和行为，其实还是"企业、企业、企业"，或者"品牌、品牌、品牌"，甚至"增长、增长、增长（甚至设立了'首席增长官'）""利润、利润、利润"，才是其世界的中心。

但是，进入数字时代，消费者作为市场中心的趋势显然更加明显了，其必要性、可行性和影响力都大大增强了。是消费者而不是企业在市场中发挥基础作用乃至决定性作用，这一数字时代的真相看似新颖，其实德鲁克早在六十多年前就阐述清楚了，只是数十年来，企业一直不够自觉地践行这一理念，到了数字时代理想之所以照进现实，其实也是企业被倒逼的结果（比如新冠病毒疫情对数字化的大幅推进），因为新的时代真的是"得消费者生、失消费者死"的时代。回顾一下德鲁克当初是怎么说的：

要了解一家企业，我们必须了解它的目的，而企业的目的一定在企业之外。事实上，企业是社会组织，它的目的一定在社会之中。企业的目的只有一种有效定义：创造和服务消费者。消费者是企业的基础，是企业的生存的保障。只有消费者才能创造就业。为了满足消费者的需求，社会才将产生财富的意愿交给企业管理。

企业在市场中发展的所有资源都来自消费者，所以德鲁克到了晚年才会后悔他发明的"成本中心"和"利润中心"两个概念当中的后一个，因为在企业内部根本不存在利润中心，因为利润等于销售收入减去经营成本，而销售收入全部来自消费者（顾客），来自外部，所以企业内部怎么会有利润中心呢？葛文耀先生在上海家化的时候就经常说，我们必须不停地"讨好"消费者。是的，只有消费者手里有钱，只有消费者满意，他们才会为企业提供取得经营成功所需的资源。

在《颜值时代的工匠精神》一书序言中有这样一段话：

中国的颜值经济已率先进入了消费（者）主权时代。消费者的需求呈现多样化、个性化、动态化、模糊化和任性化的特征，他们对体验的要求空前提高，希望售前售中售后都满意（要求像电影或老师讲课那样，全程无尿点），希望各个维度都满足（功能、情感和自我表现三方面都给力）。化妆品的消费者对化妆品企业像妻子对丈夫一样严格、严厉，正如周月亮教授在《大儒王阳明》中所说的："他（王阳明）想要王道的心掌控霸道的力，与家庭妇女对丈夫的要求是一样一样的：既要有本事，又人性、脾气都很好……"

五年多过去了，可以说，中国消费者的核心位置意识和体验要求，如同对美好生活的需要一样日益增长，消费者这个太阳让围绕着它旋转的企业这个地球越来越吃力，稍不努力就被抛弃。舒尔茨教授在《SIVA范式》一书中告诫说："经理人一定要理解新工具和新技术赋予消费者的能力，这种能力是他们从未有过的……营销组织必须学会了解消费者，了解他们与市场互动的所有方式，这比挖掘大量数据更加重要。只有先了解他们的需求，才能采取行之有效的方式与他们进行沟通，这就是营销组织必不可少的消费者洞察力。"

在数字时代，有些企业以为有了CRM系统就是以消费者为中心了，有了品牌资产（brand equity）企业就是安全的，甚至会长盛不衰。这种想法是有问题的，因为CRM作为一套软件，像任何信息系统一样，最多解决20%的问题，甚至还会带来很多烦恼和失望，造成一切客户关系都尽在掌控的错觉或幻觉。而品牌资产其实并非一劳永逸的，也是动态的、液态的，需要时时努力才能增值甚至保值的，如同逆水行舟，不进则退。有一句话说："时代抛弃你的时候，连招呼都不会打一声。"这个时代就是以消费者为中心的数字时代，而这个"你"不只是企业的员工，还有企业本身以及企业自以为是一种资产的品牌。

在数字时代，企业要想取得长久的成功，必须将焦点转变到顾客终生价值（customer lifetime value），必须聚焦顾客资产（customer equity），而不是品牌资产。主张品牌资产的是"地心说"，主张顾客资产的是"日心说"。支持日心说不能只是口头承诺，必须付诸实际行动。具体的行动计划，建议参考奥美广告提出的DAVE[Data-inspired（数据启智）、Always-on（永远在线）、Valuable（富有价值）、Experience（深度体验）]模式：

- 深入顾客生活，理解顾客需要；
- 避免抽象概念，关注个体情境；
- 围绕顾客旅程，提供真诚协助；
- 邀约顾客参与，合力畅想未来；
- 绘制关系蓝图，整合各点接触；
- 绘制体验地图，深化亲密程度。

5.6.2 从黑箱运作到真实透明

进入数字时代，消费者对于透明度的要求显著提高。在今天的信息环境中，任何人、任何事都无法隐藏。当然，还有很多企业在试图抗拒这一趋势，希望很多事情仍然在黑箱里运作，企图控制信息的流动（泄露）。其实，面对包括消费者在内的公众对真实性的越来越高的要求，企业的最佳对策不是进行所谓"危机管理"，而是坦诚相待——"修辞立其诚"。

在数字时代的环境中，企业如果想要建立有个性、有特色的品牌，取得长期成功，必须比以往更牢固地建立一个诚信的根基，必须在由消费者、投资者和员工所组成的市场上，明确自己存在的初心和使命、自己的立身之本和独特优势。企业必须言行合一地体现其原则、信仰、使命、目的、价值观或价值主张，这种体现要具体到每一个品牌，每一个产品，每一次沟通，每一次活动。真实诚信，不仅是对成功的企业的基本要求，也是对企业的领导者的基本要求。数字时代的利益相关者不仅听企业如何界定和宣称自我，而且会要求企业出具真实性证明。

林肯说："品格是树，声誉是影子。"在数字时代，所有企业都不得不思考这样一个问题是：你到底是在制造一个影子还是在培育一棵树？前者失道寡助，后者得道多助。

5.6.3 从模棱两可到旗帜鲜明

对消费者购买行为的研究表明，他们对于有坚定信念和鲜明态度的品牌情有独钟。这是因为，有观点有态度的品牌在顾客的认知中排名更高。奥美广告公司和市场调查公司华通明略（Millward Brown）的研究证明，在有态度方面表现最佳的品牌，其未来市场份额的增长要比在有态度方面表现最差的品牌高2.2倍。数字时代的强大在于，它可以为品牌提供删繁就简、乱中求胜的手段，这个手段就是自创内容。品牌可以利用自创内容在互联网上界定自己的空间，自己的生态系统。数字时代，品牌有必要也有条件做好编辑的角色，保留好的内容，剔除坏的内容；品牌同时有必要也有条件做好讲解员的角色，以条理分明和引人入胜的方式来展现信息。

一份对90后消费观的调查报告显示，"热衷有态度的品牌""热衷新鲜事物""愿为幸福感买单"等已成为90后群体消费的关键词，影响着他们购物时的抉择。报告还显示，90后对于品牌有自己的独特理解，超过60%的90后认为品牌"必须有"自己的独立态度，认为品牌"最好有"自己的态度的也有33.7%，认为"无所谓"和"不清楚"的只有4.7%。基于此，90后给出了自己的理由，他们认为品牌有态度的意义在于可以让品牌变得更有质感、更具体、更贴近生活，这样作为消费者的他们也更愿意买单。

新一代消费者推崇有态度的品牌，这一趋势比较早地被网易门户所洞察并在其系列推广活动中加以演绎。2011年，网易门户即推出"有态度"的品牌定位，力求用真实的内容，独特的观点和立场，向每个用户传递最有价值的信息。2012年，网易门户发布"有态度"系列平面广告，通过尺度较大的裸露人体部位、铿锵有声的态度文案，表达"态度在每个人身上"，鼓励用户思考，传递勇气。在"有态度"品牌建设的第三年，网易门户签约陈坤代言，用更为具体的人物形象来延伸扩展"有态度"理念的传播；后来的"跟帖十年深藏民间高手"品牌广告面对用户，则更加明确了网易的"有态度"在为网友所认同，同时网友的思考也是这种"态度"的不可分割的重要组成部分。

其实，不只是网易新闻门户，如今从国际到国内，有很多品牌都在进行价值观营销（partisan branding），都在践行乔布斯"营销学就要讲价值观"的理念。三大运动品牌（耐克、阿迪达斯和安德玛）都始终注重把自己打造成运动品牌。在化妆品行业，展示品牌态度的价值观营销更是数见不鲜、层出不穷，比如强调真实即美的多芬、主张善待自然的岗舒（Lush）、崇尚个性自我的Glossier、号召女性改写命运的SK-II，以及以醉象（Drunk Elephant）为代表的清洁美容（Clean Beauty）新兴品牌阵营，加上一大批宁肯放弃规模巨大、增速惊人的中国市场也不进行残忍的动物实验的国际品牌。国内化妆品，最近也在尝试通过价值观营销来彰显品牌态度，比如自然堂通过《没有一个男人可以通过的面试》（针对妇女节）和《独一无二，你本来就很美 Love Lines》（针对母亲节）两部视频短片来宣扬"你本来就很美"的品牌价值观，百雀羚也通过系列短片来传递其传承和创新"东方大美"的品牌价值观，玛丽黛佳通过连年举办艺术展来体现其"用彩妆诠释生活，让生活更加艺术"的品牌价值观。

当然，"有态度"的品牌也不能在功能方面"无力度"，否则只能获得消费者一时而不是一世的青睐。

5.6.4 从空口许诺到行为至上

如前所述，数字时代的品牌需要有态度，但是这种态度绝对不能是空口许下的一堆诺言而已。孔子说："始吾于人也，听其言而信其行；今吾于人也，听其言而观其行。"意思是，"以前，我对人的态度是，只要听到他说的话，便相信他的行为；今天，我对人的态度是，听到他说的话，还要考察他的行为，才能相信。"在进入数字时代以前，消费者更像是早期的孔子，很容易相信品牌方所说的话，但是，进入数字时代之后，消费者跟后期的孔子一样，不仅要听品牌所说的话，还要考察品牌所表现出来的具体行为、全部行为、最新行为。

杨名皓在《奥格威谈广告：数字时代的广告奥秘》一书中介绍了一张名为"关于重要事项的考古学"的分层表单（见图5-10），其实是数字时代品牌的各个构成元素在消费者心目中的重要性排序，排在最顶端的不是品牌图案，也不是产品功效，甚至也不是品牌目的，而是品牌行为，即品牌实实在在地帮助消费者实现了哪些任务。

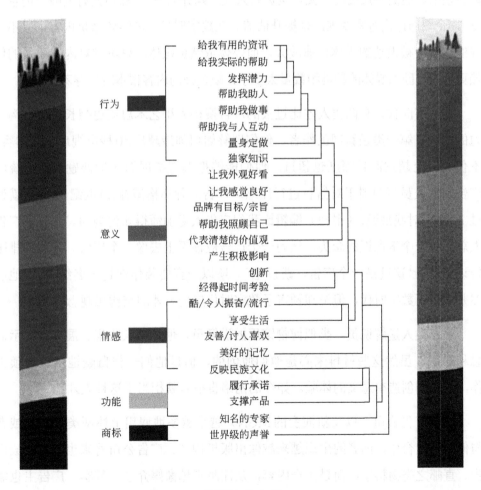

图5-10　重要性考古学

作为行为经济学，营销要求企业对于消费者不仅"听其言"而且"观其行"，这在以大数据为显著特征的数字时代，更是营销的题中应有之义，而且史无前例地有了可能性、可行性。作为伦理学，营销要符合消费者对于企业和品牌的行为提出的要求：三观要比五官正。

5.6.5　从媒介即内容到内容为王

进入数字时代以后，20世纪原创媒介理论家马歇尔·麦克卢汉的几乎口号化了的观点"媒介就是信息"又重新出现了，很多拥有媒体、经营媒体、利用媒体特别是互联网和社交媒体的机构和个人，举着"媒介就是信息"的旗号，拼命地强调媒体的变化，但其实心里想着变现，拼命地宣扬媒体的价值，但其实心里惦记着估值。道高一尺魔高一丈，这边有人喊"媒介为王"，那边又有人喊"内容为王"，企图通过内容来变现，来提升估值。在数字时代，内容依然是内容，只不过好的内容会被发达的媒体快速放大，而媒体依然是媒体，只不过对内容质量的依赖更强了，因为媒体的种类和数量太多了，缺乏好的内容根本就生存不下去。

在数字时代，有两类人才比过去的广告撰稿人和艺术总监更擅长生成有沟通力的内容。第一类是新闻工作者，他们理解如何创造超出30秒电视广告的内容，不仅长度上超过而且深度也超过。他们能够把调查扩展为一项课题，而传统的广告创意人员更习惯于对信息进行压缩。广告大师奥格威在20世纪80年代就说过："似乎对我来说，（报刊）编辑比我们广告人更加懂得如何沟通。""我们广告人总是有一个下意识的念头，认为一个广告应该看上去像一个广告。广告的排版告诉读者，'这只是一个广告，跳过吧'。所以一直要装作你是一名编辑。"他虽然并未亲历数字时代，但是却预言了数字时代广告人才的结构和观念变化。

第二类人是解说员，类似博物馆里的讲解员，他们擅长收集、展现、演示信息和知识，虽然这些材料未必是他们原创的，但是他们一样自豪地从事这项工作，为人们创造有意义的体验。如今的网络直播者就相当于这种人才。

随着广告公司（以及新演变的MCN）越来越多地雇用上述两类人才，或者与他们开展合作，前者的生意越来越像出版机构了。广告公司将来也不再生成广告、直邮之类物料了，而是生产内容，从而越来越像媒介了。其实，广告主也需要思考自身是否也要变成出版社或媒介，已经有很多先行者已经在向这个方面迈进了，比如美国的红牛和中国的三九企业集团。

众所周知，广告业一直是靠"古老"（100多年了）的佣金制生存和繁荣的，但是如今，不论是广告公司还是广告主都在向出版商和媒体方向转型，这是商业模式史上一次巨大的"断舍离"，不知道有多大比例的企业能够适应这一脱胎换骨的转变。

对于走在内容业务转型路上的广告业，杨名皓给出了八点建议：

- 不要成为一个主流的新闻提供者。
- 不要牺牲质量：新闻是一门技艺，而不是无差异的大宗商品。
- 重视规模，主动进行内容推广。
- 注意打造内容引擎。
- 不要忘记内容转型的宗旨，要创造一个人们会来享受的"有围墙的花园"。
- 保持黏性：广泛链接，平衡好内容发布与内容储备，推出系列内容和后续内容，打造闭环系统。
- 不要忘记宗旨：品牌监护人是谁？品牌良心如何安放？
- 个性化，用大价钱、高质量的内容回报顾客的忠诚。

5.6.6 从四分五裂到一以贯之

在前数字时代，媒体类型非常简单：电视、广播、报纸、杂志和户外。不论是广告公司还是广告主都把甚少的注意力放在媒体上，这一方面是因为媒体的种类和数量少，一方面也是因为媒体提供给企业的数据少，特别是有关消费者行为方面的数据。而进入数字时代以后，新媒体如雨后春笋般的增长。20世纪80年代有一个词很流行，叫作"知识爆炸"，其实这是一个翻译错了的英语：knowledge explosion，正确（直接）的翻译应该"知识激增"，不过说"知识爆炸"可能更形象，因而也没有人去纠正。数字时代的媒体也可以形容为"媒体爆炸"，因此导致的后果是媒体和营销进入了"碎片化"或"大碎片（great fragmentation)"时代。除了传统媒体和新媒体之间泾渭分明，新媒体内部更是四分五裂，以最简单的方式来划分，也要分为三类：付费（paid）媒体、自有（owned）媒体和赢取（earned）媒体。这三类又分裂成多种形式（见图5-11）。形式众多的媒体各有长短，此消彼长，演绎出波澜壮阔的媒体变革话剧。

分裂到爆炸的媒体碎片化趋势给消费者和营销者都带来史无前例的挑战。总体上说，营销者所面临的挑战更大，所以数字时代每一次针对首席营销官的调查，整合都是他们的第一需求、头等忧虑。现在看来，舒尔茨先生在20世纪90年代，互联网尚未普及、电子商务和社交媒体尚未崛起的时候，就提出了"整合营销传播"，实属有远见。他的洞见在媒体爆炸的数字时代更显真切。

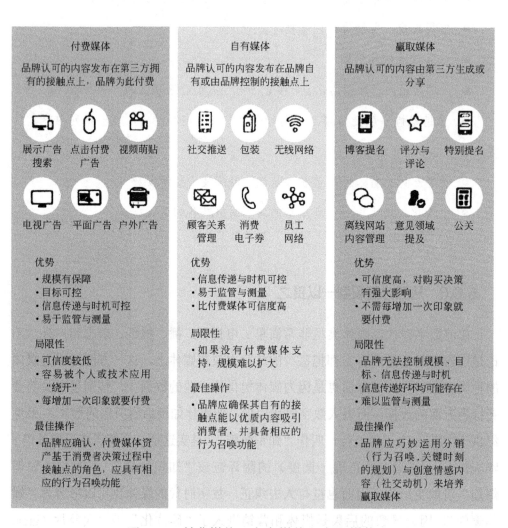

图5-11　付费媒体、自有媒体和赢取媒体

正如严格区分媒体和内容之间的差别是不合适的一样，把传统营销和数字营销泾渭分明地对立起来也是不对的。其实，正确的思维应该"在数字世界里营销"，而不是"做传统营销、数字营销还是传统营销加数字营销"。过去，营销沟通（过去叫作传播）里有四个相互区隔的细分职能：广告、公关、直复营销和销售促进，如今这些条块必须"你中有我我中有你"地合在一起（与主动整合与有效融合的境界还有差距）。即便这些职能整合起来的，其实也只是初级的整合而已。深度的营销沟通整合必须包括内容的整合、内容与媒体之间的整合，必须围绕消费者的旅程（互联网公司称之为"链路"）和体验，步步为营、无微不至地进行整合，必须把消费者的媒体接受习惯和企业的媒体运营计划、消费者的内容需求和企业的内容供给有效地对应、有机地整合起来。

当然，回顾一下媒体和营销的发展历程，我们就知道，整合永远在路上。杨名皓在《奥格威谈广告：数字时代的广告奥秘》一书中将营销对媒体的整合分为五个阶段（见图5-12）。

  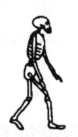  

1. 图像整合
"表象一致"——营销资产之感觉或视觉上都雷同

2. 营销漏斗整合
一丝不苟（公式化）按不同的顾客接触点做不同渠道的任务归属

3. 有机整合
根据不同组合的消费历程，广告、行动营销、一对一营销和公关等，都能紧密整合

4. 平行整合
跨品牌、子品牌、跨区隔、跨地域、跨项目的整合

5. 动态整合
针对业务、营销和销售中每一元素的连锁反应，是在市场中的实时管理

图5-12 整合的演进

舒尔茨在《整合营销传播》中把营销传播的整合分为四个阶段：

第一阶段：战术性协调。

聚焦于对多种多样的对外营销和传播要素进行战术性协调，试图将不同部门的工作整合起来,形成一致和合力。通常着重整体传播政策的制定和具体实践的执行,在营销传播中体现"统一形象、统一声音"。

第二阶段:重新定义营销传播的范围。

营销传播规划者把传播看作动态的持续进行的流程,致力于在每一个顾客接触点上都利用对顾客的洞察。营销传播活动的范围得以拓展,涵盖到针对员工的对内营销以及对供应商和其他合作伙伴的营销,将这些营销计划与已有的对外传播活动协同起来。

第三阶段:信息技术应用。

利用信息技术来应用实证性的顾客数据,以此为基础来识别、评估和监测一定时期内针对关键顾客群体的对内对外整合传播活动的效果和影响力。将来自不同来源的顾客数据进行整合,从而获得关于顾客/品牌关系的更丰富、更完整的知识。

第四阶段:财务和战略整合。

着重利用前几个阶段所积累的技能和数据,基于顾客信息来推动企业的战略规划。对企业财务信息方面的基础建设进行革新,形成能够提升顾客投资回报指标的"闭环式"计划能力。

不论对各个媒体的整合还是对整个营销沟通的整合,越高级的阶段越需要数据和洞察的支撑。而要获得洞察,就得像杨名皓在《奥格威谈广告:数字时代的广告奥秘》一书所要求的那样:不停地问"但是,为什么?"要像一个五岁孩子那样,一遍又一遍地问。只有问"为什么"才能获得洞察,才能拨云见日,直抵问题本质,分辨手段与目的。

除了上述要求,杨名皓还基于他20年来进行数字化转型的经验,提炼了另外四个他不认为"任何商学院都不会教"的观点:①不要盲目迷信确定性。大量可衡量指标的存在并不意味着它们都是有用的。慎重对待KPI,小心别让它们成为感染公司的病毒,扭曲对事物优先性的认知。②保持完全开放的态度。在数字时代,你将拥有打破内部筒仓的独特机会。③在聘用人员时避免(耍)大牌。"才华不管用了,只有毅力才管用"。④学会欣赏二元论。菲茨杰拉德说:"如果一个人能同时保有两种截然相反的观念还能正常行事,这是第一等智慧的标志。"数字世界的张力容易让人产生零和游戏心态,必须用和合思维来克服,必须以更高的智慧来处理对立和冲突。

进入数字时代,我们每时每刻都面临着纷繁复杂的现象,大数据所带来的海量信息像洪水一样包围着我们,在这个以波动性(volatility)、不确定性(uncertainty)、复杂性(complexity)和模糊性(ambiguity)为特征的乌卡(VUCA)世界里,我们特别期待一针见血、一语中的的洞见,删繁就简、快刀斩乱麻的痛快。坦率地说,这种痛快的感觉更多地来自阅读原初的《奥格威谈广告》而不是《奥格威谈广告:数字时代的广告奥秘》,好在杨名皓先生开篇第一段话就"坦白交代":"我不像其他作者,他们大多要忧虑自己写书的原因,而我却不必,我的目的很单一——就在于劝说人们阅读或重读奥格威本人所写的《奥格威谈广告》。该书仍然像纯金一样珍贵。"

除了奥格威的著作,还有一本商业智慧经典值得阅读,那就是美国著名商业作家、企业顾问罗伯特·厄普德格拉夫于1916年(当时作者只有27岁)出版的《我怎么没想到?》,该书的英文名称是"*Obvious Adams*",直译为"显而易见的亚当斯",亚当斯是这本小书的主人公的名字,一个广告人。该书副标题"一个成功商人的故事"透露了这本书的性质:一本广告书、营销书、商业书。这本书出版后,《纽约时报》评论说:"想在广告业淘金的年轻人都应该把《我怎么没想到?》作为随身指南。实际上,任何想在事业上取得成功的年轻人,都能从这本小书所阐发的常识和商业智慧中受益。"100多年来,该书一直在美国、英国等国家以各种形式出版、翻印,悄然流传,改变了很多人的人生和很多企业的命运。营销大师,从奥格威到特劳特,都特别推崇此书,把它当作需求洞察、营销战略、广告创意、运营管理乃至商业成功的"底层逻辑"。

该书的精髓和灵魂是四个字:"显而易见"。作者给出了五条检验显而易见的准则:

● 问题一旦解决,就变得非常简单——显而易见总是非常简单的,简单到有时候整个一代人都对它视而不见。

- 它符合人性吗？——把你的创意或计划讲给你的母亲、妻子（奥格威就说过："顾客不是傻子，她是你的妻子"）、亲戚、邻居、你的理发师，以及你认识的任何人听（这如同白居易征求老妇人对他的诗歌的意见），你若在说明过程中感觉舒畅，它就是显而易见的。如果你没有觉得舒畅，它可能就不是显而易见的。

- 把它写在纸上——把你的创意、计划或方案用简明易懂的词语写下来，就像你在向一个小孩做解释。如果你不能用两三个简短的段落讲清楚，说明变得冗长、复杂或过于精巧——那它极有可能不是显而易见的。

- 它在人们心智中引起震撼了吗？——当你提出的计划、方案时，如果人们说："怎么我以前就没想到呢？"你会感到备受鼓舞。显而易见的想法经常会产生真正震撼性的心理反应。

- 时机成熟吗？——许多创意和计划本身是显而易见的，只是它显而易见地"不合时宜"。检查时机常常与检查创意或计划本身一样重要。

在以乌卡为主要特征的数字时代，我们格外需要借助洞察和智慧来返璞归真、直指人心、直达本质，回到"基本面"，回到"容易看到或理解的、清楚的、明显的简单真理"。只有这样，才能拨云见日，豁然开朗，把营销沟通和品牌建设推向新的高度。

数字时代是个年轻人的时代，但是在关于新营销的战略思考和理论总结方面，不论是科特勒与其合作者共同推出的《营销4.0》和《营销5.0》还是舒尔茨自己写的《SIVA范式》，都提出了很多创见，既与传统营销和品牌建设的理论实践一脉相承，又与时俱进，切合数字时代的新变化、新趋势、新方法、新成果，值得各类企业经营者和管理认真学习，有助于启发思考、优化决策、提升绩效。

5.7 中国化妆品企业如何终结营销盲目性？

企业的预算当中大概有30%左右都是花在营销沟通上的，而以产品创新为主要任务的研发要达到3%都很难，至少化妆品行业是这种情形。

本章我们首先从营销沟通的视角和目的考察了需求洞察的定义和意义，然后分析了如何基于顾客需求洞察制定营销沟通策略，分享了广告大师对"洞见与创意之间的关系"的精辟见解，包括很多实战案例；接下来，我们回到顾客待办任务理论，对于营销沟通内容的方向选择梳理，更重要的是，基于这一理论，详细阐述了目的品牌建设的必要性、可行性，论证了品牌延伸的双刃剑问题；最后，我们对数字时代营销沟通和品牌建设的趋势进行了简要概括。

应该说，所有这些问题对于中国化妆品企业来说，都是相关的，也是有启发的。克里斯坦森说，大多数伟大的品牌在广告主开始打广告之前就打造好了，可称之为产品力强大的品牌。对照中国的化妆品市场，这样的中国品牌非常罕见，因为大多数品牌还是要做广告、还是进行营销传播，这样做不只是为了把完成顾客待办任务的能力并不强的产品卖给消费者，而且很多时候也希望通过广告造势来撬动经销商和零售商的支持（进货）。很多成功的品牌自己回顾或者别人分析其成功，往往会归结为选对了媒体，做对了广告，或者不管对不对，至少是做了广告。比如，HFP成功了，就认为是因为抓住了投放微信公众号的红利；完美日记成功了，就认为是因为比较早地在小红书"种草"的结果；花西子成功了，就认为是因为有李佳琦直播加持的"法力"。而那些渴望成功但是尚未或无望成功的品牌，往往会把不成功的原因归结为做不起广告，感觉一旦有钱做广告了，成功就是铁板钉钉似的。中国化妆品企业的大部分企业家和管理者都认为品牌不成功、不强大的原因主要是渠道（含电商平台）不提供（流量）支持，自己没（钱）做广告、没选对媒体（平台），而认为自己的沟通内容不给力、营销策略不给力、产品体验不给力的很少，认为自己缺乏对消费者需求的深入精准洞察的则更少。其实，这才是问题根本之所在：没有深挖消费者需求，没有尊重有加、设身处地、感同身受、具体而微地理解消费者的各种待办任务。这种毫无洞察的低下认知所造成的第一个后果是产品缺乏创新（甚至完全是模仿和跟风），然后企业家和管理者心存侥幸，继续往下走，寄希望于靠获得渠道资源，开展广告宣传来把平庸有缺陷的产品推向某个风口。可惜的是，许多企业家和管理者在产品体验已经被证明不给力的情况下，还固执己见，不回归认知的根源，依旧盲目地行动（"冥行不悟识如灯"），在策略制订、内容生成、媒体选择、渠道选择方面继续不注重调查、研究和分析，因而并不掌握足够的数据，也没有获得必要的洞察，在做很多重要决策的时候要么是"拍脑袋"，要么是下放给下属，要么是外包给外部机构和个人，因而导致成功概率偏低，浪费程度惊人——小投入小浪费、大投入大浪费。偶尔成功的，基本上是靠运气，根本无法预测、无法管理、无法盈利、无法保证、无法重复、无法持续。

营销沟通是中国化妆品企业经营活动的重要组成部分，其中各项决策必须建立在有效的数据和深度的洞察基础上。如果缺乏洞察，老板就像"盲人"，指挥员工就像"骑瞎马"，遇到经济不景气的时期就像"夜半"，在竞争极其激烈的中国化妆品市场上实现增长、建设品牌就像"临深池"——合起来，就像"盲人骑瞎马，夜半临深池"，可知有多么危险！

Part 3

第三部分

顾客需求洞察之源

第 6 章
顾客需求洞察的市场研究来源

营销的目的是深入地了解和理解消费者,以达到产品或者服务完全符合其需求,无须推销即能畅销。

——德鲁克《管理:任务、责任和实践》

前面几章分别阐述了顾客需求洞察对于企业战略制订、产品创新、营销沟通和品牌建设的基础作用和重要意义，算是回答了顾客需求洞察的"Why"的问题，接下来我们将用两章的篇幅来重点探讨"How"的问题，如何获得更多、更好的洞察，即洞察的方法和来源问题。洞察问题来源于决策和信息之间的关系，高质量的决策需要高质量的信息，后者即洞察。传统上，信息需要收集才会有，收集信息的手段包括个人在生活和工作中自我调查，或者雇用专门的人或机构进行调查，这两类合起来就是传统的市场研究。信息的另一种收集手段是利用计算机（现在的手机也是计算机的一种）和互联网产生数据，进而转化为信息。本章重点介绍传统的市场研究、消费者行为学以及新兴的研究方法如何产生更多更好的洞察，更精准地认知和把握顾客需求，从而为企业的两大基本职能——营销和创新提供正确的指导。另外，进入数字时代，大数据和人工智能等技术对于增加数据和信息的数量（volume）、种类（variety）和速度（velocity）展现出惊人的力量。如果说，市场研究比较着重解决的是洞察的深度问题，那么大数据着力解决的是洞察的广度问题，二者不应该人为地对立起来，而应该取长补短，携手并进，共生顾客需求洞察，共建企业"照明系统"。

6.1 不可忽视简单易行的市场研究的力量

市场研究有各种方式，不论哪一种方式，只要能产生正确的洞察，就是合理的方式，就像"不管白猫黑猫，只要能抓到耗子，就是好猫"。

关于研究，最大的误解就是必须有钱才能做，必须请专家和专业公司才能做，必须花长时间才能做完。其实，不是这样的。我们可以仅仅通过在街上、公交车上、餐馆里听别人说话就可以进行有效的调查。如果直觉告诉我们，我们所听到的是真的，或者如果我们一再听到同样的信息，那就可以说我们在进行合理的调查了。

当年英国国民健康局计划推出一项大规模的反吸烟计划，目标是年轻人，特别是十几岁的女孩。该计划的逻辑是，如果可以阻止孩子们在少年时代吸烟，那么他们长大后不染上烟瘾就是大概率事件，这样每年节约的国民健康费用可以达到数十亿英镑之多。该计划的初心美好、使命光荣，但是其所面临的挑战也是巨大的，在烟草制造商强大的广告攻势下，烟草对人们的控制力甚至超过了酒精或赌博。烟民的品牌忠诚度也极高，让他们更换品牌的难度很大，唯一比这还难的是让他们戒烟。烟民的平均戒烟次数是九次，甚至超过减肥的人失败的次数，马克·吐温甚至说："戒烟太容易了，我都戒了一万次了。"

在这样的阻力下，该如何反吸烟呢？用什么理由来说服目标对象戒烟或不吸烟？是强调对他们健康的危害吗？年轻人认为他们永远不会死，你用死来威胁他们结果可能适得其反。是强调抽烟"并不酷"吗？显然不行，因为电影镜头里"吸烟"显得特别酷。在香烟的开销上做文章？强调烟民接吻时口气难闻？或者吸烟到处不受待见？这些理由对于吸烟者来说都不具有说服力，这些只能说是吸烟的障碍，而不能成为戒烟的理由。

在对吸烟和吸烟者的大量调查中，没有什么数据能够帮助找到一个强有力的有针对性、有效果的理由说服消费者戒烟或者不抽烟。那么如何针对年轻女性有效地开展反吸烟运动呢？用什么点来打动她们呢？显然，这需要精准的洞察，从哪里才能获得这样的洞察呢？接了英国国民健康局的宣传计划的广告公司在求助传统数据无果之后，转而采用最简单易行的方式，安排一个年轻的女员工，走出办公室，在商业街上找了一家咖啡馆，坐在其中间的位置上，以便于听到四边桌子上的年轻姑娘的谈话，从而了解她们心里在想什么。这位女员工在那里一共坐了五天，把听到的谈话主题和每一句题外话都记了下来，姑娘们谈到了学校、工作、父母、男朋友、最喜欢的酒吧、歌手和电影，其中慢慢浮现出一个占据主导地位的主题：姑娘们都为自己的外表（颜值）所困扰。做研究的那位员工的笔记本上，记录了很多相关内容：衣服、头发、洗发水、护肤霜、粉底液、口红、眼线笔、指甲油、假指甲、减肥药、整容……在这些年轻女子心目中，没有什么比外表更重要的了，可以说："万般皆下品，唯有颜值高"。

广告公司的创意人员从这本笔记本上获得了一个重要的洞察，那就是：抽烟会毁了你的容貌。抽烟会让一个女人的牙齿变黄、口气变臭，使皮肤暗淡、鱼尾纹早生、法令纹加重。最后，整个宣传运动用所有的预算来阐释上述关于抽烟损害容貌的洞察。这种说法击中了年轻女人的虚荣心这个要害。不必说香烟可能会缩短寿命，也不必说吸烟让你成为社交圈里的孤家寡人，只要点明吸烟会减少身体的魅力，年轻女人看了就会产生戒烟的念头，或者决定绝不吸烟。

你可能会说，把吸烟和一个女人消逝的美貌关联起来，这算不了什么洞察，只不过是一个显而易见的事。是的，上一章我们介绍的罗伯特·厄普德格拉夫的书《我怎么没想到？》的精髓和灵魂就是"显而易见"四个字，这是一切有效的营销策略和沟通创意的本质特征。虽然上述洞察是显而易见的，但是在那个去咖啡馆里做调查的员工把笔记本从咖啡馆带回来以前，不管是英国国民健康局还是其所雇用的广告公司的人都没有在这两个显而易见的事实之间建立关联。这是一个非常好的调研，在短短的几秒钟就揭示出一个有效的洞察。如果没有这个调研，定策略、出创意的人可能还会在黑暗中摸索很久，甚至一直毫无头绪，或者胡乱定一个平淡、平庸的主题，这样即便制作出精美的广告，其宣传效果也不会好到哪里。

这是一个非常简便的调研，没什么大的花费，也不需要多么专业的技术，更不需要做很多繁重的数据分析工作，就是需要一点耐心，要连续五天去同一家咖啡馆的同一个位置上坐着，偷听并记录年轻女子的谈话。但是这种调研一样有效，甚至比很多正规的调研更管用，更切中要害。而且，好处是，这样的调研谁都可以做，大老板能做，小职员也能做。所要做的无非是关上电脑，走出办公室，走到大街上，用自己的耳朵去倾听，用自己的眼睛去观察，用自己的感触去理解这个世界。

美国癌症协会曾经做过的一次广告宣传，旨在促进年轻人使用防晒产品以降低皮肤癌的发病率。一开始，策划者以为主题很好确定，很简单：坚持防晒，挽救生命。在他们看来，这样一个利益承诺非常有吸引力，协会里的医生、监管者、医学研究人员都觉得好，甚至合作的广告公司也觉得好。"挽救生命！"多么好的口号，绝对不能错过。

但是，这样的口号本身就是一种"癌"——这是防晒产品制造商的想法，不是消费者的想法，不是消费者的需求。这是由内而外的想法，不是由外而内的想法。

后来，美国癌症协会里有人提议去问问消费者的意见，结果，12～18岁的年轻人根本就不认为自己会死（跟上述戒烟宣传的对象的想法如出一辙）。他们觉得挽救生命根本不那么重要，特别是与暴露在阳光下的一个更大的好处相比更是如此，这个好处就是：能对异性产生更大的吸引力。该协会通过调研发现和提炼出的消费者需求是：购买防晒产品，这样可以让自己显得更有魅力，因为涂了防晒产品，就可以更长时间地待在阳光下。有了这样一个洞察，广告的主题就从当初的"拯救生命"改为"显示魅力"了，这样一改大大提升了宣传效果。

让我们再来了解一个来自日本的通过生活观察来识别真正的消费者及其需求，从而丰富消费者画像的故事。20世纪90年代，三得利公司推出了一款罐装咖啡，名为West。众所周知，三得利公司在日本有着非常强大的分销网络，为了推广这款咖啡，该公司投了大量广告，甚至不惜重金请来了当时的人气王、好莱坞著名演员施瓦辛格拍摄广告，但是该产品的销路一直不畅。日本电通广告公司的山口千秋接手这个项目以后，做了一番销售摸底，发现罐装咖啡的主要消费者并不是品牌所设定的20岁左右的年轻男性，而是另一个年龄段的人，他们在25~35岁之间，是以出租车、卡车司机和基层业务员为代表的中青年劳工群体。这个群体虽然从人数上只占总消费人群的20%，但是购买量却能占到总销量的60%，其中重度消费者每天甚至能喝掉5罐咖啡。山口千秋意识到，真正要聚焦的目标人群其实应该是"中青年劳工"而不是非常年轻的男性。

随着山口千秋对重度顾客的行为特征展开观察，他发现了一个普遍而又有趣的细节：劳工们在喝罐装咖啡之前，总是喜欢找一个安静无人的角落，先是长出一口气，然后把咖啡紧紧地攥在手里，一小口、一小口地"抿着喝"。由于繁重的劳动，在工作中途，劳工们喝上一罐咖啡，绝不仅仅是为了解口渴，更是一种自我犒劳、忙里偷闲的解压方式。山口千秋意识到，罐装咖啡所对应的需求（"待办任务"），其实更接近于"解压"而不是"解渴"。基于此，它在顾客生活中所对应的角色，应该是一个值得依靠、可以让人缓解疲劳的搭档。

有了这些"洞察"，山口千秋建议重塑品牌：①改品牌名——将品牌名从"West"改为"Boss"，塑造一个靠得住的"老大哥"形象；②改包装——启用罐装饮料中不常采用的深蓝色，以加强稳重、可信赖的感觉；③改明星——山口千秋发现，日本劳工群体最喜欢的明星不是施瓦辛格而是摇滚歌手矢泽永吉，后者不但有"大哥范儿"，而且喜欢写作，热情真诚，与这个群体的精神状态更接近。应邀前来出演全新广告的矢泽永吉一改其"耍酷"的形象，换成了一位西装革履但是笨手拙脚的业务员的人设。广告中，这个业务员总是在上班途中遭遇到各种倒霉事，不是因为赶时间把一整排自行车撞倒，就是在公交车上被一群调皮的孩子围住。系列广告的共同结尾是：矢泽永吉找到一个安静的角落，嘴里嘟囔着"哎呀，怎么搞得！"然后打开一罐Boss咖啡，手攥得紧紧的，小口小口地抿着喝。这个让日本中青年劳动群体感到"心有戚戚焉"的系列广告，在市场上引发了极大的共鸣，Boss咖啡的销路也随之芝麻开门节节高了。

上一章我们介绍的《洞见远比创意重要》一书作者、BBDO广告公司北美公司的主席和首席创意官菲尔·杜森伯里说："……我一直以自己的方式进行调查。当我偷听别人讲话时，或者在商场购买客户的产品时（尽管我可以免费得到），或者是开着客户的轿车时，或是研究对手的提案时，或是查阅档案研究以前的方案时，或者与前任首席执行官和品牌经理（客户公司退休或离职的聪明人）吃饭时，或是跟朋友们谈论这一切的时候，这些全都是在做调查，只不过是以我自己的方式。"有很多企业家发现重大的商机，靠的只是一己调查之力，可能有意可能无意，但无疑都获得了一个受益无穷的洞察。不论是在专业的市场调研盛行的时代，还是在大数据潮流掀起惊涛骇浪的时代，企业家和管理者的这种直觉式、日常生活化的调查都不应该被忽视、被鄙视、被抛弃，它自有不可替代的价值。

6.2 更好地发挥专业正规的市场研究的作用

如前所述，企业家和管理者自己进行调研，在任何时候都有不可替代的价值，但是为了防止"一厢情愿"，也为了节省企业家和管理者的时间，还为了从更客观的视角来考察某些问题，企业必须进行正规的市场调研。所以，我们在这里简要地介绍一些关于市场研究的一些常识，想要深入了解这方面的历史、理论和实践知识的读者，可以去阅读专业的市场研究/营销调研书籍或者学习相关课程、参加相关培训，也可以把科特勒的《营销管理》的第二篇"获取营销洞见"的第3章"信息收集与需求预测"和第4章"实施营销调研"阅读一遍。

以波动性、不确定性、复杂性和模糊性为特征的乌卡（VUCA）世界里，企业家和管理者必须慎重决策，减少决策失误率，这有赖于市场研究为营销决策者提供更高质量的信息（洞察）。

6.2.1 市场研究的基础知识

6.2.1.1 市场研究的定义

由企业界及学术界具有远见卓识的市场营销人士发起成立的美国市场营销协会（American Marketing Association，AMA）在定义了营销的基础上，也定义了作为营销之一部分的市场研究或营销调研：

营销调研是通过信息把消费者、顾客和公众与市场连接起来的职能，起连接作用的信息用来识别和界定营销机会和问题，促成、完善和评估营销行动，检测营销绩效，改进对营销过程的理解。

阿尔文·伯恩斯和罗纳德·布什的《营销调研》（第7版）对营销调研所下的定义是：

营销调研是对可能用于解决某个具体营销问题的信息的设计、收集、分析和报告过程。

纳雷希·马尔霍特拉的《营销调研》（第6版）对营销调研所下的定义是：

营销调研是系统而又客观的对信息的识别、收集、分析、发布和使用，其目的在于改进与识别和解决营销问题和机会相关的决策。

其实，这些定义大同小异，区别主要是对营销调研的目的和作用的表述的详略不同而已，最详尽的还是美国市场营销协会的定义，将营销调研的用途分为四个方面：

- 识别和界定营销机会和问题；
- 促成、完善和评估营销行动；
- 检测营销绩效；
- 改进对营销过程的理解。

6.2.1.2 市场研究的类型和方法

市场研究的类型（见图6-1）很多，按研究时间可分为一次性研究、定期性研究、经常性研究、临时性研究，按研究目的可分为探测性研究（exploratory）、描述性研究（descriptive）、因果关系研究（causal）。探测性研究是市场研究的开端，然后会做描述性研究，再做因果性研究。探测性研究的重点在于收集初步信息以帮助确定要研究的问题和提出假设，它集中于深入而丰富的理解，但尚未扩展到更广的人群以收集详尽的数据；描述性研究的目标是对诸如某一产品的市场潜力或购买某产品的消费者的人口和态度问题进行详细表述；因果性研究需要管理人员干预消费者环境，并且要测试随之而来的顾客的反应。市场研究也可以看作是同一个产品的市场生命周期平行进行的：探测性研究多用于新产品概念测试；描述性研究侧重于预测市场需求和销售曲线；因果关系研究对产品供应和特性组合进行细微调整。

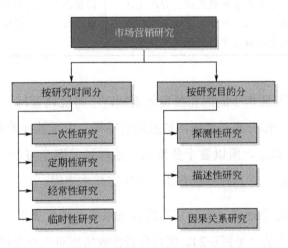

图6-1 市场研究的类型

另外，按研究资料的来源分，市场研究分为一手资料研究和二手资料研究。二手资料分内部资料和外部资料。前者是指企业过去所做的一些研究、销售报告、会计记录等方面的数据，后者是指从新闻报道、商业杂志、政府机构、贸易组织、营销调研公司、广告公司、学术杂志、贸易杂志、书本等各种渠道获得的资料和数据。一手资料研究又分为定性研究和定量研究，二者之间存在一定的差异（见表6-1）。

表6-1 使用定量和定性两种研究方法获得消费者洞察力

项目	定量研究	定性研究
方法	编制结构化的调查问卷，针对目标消费者群体进行抽样调查	针对少量相关的消费者和/或潜在客户进行无特定结构的具有探究性质的研究
示例	投票、在线调查、消费者满意度调查、电话调查、问卷调查、跟踪在线流量、网站访问情况和交易数据	焦点小组、深度访谈、人类学观察、开放式调查、跟踪社交媒体趋势、消费者之间的在线交流、用户评论等
目的	获得具有统计学意义的大量受访者的反馈，了解他们的想法、感受、认知和偏好，并从受访者那里获得其他有意义的信息	深入了解人们的行为，探究其内在动机和需求，常用于新产品开发、产品定位和确定品牌信息
优点	如果调查进行得合理，可以获得具有统计学意义的可靠数据	如果调查合理，分析准确，营销组织可以从复杂情况中获得大量有意义的深刻见解
缺点	问卷的编制和样本的选择是成功与否的关键，这方面如果出现失误，会产生具有误导性的结果；另外，营销组织职能从问卷搜集的数据中获得深层次信息	需要高水平的调研人员凭借深刻的洞察力恰当地解读研究结果

一手资料的研究由于时间和经费的限制，不可能调查每一位的潜在受访者，而只能选择其中一部分来做调研，这就需要抽样。由于抽样阶段出现错误很难在研究的后期得到纠正，所以要十分慎重。抽样涉及四个方面的决策：①界定总体；②确定抽样框；③选择抽样方法；④决定样本规模。

市场研究的复杂还在于需要掌握的方法很多，从大类来讲主要分资料分析、市场调查和市场实验（见图6-2）。资料分析即收集现有内外资料并进行相关分析，上面介绍过了。市场调查是系统地设计、收集、分析并报告与公司面临的特定市场营销状况有关的数据和调查结果。一般指市场实际调查，即通过抽取实际的市场和顾客对象作为样本并对该样本进行调查访问或观察研究其行为，据此取得有关数据和调查结果的方法。这种调查又分询问法和观察法，询问法包括个别调查法（用直接提问的方式访问被调查者）、电话调查法、邮寄问卷调查法、集合调查法（针对一个集团或一个消费者群体采取召开座谈会、参观样品、听取意见等形式进行调查）。以及深层询问法（通过深层次心理调查来挖掘顾客动机的方法）；

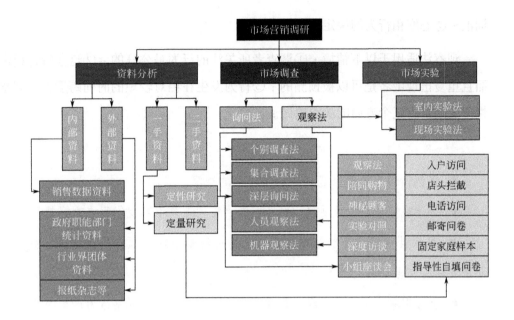

图6-2 市场研究的方法

观察法包括亲临现场观察或通过机器设备观察消费者行为的方法。市场实验法是通过先观察条件相同的实验群体和对象群体的反应,再在一定时期内对实验群体开展市场营销活动,然后对两个群体进行事后调查的方法。市场实验也称为试销,是新产品导入市场时常采用的一种检验产品、了解市场反应的重要方法。

深度访谈分为两种,一是个人深度访谈或者一对一访谈,二是焦点小组访谈(座谈会)。

个人深度访谈适合运用于以下六种情境:①要求对个体行为、态度或需要进行深入探究;②讨论的主要问题可能具有高度私人性质或保密性;③讨论的主题带有情感性或具有某种使人尴尬的性质;④存在某种非常强烈的被社会认可的规范,服从群体的压力会使群体讨论对个体产生严重影响;⑤要求对某些复杂行为或决策模式有非常详尽的了解;⑥与专业人士访谈或谈论被访者的工作。

焦点小组访谈可以运用于以下情境:①激发产品创意时所做的顾客基本需要研究;②新产品想法或概念研究;③产品定位研究;④广告和传播(沟通)研究;⑤顾客参照域的背景研究;⑥问卷设计的初始阶段了解顾客所使用的语言与

词汇；⑦态度和行为的决定。

观察法适用于以下情境：①调查者所关注的行为是公开的；②这些行为经常而且重复出现或者是可以被预测的；③行为发生在相对较短的时间跨度力。观察性研究通常有五个方面的决策要做：

- 自然情境下的观察还是人为情境下的观察；
- 公开观察还是隐蔽观察，顾客在多大程度上意识到我们正在观察其行为；
- 结构性观察还是非结构性观察，是将观察限定在预先确定的那些行为上还是观察所有出现的行为；
- 直接观察还是间接观察，是观察行为本身还是仅仅观察行为产生的结果；
- 人工观察还是机械观察。

在定性研究中，有时会用到激发技术和投射技术。激发技术是指帮助被访者更多地告诉研究者有关自己的想法的研究方法，比如自由联想/词语联想、品牌晚会、拼图技术、角色扮演、泡泡图等；投射技术是让被访者说出一些在面对他人时可能不会讲的看法或者比较难以表达的感受的研究方法，比如拟人法、使用者形象/购买者形象、星际旅行、购物篮、类比、墓志铭等。对投射技术感兴趣的读者，可以参看郑宗成、汪德宏和姚承纲合著的《品牌知行》第六章，里面有详尽的介绍。

调查法是从大量顾客中系统收集信息的方法，一般涉及使用结构性或半结构性问卷。调查可以采用邮寄问卷、电话访问、网络调查和人员访问（也称拦截访问）。调查法的一个主要问题是拒访所引起的偏差比较大，为了缓解这一问题，人们发明了一些技术可以帮助估计无反应偏差及其概率。

实验法涉及在改变一个或多个变量的条件下，观察这种改变对另外一个变量所产生的影响。在控制条件下改变的变量称为自变量，这种改变称为"操控"，即在不同水平上系统地改变某一个因素。受自变量影响而改变的变量称为因变量。实验设计的目的是组建一种环境或情境，在此情境下因变量的改变很可能是自变量的改变所引起的。实现这种目的的方法是通过高水平的"控制",即操纵感兴趣的变量而保持其他因素不变。

所有的调查和大多数实验都需要运用问卷或调查表作为搜集数据的工具。一份问卷实际上是一系列旨在引发信息的正式问题,问卷可以用来测量或衡量以下情况:①过去、现在或将来的行为;②人口统计特征,比如年龄、性别、收入、教育、职业等;③知识水平;④态度和意见。问卷设计的步骤如下:

(1) 基本决定

①需要搜集哪些信息;

②谁是目标被访者;

③用何种沟通方式到达目标被访者。

(2) 决定所问问题与内容

①这一问题确实需要吗?

②该问题能激发或产生所需的信息吗?

③被访者能正确地回答这一问题吗?

④被访者将会准确地回答这一问题吗?

⑤是否存在外部事件使被访者的问答具有偏向性?

(3) 决定应答方式或形式

该问题最好是以开放提问方式、多重选择方式还是以两分方式提出?

(4) 决定提问的措辞

①所用的问语是否对所有的被访者均只有一种含义?

②问题中的任何字、词是否另有含义或具有引导性?

③问题里是否隐含任何的备选答案?

④是否有任何未指明的与所问问题相关的假设?

⑤被访者将从研究者所期待的参照体角度来回答这一问题吗?

(5) 决定问题的排列顺序

所有问题是以一种合乎逻辑且避免引入误差的方式排列的吗？

(6) 决定问卷格式

①问卷设计是否会导致混淆？

②是否考虑了最大限度地减少记录误差？

(7) 测试与修正

①最终问卷的确定是否取决于运用少量样本所做的测试？

②测试中的应答者是否都与最后要调查的被访者相类似？

马尔霍特拉将营销调研的目的分为两类：①识别营销问题；②解决营销问题。基于这一划分，市场研究的类型又可以分为问题识别型研究和问题解决型研究，前者用来识别那些表面上看不明显但是仍然存在或者未来有可能产生的问题，比如市场潜力研究、市场份额研究、形象研究、市场特征研究、销售分析研究、预测研究和商业趋势研究，等等；后者用来解决具体的营销问题，比如与STP（市场细分、目标市场选择、定位）相关的问题、与4P［产品(product)、价格(price)、地点（place）、推广（promotion）］相关的问题。

6.2.1.3 市场研究的流程

市场调研的复杂不仅在于类型多，而且在于流程长。马尔霍特拉把该过程分为六个步骤：

①问题界定；

②发展解决问题的方法；

③研究设计；

④现场工作或数据搜集；

⑤数据准备和分析；

⑥报告准备和提案。

阿尔文·伯恩斯和罗纳德·布什则将营销调研的过程拉得更长：

①确立营销研究需求；

②界定问题；

③确立研究目标；

④完成研究设计；

⑤识别信息类型和来源；

⑥明确数据获取方法；

⑦设计数据收集形式；

⑧确定样本计划和规模；

⑨收集数据；

⑩分析数据；

⑪内部研究报告的准备与提案。

关于市场研究的"研究"，比较好的书（教材）仍然是"美国制造"，这是中国营销学者的短板之一，希望能早日补上，希望寄托在年轻一代身上。

6.2.2 市场研究的挑战和机遇

看了关于市场研究的定义、目的、类型、流程和方法，你可能会觉得这门学科很科学，应该会给我们想要解答的问题提供正确的答案。但是，非常遗憾，这并不是事实，有非常多的实例证明，市场研究也经常出错。比如，美国通用汽车公司曾经做过关于适合全家人乘坐的小箱包车（minivan）的市场研究，研究之后决定暂不生产这类车型。但是不久之后，克莱斯勒公司推出了道奇凯领（Caravan）和普利茅斯 Voyager 小箱包车，跻身汽车历史上最成功的车款行列。还有，英国有一家啤酒公司准备推出一个广告，市场研究的结论是该广告冲击力不够，但是管理层照样投放了该广告，结果大获成功。美剧《宋飞正传》初播时做了市场研究，研究显示该剧比较平淡，但是六个月后，一名主管挑战了市场研究的结论，给该剧一次机会，结果红透半边天，成为电视历史上最成功的剧目之一。

上述几个例子都是关于研究说不会成功但是最终在市场取得成功的案例，但是也有相反的情况，研究结论很"丰满"但是市场现实却很"骨感"的案例也不少。比如，可口可乐在做完市场研究之后激进地换包装推新可乐，结果遭遇滑铁卢，就是市场研究给了错误的信息，导致决策失误的著名案例。再比如，丹肯海因(Duncan Hines)品牌推出软曲奇产品线，市场研究显示80%的顾客愿意在将来尝试该产品，但是实际结果并非如此。20世纪80年代，美国著名影星汤姆·汉克斯主演了一部名为《飞进未来》的电影，他在其中扮演了一个身为成年男子、心是少年男子的角色，后来该主人公在一家玩具公司找到了一份工作。该公司雇用的市场研究公司作了一个引人入胜的报告，预测该公司一款摩天大楼形状的变形金刚会有很好的销售前景。虽然该公司高层对这份报告完全买账，但是故事的主人公却给出了这些高管们最需要的洞察：从一个孩子的视角来看，这款玩具很枯燥，很无聊。

我们在本书第1章就谈到过新产品上市的失败率极高。这些失败的项目有些是根本就没有做过任何市场研究，这样失败的概率肯定会高。但是，即便是做了市场研究，企业对新产品的预测也并不总是准确的。有很多人会因此而觉得市场研究没有用。大多数市场研究所做的都是试图理解和预测消费者行为，但是这绝不是那么容易的。我们对市场研究的态度不应该是贬低和否定它，而是要理解其性质，理解消费者的人心人性之复杂，从而更加审慎地对待市场研究，而不能借口市场研究有时会出错而放弃市场研究，让一己之见、自以为是成为营销决策的唯一依据。

市场研究经过这么多年、这么多人唱衰之后并没有真正衰退过，不仅没有衰退，而且还在增长，还在创造价值。欧洲民意及市场研究协会（ESOMAR）2019年发布的一份全球市场调研行业报告显示，2018年市场调研行业整体呈增长趋势，营业额约为800亿美元，高于2017年的760亿美元。其中，数据分析等新领域占据了增长的绝大部分，同比增长约10%。从就业的角度看，市场研究也是潜力很大的行业，据万维钢在《文科生的反击：软技能时代》的文章中介绍，在美国，"市场研究员"新增了55万个岗位，四年增加了30%，比程序员都热门。ESOMAR总干事芬恩·拉宾(Finn Raben)指出："我们不仅看到传统定义的研究领域的增长，也看到我们行业更新、更广泛定义的增长——持续的证据表明,全球市场对于可操作、有效数据和洞察的需求仍然强劲。"中国作为世界第二大经济体,全球市场调研第五大市场,发展潜力无穷。中国的市场调研份额近年来不断增加,增速平稳,推动亚太乃至全球调研行业的发展。

科特勒喜欢讲一句话:"市场变化快于营销变革(Market changes faster than marketing)"。快速变化的市场对于市场研究行业来讲既是机遇也是挑战。收集和分析消费者信息,特别是来自社交媒体的信息的新方法,给传统的市场研究的信息收集技术带来了挑战。不断有新的物种(主要从技术领域)闯入这个行业,引发一定的争议。但是,最终决定不同物种命运的是客户,客户需要的是能够启发和引导他们改进创新和营销的理解和洞察(他们不是太在乎传统研究公司所强调的方法和流程),这意味着整个行业必须保持开放,要适应新的信息来源和信息技术,同时也要关注类似网络民族志、移动调查和神经科学等数字时代的新方法。

另外,市场研究还面临一个不小的挑战,那就是,被调查者的响应度一直处于下降通道,越来越关注隐私问题。

还有,客户有时会觉得研究公司不是特别关心客户所面临的更加复杂的战略性问题,不去深入地理解客户的业务,而是更关心如何用研究公司所掌握、所擅长的工具和技巧,更快速地走一遍流程,就像如今的医院和医生一样。这种锤子寻找钉子(hammers looking for nails)的思维和操作在市场研究行业还是比较普遍的。

另外一个问题也比较严重,就是市场研究经常被视作是一种无差异的商品或服务,要么被限制在低层次运行,要么被当作无足轻重的工作外包出去,一直没有机会也没有能力介入企业的营销战略决策中去。这不是单方面的问题,甲乙双方需要共同努力来解决这个问题。

市场研究还有很多问题,比如缺乏创意,对无反应偏差采取无所谓态度,被客户认为性价比不高,过于学术化,费时过长,过于依赖调查法,透明度不高,公众信赖度不高,等等。不过,速度问题在网络技术的帮助下比以往减轻了不少,性价比也由于供给侧的努力而有所提高,但是其他问题还在困扰市场研究行业。

市场研究最大的问题是奥格威精辟总结的:"市场研究的麻烦在于,人之所思未必是人之所感,人之所言未必是人之所思,人之所行未必是人之所言(The trouble with market research is that people don't think what they feel, they don't say what the think and they don't do what they say)。"当然，这并不意味着我们要否定市场研究、放弃市场研究，而是要更加审慎地对待市场研究，不断地完善流程，优化方法组合，逐步识破被调查者的"白色谎言"，洞悉消费者消费或不消费的真实、隐秘需求。

正是因为市场研究既有对营销决策提供有效洞察的巨大正面价值，又有很多复杂的难以辨别的负面问题存在，笔者一直主张把市场研究作为一门独立的基础课程提供给商学院的本科生和MBA、EMBA学生，将该课程提高到会计课的地位，二者同为商业的基础、管理的基础，相信掌握好市场研究对于商学院其他课程，比如营销、战略等，甚至对论文的撰写乃至未来工作的提升都会有巨大帮助。不知道笔者的这一建议何时才能在商学院推行。

6.2.3 对市场研究的亲身体会

改革开放以后，上海家化很早（1989年）就设立了市场部，建立了品牌经理制度，以市场研究为基础进行产品的开发和推广。进入21世纪，公司每年的市场投入都数以亿计，其中有上千万元用于市场研究。这些预算不仅用来研究消费者而且研究竞争对手，不仅进行二手资料的研究而且进行一手资料的研究，不仅进行定性研究而且进行定量研究，不仅在产品开发之前而且在产品开发过程之中和之后都做市场研究，不仅在产品推广之前而且在产品推广过程之中和之后都做市场研究。

市场研究就是要解决企业的眼力问题，这是非常非常重要的。现在有人举乔布斯的案例，说乔布斯最看不惯市场研究，他说，如果在iPhone手机做出来之前，你去问人家你要iPhone这样的手机吗？全世界的人都说我们不要。因此就有人主张不要做市场研究。但是，实际上，市场研究是非做不可的，只是说你不要机械地、僵化地去做。乔布斯去过印度，他理解佛教，理解印度教，理解禅宗，乔布斯对于人内心的需求有一种几乎触及灵魂的洞察，这个不就是市场研究吗？你不要以为他没有做常规的市场研究，他就不做市场研究了。乔布斯是有直指人心的洞察力的。对于人需要什么样的东西，对什么样的东西会觉得美，他是有判断的。

基于营销工作经验，笔者总结以下几个观点：第一，市场研究的目的和目标要明确，不能乱做；第二，要简要；第三，数据不能够见风就是雨，你要看到数据背后是什么因素在驱动。所以，一定要学市场研究，因为不学市场研究，你连数据怎么读解都不知道。通过市场研究学会如何读解数据，这是非常重要的。当然现在很多公司都在做市场研究，但很多时候是因为大领导和二领导、上级领导和下级领导关于一个问题的看法不一致而妥协到一个点上：我们做一个市场研究吧——看看消费者怎么说，我们听消费者的。这其实是把市场研究政治化了，不好，希望企业不要只是为了这个原因去做研究。

娃哈哈的宗庆后，在早些年的时候，他的产品做得并不怎么突出，但是一年200多天开着车在市场上跑，看货铺得怎么样，广告该怎么"打"，"打"什么频道。当然不要只把调研当成问卷而已，企业家亲自跑市场是最好的调研方法之一。葛文耀先生在20世纪90年代初的时候，经常在上海的市百一店站柜台，一站就是一天，仔细观察消费者怎么买东西，对产品有什么意见和建议。

当然，还有一种调研是通过调研公司做问卷，做消费者座谈会，这也可以做，也是一种方式，但是代替不了营销人员自己走市场，就像"读万卷书"代替不了"行万里路"一样。关于市场调研，既要走访市场，也要做一些二手资料；既要提高思维能力，也要提高结构化表达能力。

6.3 让消费者行为学在营销中真正发挥基础作用

科特勒《营销管理》的第三篇"与顾客建立联接"下面有四章，第5章"创造长期顾客忠诚"，第6章"分析消费者市场"，第7章"分析企业市场"，第8章"开发全球市场"，其中第6章和第7章可以说也是宽泛意义上的市场研究，而"分析消费者市场"其实相当于一门独立的课"消费者行为学（Consumer Behavior, CB）"，在商学院很多学生都抢着修"组织行为学（Organizational Behavior, OB）"，但是修CB的学生却不多。走出校园后，认真学习这门课程和学问的营销者也不是太多，这是一个遗憾，学习商业而不学消费者行为，就像学习经济学而不学行为经济学一样，不仅显得偏颇，而且也缺乏必要的认知基础，还是那句话，大家读营销书太容易快速地滑向STP，甚至越过STP直接进入4P，而忽视在STP和4P前面的R（Research）。对于消费者行为学的学习和探索，就是R的重要内容之一。

6.3.1 消费者行为学的基本范畴和学科特征

消费者行为学是从心理学、社会学和营销学等角度来解读/破解消费者行为密码的一门学科。对于何为消费者行为，学术界有四种不同的观点：①消费者购买、消费和处置产品或服务的决策过程，此为"决策过程论"；②消费者购买、消费和处置产品或服务的体验过程，更强调其感性的一面，此为"体验论"；③消费者对刺激的反应，从消费者与刺激的关系中去研究其行为，此为"刺激-反应论"；④消费者与营销者之间的交换互动行为，是双方均衡的结果，此为"平衡协调论"。

消费者行为学的"父亲"和"母亲"分别是"行为科学"和"消费者研究"，其基本研究方法与市场研究方法类似。

根据卢泰宏和周懿瑾所著的《消费者行为学》（第3版），消费者行为学的基本问题包括：①消费者的特征辨析（what）；②消费者的行为状态（what）；③消费者的心理状况（what）；④如何解释消费者的行为（why）；⑤如何影响消费者和如何更好地与消费者互动（how）。其中，①②⑤进入数字化时代以来，已发生了巨大的变化，也取得了很大的进展，③随着认知科学的发展也取得了一定的进步，但是最难、最缺乏进展的是④，这是我们研究消费者行为学的真正价值之所在，如果能在这方面取得突破，那么⑤就会有质的飞跃。

戴维·马瑟斯博和德尔·霍金斯在《认识顾客》（第13版）中将消费者行为分为三个部分：外部影响、内部影响和顾客决策过程。其中，外部影响分不同文化和不同群体对于顾客行为的影响；内部影响则包括知觉，学习、记忆与产品定位，动机、个性和情绪，态度和影响态度，自我概念与生活方式；顾客决策过程包括情境的影响、顾客决策过程与问题识别、信息搜集、购买评价与选择、商店选择与购买、购后过程、顾客满意和顾客忠诚。该书将"顾客研究方法"和"顾客行为审计"作为附录而不是主体部分提供给读者。

台湾中正大学的曾光华先生的《消费者行为：洞察生活、掌握行销》（2015年）则把消费者动机、涉入与价值观，消费者知觉，消费者学习与记忆，消费者态度，消费者情绪，消费者人格、自我概念与生活形态称为个体影响因素，而把购买情境、文化与次文化、参考团体与意见领袖、社会阶层和家庭归为总体影响因素。

对比一下马瑟斯博和霍金斯所界定的内部影响与曾光华所界定的个体影响因素，可以看出，二者大同小异，只是排列顺序不一样。后者的总体影响因素基本上就是前者的外部影响，只是后者把"购买情境"放进了总体影响因素，前者把"情境的影响"放进了顾客决策过程之下；另外，后者把前者的"群体"细分成参考群体与意见领袖、社会阶层和家庭，与购买情境、文化与亚文化一起构成消费者行为的总体影响因素。

卢泰宏和周懿瑾的《消费者行为学》的结构是在"原理篇"和"营销应用篇"之间插入了另外两篇："消费文化篇"和"方法与工具篇"。该书在中国化和数字化方面应该是比较领先的，但是这个大的结构布局似乎不尽合理。结构布局更不合理、更不清晰的是吴柏林编著的《消费者行为学》，但是该书每一章的开篇案例的编写还是比较用心的。

关于消费者行为学的教材，卢泰宏教授总结说："虽然每个版本的教材都追求消费者行为的完整画面并且需要兼顾基本内容（如影响因素、个体特征、消费者决策、购买行为），但是不同作者的版本各有各的学科倾向和特色……总体差异体现在两个方面：整体的结构框架不同；内容的分布不同"。

消费者行为学虽然是营销学的重要基础、根基和核心之一，但是并不局限于营销学的视角，而是与心理学、社会学、经济学、历史学和人类学等多个学科存在关联，其多学科、跨学科的交叉特性得到了广泛的认同，但是其作为独立学科的地位依然存疑。另外，消费者行为学的研究方法有多种，既有强调科学的客观性、视消费者为理性决策者的实证主义方法，也有强调消费者个人经验的主观意义、认为因果关系是多重的阐释主义方法，但是二者之间已经不再像过去那样水火不容了，而是从"争论"转为"讨论"，"对立"转为"互补"了。消费者行为学的第三个学科特征是理论与应用并重，其中营销学视角的消费者行为学更强调将研究与营销战略和营销执行结合起来。以"顾客导向""顾客需求""顾客价值"为聚焦点的营销与创新活动为消费者行为学提供了广阔的用武之地，消费者行为的研究成果贯穿营销的各个领域和各个环节，从广告到产品，从传播到品牌资产，从消费者到顾客资产，从战略到执行到监控。

6.3.2 消费者行为学的发展历程

卢泰宏教授在2017年发表文章，梳理了消费者行为学50年来的演进与颠覆。根据他的考察，是美国人比较早地对消费者行为进行观察、分析和研究，一开始是有关消费者行为的个别论述，后来到了20世纪初，出现了关于广告和促销的消费心理研究。作为新学科的消费者行为学正式开始于20世纪60年代，其中有两个标志：一是1968年第一本消费者行为学教材（恩格尔等人所著的《消费者行为学》）出版，二是1969年购买者行为理论由霍华德和谢斯提出。但是，大部分美国商学院直到20世纪70年代才开设这门课程。如果从这时候算起，那么消费者行为学有50年左右的历史。

20世纪四五十年代，由于商业目的的推动，关于消费者的动机研究在美国兴起，为后来的消费者行为学的诞生和成长播下了种子。历史上推动消费者研究和消费者行为学发展的外部驱动力包括：①对广告效果的确定性的追求；②在品牌和消费者之间发展关系、建立社群的需要；③从顾客驱动到顾客资产（customer equity）的创新商业模式的需要。

卢泰宏教授认为，消费者行为学的发展大致可以划分为以下四个基本阶段：①学术研究开始阶段，20世纪五六十年代，着眼于用不同的变量对消费者进行分类，对市场进行细分；②理论创立阶段，20世纪六七十年代，学术研究勃兴，"消费心理"成为首要关注课题；③理论深化阶段，1980～2000年，社会学和心理学的"自我概念"、受限意向行为理论、消费者文化理论渗入消费者行为研究，伴随行为经济学发展而产生了对消费者非理性（"怪诞"）行为的研究（见图6-3）；④理论重构阶段，2000年以来，数字化时代重构消费者行为学的目标被提了出来。

50年来，消费者行为研究的主题也屡屡变迁，先后经历这样几次浪潮：第一次浪潮，以实践和市场调研的视角来关注消费者的实际行为是什么样的；第二次浪潮，从心理和经济角度研究消费者行为，核心是关注消费者如何决策（如态度、偏好、关系和选择），属于实证主义和消费者行为领域的现代主义的解释视角；第三次

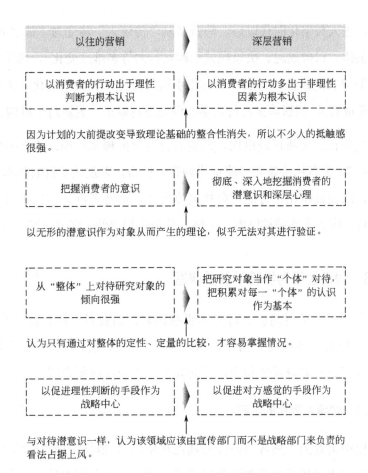

图6-3 对消费者非理性行为的研究及其营销意义

浪潮,从社会文化角度研究消费者行为,核心问题是文化如何影响消费者(如消费文化、消费伦理),属于后现代主义的解释视角;第四次浪潮,社交媒体和移动互联网时代的数字化消费者行为研究,核心问题是数字化、智能化技术如何改变消费者行为以及精准理解消费者的新方法(大数据),属于新技术视角。其中,第三次浪潮就是如何解释消费者行为这一基本问题的深化,进一步回答"为什么"的问题,以产生高质量洞察为预期。第四次浪潮对于创新和营销的知与行都将产生颠覆性冲击,新变化、新实践需要新理论也必将催生新理论的剧变/巨变。

自20世纪末开始,社交媒体、移动互联网以出人意料的速度渗透人类社会,将人类带入了一个新的时代,"数字化"和"智能化"成为概括和统领这个时代的显要概念。进入数字化时代以后，消费者从"传统人"转变为"数字人"（信息环境、行为主体、口碑效应、决策模式和购买行为等多维度变化），理解、研究、洞察和影响消费者的路径、方法、工具和手段都发生了极大的变化（大数据支撑精准营销梦想成真），倒逼消费者行为学的理论进行修正、更新乃至重构。

不论是修正、更新还是重构，消费者行为学的根本问题即"如何解释消费者行为（why）"，为营销决策和战略提供洞察的使命，以及该学科的基本特征不会改变。另外，即便数字化、智能化科技高度发达，消费者行为学也不可能变成一门纯技术学科，因为人的精神世界（灵性、价值观和信仰）终将保留一席独立之地。

6.3.3 消费者行为学若干重要课题

在消费者行为学对消费者行为的影响因素、消费者个体特征、消费者决策、消费者购买行为的各种研究当中，有一些特别值得关注的课题，比如情境、动机、情绪与情感、消费者体验等，下面我们分别予以简要介绍。

6.3.3.1 情境对营销的影响

在克里斯坦森的"顾客待办任务理论框架中"，情境占据着非常重要的位置，消费者行为学中对情境的重要性也是非常重视的，很多相关教材都会辟专章予以讲述。让我们首先来看几个案例：

● 金宝汤——该公司根据每天、每周、每年的天气变化，创造了自己的"痛苦指数"，而红利点就是雨天或雪天。当痛苦指数达到一定的数值，他们就会向市场投放鸡汤的广告。

● 7-Eleven——该公司的社长说："下订单的根据并不是基于当天卖出多少商品，而是要预测明天的天气状况如何，再来下订单。例如，事先推测'明天的天气会变热，所以冷饮或冰品应该卖得不错吧？'来下订单，这一点很重要。""如果12月是暖冬，那么即使一月份的天气变冷，冬季商品也卖得不好。这是因为春天马上要来临，大家都会忍耐的缘故。最近的消费状况，一定要以心理学的范畴来考量。"不仅如此,该公司甚至要了解消费者的"体感温度":体感温度会随着前天、大前天,甚至这一周以来的天气而改变。就以梅雨天放晴的例子来说。连日来阴雨绵绵的天气之后转晴,人体所感受到的温度会比实际温度来得温暖。而这种体感温度,便能完全改变顾客所购买的商品。7-Eleven在行业内率先建立了一套能够通知全店当天体感温度的情报系统,并给出以六小时为单位的体感温度变化……该公司就这样发掘了人们在无意识中配合体感温度的购物需求。

● Lands' End——作为一家服装的直复营销企业,该公司把天气用于预测和安排生产量、调整促销产品和促销策略等经营过程中。"不寻常"天气模式的功能之一是可以调查历史需求,以便为将来的折扣提供依据。所以,如果有一年英国的春季特别热,某些产品(比如轻薄型衣服)的销量就会很高,而为了处理过剩的库存,在下一年这些产品会有相应的折扣。

● 迪尔公司(John Deere)——作为一家农业设备制造商,该公司会向使用其产品的农场主提供关于其所使用的机器和位置的实时信息,提出提高使用效率的建议。该公司会基于天气预报提供个性化的分析服务。

有一位营销专家说:"市场营销中的情境就像挖金子的矿床,针对某一情境的市场营销对于产品制胜起着至关重要的作用"。上述四个案例是这一论断的精彩注脚。

消费者的买卖决策和消费过程总是发生在特定的情境之中,消费者的反应和行为通常因情境的变化而改变,所以,我们对种种情境及其影响必须有一个全面、深入的认识。

消费过程的四种情境(沟通情境、购买情境、使用情境和处置情境)比较容易理解,我们对情境的特征略作解释,其中物质环境或现实环境包括陈列、展示、装饰、色彩、音响、气味、空间和客流(拥挤程度)、气候以及周边环境等,这一切合起来构成商店氛围,这种氛围会影响顾客对商品质量判断和对商店的印象,也会影响购物者的心情和进店逗留的欲望。因此,店家需要对其真实环境进行调节,使购物者对产品产生兴趣,这种氛围调节对于线上商店也一样重要,营销者必须关注。社会环境是指特定场合中的其他人的在场,有时顾客购物并不是仅仅为了购买产品，而是出于社交需求，一般来说，与他人特别是密友一起购物容易引发冲动性购物，而和家人一起则会减少冲动性购物。一般来说，营销人员无法控制消费者的社会环境，所以要尽量了解并努力适应这种环境，不要逆势而为，这样势必事倍功半。消费者的时间观会在很多方面影响顾客购买决策和行为。时间压力大的顾客由于没有时间逛商店和对各种品牌进行比较，会比较倾向于选择大牌、名牌，以此降低风险。任务定义是指消费者的消费目的是自用还是送礼，二者之间有很多很大差异。先前状态是指非持久性的个人特征，比如短暂的情绪状态或条件（疲倦、生病、发财、破产等）。另外，礼仪情境涉及很多约定俗成的消费行为，也值得营销者关注，营销者可以创造或改变与特定礼仪情境相关的消费模式，其中包括各种传统节日（春节、清明节、端午节等）或者新造节日（比如"双十一""618"等），以及各种世俗和宗教庆典。

个体消费者并不是随机地面临各种情境，相反，大多数人所面对的情境都是自己"创造"出来的。营销人员可以在不同生活方式中可能遇到的情境的基础上来进行市场细分、产品创新和营销沟通。在确定了不同情境对某类产品购买行为所产生的影响之后，营销者必须确定在某种具体情境下哪些产品或品牌最有可能被选择，并搞清楚背后原因。营销者可以对情境和产品进行联合测量（见图6-4）。理解了产品在不同情境下是如何被消费者使用的，有助于营销者明确产品或品牌的合适定位以及生成有针对性和说服力的沟通内容。

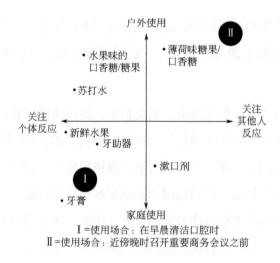

Ⅰ=使用场合：在早晨清洁口腔时
Ⅱ=使用场合：近傍晚时召开重要商务会议之前

图6-4　使用情境与产品定位

根据情境来制定营销策略的方法可以分为五个基本步骤（该方法与本书第4章所介绍的伍维克先生的机会算法有相通之处）：

- 使用观察法、焦点小组座谈会、深度访谈和二手资料找出影响产品消费的不同情境；
- 调查大量顾客，更好地了解和量化产品是如何使用的，以及不同细分市场又是如何使用的；
- 构建人群-情境细分矩阵，"行"代表使用情境，"列"是根据单一特征或多重特征组合所识别的顾客群体，把关键的利益点填入不同的格子，构成防晒霜使用人群-情境细分市场矩阵（见表6-2）；
- 评估每个单元格的潜力（销售规模、价格水平、产品和营销成本、竞争力等）；
- 根据企业能力，为那些有足够获利潜力的单元格（细分市场）制定和实施营销战略。

表6-2 防晒霜使用人群-情境细分市场

使用情况	防晒霜的潜在使用者				
	儿童	青少年	成年妇女	成年男子	情境利益
沙滩或划船活动	防止太阳灼晒或对皮肤伤害	防止日晒而使皮肤变黑	防止晒黑、皮肤变化或干燥	防止晒黑	容器能浮在水面
家里或泳池日光浴	防止晒黑和损伤皮肤	沐浴阳光而不晒黑	沐浴阳光而不损伤皮肤或不使之干燥	沐浴阳光而不晒黑或不损伤皮肤	防晒油不会在衣服或家具上留下斑点

续表

使用情况	防晒霜的潜在使用者				情境利益
	儿童	青少年	成年妇女	成年男子	
太阳吧		把皮肤晒成褐色	抹上保湿液并把皮肤晒成褐色	把皮肤晒成褐色	设计太阳灯
滑雪		防止晒黑	防止晒黑、皮肤粗糙或干燥	防止晒黑	防冻配方
个人利益	保护	日光浴	保护、日光浴同时保持肌肤柔嫩	护肤和日光浴	

6.3.3.2 动机对营销的影响

根据心理学的研究，所有人都具备五类动机：①定位动机——每个人都需要定位外界环境，并在身体内有个机制可以使他/她找到自己的位置，类似候鸟体内所具有的"指南针"，这种动机又细分为人物定位、地点定位、时间定位和环境定位四种；②生存动机——是所有动机中最强烈的动机，又细分为精神生存、物质生存、领域生存和性生存四种；③适应动机——该动机比物质生存的动机强烈；④期望动机——该动机关系未来，不像适应动机关系过去与现在；⑤娱乐动机——该动机可能源于人们小时候消除紧张情绪的目的。

人物定位动机使人们清楚自己是谁，在所有定位动机中是最强烈的个人动机；地点定位是第二强烈的个人定位动机；时间定位是人们对年月日的确切认知，对今天自己过得快不快乐的感知，以及对未来会发生什么的预知；环境定位动机是指收入、健康、家庭、家庭环境、期望以及现在和未来的其他各种事情。

在五种生存动机中，精神生存是最基本的动机，最具影响力和动力，其他动机都尾随或依赖于精神动机。在多数情况下，精神生存比物质生存更重要，相对而言精神也比肉体更受人尊敬，因此人应该首先满足精神动机。精神死亡比肉体死亡更可怕（"哀莫大于心死"）。物质生存动机涉及生命中所有的基本过程或要素：食物、空气、水、健康以及所有维持生命的基本要素。物质生存与其他动机一样，只有当受到威胁是才会被人们察觉。领域生存的因素包括资产、事业、收入、竞争、"休息场所"等，安全感是领域生存中最强烈的感情。性生存由性别、性冲动和性抑制三个要素构成，是生存动机中最不重要的动机，其本身极富争议，但"性仍然、一直、永远对营销发挥作用"。

适应动机体现为人用某些动作来适应焦虑、紧张的外部环境，比如婴儿（甚至大人）捂脸，青少年交友、着装（奇异）、学习、体育竞赛、玩游戏等，大人吸烟、吸吮拇指等，其动机都是渴望适应环境，与他人和谐相处。自从广告发明以来，许多营销措施便是吸引适应动机，其在生活中的说法为"赶时髦"。

期望动机包括信任、希望、深信将来会发生某事，从积极的意义上讲，该动机有助于人们适应即将来临的未来环境，不论某人多么悲观，只要他/她有期望动机（希望），便可以适应未来的世界。从负面的角度看，期望动机也包括"巨婴症""灰姑娘病症（Cinderella syndrome）"以及"赌徒心理"。

娱乐动机认为儿童是自娱自乐的，不太有目的性，而大人们的娱乐则充满竞争和野心。当今时代，娱乐经常成为大事，甚至是最重要的事情。

对于人类而言，动机的总数为五类共十一种，只不过对于不同的人群、行为和产品类别，动机的顺序各不相同。通常来说，顾客动机的层次从高到低的排序为：

①精神生存；

②人物定位；

③物质生存；

④适应；

⑤领域生存；

⑥期望；

⑦性生存；

⑧地点定位；

⑨时间定位；

⑩娱乐；

⑪环境定位。

在所有这些动机中，精神动机或避免精神死亡是最强大、最有动力、最主导、最有驱动性的人类行为，是第一动机。这一基于潜意识的理论不同于马斯洛的需求层次论，后者认为人只有在满足了基本需求之后才会产生自我实现的需求，精神动机是第二或第三重要的动机。马斯洛的理论并没有经验和科学的依据，只是根据个人的临床观察得出的结论。

就像警察和侦探为破案必须了解嫌疑犯动机一样，营销者也需要了解顾客购物的动机。下面我们以化妆品为例，看一下该品类如何基于动机层次开展营销。

人们购买、使用并忠于某一特定品牌的化妆品的决定85%出于情感因素，只有15%出于理性考虑。所以，化妆品营销通常都考虑并强调其所代表的情感，在广告等沟通形式中同时强调或瞄准两个动机层次，该方法称为"层次细分法"（适用于任何产品）。购买和使用化妆品的主要动机因素是人物定位，但是也涉及精神生存、性生存等动机。在很多情况下，商家只集中体现一种动机或一个层次，但是，如果把化妆品中的三种动机的两种结合在一起，就能创造出更大的吸引力。而且，第三层次，即理性（逻辑）层次，也可以增加进来，作为购买特定品牌的"许可"，传递出理性、理由、借口等消费者用来辩护自己购买选择的原因。将两种以上的情感糅合在一起，并试图用逻辑加以平衡的做法容易引起混淆，会造成消费者误解。

人物定位动机在女性生活的很多层面都扮演着相当重要的角色（对男性而言，地点或场所定位更有优先性）。化妆让一个女性有机会以自己希望的样子公开展示自己。女人早上使用时尚化妆品可以成为"她希望变成的人"，或至少在公众中展现她的理想形象（某个人物）。女性的选择是无穷无尽的：清新、时尚、时髦、保守、现代、创造性、圆滑、华贵、雍容、简约、性感、冷淡、冷艳等。人物定位动机不仅对服务和协助的目标群体极为重要，而且对所有的使用者群体也一样起着主导作用。女性会从众多广告图片中找到自己认同并且希望成为的女性的气质。

由于人物定位动机的重要性，化妆是一个高度个性化的现象。而适应动机是渴望成为类似于他人的人的动机，二者之间似乎水火不容。其实不是，人物定位动机与适应动机总是相辅相成，而且互补。绝大多数女性都会观察其他女性以获取线索，帮助自己判断，从而展示哪种类型的个人形象。

在化妆品领域，精神生存和人物定位动机能够很好地结合在一起，因为二者都鼓励追求完美。营销者越是强调精神生存，人们对实现完美的兴趣就越高。如果完美与人物定位动机同时强调，那么消费者愿意为产品掏更多的钱，同时其对增值服务的要求也会水涨船高。另外，精神生存同时也反映出爱和激情。当这两种情感与人物定位的动机结合起来，就会有强烈的表现效果和冲击力。

另外，物质生存也是化妆品营销的合理途径之一。从药妆到"成分党"品牌，其背后都是物质生存动机在起作用，毕竟物质生存是所有层次中最基本的动机因素之一。

在领域生存的层次上，化妆品企业所营造的产品吸引力包括对专注于事业而且忠于事业的女性的一种吸引。以这样一个人物为主角的内容场景，不必再出现另外一个人，因为这样会转移人们对主角的注意，削弱或淡化人物定位动机的作用——毕竟人物动机定位应该一直得到关注，因为这才是化妆品营销的重要动机。为了表现出效果，需要做的不过是将职业女性的定位与明显的权力标志联系起来，表现出她在这种定位之下的安全感和信心。

在性生存层面进行化妆品的营销或传播，可以瞄准性别、性冲动或性抑制三个动机要素中的任何一个，但是不管瞄准哪一个，都要把握分寸和尺度，服从、服务于人物定位动机这一化妆品中最重要、最恒久的主题。

购买和使用化妆品涉及的两个最重要的动机是人物定位动机和适应动机。这两个动机的作用巨大，是整个市场的主导力量。"女人心，海底针"。由于消费者（以女性为主）情绪化地使用化妆品，整个市场需求巨大、强烈、难以把握，属于永远的朝阳产业。

6.3.3.3 情绪与情感对营销的影响

情绪和情感之间的关系大概可以这样理解：情绪是情感的外在表现，而情感是情绪的本质内容。情绪在与产品、零售、顾客处理和广告相关的一系列营销情境中起着重要的作用。首先，营销者可以以情绪激发作为产品和零售的利益，比如感激作为一种强大的特殊情绪，能够促使顾客奖励公司在关系营销方面的努力，从而带来更大的销售和更好的口碑。其次，营销者可以以情绪缓解作为产品和零售的利益，适合这样的品类很多，比如抑制抑郁或焦躁的非处方药，减缓压力的食品和酒（"何以解忧？唯有杜康"），改善心情的鲜花，缓解内疚感、无助感、耻辱感或厌恶感的减肥产品和其他有助于自我完善（用德国当代哲学家斯洛特戴克的话说，这是"禁欲主义"的非精神化倾向，是一种人类学技术；用里尔克的诗来说，则是"你必须改变你的生活"）的产品或服务，缓解焦躁和忧虑的个人清洁护理用品，一扫低迷情绪、创造"口红效应"的唇膏等彩妆产品。再次，企业可以采取措施化解顾客在遭遇糟糕服务或失败产品时产生的消极情绪，有针对性地在顾客的三种态度（积极应对、发泄情绪、刻意回避）面前趋利避害、转危为机。最后，营销者可以在其营销沟通（主要是广告）活动中优化情感需求，这主要包括以下几个方面的努力：①将情感诉求建立在正面、积极的情感体验上，例如温馨感、友爱感、审美感、荣誉感、自豪感、理智感、成就感、崇高感等，因为这类情感对消费者具有较强的支配力；②使用适宜的颜色、插图、标题、文案、歌曲或音乐；③选择顾客心境良好的时机和场合来发布广告；④利用明星或KOL/KOC所具有的移情效应来获得顾客对产品或品牌的好感；⑤针对合适的品类和情境进行适当的恐惧诉求，以取得所预期的效果；⑥通过幽默的情趣来淡化营销的功利性，使顾客在不知不觉中，自然而然地接受营销活动所传达的信息，从而减少人们对营销活动的逆反心理，增强营销沟通的感染力和总体效果。

6.3.3.4　消费者体验对营销的意义

消费者体验是指亲身参与或直接观察某一事件的切实感受，是后工业时代消费者行为的新驱动力。营销者如果能够对消费者及其品牌体验有深刻洞察的话，将不仅让客户一般性地满意，而且让客户心存感激、高度忠诚（成为铁粉）。

在经历了农业经济、工业经济、服务经济之后，人类社会开始进入体验经济时代，其在生产行为上以提升感性程度和服务品质为基准，以产品为创新和营销剧场的道具；在消费行为上则追求情境，创造消费者趋之若鹜、精彩难忘的场景和活动，注重与产品和品牌的互动。根据美国咨询师B.约瑟夫·派恩和詹姆斯·H.吉尔摩的界定，消费者的体验王国有四大维度：娱乐（entertainment）、教育（education）、逃避现实（escape）和审美（estheticism），它们互相兼容，共同构成独特的精神享受（见图6-5）。

哥伦比亚大学商学院教授施密特在《体验营销》一书中将感官（sense）、情

图6-5 体验王国

感（feel）、思考（think）、行动（act）和关联（relate）五个感性和理性因素称为战略体验模块（strategic experiential module），以之作为体验营销的总体架构：

● 感官营销——其目标是创造直觉体验，感官有视觉、听觉、触觉、味觉和嗅觉组成；感官营销可分为公司与产品识别、引发顾客购买动机、增加产品的附加价值等。

● 情感营销——其诉求是顾客内在的感情与情绪，目标是创造情感体验，其范围可以从温和、柔情的正面情绪到欢乐、自豪的激动情绪。

● 思考营销——其诉求是智力，以创意的方式引起顾客的惊奇、兴趣、对问题的思考，为顾客创造认知和解决问题的体验。

● 行动营销——行动营销的目标是影响人们的身体体验、生活形态与互动，丰富顾客的生活。

● 关联营销——包含感官、情感、思考与行动营销等层面，超越私人感情、人格、个性，加上个人体验，与个人的理想自我、他人或文化产生关联，接近价值观营销（partisan marketing）。

曾光华教授在其《消费者行为》一书的第10章，以诚品书店为例，比较详细地说明了体验营销（行销）的五大模块（构面），有兴趣的读者可以参考。

6.4 让新的市场研究方法发挥独特作用

上面我们介绍了比较传统的市场研究方法和消费者行为学的基本常识，接下来我们重点介绍几种新兴的市场研究方法，可以算作是对市场研究的刷新（hit refresh）。

6.4.1 拥抱切中肯綮的待办任务法

克里斯坦森倡导的"顾客待办任务"理论不同于传统的市场研究方法，但与传统的市场研究方法并不矛盾，"待办任务"的视角能够为管理者提供截然不同的观点——亚马逊创始人贝索斯经常说："新观点可抵80分的智商。"科学哲学家托马斯·库恩在《科学革命的结构》一书中探索过重大科学进步是如何取得突破的这个现象，原因是有人采取了全新的观点，其所使用的仍然是常规的工具。创新思维之父爱德华·德·波诺也说："有时仅仅因为看问题的角度关系而出现了某种情况。换个角度看问题后，正确的行动措施便会一目了然，问题也就不存在了。"在发现顾客的待办任务的时候也一样，问题不在于所使用的工具，而在于你在寻找什么，用什么视角来寻找，以及如何把观察的东西整合起来。

克里斯坦森在《创新者的任务》一书中建议了一种拍记录短片的方法，把某人在特定的情境中追求进步的状况记录下来。具体说来，该记录短片需要捕捉以下要素：

● 此人想要取得什么样的进步？功能、情感和社会方面分别有哪些待办任务？例如，许多人的生活中常出现以下任务：我希望我的微笑能让我在工作和生活中给他人留下良好的第一印象；或者，很多管理者对以下的任务深有同感："我希望我带领的业务团队能更好地达成目标，同时人员的流动率也能下降。"

● 困扰发生在什么情境？是谁，在何时，在哪里，做什么？"我每年看两次牙医，也清洁了牙齿，但是牙齿看起来还是不够白。"或"每周都会有业务员说他做不下去了，想要辞职，我有一半的时间都是在招聘、训练新人。"

● 取得进步的障碍是什么？例如，"我试过几种美白牙膏都没有什么效果，它们都是骗钱的东西。"或"我已经试过各种员工激励办法，从奖金制度到外出团建都试过了,我还为员工购买了各种培训服务,但是他们仍然无法告诉我问题出在哪里。"

● 消费者是否勉强接受了不完美的方案,自行拼凑出变通的办法?他们是否购买和使用无法完美完成任务的产品和服务?他们是否使用了以多种产品勉强拼凑出来的变通办法?他们是否忍受着不变,得过且过?例如,"我买过一种昂贵的家用美白套装,但是我必须整夜带着讨厌的牙套,而且牙齿感觉很酸……"或"我必须花时间亲自推销,但我哪有那么多时间?!"

● 如何定义好的"质量"?用户愿意用哪些"取舍"来换取更好的质量?例如,"我希望获得专业牙医美白的效果,但是成本不要那么高,过程不要那么麻烦。"或"我可以选择购买的产品和服务很多,但没有一个能够帮我达到想要的效果。"

上述细节蕴含着丰富的脉络和意义,回答这些问题能够帮助管理者充分掌握顾客待办任务的复杂性。就这层意义来看,顾客待办任务理论是一套整合工具。只要管理者能找到追求进步时所面临的困难,就可以推知这项任务背后所潜藏的情感性和社会性任务,这些任务不仅务实,而且非常重要。

顾客待办任务的视角可以改变管理者看到的情境:顾客的优先任务和他们愿意做出的取舍看起来可能完全不同,竞争格局中可能会出现令人意想不到的角色,看似不可能成长的市场也可能会出现令人意想不到的成长机会。克里斯坦森介绍了五种发掘顾客待办任务的方法:①从生活中寻找;②从"尚未消费"中寻找;③找出暂时的变通做法;④关注不想做的事;⑤找出产品不同寻常的用法。

(1) 从生活中寻找

索尼公司的创始人盛田昭夫曾经说:"仔细观察大家怎么生活,凭直觉去了解他们想要什么,然后去做就可以了。"生活中尚未解决的任务就是创新的沃土。观察自己,你的生活将清楚地显示出你需要什么,推己及人,对你来说很重要的事情,对其他人可能也很重要。商业界充满了企业家只是想解决自己的问题而找到市场机会,或者凭着自己对顾客待办任务的直觉来指引创新的成功故事。

(2) 从"尚未消费"中寻找

从那些没有使用任何产品或服务的人的身上,你也可以找到等着你去解决的任务。当用户找不到满意的解决方案时，他们可能决定选择不消费。而企业通常只考虑如何与竞争对手抢生意，而不是去寻找"尚未消费"的顾客的需求。他们可能根本看不到这些潜在的需求，因为现有的数据不会告诉他们去哪里寻找潜在的需求。但是，"尚未消费"往往蕴含着最大的机遇，企业一旦把眼界拓展到同类竞争对手以外，颠覆性创新的市场可能远比传统的竞争规模还要大。不论是爱彼迎所开创的民宿市场还是金佰利所开创的成人纸尿裤（包装与普通内裤无异，以消除购买时的尴尬和焦虑）市场，都证明了曾经"尚未消费"的市场的巨大潜力。如果一个市场看起来没有成长空间，那么很可能是你看市场的方式不对，对顾客待办任务的界定不当。

（3）找出暂时的变通做法

身为创新者，当你看到顾客为了解决生活上的难题而采用替代法，或是使用暂时的变通做法时，你应该特别注意，这可能是一个创新商机，用户可能非常重视这个任务。不过，如果你不真正地沉浸到顾客的烦恼情境中，你就不可能看到这些使用暂时的变通做法和替代法的方式。

（4）关注不想做的事

顾客不想做（想避免）的事，是"负面的待办任务"，其中往往蕴含着绝佳的创新机遇。比如，对于很多得了小毛病的人来说，去医院排长长的队就是他们想极力避免的事，于是就有人发明"快医疗"，美国连锁药店CVS的一分钟诊所就是这样应运而生的。

（5）找出产品不同寻常的用法

通过观察顾客如何使用你的产品，你可以发现很多新的商机，尤其是在顾客的用法与公司预期的用法大相径庭的时候。我们在本书第1章中介绍的艾禾美小苏打产品就是这样，其一系列成功的品类和功能延伸都是源于顾客对其最初产品的出人意料的用法。如果营销人员从顾客待办任务的角度来了解市场结构，而不是从产品或用户的类别（人口统计特征或心理画像）去了解市场，那么眼前的潜在市场规模就会大不一样——原本看起来没有商机的市场，也会突然出现很多增长的机会。

除了提出这五个从顾客待办任务视角去发现市场机会的方法之外，克里斯坦森还建议管理者在发掘顾客的待办任务时借鉴美国开采页岩油所采用的"水力压裂法":把水、砂子和化学试剂的混合液高压泵入地层深处的岩石,打开小的缝隙以便石油和天然气更流畅地流到钻井口。水平钻探首先是垂直向下一英里或更深开一个钻井,然后再朝水平方向扩展,同样以一英里或更长的距离打开另外一个钻井。这样一来,水平钻探便能进入大面积区域的储油岩石。和水平钻探结合,水力压裂技术促进了美国产油量(页岩油)的大幅增长。企业在开发让顾客乐于使用的产品或服务时,必须"深入(垂直钻探)而广泛(水平钻探)"地观察,不仅找出功能方面的"待办任务",而且找出顾客想要完成的情感性和社会性待办任务。兼顾三者是开发完美方案并成功推广的关键所在。无数的事例证明,即便是那些经验丰富的创新者,也会因为对顾客待办任务的了解太狭隘而忽略了大好的商机,甚至陷入了狭隘竞争的困境。

若要深入地了解顾客想要完成的任务,实际上做起来可能充满挑战。顾客往往无法用明确的语言说出自己想要的是什么,即便他们可以清楚地表达出来,他们又会显得言行不一,就像奥格威指出的市场研究的麻烦:"人之所思未必是人之所感,人之所言未必是人之所思,人之所行未必是人之所言。"所以,企业在市场研究中千万不能完全听信顾客的言语,更不能让顾客代为设计具体产品或服务等解决方案(这是企业创新部门的专业工作,不能外包给顾客)。市场研究一定要聚焦顾客的待办任务和期待成果(伍维克的术语),这样才能解决顾客"功能固化"和"需求模糊"的心理障碍。但是,很多企业都把"倾听顾客声音"理解得偏颇了,以为顾客真能说得出他们想要的东西,但是其实他们只能表达或通过某种形式"显现"其待办任务和期待成果,而不是解决其问题的具体方案,那些让顾客越俎代庖地帮忙设计产品或服务的具体特性的企业行为并非明智之举,到头来很可能会被带进坑里,追悔莫及。从这个意义上说,待办任务理论为企业的市场研究和产品创新指明了方向,分清了顾客和企业各自的责任和贡献。

看似客观的顾客行为数据往往有误导的效果,因为它的焦点只放在"大雇用"(顾客购买产品的时候),却捕捉不到"小雇用"(顾客实际使用产品的时候)。大雇用不一定意味着产品能够顾客完成其想要完成的任务,必须通过一系列的小雇用才能证实这一点。

顾客在雇用一个新产品之前,必须了解它首先要淘汰什么,然后才能雇用你的产品。而很多公司在这方面的考虑都欠缺，没有任何应对措施，因而顾客可能会因为解决不好淘汰问题而在购买新产品这件事上犹豫不决或止步不前。

企业想要聆听用户无法讲清楚的事情，就得用"初心"去观察用户，与用户互动，这样可以避免自以为是，避免过早地删除关键性的信息。企业应该像一个侦探或者纪录片导演那样，去收集各种详细地描述顾客所处情境、烦恼所在、糟糕体验和挫败感受等故事情节，并把这些情节拼接、整合起来，借此完整地了解顾客的待办任务，以便在进行产品创新和营销沟通时胸有成竹、有的放矢。

在构建故事情节时，了解那些逼迫顾客改用新方案的力量，这些力量包括不满意旧方案所产生的"推力"，以及新方案产生的吸引力。了解阻碍改变的力量也很重要，包括现有习惯所产生的惯性、对新方案的焦虑等。如果阻碍改变的力量很强，企业通常可以用消减阻力的方式来提供创新体验，尽可能降低顾客以旧换新的焦虑。克里斯坦森讲述的一个顾客因购买一个新床垫而纠结的故事，对于我们理解和推进产品创新非常有启发，有兴趣的读者可以参看《创新者的任务》第5章。

顾客待办任务理论致力于研究产品创新和营销沟通当中的"因果关系"而不是"相关关系"，它所提供的独特视角如同一束光，照亮了晦暗不清的顾客需求、市场机会和竞争格局，让企业像兵家一样——"知己知彼，百战不殆"。

6.4.2 探索显隐结合的目标解码法

在前面关于消费者行为学的研究中，我们介绍了动机对营销的影响。我们为什么买我们所买的东西？要回答这一问题，我们不妨借助目标（goal）的概念。目标在心理学和神经科学中是一个非常热门的话题，对营销也具有广泛而深刻的影响。一个产品或服务与消费者想要实现的目标越相关，消费者的支付意愿就越高。产品或服务或品牌的这方面价值被神经科学家称为"目标价值（goal value）"。对于消费者的目标及其实现来说，产品和品牌都不过是其工具。这种看法与德鲁克所说的消费者购买的是一种满足感，莱维特所说的消费者要买的孔而不是钻头是完全一致的。"目标"就是克里斯坦森所说的"任务（job）"，消费者为了完成某项任务会"雇用"某个产品或服务作为帮手。

菲尔·巴登在2013年出版了《解码：我们之所以购买背后的科学》

（Decoded: the Science behind Why We Buy）一书。该书揭示了决策科学对人们购买行为的解释以及这些科学解释对于营销的价值。作者分享了关于消费者选择背后的动机以及购买者决策时的大脑机制的研究，对人们之所以购买产品、服务和品牌进行"解码"，并应用行为经济学、心理学和神经经济学的知识和理论来显著改善企业和品牌在创新和营销方面的相关性、差异化和可信度。该书率先将丹尼尔·卡尼曼的诺贝尔奖成果应用到营销和广告当中。

在该书第5章，作者阐述了目标何以成为人们购买决策的驱动力量，提出了解码目标地图（decode goal map）的认知框架，与克里斯坦森的"任务"理论形成呼应、产生共鸣。巴登先生把产品让顾客接近目标的能力界定为"instrumentality"（可以翻译为"工具性""手段性""给力度"或"产品力"）。品牌和产品都是某一目的的手段，这种实现目标的手段性是产品和品牌的真实驱动力。我们"雇用"产品作为一个手段来把任务完成。消费者和品牌之间的关系的本质不是一种人际关系。顾客并不购买品牌的个性特征，而是购买品牌在帮助顾客实现某个目标过程中所起到的预期的手段作用，购买预期的目标实现（度）。营销的一个关键任务是在产品及其使用和一个相关目标的实现之间建立关联。通过这种关联，消费者了解到产品是否有完成这种任务的能力以及为什么有这种能力。

巴登指出，关于目标和目标价值，存在两个层面：显性层面与具体品类（类目）或物理功能相关（比如护肤品的美白、保湿，洗衣粉的去污），而隐形层面更宽泛，在心理层面起作用（比如敏感、乐趣、地位等）。在营销中，我们首先应该关注与品类特征相关的显性的消费者目标，争取在这一层面建立关联和优势。在这方面，消费者能够直接给到我们很多意见和建议（我们只需直截了当地问他们就行）。但是，在成熟市场上，不同竞争对手在显性层面的差异很小，因而，为了创造最高的目标价值、提供相关度高的差异性，营销者不得不在品牌、产品和沟通中解决相关的隐性目标。隐性目标比消费者的显性愿望更深入、更隐秘，因而可以以有意义、相关联的方式帮助品牌和产品进行差异化。

根据情感神经科学和动机心理学的研究，人类的驱动因素可分为三种：安全性（security）、自主性（autonomy）和兴奋性（excitement）。巴登提出的解码目标地图（见图6-6）提出了有六个激励领域构成的隐性目标系统，其中包括：

- 安全性（security）：呵护、信任、亲密、安全、温暖……
- 享乐性（enjoyment）：放松、轻松、开放、愉悦……
- 兴奋性（excitement）：活力、乐趣、好奇心、创造性、变革……
- 冒险性（adventure）：自由、勇气、叛逆、发现、风险……
- 自主性（autonomy）：自豪、成功、权力、优越性、认同……
- 纪律性（discipline）：精准、秩序、逻辑、理性……

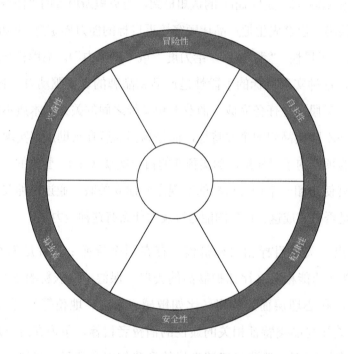

图6-6 解码目标地图：与营销相关的隐性目标体系

首先，这六个维度具有普世性，没有国别性差异；其次，这些维度也很完整，足够用来分析品类、品牌和营销沟通；另外，这些维度对于品牌的分析、定位和管理非常有帮助，因为它们可以与产品类别的具体而显性的目标关联起来。

这些隐形目标非常重要，但这不意味着在进行营销时直接从隐性目标开始，相反，我们应该从显性目标开始，显性目标是相关性的基础。如果不能满足消费者的显性目标，企业早晚要破产。而且，那些"拥有"最重要的显性目标的品牌

（类似克里斯坦森所说的"目的品牌"）通常是市场的领导者。在营销工作中，我们经常会聚焦差异化的方法，结果有时我们反而忘了该品类的基本的显性目标，导致丧失相关性的风险。为了给顾客提供最佳的价值主张（相关性和差异性合一），我们需要把显性目标和隐性目标结合起来。

从市场界定到品牌定位，从市场细分到研发，每一个商业战略都需要基于相关的消费者目标，这样才能对销售产生正面的推动作用。识别并理解市场中的相关目标可以帮助我们更好地评估某个定位的潜力：在某个类别当中，某个具体的目标到底是多少个消费者心中起主导作用的购买驱动因素？

相关性的基础是在市场上服务于占支配地位的显性目标，而且服务的程度至少不亚于竞争对手。与显性目标之间的强烈关联会赋予企业和品牌在某个品类中经营的权利。一个品牌，在某个品类中拥有主导性的显性目标，往往是市场领导者。

如果营销者无法在显性目标中建立优势地位，那么应该利用隐性目标来打造差异化的杠杆。不过，所选择的具体的隐性目标必须与品类和品牌既有关联又有差异性。

品牌的价值主张连接着显性目标和隐性目标，两类目标之间的关联不是随意和随机的，是整个产品体验决定着哪些隐性目标可以与显性目标连接起来，而且这种连接具有可信度。

巴登先生在《解码》一书的最后再次强调了决策的隐性层面的重要性。将隐性决策因素与日常营销实践相结合，能够创造范式变革，为我们管理产品、服务和品牌带来全新视角。这种新的视角能够提供为顾客产生卓越净价值的巨大机会，从而显著提升销售业绩。新的视角还能够跨越战略与执行之间的鸿沟，从而显著降低新产品开发和再上市的失败率，同时显著提升广告预算的效果，让营销从CEO眼中的"太虚幻境"变成企业业绩的"中流砥柱"。

6.4.3 构建另辟蹊径的意会法

我们在本书第1章中谈到过，企业管理者头脑中的线性的，按图索骥式的，纯理性的默认思维模式导致了企业脱离正轨，陷入创新乏力、营销不利、增长无望的困境，使得企业好像在迷雾中航行一样。这时候，管理者需要另辟蹊径，走出自然科学的藩篱，采取意会法（sensemaking）——去汲取人文科学的思路和智慧来解决问题。这些人文科学包括人类学、社会学、存在主义心理学以及艺术、哲学和文学。不同于数据主导、定量分析的社会科学，这些人文科学要研究的核心问题是：人们是如何体验世界的？

我们在本书第1章还提到过现象学，作为一门研究人类是如何体验生活的学科，它是启发意会法的哲学基础。范梅南在《生活体验研究》中指出："现象学的研究目的在于获得对我们的日常生活体验的本性或意义更深刻的理解。现象学询问'这种或那种体验的本性或意义是什么样子的？'它和其他任何一门科学的不同之处在于，它试图对我们在世界中的前反思性的体验方式进行细腻的描述，而不是单纯地分类、分级或使之抽象化。因此，现象学并不可能提供给我们解释/控制世界的有效的理论，而是提供给我们可能的洞察力，以使我们与世界的联系更加直接。"

现象学奠基人胡塞尔在其思想后期提出了著名的"生活世界"理论——实际上，该理论也是"回到事物本身"这个现象学原则的深化和发展。在某种意义上，胡塞尔之后的现象学所关注的，正是他所谓的生活世界问题。所谓"生活世界"（lifeworld），首先是"现象学还原"所要求的"无前提"的一个必然推论，同时也是生命个体之"边缘域"的自然呈现。按照胡塞尔的理解，生活世界是一个不能再被还原的最后的"剩余"，是不可超越的前提；生活世界是被一个个生命个体从他的角度所体验的世界，如神话世界、巫术世界等，总之是"前科学"的世界；生活世界当然是主观的、相对的，同时也是多元的、丰富的，但生活世界恰恰又是科学世界的唯一可能的背景和起点，任何科学、任何理论、任何知识都是以生活世界为其根基的。胡塞尔并不反对科学，而且他始终把哲学作为"严格科学"来看待，他之所以提出"生活世界"的理论，是因为他认为现代人对于科学太过执着而对于生活世界又是太过轻视了。面对这样的"时代病"——胡塞尔称之为"科学的危机"和"欧洲文化的危机"——他发出了"返回生活世界"的召唤。一个世纪以来，"生活世界"概念已经渗透到了自然科学和人文社会科学的诸多领域，产生了广泛而深刻的影响。

我们研究生活世界里的人类体验的第一步是个人体验，但是，重视个人体验并不意味着可以肆意发表意见或者纸上谈兵。主观感受只是整个过程的第一步。

我们依靠主观感受来思考如何获得最有用的数据信息，并据此发现在整个市场层面出现的普遍模式。现象学所关心的不是特殊情况，而是普遍情况。事实上，要研究一般人的体验，我们只需要对适当规模的人群以及他们所处的环境进行观察分析，就足以得出有用的信息了。搜集并搞清楚这些关于人的体验的信息，可以说是任何一家想要彻底了解人类共有的行为模式的公司所必须做的事情。

《意会时刻——用人文科学解决棘手的商业难题》一书建议，走出办公室，丢开那些电子表单。不要闭门造车，不要纸上谈兵。只有剥去了空想理论的实际经验才能真正为你揭示丰富的、真实的人性。

接下来，我们分三个部分来介绍致力于研究人的体验的意会法：

（1）世事洞明，人情练达。有人问加拿大小说家爱丽丝·门罗，她是如何做到用语言捕捉生活实质的，究竟要怎样才能完整地描述出那些深入在我们存在之根本的喜怒哀乐、悲欢离合以及更多难解的谜题呢？究竟要怎么描述"生活"？门罗借小说人物之口，谈到想要捕捉生活中的那些"事实"是多么徒劳：

> 我试图列出名单。主街上下所有店铺的名单，主人、家人的名单，墓地石碑上的名字和下面的刻字。……对这些任务的准确性的希望是疯狂的，令人心碎的。没有什么名单可以包括我想要的，因为我想要的是最后的每一件事情，每一层话语和思想，树皮或墙上的每一道光，每一种气味，坑洼，痛苦，裂缝，错觉，静止地聚拢在一起——灿烂，持久。

我们都知道生活有多错综复杂，充满着难以理解的事情，常常平淡无奇，偶尔却有闪现出超凡的微光。人类就是生活在这样的现实之中，它细腻而微妙，盘根错节、千头万绪，充满了"最后的每一件事情"。

生活的最美之处在于它蕴含着丰富的人生况味，而人生况味恰恰潜藏在如此这般的细节之中。日本有一位木工大师对学生说："你们要享受凿子，享受刨子，享受这种有生命的材质。你们必须训练自己，提升身体的灵敏度，这是关键。做到了这一点之后，你们再去学习如何磨凿子，感受那种振动。凿木料的时候，你们能够感觉到不同的木料产生的阻力是不同的。"

哲人们说，如果你对生活的见解达不到一定的深度和丰富度，达不到将知识内化于心的程度，你就永远别想真正了解人们的行为。意会法与现行商业文化的主流方法，即默认思维模式截然相反。后者的鼻祖是笛卡尔，理性思维之父，代表了"超然"于世界万物之上的大脑；前者的代表是海德格尔，认为唯有全然"融于"世界万物之中时，才能成为完整的人。海德格尔在1927年出版了具有划时代意义的哲学巨著《存在与时间》，他在书中指出，我们存在的本质并不在于超然于具体情境的思考，而在于他所谓的"此在"，即融于世界之中的、"此时此地的存在"——当我们浑然忘我地醉心于得心应手的活动之中的时候。海德格尔拆解了延续了两千年的西方哲学传统，超越了理性与非理性、主体与客体的二元抽象对立。根据他的新哲学观点，假如我们要检视在诸如爱、恨、信赖和美等现象，就应该透过我们在日常生活中对这些现象的体验。

倪梁康在《面对实事本身——现象学经典文选》一书的"编者引论"中指出，现象学的研究是工作哲学的研究而不是体系哲学的研究，现象学家是"考古工作者"而不是"建筑设计师"。现象学通常是"贴近地面的"，而非大气磅礴的；是"大题小做"或"微言大义"，而非"大而化之"或"笼而统之"，更不是动辄"上下五千年，往来中西印"。这里的主宰者不是激情，而是明察；不是虚无缥缈的思辨和构想，而是脚踏实地的分析与描述；不是高高在上的纲领，而是细致入微地分析研究；不是泛泛地进行论证，而是去接近实事本身。

（2）人文科学理论与方法。在人文科学领域，有很多理论和方法来识别和描述全人类共通的体验，其中最重要也最能为商业领域所用的工具是民族志（ethnography）研究、深层描述（thick description）、对圈子的理解和双环学习等。

民族志研究是对人的行为进行观察、记录和分析的过程。民族志是人文科学领域最重要的数据采集方法之一。从人类学、社会学，到历史学和哲学，凡是需要对现象进行分析的地方，民族志都是一件不可或缺的工具。波兰人马林诺夫斯基被公认为人类学历史上最杰出的人类学家，他在巴布亚新几内亚进行田野调查时成功地构建了"参与式观察"的方法，使得民族志正式成为一项专业技术。马林诺夫斯基说："民族志研究者的任务是把所有观察到的细节加以整合，把所有相关的不同现象加以社会学的综合分析。……民族志研究者要能把握全局，对整个的大制度进行描绘,一如物理学家从他的实验数据中构建理论一样。"

参与式观察的第一步是要对研究对象做描述性观察,接下来则要对现象结果进行分析性诠释,在这个过程中需要根据专业知识做出一定的猜测。借助于参与式观察等方法,民族志成了一种激进且开放的研究异文化的手段。其关键在于研究者自身需要融入被观察的对象中,而非一门心思只想着去证实或证伪某个预先设立的假设。基于这种对研究者本身融入的要求,民族志方法与其他帮助企业了解人类体验的研究方法截然不同,譬如那种要受访者坐在桌前填写调查问卷,或进行焦点小组讨论的市场研究。尽管传统的市场调研形式也可以对商业策略的制定起到不小的作用,但是市场调研依然不能与民族志相提并论,通过市场调研得出的结论也远不及通过民族志得出的结论来得深入、丰富和通透。《意会时刻——用人文科学解决棘手的商业难题》在第3章介绍了一名西方研究者对一名中国人所进行的民族志观察,值得对这种方法感兴趣的读者参考。

美国人类学家克利福德·格尔茨在进行民族志研究时提出过"深层描述"的概念,该研究方法不仅揭示人的行为,而且解释其背景和情境,这样就使得该行为在外部人看来也是有意义的。这一概念在社会科学界内外都通行。

关于人类的很多行为和体验,自然科学的研究方法和测量工具可以提供属性层面的浅描述,而无法深入特性层面。深层描述对于理解人的体验的多重性、复杂性和微妙性具有不可替代的作用。

深层描述所检视的背景和情境是一个由不同的圈子组成的庞大系统。我们存在于不同的圈子中(商业圈、金融圈、政治圈、文化圈、技术圈等),我们言说着圈子,进出着圈子,爱恨着圈子。所谓圈子,是由一系列专业知识、技能、实践和术语所联结构成的一个系统或子系统。每个圈子都有着自己的运行逻辑,也都会建立起一套自己的规矩。当一个外来者,比如民族志研究者,突然闯入某个圈子的时候,他就有机会从陌生的事物中发现似曾相识的情况,也同样有可能会从熟悉的事物中洞见不一样的地方。

因为我们每个人都不是一座孤岛("Nobody is an island"),我们每时每刻无不身在某种背景环境之中,所以,要想真正了解人们的行为,就必须对其所处的背景环境也有所了解。我们必须用联系的观点,而不是孤立的观点去看问题。而一旦我们意识到背景环境的重要性，就再也不会轻易地将我们的研究对象，无论是人还是物，从其置身的情境中给剥离出去（在顾客待办任务理论中，这一点也是被特别强调的）。

由于我们对世界的了解完全依赖于背景环境，因此只有当我们失去某种工具的时候，才能真正明白这种工具的意义。当事物从它们的意义链中断裂开来的时候，它们在平日里不为我们所了解甚至关注的意义就会立刻显现出来。也许唯有通过这种断裂，我们才能真正理解身处的世界。

民族志研究的最大挑战是如何克服研究者自己的文化偏见。民族志研究者必须在分析研究对象的各种假设的同时，时刻留心观察他自身的假设。这被称为"双环学习"，这种学习是极有必要的。杰出的人文科学家一定会像研究其他文化那样，去试图了解本文化的价值取向和偏见。他们会发挥理性分析和审美情感，全面审视本文化，努力构建起一套宏观见解。著名社会学家、人类学家、民族学家、社会活动家、中国社会学和人类学的奠基人之一费孝通（马林诺夫斯基的学生）1990年12月在以"人的研究在中国——个人的经历"主题进行演讲时总结出的"各美其美，美人之美，美美与共，天下大同"十六字箴言，既是处理不同文化关系的准则，也是民族志研究和"双环学习"的至高境界。

（3）溯因推理，接近真理。溯因推理是以一种基于最佳已知事实、使用非线性的问题解决方法形成并评估假设，从而得出最佳解释的推理方法。本节所介绍的"意会法"即溯因推理在解决问题方面的实际应用。

美国哲学家兼逻辑学家查尔斯·桑德斯·皮尔士在给出演绎、归纳和溯因这三种推理逻辑的定义之后指出，溯因推理既是三种推理中最具说服力的，但同时也是最为困难的："溯因推理带来的启发让我们感觉恍如灵光乍现，但它并不能给每个人都带来灵光。这是一种洞察行为，尽管这种洞察极有可能出错。"皮尔士认为，人类在推理时容易犯下"四宗罪"：①坚信我们自己是正确的；②我们确信，有些事物我们还不曾掌握，并非因为它们不可知，而只是因为我们尚未找到掌握它们的技术和方法；③我们坚称，科学领域存在某些不可再往下细分的基本形态，而这些基本形态是绝对无法再做进一步阐释而且绝对不可知的；④我们认为，某些定理或真理已经被完全证明，已经完美无缺了。

皮尔士极度排斥"理论即真理"的观点，他认为，任何一条理论只能"接近真理"。"科学精神要求随时抛弃与经验发生冲突的信念，不应该有过分的自信。今天你相信的东西，明天你可以完全不相信它。"

皮尔士还把提出问题和作出判断两种行为加以区分，我们对二者的反应分别是"质疑"和"采信"。皮尔士说："质疑意味着一种不确定、不满意的状态，我们不满足于质疑的状态，因此会努力跳出这个状态，努力寻找值得采信的东西；反之，采信则意味着安适与自足，我们很享受这种状态，因此不会想到要逃离，也不会再想去采信其他东西了。"

我们之所以很难改变既有的观点，并不是因为我们无知，而是由于我们害怕或厌恶质疑所带来的不舒服，这才导致了我们紧紧抓住某些过时的，有时甚至是愚蠢透顶的观念不放。这就是"鸵鸟政策"或者"灰犀牛态度"。人类习惯于一味逃避任何可能改变核心信念的事物。

溯因推理有助于我们逆转习惯于待在舒适区的倾向，开启洞察力和创造力的源泉。善于溯因推理的领导者不是从电子财务表格上的数字那里获得洞察力的，也是不是从漂亮的商业计划书PPT那里获得创造力的。每一次深刻的洞察和创见都必须经历一个深刻的反思过程，这一过程类似王国维在《人间词话》中所描述的三重境界："古今之成大事业、大学问者，必经过三种之境界：'昨夜西风凋碧树。独上高楼，望尽天涯路。'此第一境也。'衣带渐宽终不悔，为伊消得人憔悴。'此第二境也。'众里寻他千百度，蓦然回首，那人却在，灯火阑珊处。'此第三境也。"这三重境界也可以分别用三个字来概括："立""守""得"。

我们所揭示的意会法用到商业领域，可以分为以下五个阶段：①用现象来表述商业问题；②搜集相关数据；③找出通用模式；④得出关键洞见；⑤建立商业影响力。关于这一方法，《意会时刻》一书提供了四个完整的企业案例（乐高公司的转型、康乐保公司的产品设计以及英特尔和阿迪达斯的战略革新），这些案例的成功无一不是通过超越传统的默认思维模式，另辟蹊径，拥抱意会法——采用人文科学的研究视角和方法，看到了问题的核心与本质，获得了深刻洞察而实现的。有兴趣的读者可以参看该书第4～6章。

进入乌卡（VUCA）时代，企业必须在原有的默认思维模式基础上，尝试意会法，引入人文科学来解决棘手的商业问题（见表6-3）。企业不应该把这两种方法完全对立起来，而应该使它们彼此互补，《失落的管理艺术——德鲁克论现代管理与人文精神》中引用了德鲁克的一段话："我们仍然无法真正懂得如何将人文学科和管理关联在一起。我们也不清楚它们之间的关联会给双方带来怎样的影响——要知道，婚姻，纵使是最糟糕的那种，也足以让双方有所改变。"不论是人文科学与社会科学、自然科学的"婚姻"，还是人文科学与商业、管理的"婚姻"，都会给双方带来改变。这种改变既意味着问题，也意味着机会。

表6-3 默认思维模式与意会法

项目	默认思维模式	意会法
所研究问题的性质	基于假设的问题	探索性的问题
所追寻答案的性质	需要回答的是"什么"以及"多少"	需要回答的是"为什么"
所关注时间的维度	研究过去与现在	研究未来
所关注问题的确定性	不确定性程度较低的问题	不确定性程度较高的问题
所依据和产生的数据的性质	可测量的硬数据	定性的数据
所崇尚价值的类型	准确性	真实性

6.4.4 启用曲径通幽的情绪触点研究法

我们在介绍消费者行为学的部分专门探讨了顾客情绪/情感对于营销的影响，了解了他们发自肺腑的行为动机，就能为解决复杂问题、为将来的成功制定正确计划找到所需要的关键依据。这里我们想着重介绍一种新的研究顾客动机的方法，该方法就是建立在关于情绪的理论基础上的：所有人都有情绪，所有人的所有决策都有情绪因素，通过揭示顾客行为的各种情绪触点，研究者可以获得对一个问题更为深入细致的认识理解，发现各种情绪触点与最终行动之间的内在联系，这种发现是"洞察力"，远超一般市场研究的发现结果。这种研究方法被称为"情绪触点研究法"，其倡导者是美国的独立商务咨询师琳达·古德曼和米歇尔·赫林。他们合写了一本书，书名叫作《突破——挖掘情绪触点满足客户需求》（*Why Customers Really Buy: Uncovering the Emotional Triggers that Drive Sales*）。

顾客是根据情绪行事的，这一观点的正确性是毋庸置疑的。在几乎所有的商业境况中，行为背后的驱动因素都是情绪，而非逻辑。无论同你打交道的人是客户、员工、会员、捐款者、战略合作伙伴、供应商、投资者、董事会成员、分析师，都要记住这一点：他们都是人。无论过去、现在和未来，人总是有情绪的。戴尔·卡耐基这样叮嘱我们："同别人交往时要记住：你不是同逻辑动物交往，而是同有情绪的人交往。"

情绪触点是能够引起强烈感情的任何事情，无论是真实的还是想象的。这些感情往往成为顾客以某种方式作出决策、采取行动，或者拥有某些坚定信念的原因。情绪触点反映顾客的内心世界，源自其全部的生活经历。同统计数据、推测与客观答案相比，情绪触点可以更深刻、更充分地反映出行为特点。情绪触点是激发热情、敦促行动的催化剂。顾客依据情绪触点来采取行动，因为他们从内心深处认为自己会更幸福、更满足、更安全、更时髦、更成功、更受人尊重；在某些方面，生活也会变得更舒适、更美好、压力更小、更令人振奋。另外，情绪触点也会引起一些消极情绪和反应。此时，他们会退避三舍，而非欣然接受。他们会尽量避免受到伤害、斥责、轻视，避免处境尴尬、被人拒绝、受人利用、满心不悦，避免可能吓到或伤害他们的一切消极因素。

揭示出情绪触点与行动之间的联系，公司就可以透过顾客的言语表面，探寻其更深层的真实意图。一旦理解到位，企业就会处于更加有利的地位，采取有效措施提高产品销量和服务质量。该书两位作者在理解人类行为动机方面报有浓厚的兴趣，他们在丰富的研究经验基础上意识到，不同类型的研究（方法）为不同的目的服务，但是，通常的研究的结果常常无效，因为其所采用的方法不适合其所研究的目的和目标。他们认为，许多用于测量而非揭示实事、实情的传统方法均已过时，甚至产生适得其反的效果。这种情况在试图剖析复杂问题时变得尤为明显。许多管理者可能对定量测量结果相当满意，但是这种统计结果并不会明显地体现出真知灼见。即使传统的定性研究方法也只不过是验证一些先入为主的假设而已。管理者通常会期待甚至要求市场研究回答这样的问题："我们如何才能销售更多的产品或服务"，他们不太注重"我们的顾客需要什么样的产品或服务？"这样的问题，更不注重"顾客的情境如何，待办任务是什么，有什么困难和障碍，他们怎么衡量任务完成情况"这些问题。

情绪触点研究法是一种间接的研究方法，通过提出一些意想不到的可以引发深思的问题，通过充满富有洞察力的倾听和有深度的交谈来消除顾客的戒备心理，这种研究方法可以揭秘那些原初自发的核心情绪触点，最终反而有助于促进产品或服务的销售。当下，企业在作出经营决策、采取管理行动的时候，非常倚重各种定量信息，而轻视定性或"情绪性"的数据。这是偏颇的，其实，情绪性数据不仅是一种有价值的工具，还经常发挥着关键作用。

情绪触点研究法将发人深思的开放式提问、富有洞察的倾听、有深度的谈话和对肢体语言的密切观察结合在一起，打开一扇心灵之窗，深入了解顾客的各种态度和信念。通过情绪触点研究法获得的洞察能够让原本模糊不清或遭到扭曲的答案呈现（复现）出清晰的轮廓——这些清晰的轮廓可以为企业提供解决问题所需要的实用情报和重要依据。

情绪触点完全建立在感情的基础上，采用科学方法无法测量，主要用于收集客观的硬数据的各种传统方法不适合用来进行情绪触点研究。用于寻找简单答案的定性方法也不适合。顾客很难将自己行为背后的原因用几句话准确地表述出来。他们首先采取行动，事后再试图解释自己的行为。这种解释其实只能道出一部分实情，一部分虚情，还有一部分是一厢情愿的想法。用传统的统计方法获取的关于顾客本人的自我表述，通常是不值得相信的。情绪触点法因为其未被过滤筛选的原初状态倒是能够反映出非常重要的真实情况，采访讲述则可以体现出深刻的洞察力。

行动永远有意义，而意义又需要一定的背景环境。依靠情绪触点研究方法可以避免经过周密安排的调查方法的局限性，结果会呈现出更加清晰全面的实际情况。情绪触点法鼓励顾客自由畅谈个人经历、志向意愿、挫折经历、人生信念，而不是向他们提出一系列具体问题。这样，他们选择讲述的内容以及相应的讲述方式使得别人能够了解他们的为人，了解他们的悲欢离合、喜怒哀乐。从这些开放式自由讲述中可以发现不同的情绪触点，研究这些情绪触点的实用价值在于能够阐释顾客自由讲述的内容的意义是什么。

情绪触点研究是一个发现之旅，它离不开发人深思的提问，富有洞察力的倾听，摆脱了偏见的观点以及自由开放的讨论。大多数人天生不是积极的倾听者，更喜欢别人听自己讲话，而不是听别人讲话。因此，我们需要培养富有洞察力的聆听技能。虽然不容易做到，但是很值得为之努力。企业一旦掌握了情绪触点研究法，就可以获得前所未有、无与伦比的机会，利用其他方法时不曾想到、无法出现的各种解决方案都会出乎意料地涌现出来——"踏破铁鞋无觅处，得来全不费工夫。"这种感觉跟朱熹《活水亭观书有感二首·其二》诗中的境界颇为相似："昨夜江边春水生，艨艟巨舰一毛轻。向来枉费推移力，此日中流自在行。"

情绪触点研究法在实际操作中并不容易获得成功。它不意味着时髦的、具有附加值的机遇。它要求研究者是训练有素的专业人员，具有过硬的商务实践经验，了解如何根据在这种过程中揭示出的真实情况制定切实可行的有效解决方案。它要求研究实践者在富有洞察力的倾听、探索和阐述方面具有出色优势。由于这种效用明显的方法也是一种非传统的方法，所以也需要研究者在努力寻求事情真相时，抛开各类公司在商务中一直依靠的那些行为、信念和经验教训。

即便在充满了"机会风口"的比较单纯的时代，传统研究方法的种种局限也会削弱一个公司游刃于竞争中的能力。在如今到处是"威胁枪口"的乌卡时代，这样的研究局限可能造成严重的灾难。市场尽管复杂，但是识别和把握顾客行为的关键依然在情绪，而不是理性思维。顾客最强烈、最直接的行为动机是对他们自己常常意识不到的冲动和感觉所做出的反应。对于他们的行为做出符合逻辑或者政治上正确的解释毕竟都是"马后炮"。收集信息的传统方法，以数据为基础的市场研究均无法使人细致入微地洞察顾客行为。

随着世界的政治、经济、社会和技术环境的乌卡特征越来越明显，企业必须具备快速反应能力。美国哲学家爱默生说："在薄薄的冰层上滑冰，唯一不掉进冰窟窿里的秘诀，就是你的速度要跑过它坍塌的速度。"企业必须时刻牢记自己的使命是创造顾客，必须知道谁是自己的顾客，他们需要什么，如何联系到他们，最重要的是如何同他们建立个人联系——情绪、情感上的联系。几乎凭直觉直接同顾客建立联系的具体能力是情绪触点研究重点挖掘的内在能力，也是情绪触点研究变得日益重要的核心要素。在不断变化的市场环境中，密切了解顾客的真实动机所具有的价值无论怎样都不会是高估。

在过去数十年通过苦苦挣扎以适应当时市场环境的公司，在接下来的变局中会更加难熬。其所掌握的统计定量数据可能给出的是一些不甚清晰、具有误导作用而且支离破碎的答案。他们所采取的其他传统的研究方法，也主要是堆积信息，而不是努力挖掘有价值的能够洞察顾客情绪的真知灼见。可以确定的是，信息不同于真知灼见，也永远不会成为真知灼见。以人文科学为主要手段的意会法才能揭示真情实感。仅凭信息，无法展示顾客的个人全貌。顾客本人也希望企业在真诚善待自己的前提下来全面了解自己。但是，无论是定量研究，还是经过周密安排的调查活动，都无法获得直指人心的洞察。

企业光是承认这一点还不够。许多企业仍然无法了解非常重要的顾客的真实情况。企业必须比以往任何时候都要接受以下事实：顾客的行为动机大多不符合逻辑，不可预测，甚至是无意识的。相反，他们做出的最强烈反应只有一个根源，那就是情绪。情绪触点研究法可以帮助企业洞幽烛微，更深入地理解顾客作出购买决定的各种情绪因素，从而采取正确、有效的针对性解决方案。

比较单纯的情绪触点研究之所以具有广泛的应用前景，是因为无论管理者面临什么挑战，在制定正确、有效的解决方案时，总是离不开同目标对象建立情绪联系的能力。对情绪触点研究法的具体操作以及成功案例感兴趣的读者，建议阅读《突破——挖掘情绪触点满足客户需求》。

6.4.5 探索深入浅出的隐喻法

杰拉尔德·萨尔特曼和林赛·萨尔特曼在《隐喻营销——洞察消费者真正需求的7大关键》（Marketing Metaphoria: What Deep Metaphors Reveal about the Minds of Consumers）一书中针对企业洞察缺失的问题，提出了通过"隐喻源（deep metaphors）"来深入消费者的内心世界，了解他们的真实想法的新方法。所谓"隐喻源"，是指人们在观察和思考时所使用的无意识透镜，是人们观察和理解事物以及指导后续行动一直使用的思考方式。隐喻源把人们所想、所看、所听、所做的事情结构化地组织在一起。隐喻源是人的大脑、身体和社会环境三个要素相互作用与发展的结果。我们可以从隐喻源当中获得客户洞察，为企业的产品创新和营销推广提供方向性指导。宝洁公司在其纺必适（Febreze）清新剂品牌的开发和推广中就关注和研究过隐喻源，有力地指导并推动了该产品的畅销，并使之成为公司历史上最成功的新产品。

隐喻源与语言、情感和视觉一样，都是人类天生的能力或习性。称之为"源（deep）"，是因为它大多是在无意识下起作用的，称之为"隐喻（metaphor）"，是因为它重新表达和展现我们日常所遇到的事物。这些隐喻源会在我们无意识的情况下增加、删除或曲解我们所获得的信息，同时又会给我们一种所见即所得、眼见为实的感觉。隐喻源具有人类学家、心理学家和社会学家所称的人类共识或近似共性。这些特征和行为几乎在所有类型的社会中都有所体现，来自世界各地、背景不同的人们，都在使用相同且为数不多的隐喻源进行思考。

隐喻源与表层隐喻（surface metaphor）和隐喻主题（metaphor theme）两个层级一起构成隐喻性思考的三个层级（见图6-7）。针对不同人群和环境，相同的隐喻源的作用和展现都会有所变化。如果你学会了识别这些隐喻源，并且知道它们是如何在我们的无意识中发挥作用的，你就能够知道是否要利用以及如何利用隐喻源，或者能够清楚地知道是哪些隐喻源正在起作用。

杰拉尔德·萨尔特曼和林赛·萨尔特曼在书中介绍了萨尔特曼隐喻引导技术（Zaltman Metaphor Elicitation Technique，ZMET），旨在帮助管理者使用隐喻源来避免工作和思考过程中的洞察缺失。两位作者倡导使用管用的知识（workable knowledge），即经验性、内容准确和有关联的信息来进行"切实的探究（workable wondering）"，挑战我们通常的思维假设，并进行一系列规范化的想象。这种探究的重点不在于收集更多的信息，而在于进行更深入的思考，解读

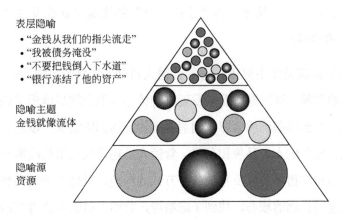

图6-7　隐喻性思考的层级

（圆圈代表隐喻源）

字里行间的意思，发现那些尚未出现、在我们已知之外的内容，思考出别人想不到的内容，通过高质量的洞察来建立竞争优势。这些洞察来自超越消费者表面思考和行为，对他们无意识行为的深入探索，以及从消费者视角来了解他们所思所为背后的原因和想法。

隐喻源可以帮助我们获得这些洞察。通过发现和分析消费者用隐喻所传递的非直接信息，我们能够对照比较出消费者的真实感受，以及他们感受表述的差异。一旦给予消费者合适的机会，他们通常会揭示出那些隐藏的思考。当我们激发消费者去探索他们的想法，并促使他们对感兴趣的话题充分发表意见的时候，他们的谈话内容会变得极其丰富，极富启发。比如，一位40岁的美国女性在形容她的理财规划时说："规划我的退休期就像一条布满岩石的上山之路。"很显然，这段陈述运用了比喻的修辞手法，暗含的信息远不止退休的理财规划很困难这样单一的信息。在一对一的面谈中，"一条布满岩石的上山之路"的表述能够为金融公司解释更多的额外信息，比如客户的沮丧、所面临的挑战、失望的情绪、工作的辛苦等。如果金融企业能够进一步探索这样的思考，就可以找到更多客户决策中所包含的尚未被发现的重要想法。这些深入的想法是无法从调研问卷中"财务规划很难"的回答中得到的，也无法通过焦点访谈小组的方式从每个人仅有的10分钟发言中获得。

谈话中的比喻通常是呈现其他想法的信号，能够比直接提问更好地发现潜在消费者在产品和服务体验中所产生的深层次的更有意思的含义。隐喻源能够捕捉和揭示出对这些深层次含义的理解，并通过询问、非引导性探索和比喻的形象描述来发现它们，比如，从上面的"上山之路"的比喻中就能发现"理财规划是个旅程"这样的隐喻源。

隐喻源和情感是孪生兄弟。随着营销人员开始关注驱动消费者行为的情感要素，他们开始理解，通过隐喻源来发现哪种情感与他们的品牌相关联的重要性。营销人员可以了解到哪些情感会影响到消费者评价他们的需求，以及为满足这些需求而提供产品和服务的人、品牌和公司。营销人员还可以使用隐喻源所提供的线索来设计产品、布置零售环境以及其他各种方式的沟通，以此来调动消费者的情感。隐喻源是找到这些情感的核心，找到了隐喻源，营销人员就不会再在浅层次的产品特色上做文章了，而是深入消费者的情感层面，建立更牢固、更持久的关系。

《隐喻营销》的作者通过对来自30个国家的100多位客户所进行的12000次深度访谈，发现了七个出现频率最高的隐喻源，这些隐喻源横跨各行各业，不会因调研的国家或研究团队的不同而有所改变。它们是：平衡（balance）、转变（transformation）、旅程（journey）、容器（container）、关联（connection）、资源（resource）和控制（control）。这七个隐喻源涵盖了上述调查所遇到的全部隐喻源的70%。另外具有一定战略重要性的隐喻有运动、力量、自然和系统。

上述隐喻源能够帮助管理者更有效地制定STP策略，更精准地完善4P。为了更好地在组织中使用隐喻源，管理者需要注意以下事项：

● 在特定情况下，选择方法很重要：我们能够理解，经理人喜欢使用自己熟悉却又明显局限的方法来获得洞察，这样做会导致收益下滑或误导洞察。纠正这样的错误的唯一办法是选择切中问题本质的最适合的研究方法。

● 任何单一的研究方法都有优缺点：在想象性思考的过程中，任何呈现出来的客户洞察必须做到可靠且有具体的内容，并能够反映出消费者深层的无意识（以及有意识）的思考。这些洞察可以从数学模型、生物测量、深度访谈、有技巧的观察或其他合适的方法获得。所有这些方法都是对现实的一种平衡取舍，因此最好使用多种方法来理解一个问题。

● 切实的探究胜过研究方法：一旦发现了某些消费者的深入洞察，比如在特定背景下，对消费者可能很重要的社交平衡或实际形态的转变，那么管理团队进行切实的探究所能发挥的作用，会胜过所选择的研究方法所发挥的作用。

● 数据毕竟只是数据：很多时候，管理者会错误地期待数据本身就可以提供"答案"。有时，遇到一些简单或直截了当的问题，数据确实可以给出答案。当遇到困难、繁杂或结构不清楚的问题时，数据本身很难奏效，而恰好是这些复杂问题的答案对公司的成功至关重要。一定不要把数据误认为是解决方案、创意、洞察或策略。对于数据的使用，取决于管理者如何发挥其想象性思考。

● 很少有简单的解决方案，很多都是失败的处方：如果答案能马上从数据中得出，研究人员经常会迫不及待地把它们放入研究结果中。证实性的研究心态让研究人员想当然地设计出相应的研究方法，从而轻易地得出结论，这种倾向和做法是很危险的。

- 仅仅知道隐喻源并不足够：有效地开展切实的探究，需要懂得相关的专业知识，比如隐喻主题、隐喻源所关联的情感，以及不同条件下能够正向或反向激发隐喻源的暗示。一旦发现消费者使用某个具体的隐喻源作为观察透镜，管理者就应当采用各种方法来揭开隐喻源所涵盖的丰富思考和情感，围绕着隐喻源进行更深入的探索。

- 隐喻毕竟是隐喻：无论使用什么方法发现和识别隐喻源，隐喻源本身并没有包含对于战术或战略问题的答案。隐喻源可以让管理者结合其他方面的消费者洞察，提出具有想象思考的可选方案。管理者应该尽可能探索所有可选方案。

- 每位管理者的思考和观察都不同：不同管理者的切实探究技能和风格各有不同，不是每个人都用相似的方式来想象，或每个人都会成功。有些人会顺利，有些人会磕磕绊绊。经历、背景不同的管理者对于同样的数据会有不同的洞察，或以不同的方式来应用同样的洞察。因此，"想象性思考"并没有一定之规，管理者需要接受和利用管理方面的差异。

管理者应该超越产品或服务的特征和功效本身（这是基础）来开展更深层次的思考，探究其背后的社会和心理原因，以及与这些原因相关联的个人价值观和生活目标（见图6-8）。比如，听力受损的消费者大部分（80%）都拒绝佩戴助听器，你去问他们什么原因，得到的回答往往是费用高或者不方便。但是，深入其价值观和生活目标，你会得到这样的反馈：助听器像一个闪烁的"霓虹灯"，似乎在提醒他人自己有缺陷。年轻的消费者会担心别人认为自己"迟钝"，年纪大

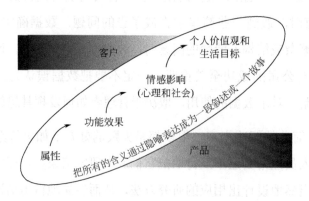

图6-8 实现消费者的个人价值观和生活目标

的消费者则担心被视为"衰老"。这两个群体共同感觉到，助听器其实是在传递缺陷、弱点、破损和丑陋的含义，这与常规的社会价值观有冲突。最终，难以抗拒的耻辱和恐惧感阻碍了消费者在助听器的帮助下重新回到正常的听觉世界。国际助听设备制造商奥迪康（Oticon）在不断提升技术的同时，也在努力研究究竟什么样的设备会吸引这些"高度抵制"的消费者。通过深入探访，他们了解到，消费者希望产品能够带来两种转变：首先，外形能从一个看起来有缺陷的东西，转变为更接近他们理想的外表；其次，他们想从陷阱中走出，进入一个"全新的世界"，这个世界与最初的隐匿、消极的世界完全不同。

获得了上述洞察和隐喻源（容器、关联和转变），奥迪康公司定位设计了一个新的系列产品，新产品的技术优势、设计和广告全部围绕两个方面的信息——逃离禁锢和实现从缺陷到魅力的转变。新产品的三角形状和Delta（三角洲）象征着这个转变。新设备的外观设计看起来更像一个高科技的通信设备，而非传统的助听器——体积小，佩戴起来不易被察觉，在他人眼里这是一个吸引眼球、色彩丰富的东西。在后续的产品测试中，人们确实以为它是别的什么东西，而非助听器。一位消费者说："有人问我，'这是你的移动电话吗？'我回答说，'是的'，他根本不会想到这是助听器。"奥迪康的广告展示了一个外观漂亮的助听器从笼子中逃脱出来，获得了更大的自由空间。测试结果显示，广告是在鼓励消费者去想象从一个自我禁锢的处境回到正常的社会生活中。测试也显示，奥迪康在使用容器这个隐喻源思考的同时，也有效地利用了在研究中发现的关联和转变隐喻源。

上述方案不仅是一次有效的广告推广而已，它也包含了实质的技术改进和产品设计的创新。改进的产品能够给消费者的社交活动及心理带来影响，其产品的新特点符合消费者的价值观并支持他们达成重要的人生目标。

隐喻源的选择取决于需要解决的具体问题、品牌历史、品牌现有影响力、品牌价值来源以及不断变化的竞争环境。在制定隐喻源的选择策略时，管理者必须思考以下问题：

● 哪些隐喻源或隐喻主题被竞争对手拥有？如果有，他们对这些隐喻源的控制力如何？你需要投入多少才能拥有这些隐喻源？你可以与竞争对手共同拥有这些隐喻源吗？百威啤酒拥有关联这个隐喻源，米其林轮胎拥有容器这个隐喻。对于竞争对手来说，从他们手中获得对这些隐喻的控制权的成本会很高，有时营销投入反而会事与愿违地让消费者想起竞争对手的品牌。

● 哪些隐喻源会产生相关情感的最好结果？雀巢脆条巧克力利用关联这一隐喻源把自己与他人联系在一起，带来强烈的归属感和对童年的回忆。消费者想象着回归自己，享受"糖果棒带来的安宁瞬间"和与他人分享的乐趣。

● 哪些隐喻源更容易激发其他相关的隐喻源？是否可以利用隐喻源的自然交叉重叠，使你在专注于一个隐喻源的同时，也激发出其他的隐喻源？奥迪康的案例说明，重点强调一个隐喻源（容器）会自动引发其他的隐喻源（关联和转变），当消费者想到听力障碍的时候，这些隐喻源会自然而然地冒出来。

● 是否有一些特定的隐喻源会在无意中反映出负面含义？也就是说，你原来意图利用隐喻源的正面含义，却引发了隐喻源的负面影响，这样可能性有多大？

● 你是否应当先使用一个隐喻源，一段时间后，当全新的产品问世时，再为消费者介绍一个更加合适的隐喻源。

● 当引进一个新的产品时，某个特定的隐喻源是否会损害当前产品所使用的隐喻源呢？如何实现互补而不是竞争呢？

● 当不止一个隐喻源出现时，它们可能会相互作用，并产生一些新的想法，这种情况可以称为"隐喻源合成"。将一个隐喻源与其他隐喻源交互合成会呈现什么样的想法呢？这样的隐喻源合成是积极的还是消极的呢？会促进还是阻碍营销推广呢？

有兴趣了解七个关键隐喻源如何影响消费者心理以及如何帮助企业获得深刻的消费者洞察的读者，可阅读《隐喻营销》第3～9章。

爱因斯坦说："无论是人类、植物还是宇宙的尘埃，伴随着神秘的曲调，我们翩翩起舞，响应着远方看不见的风笛手的吟唱。"《隐喻营销》的作者认为，看不见的风笛手就是我们的无意识心理，是很多思想的发源地，而神秘的曲调则是隐喻源——每个隐喻源都是那么复杂和深邃，但是如果你学会了倾听，你会发现这一切其实并不神秘。

"行到水穷处，坐看云起时"。超越传统的市场研究，拥抱隐喻源，渴求洞察的企业也许有希望进入消费者内心的桃花源，实现"需求洞明、营销练达"的梦想。

6.4.6 尝试见微知著的亚文本研究法

在如今的商业大环境中，滔天巨浪一般的大数据引来了狂热信仰，而全球品牌营销专家马丁·林斯特龙偏偏反其道而行之，成为一位"无神论者"，仍然坚信小数据的力量，仍然坚持采用民族志研究法，以此来获得商业洞察。他认同这样一个观点：如果你想理解动物是如何生活的，你不应该去动物园，你应该去的地方是丛林。他把他"到丛林里研究动物"的方法称为"亚文本研究法（Subtext Research or Subtexting）"。这包括一个详尽的研究过程，首先到消费者家中去访问，从线下和线上收集小数据，然后对这些从世界各地获得的观察、洞察等线索进行处理（小挖掘），最后几乎总是会迎来灵感闪现的时刻——发现消费者心中未被满足或未被觉察的欲望，正是该欲望构成了一项新的产品创新、一个新的品牌或者一个新的业务。

林斯特龙在《痛点——挖掘小数据满足用户需求》（*Small Data: the Tiny Clues that Uncover Huge Trends*）一书中介绍了他在世界各地做过的案例，通过对俄罗斯、美国、印度、巴西和中国等地的风土人情和习惯差异的民族志式的观察获得了大量用于改进产品、促进创新、完善营销、夯实品牌、开拓业务的深刻洞察。作者采用的方法是通过对一个小群体的亲身观察和小数据常识，捕捉某个社会群体所体现出的文化欲望，满足这些用户需求，击中痛点，帮助企业走向成功。作者洞察小数据的分析思维就是上述"亚文本研究法"，其框架由"7C"构成（见图6-9）。

观念
- 用创意设计出可以操作的补偿办法，来满足顾客的欲望

搜集
- 搜集和顾客有关的习惯、兴趣、感受等信息

补偿
- 从顾客的情感中，发现他们没有被满足的欲望，对此进行补偿

线索
- 寻找能呈现顾客真实自我的细节

因果
- 确认小数据促使顾客产生了什么样的情感

连接
- 寻找到顾客大致的情感缺口是什么

关联
- 发现顾客的情感缺口第一次出现，是在什么时候，是由于什么引起的

图6-9 亚文本研究法框架

搜集（collecting）——搜集对品牌接受度有影响的和顾客有关的习惯、兴趣、感受和信仰等信息。比如调查小区看这个小区住户对这个小区的评价：是荒凉还是热闹，是安然还是危险等。或你遇到这个小区的居民，他们是淡定地看着你还是眼神移向别处，从而对客户群体的特征得出一些判断，以此来影响做产品时的决策。搜集这些信息可通过当地的一些人来了解，这些人需要满足两个条件，一是能充分地获取当地的信息，二是能客观地对当地信息做出评价。林斯特龙应一位莫斯科商人之邀，帮助后者在俄罗斯开展一项新业务时，选择直接深入远东西伯利亚调研，去那里挖掘俄罗斯民众的需求。林斯特龙选择从酒吧、农贸市场、政界人物、克拉斯努亚尔斯大广场搜集当地民众的兴趣爱好和日常需求。为了消除俄罗斯人普遍存在的怀疑态度，作者甚至在克拉斯努亚尔斯大广场上与当地民众下国际象棋，以此来逐渐赢得信任。

线索（clues）——寻找能呈现顾客真实自我的细节。丹麦人家里都有一个"对话厨房"和虽然没有人玩但必然会配备的火车模型，这些展现给外人的东西并不能反映他们的内心诉求，而是供他们撑面子的东西。而实际了解下来得知，他们内心是十分焦虑的。所以，应从隐私的地方入手，比如冰箱里存的都是哪类东西，手机里音乐列表里都有哪些歌曲。林斯特龙走进俄罗斯一户人家，首先关注艺术品、厨房和浴室，并发现三条线索：①不受重视的公寓外观、毫无生气的公寓大厅、隔声效果良好的大门；②如果有机会俄罗斯人会住到意大利、法国和瑞士；③每个女人都涂着红红的嘴唇。

连接（connection）——对搜集的线索进行连接，找出他们最终指向的地方，这可能就是用户未被满足的感情缺口，也是产品应该考虑加入的元素。通过进一步挖掘民众的情感缺口，作者认为俄罗斯没有色彩、缺乏想象力、隔声门厚重、女人烈焰红唇、没有镜子。俄罗斯人的冰箱门上有许多冰箱贴，诙谐或伤感，"生命短暂不如喝杯小酒"。

关联（correlation）——找用户的情感缺口，找产品与情感缺口的切入点。林斯特龙从德国男孩不肯扔掉获得冠军时穿的破鞋的原因是鞋是他夺冠的成就感，得到了孩子们对品牌的忠诚度来源于他们在这个产品上付出的劳动和所获得的成就感这样一个洞察，因而给乐高提出了增加积木拼接难度的产品建议，让用户在完成积木时因增加难度而增加成就感。林斯特龙发现，俄罗斯人的情感缺口往往是母亲传染给孩子，俄罗斯母亲责任太重，缺乏自由、释放和时间，这些通常也会传给孩子。

因果（causation）——确认小数据促使顾客产生了什么样的情感？由于宗教原因，沙特阿拉伯的女性同样生活在压抑的氛围中，沙特的冰箱贴大多数是著名的国际地标：塞纳河、大本钟、伦敦桥、埃菲尔铁塔、罗马竞技场。结合沙特阿拉伯的特征，林斯特龙认为冰箱贴在诉说着俄罗斯人与沙特人的"逃离"梦想。

补偿（compensation）——打破常规，发现人们潜在欲望，进行补偿。以上分析中，林斯特龙想让外界听到俄罗斯女性的声音，吸引他们自己的孩子和生活在她们身边的孩子，为这个缺少微笑的国家带来真正的幸福。

观念（concept）——用创意设计出可以操作的补偿办法，来满足顾客的欲望。有创意的观念，实体店添加可以一键分享衣服上身效果的落地镜，吸引女孩来店购买，解决他们早上互相发换衣的照片来询问穿什么的痛点。林斯特龙帮助俄罗斯商人建立的"妈妈的店"电子商务网站，作为第一个尊重和倾听俄罗斯女性的在线社区，其定位和特色是"由妈妈建立，为妈妈服务"。

亚文本研究法的建立不仅依托上述7C结构，而且还要经历很多错误，包括试错过程和错误假设，它是一个不断重启、不断完善的过程。林斯特龙自述：

当我进入某个人的家时，我所做的第一件事是尽可能多地收集理性的、靠观察即可获得的数据。我会记笔记，拍数百张照片，拍一段又一段视频。最小的细节或者姿态，都有可能成为揭示男人、女人和小孩（以及该文化本身）并不自觉的欲望。我会寻找模式、相似处、相关性以及不平衡状态和夸张现象。通常，我会聚焦人们日常生活与其未被觉察的欲望之间的反差，这种证据可以从任何地方发现，从中东地区家门前方向放反了的祈祷地毯，到西伯利亚浴室抽屉里的一面破碎的手持镜子。

经过数月的观察和研究，我会把所有的发现放在布告板上。它既可作为一面墙，又是一条时间线。在认知与现实之间，现实与幻想之间，人们的有意识幻想和无意识幻想之间的缺口上，存在着什么样的欲望？该文化内部有哪些不平衡状态？是太多了还是太少了？还有什么欲望尚未被感知？

许多公司找我做咨询，正是为了明确我们作为人类究竟想要什么，一旦明确了这一点，他们可以想办法来提供。我的头衔可能是"品牌咨询师"，但是大多数公司雇我时都把我当作临时侦探，我的使命是：揭示出言辞中最模糊、最抽象的意思，那就是欲望。欲望总是与故事相关联，与有待填补的缺口相关联，它是有意无意地侵扰、鼓动和激发人类行为的向往。

林斯特龙谦称他从来没有学习过社会科学，也没有受过作为心理学家或者侦探的专业训练，但是人们总是跟他说，他的思维和行为方式像是上述三种人的结合体。而林斯特龙认为自己是小数据或者情感DNA的法医调查员，几乎是一个欲望的捕手。作为一名人类学家，林斯特龙把自己看作中立的整合者和观察者，把小数据整合起来，创造一个马赛克，对其进行小挖掘，形成一个合理的故事线。另外，他还把自己想象成商业世界中的一只水黾（一种在湖水、池塘、水田和湿地中常见的小型水生昆虫），这样有助于比较切近地体会、深入地研究不同的文化水域。有一种新兴的消费者调查方式，叫作"深层徘徊"，其目的是让做营销的人成为水生物学家，而不仅仅是钓鱼的人，像前者而不是后者那样去研究客户的鱼，这样有助于修正市场研究中容易犯的过早得出结论和过于草率地做总结的错误。

随着越来越多的产品和服务转到了线上，随着技术以实时的速度和更低的颗粒度来帮助我们理解人类行为，许多人都认为人的观察和互动太老土了，甚至已经不相关了。但是，林斯特龙并不认同这种观点，他仍然坚持亲临现场的观察，仍然坚定对小数据的信念。他认为，小数据是能呈现我们真实内在的个人化信息；小数据虽然不一定是数字，但是却比数字更能反应个体的特征；小数据经常可通过对人的细节观察得到；小数据的样本要求很低，可能只需要搜集几个人的信息就可以举一反三、推而广之了。小数据、小线索之所以能揭示大趋势，是因为它注重情感和心态，不像大数据那样冷冰冰；它能暴露顾客潜在的欲望，满足他们未被满足的需求（这就是小数据理论的操作原理）；小数据所揭示的潜在欲望，暗示人的真实自我，与人的消费需求更紧密地关联。

有一位分析师对林斯特龙说："考虑到管理层并不知道用大数据来做什么，每个人都在寻求大数据之后是什么——答案是小数据。"如今，连谷歌公司都认识到光靠大数据是不足以了解人类行为及其背后动机的，所以也开始雇用专家研究起小数据来了。《哈佛商业评论》曾经刊载过一篇文章，作者的观点是：数据和分析属于"思想（think）"范畴，内容、设计和生产发展属于"行动（do）"范畴，聚焦消费者参与和互动属于"感情（feel）"范畴。三个功能都是必不可少的。线上和线下数据的整合，即大数据和小数据的婚姻，是21世纪营销生存和成功的重要组成部分。大数据和小数据是舞伴，对于平衡有着共同的追求，就像跳探戈那样。《易经·系辞》中"一阴一阳之谓道，继之者善也，成之者性也"的说法也适合描述大数据和小数据之间的关系。

当你匿名在网上"冲浪"的时候，你就不再是"你自己"了。没有名字，没有脸，没有身份，你就会成为原始版的自己，这一现象源于同理心的缺乏，而要培养同理心，有两种方式：一是自己经历令自己沮丧的事情，二是"看出、闻出乃至嗅出你的行为如何伤害到其他人——这是屏幕和键盘后面的人不能理解的事情。"这是线上行为的悖论。我们在社交媒体上无法真正成为自己，当我们在匿名交流的时候，其结果会缺乏我们线下生活所能提供的丰富的背景和情境。我们在线上展示的一切都是精心设计和装饰过的，而在线下，我们的冰箱和衣橱抽屉里的东西却并不会那么精心，因为绝不会进行公开展示（当然，出于直播目的的除外）。

对我们作为人的最佳最真实描述，需要结合线上与线下、大数据与小数据。考虑到我们在对话中发出的信号中有90%都是非言语性的，我们的真实身份可以通过研究我们在真实的生活、文化和国家中是什么样子来认知。姿势、习惯、爱好、厌恶、犹豫、言语模式、装饰、密码、推特、状态更新等因素汇集成小数据。获得这样的小数据的最好方法是亚文本研究法——一种商业侦探的思维和工作方法。这与克里斯坦森在顾客待办任务理论中所要求的是一致的：成为侦探和纪录片导演。

6.5 市场研究的态度比方法更重要

前面我们介绍了很多的市场研究方法，有传统的也有新兴的，相信都对顾客需求洞察有所帮助。但是，想提示大家的一点是，不能因为掌握了研究方法就忽视了研究态度，有时候态度不正确、不端正，即便是好的方法也无法保证顾客需求洞察的获得。接下来，我们通过一个案例来体会为什么态度比方法更重要。

美国杰出的认知心理学家和决策专家加里·克莱因（Gary Klein）在《洞察力的秘密》(*Seeing What Others Don't: The Remarkable Ways We Gain Insights*)一书中讲了他和他的团队曾经为宝洁公司做市场研究的故事。当时宝洁公司准备上市一款新的洗衣粉。该公司的高质量产品很畅销，只是价格有点贵。他们在低端市场缺少一款产品。他们想针对经济型的持家者——家庭主妇——开发一款产品，这些消费者拒绝花钱购买高质量洗衣粉。历史上，宝洁公司一直忽视这一细分市场。

宝洁的项目团队在过去几年时间里收集了上千份调查问卷，试图理解这些经济型的洗衣者。该团队收集来的调查问卷几乎把文件柜都堆满了。而且他们已经建立了一个模型：这些消费者在超市里只购买最便宜的洗衣粉。宝洁团队对这一模型颇为满意。而且，万事俱备，只欠东风，公司已经为上市该款新产品做好了准备。他们最不希望发生的事情就是被克莱因教授这样的外来者把时间给耽误了。

然而，公司的高层管理者并不想有什么闪失。其中有一位高管曾经与克莱因教授的公司之前合作过一个项目，体验过克莱因教授他们用来获取关于隐性知识的洞察（人们很难提炼的微妙线索）的访问方法。他让宝洁的项目团队与克莱因教授团队开一个电话会议。时间是1994年7月6日。

宝洁项目团队解释了他们需要克莱因教授团队做什么，要求后者必须在7月底完成该项目。看到克莱因教授他们有些顾虑，宝洁团队成员保证说，他们并不期待克莱因教授团队能发现什么他们所不知道的事情。毕竟，他们研究这件事已经三年了。克莱因教授他们无法在不到一个月时间里了解到什么新的有用的东西。克莱因教授团队之所以被雇用，只是为了抚慰一下这位高管。

开完会后克莱因教授被激怒了。宝洁项目负责人的骄矜冒犯了他。克莱因教授决定针对这些经济型的持家者的思维过程做一个突破。

克莱因教授他们只有几个星期时间，加上开始后一般都会有些拖延，他们只有两天时间用于访谈。克莱因教授和他的三个同事分成了两组，在两天时间里总共访谈了12个家庭主妇。仅此而已。宝洁团队通常在每次调研时都会抽取数百个主妇样本。宝洁团队不认为克莱因教授他们只做十二个访谈能够得到什么结果。但是，宝洁团队的电话访问只有十分钟时间。而克莱因教授的访谈是两个小时。宝洁的研究者无法相信克莱因教授他们能够花整整两个小时时间来跟一个家庭主妇谈论一个非常简单的决定。

那次访谈的结构是向每一个被访的女性展示一个关于典型超市的购物通道的模拟照片，让她们想象自己走在这条通道上，停下来查看不同的品牌。照片展示了品牌，但没有展示价格。被访的女性要询问才能得到价格信息。这样，调查者就可以了解他们在考虑哪些品牌。被访者预先经过筛选，他们符合寻求价格折扣的购物者的人口统计特征。

宝洁公司的人作为项目资助者从单面镜后来观察访谈过程。结果并不是他们期待看到的。家庭主妇们要比宝洁公司预想的挑剔得多。她们并不是只挑最便宜的产品买而已，因为，如果她们把一款不符合她们的质量标准的洗衣粉买回家了，或者让家人不高兴了（例如，"我的衣服让我的皮肤发痒"），她们不得不停止使用这款产品，从而浪费了钱。在宝洁所描述的模式中，这些家庭主妇根本不关心质量，跟高端购物者形成反差。但是，克莱因教授团队发现，经济型的家庭主妇一样关注质量，而且她们都是成本控。她们发现便宜货会很开心，会因为以低价格买到了高质量而骄傲。她们会因为不为多余的花哨包装或营销套路而额外付费感到极大的满足。她们竭尽全力让每周的购物开支尽量地低。

有些女性在如何选择所购买的洗衣粉方面已经发展出一套成熟的策略。渐渐地，她们会识别出三四个她们家人能接受的品牌。这组目标品牌是她们的基础。然后，她们会从报纸上剪折价券，而且也会在到达超市购物时看看她们的目标品牌当中有没有哪一个有额外的折扣，在现场找折价券和打折产品。那一天，她们从她们的目标组合中买到了最便宜的品牌。对于她们来说，只有三到四个可接受的品牌是很重要的。如果选择不到三个，当天就不会有足够的机会找到打折产品。如果超过了四个选择，她们不得不进行过多的计算。

之前，宝洁的认知只是：这些消费者对质量不感兴趣，她们只想买最便宜的洗衣粉。现在，宝洁理解了这些女性所采取的复杂策略。她们不是只买最低价格品牌的头脑简单的购物者。她们所花的时间和所做的分析比任何其他组的顾客都要多。

后来，宝洁团队的负责人感谢了克莱因教授团队帮助他们在这次产品上市方面取得了巨大的成功。克莱因教授团队给宝洁团队提供了一个关于顾客决策战略的重要洞察。

如果克莱因教授团队开始调查时对其所调查的人不够尊重，他们是不可能从被调查的人身上了解多少信息的。在宝洁这个案例中，市场研究人员所采取的是鄙视性的态度。因为经济型的家庭主妇购买的是价格不高的洗衣粉，不是什么好东西，所以市场研究人员就不把这些购物者的思维过程太当回事儿。而克莱因教授团队尊重这些家庭主妇。他们所进行的是欣赏和理解型的探问，重点寻求的是这些家庭主妇的优点和长处。

6.6 中国化妆品企业该如何提升市场研究水平

在这一章中，我们比较全面地介绍了市场研究和消费者行为学的常规研究方法。微软CEO萨提亚·纳德拉在《刷新：重新发现商业与未来》一书系统地总结了他的核心管理思想，即任何组织和个人，达到某个临界点时，都需要自我刷新。其实，任何一门学科和任何一项职能也需要进行自我刷新，如今，市场研究也到了自我刷新的临界点了。因此，本章用了一半的篇幅着重描述了几个新的非常规的市场研究方法，从切中肯綮的待办任务法到显隐结合的目标解码法，从另辟蹊径的意会法到曲径通幽的情绪触点研究法，从深入浅出的隐喻法到见微知著的亚文本法，希望能够对传统的市场研究进行刷新（包括从态度方面进行改进），从而更好地为企业的创新和营销提供更高质量的顾客需求洞察。

克里斯坦森教授在其1997年出版的《创新者的窘境》一书中，运用了资源、流程和价值观理论（Resources，Processes，Values，RPV）解释了为什么诸多成功的在位企业往往在把握市场和创新机遇时却困难重重。RPV理论认为，资源是公司所拥有的东西，包括人员、设备、技术、产品设计、品牌、信息、现金，以及与供应商、分销商、客户的关系；公司将资源投入转化为产品或更大价值的服务的过程中，组织也随之创造了价值。流程是公司如何运转，即人们在实现从资源到价值的转化中的互动、协调、沟通和决策时所采用的模式。企业的流程包括产品的开发、制造方式和采购、市场研究、预算、员工发展，以及补偿、资源分配的实现方法。价值观是公司想要做什么（以及不做什么），决定组织分配其资源时所依据的标准，是员工开展工作的优先决策标准，他们以此判断一份订单是否有吸引力，某个客户是否比另外一个客户更重要，某个新产品的想法是否有可行性或不着边际等。资源、流程和价值观，共同构成了一个组织的能力体系，共同决定了一个组织的优点、弱点和盲点。

这里，我们可以借用克里斯坦森的RPV模型，下降一维，对中国化妆品企业的市场研究进行分析，相信这有助于这一职能的自我刷新。首先，让我们来看R，即资源，由于中国大部分化妆品的老板的理想是赚钱而不是建品牌，手段都是模仿而不是原创，策略都是低价的颠覆性策略而不是差异化策略，所以过去几十年，他们对于市场研究的投入是非常有限的，不论是人还是钱，投的都不多。"现实的就是合理的"，这样的路径自有其道理，但是形成路径依赖就没有道理了。过去的市场，机会确实多到只需要勇气，只需要一己的聪明才智，就可以赚得盆满钵满。但是，今后的市场，机会依然很多，甚至更多，但是所有"低悬的果子"都被摘光了，光靠勇气和小聪明恐怕无法再取得成功了，至少不会大成。因此，企业投入资源进行市场研究，以获得生存、发展和竞争所必不可少的洞察力，就显得势在必行了。

另外，中国化妆品企业在市场研究的流程（P）方面还有很多不足，多数企业从上到下，从市场部到科研部到销售部，仍然习惯"拍脑袋"决策，不重视数据、信息、知识的积累和应用。多数企业没有建立专门的市场研究部门，缺乏专业的市场研究人才，对市场研究的新旧方法论及其优缺点和使用情境缺乏必要的理论素养和经验判断，对公司内外的市场研究资源缺乏公平对待和有效利用的章法。即便是那些在市场研究和顾客需求洞察方面走在行业前列的企业也有很大的提升空间，如何提高质量和效率、更好地支持企业产品和内容的原创力和审美力提升、支持企业的数字化转型和可持续增长战略，都是一个重要而又紧迫的课题。

中国化妆品企业在市场研究和需求洞察方面的最大问题是企业家（老板）们的价值观（V）。过去的市场大胜靠勇，未来的市场大胜靠德，现在的市场大胜靠智。从现在开始，中国化妆品企业的经营者和管理者必须重视数据、信息、知识、智能和智慧的力量，要充分认识到正确、合理、有效的市场研究在产品创新和营销推广中所发挥的基础性甚至是决定性作用。老板们自己不要脱离市场，脱离顾客，脱离生活；老板们自己要学会研究市场，研究顾客，研究生活，从生活中观察顾客，从观察顾客中洞察商机。企业有一个重视顾客需求洞察、重视市场研究的老板，就有可能形成一个洞察力的生成和运用机制，慢慢会演变成一种文化、一种软实力。鉴于新时代的市场环境变得格外复杂，传统和新兴的市场研究也有一定的专业性，建议中国化妆品企业的老板们带头学习专业知识，特别是本章所介绍的常规和非常规研究方法，让企业的市场研究和顾客需求洞察"从头开始"，让提升洞察力成为企业家和管理者的"头等大事"和第一项修炼。

为了迎接智能时代的挑战，微软CEO萨提亚·纳德拉提出了自我刷新的三个关键步骤：①拥抱同理心；②培养"无所不学"的求知欲；③建立成长型思维。这三个关键步骤也适用于需要对市场研究和顾客需求洞察进行刷新的中国化妆品企业的企业家和管理者。

天道酬勤，亦酬智。"好学近乎智，力行近乎仁"。中国化妆品企业的从业者："Are you ready to hit refresh（你准备好自我刷新了吗）？"

第 7 章
顾客需求洞察的大数据和数据分析来源

大多数信息系统都专注于内部会计数据,这加剧了一直以来管理的退化趋势,尤其是在大企业中,其关注点向内不向外,专注于内部的成本和成就,而非外部机遇、变化和威胁……高层管理者获得的内部信息越多,就越需要更多的外部信息来与之达成平衡,但是这种外部信息暂时还不存在。

——德鲁克

现在我们正经历着一场信息革命。这不是技术上、机器设备上、软件上或速度上的革命,而是一场概念上的革命。

——德鲁克《21世纪的管理挑战》

"我怀疑，200年后的后人们在书写我们这段历史时，他们会发现，我们所处的时代人类思考方式发生了重大的变化，那就是，与以往任何时代相比，我们都在更多的事情上变得更加理性，我们更多地以数据为依据来分析思考问题。"

美国前白宫经济委员会主任、哈佛大学教授与前校长劳伦斯·萨默斯的关于我们所处的历史转折点的这段话，让笔者想起在大学时读过的一篇文章，里面介绍了历史学家黄仁宇的一个观点，所谓资本主义就是可以用"数目字管理"（mathematically managed）的社会。后来，在美国留学读MBA时选修"商业预测"课，接触到数据挖掘（data mining），后又发现一个更高维的概念"商务/商业智能（Business Intelligence，BI）"。再后来，笔者进入了提出"BI"这个概念的Gartner公司工作，得以学习了大量关于BI的知识，并于2003年撰写了《三位一体的商务智能——管理、技术和应用》一书。这段经历使得笔者对于数据、数据仓库、数据挖掘、数据分析、分析性管理软件和企业绩效管理等概念有所了解，在上海家化分管信息化建设时也着重强调数据和数据分析的重要性，在推动公司ERP（企业资源计划）升级之前、之中和之后都非常重视数据管理和数据分析。希望未来的商务能够摆脱现有羁绊，实现：

- 对历史、现时和未来的通观；
- 对顾客、对手和自我的洞察；
- 对收入、成本和利润的透析；
- 对数据、信息和知识的升华；
- 对科学、技术和艺术的融合；
- 对战略、运作和绩效的完善。

7.1 迎接大数据和数据分析的滔天巨浪

自从1954年UPS在企业内部建立了一个分析组，数据分析的理念就诞生了，几十年来，它不断更换名称，从决策支持到执行支持，从在线数据处理到数据分析一直到现在的大数据（见表7-1）。如今，技术领域的新名词、新概念层出不穷。但是，不论是管理思想还是技术术语，很多都是新瓶装旧酒，在商业和社会中造成很大的混乱。诺贝尔经济学奖获得者赫伯特·西蒙有感且不满于此，大力呼吁要像孔子倡导的那样去"正名"，而德鲁克也说："思考是一项艰苦的工作。而管理时尚是思考的神奇替代品。"

表7-1 使用和分析数据的相关用语

术语	时间范围	具体意义
决策支持	1970—1985 年	使用数据分析支持决策制定
执行支持	1980—1990 年	重视数据分析对高管决策制定的支持作用
在线分析处理	1990—2000 年	分析多维数据表的软件
数据分析	2005—2010 年	决策制定时重视统计学和数学分析
大数据	2010 年至今	关注大量的、非结构化的和快速流动的数据

7.1.1 大数据的基本概念

那么，多大的数据才算大数据呢？于勇毅在《营销技术：原理、策略与实践》一书中，对小、中、大数据分别作了界定。小数据是指数据量在几十万条级别，这时候Excel就能作为企业的最佳数据管理平台来应用，对数据分析和操作人员的要求非常低。这里的"小数据"概念与我们在本书其他地方提到的以人的主观观察获得的"小数据"在数据量方面是一致的，但是二者在性质上则有着根本性的差异，相当于自然科学与人文学科之间的差异，前者以交易数据和公开的交互数据为主，而后者则以顾客使用（产品和服务）的数据和隐秘的感知数据为主。中数据是指亿条级别的数据量，普通计算机和Excel无法有效处理，企业需要通过服务器、数据库进行数据管理，对数据人员也有较高的专业技能要求——懂得数据库操作、SQL语言和基本统计学算法。大数据是指数据大到单台服务器都无法放下的程度，企业需要建构服务器集群，进行分布式计算与"数据中台"管理。

关于大数据的范畴、类型、维度、来源和层级，涂子沛给出了准确而清晰的图示（见图7-1～图7-5）。

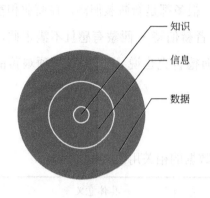

图7-1 现代意义上的数据的范畴

图7-2 数据的类型和大小

注：进入信息时代之后，数据成为信息的代名词，两者可以交替使用，一封邮件虽然包含很多条信息，但从技术的角度出发，可能还是"一个数据"，就此而言，现代意义上的数据的范畴，其实比信息还大

注：数据是对人类生活和客观世界的测量和记录。过去，是我们选择什么东西需要记录，才对它进行记录；在大数据时代，是选择什么东西不需要记录，才取消对它的记录。随着记录范围的不断扩大，可以肯定，人类的数据总量还将呈滚雪球式扩大

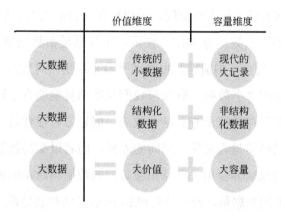

图7-3 大数据的概念和维度

注：正如前文讨论的，当前人类的数据约75%都是非结构化数据，大记录的表现形式主要就是非结构化数据，而大记录、非结构化数据要体现出价值，当前主要的处理方法，还是把它们转化为有严整结构的数据，即传统的小数据，因此我认为，大数据的价值维度主要体现在传统的小数据和结构化数据之上，而大数据的容量维度主要体现在现代的大记录和非结构化数据两个方面

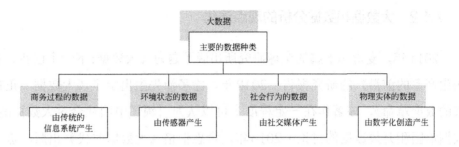

图7-4 大数据时代的数据类型

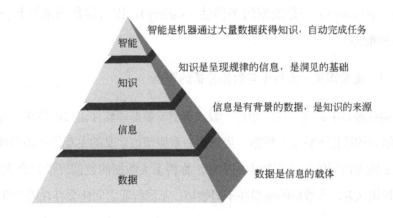

图7-5 数据、信息、知识和智能的四个层级

大数据有许多类型可供选择,就像一份充满无限可能的菜单,企业可以从每一列选择一项,来启动大数据项目(见表7-2)。

表7-2 大数据的可能性列表

数据类型	数据来源	受影响的行业	受影响的部门
大体量	网络	金融服务业	营销
非结构化	视频	医疗行业	供应链
不间断的数据流	传感器	制造业	人力资源
多格式	基因组	旅游与交通业	财务

7.1.2 大数据和数据分析的观点演化

2011年,麦肯锡下属的全球研究所出版了题为《大数据:下一个创新、竞争和生产率的前沿》的研究报告;2012年,涂子沛先生出版了《大数据:正在到来的数据革命》,该著作在一定程度上可以认为引领了中国社会对大数据战略、数据治国和开放数据的讨论;2013年,舍恩伯格《大数据时代》出版,进一步在国内外引发了大数据热潮,有人甚至称2013年为"大数据元年"。其实,麦肯锡早在2006年就提出过这一概念,而Gartner在2001年就描述过大数据的"三维"特征:一是同一类型的数据量正在快速增大(volume);二是数据增长的速度在加快(velocity);三是数据的多样性(variety),即新的数据来源和新的数据种类在不断增加。

7.1.2.1 麦肯锡关于大数据与数据分析的观点

麦肯锡在报告中认为,规模超过一般(典型)数据库软件工具的收集、存储、管理和分析能力的数据就算是大数据。麦肯锡有意保留该定义的主观性和动态性,其背后假定是:随着时间的推移和技术的进步,称得上大数据的数据规模也会水涨船高。另外,麦肯锡认为,大数据的规模在不同领域、不同行业之间还会存在差异性。

虽然数据早就作为信息和通信技术的产物对消费者、企业、行业、政府机构乃至全球政治和经济,不断产生影响,但是进入21世纪的第二个十年,大数据所带来的变化的规模和范围处在了一个转折点上,会随着技术趋势的加速和融合而极大地扩展。不论是大数据的发展还是对大数据的研究都处在一个初级阶段,更加波澜壮阔的活剧的大幕正在快速展开。让我们来回顾一下麦肯锡当年关于大数据的七点洞察:

(1)数据正在横扫每一个行业、每一个商业职能,已经成为重要的生产要素,不论是发达国家(有一定优势)还是发展中国家都在其日益扩大的影响之下。

(2)大数据通过以下五种方式创造价值:①提升透明度,特别是对于政府部门;②支持发现需求、揭示变化和提升绩效等实验举措;③对人群进行细分,从而采取针对性、定制化行动;④利用自动化算法来代替或支持人的决策;⑤进行新商业模式、产品和服务创新。

(3)大数据的使用将成为公司竞争和增长的关键基础,各个行业都已经有先进的公司在利用大数据来驱动战略、创造价值。

（4）大数据的使用将会推动新一轮劳动生产率的提升和消费者盈余的增加。

（5）尽管大数据的使用对于所有行业都很重要，但是某些行业会获益更多，比如计算机、电子产品和信息产业以及金融、保险和政府部门。

（6）企业和其他各类组织在利用大数据方面会缺乏统计、数据分析和机器学习等方面的人才，这将妨碍从大数据获取洞察的效果。

（7）为了更充分地挖掘大数据的潜力，有诸多问题需要解决，比如隐私、安全、知识产权和负债等政策问题，数据技术，组织变革和人才培养问题，数据使用和数据开放问题，行业结构问题，等等。

概括起来，麦肯锡的这份颇有影响力的报告阐明了数据的四个"大"：数量（规模）大、价值大、机会大、挑战大。

麦肯锡还重点研究了大数据在零售行业里的应用，分五个功能（职能）、十六个方面（见表7-3）。

表7-3 大数据对零售业运营的改善

功能（function）	大数据的杠杆（big data lever）
市场营销（marketing）	1. 交叉销售（cross-selling） 2. 基于地理位置的市场营销（location based marketing） 3. 店内行为分析（in-store behavior analysis） 4. 顾客细分（customer micro-segmentation） 5. 情感态度分析（sentiment analysis） 6. 多渠道消费体验（enhancing the multichannel consumerexperience）
商品（merchandising）	7. 分类优化（assortment optimization） 8. 价格优化（pricing optimization） 9. 上架布局及设计的优化（placement and design optimization）
运营（operations）	10. 绩效透明（performance transparency） 11. 雇员工时优化（labor inputs optimization）
供应链（supply chain）	12. 库存管理（inventory management） 13. 配送和物流优化（distribution and logistics optimization） 14. 供应商谈判（informing supplier negotiations）
新的商业模式（new business models）	15. 价格比较服务（price comparison services） 16. 网络营销市场（web-based markets）

注：麦肯锡公司认为大数据将在以上16个领域为零售业带来巨大的机遇，如果公司运用数据得当，零售商的营业利润将提高60%以上。

虽说计划不如变化快，但是如果企业不针对大数据作出有效规划，那么很容易在市场竞争中落于下风。好的大数据计划应该包括以下三方面内容：①数据——收集海量数据，对数据进行清理和整合；②分析模型——选择先进的数据分析模型，并用于优化运营、预测商业决策的结果；③工具——将模型输出转化为具体的行动，并培训关键岗位的员工，创建易于使用的工具。

企业制定大数据规划还会遇到很多挑战，比如投资重点的确定以及与业务战略之间的匹配，速度、成本和接受度的平衡，对一线部门参与度和员工能力培养的重视等。另外，任何规划都不是一劳永逸的，正规的年度"教科书式"战略规划流程必须适时地转变为持续性、参与更广泛的动态流程。

大数据和数据分析的影响力正在深刻地改变商业的前景，企业高层的数据管理能力必须加强，反过来，大数据和数据分析计划的推进也需要充分发挥领导力的作用。有鉴于此，有的企业增设了首席信息官、首席市场官、首席战略官或者首席风控官，还有的企业可能增设了首席数据官、首席技术官或首席分析官来领导企业的数据分析中心。担任这一职责的企业领导人面临着树立新的思维方式、制定数据分析战略、确定内外资源和能力组合、确保数据分析能力、推动变革和促进协作以及培养一线能力等战略任务。

虽然说大数据和数据分析能力建设对于企业属于刻不容缓的使命，但是企业也要注意防范成本高昂但收效甚微的解决方法。千里之行始于足下，企业不一定马上推行大规模的变革，而应该专注于有针对性的数据收集、模型建构和文化转型，做到既与时俱进又循序渐进。

数字化领军企业具备五个维度的行动特质：①深入洞悉消费者端到端的决策流程，提升销售转化流程；②使用360度多维数据，为消费者精准画像，实现定向体验；③优化数字资产，提高转化率；④进行敏捷的数字化营销快速测试、学习、捕捉机遇；⑤组织覆盖营销、大数据分析、体验设计、CRM和IT等部门的跨职能团队，以及优质外部供应商所共同搭建的"数字化生态圈"，在组织和资源上有效支持这一重大转型。

为了驱动数字化营收增长，企业需要从以下三个方面入手：①发现（discover）——从数据到洞见，以360度客户视角挖掘消费者洞见，包括其可能购买的下一个产品，生成销售线索、销售预测以及优化案例等，然后去撬动更有针对性的营销创新。②设计（design）——彻底重塑用户体验，通过个性化、全渠道以及SoLoMo（社交/本地/移动）提供全面升级的用户体验。③交付（delivery）——强调工具、能力和理念的有机结合，以跨职能团队和优质生态圈为支撑，敏捷执行。

还需要寻找那些能够同时充当"翻译"的专家（见图7-6），他们能够通过顺畅有效的沟通在公司各个业务部门间建立桥梁。这就需要"两项全能（two-sport）"的经理——具备两项互补技能的专家，例如计算机编程与金融、统计与营销、心理学与经济学等。

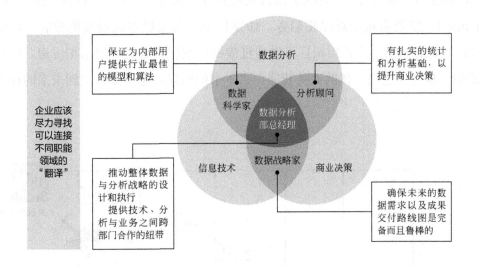

图7-6　连接不同职能领域的"翻译"专家

7.1.2.2　涂子沛关于大数据的观点

涂子沛先生的《大数据》一书在中国社会开大数据之先河，著名历史学家许倬云认为涂先生这部书清楚地叙述了资讯时代对我们生活的影响与社会的控御力。作为中国大数据技术、文化和理念的首倡人，涂先生视野宏大，对PEST[Politics（政治）、Economy（经济）、Society（社会）和Technology（技术）]都有所关注。他认为，数据不仅可以治国，还可以强国，数据正在成为各行各业最重要的创新资源，基于数据的创新将带动人类社会的各个领域都实现巨大的飞跃。而笔者更多地关注数据在商业领域的应用，即数据对洞察顾客需求、制定增长战略、提升产品创新能力、改善营销沟通效果等方面的作用。

涂先生在《大数据》中把"商务智能"作为"帝国风云"的一个组成部分，他把数据仓库之厚积薄发描述为"结蛹"，把联机分析之惊艳描述为"蚕动"，数据挖掘之智能革命的产生描述为"破茧"，数据可视化的华丽上演描述为"化蝶"，让读者对商务智能的前世今生产生了栩栩如生的认识。涂先生在书中描绘了一个完整的商务智能流程（见图7-7）——一个从数据整合、分析、挖掘到展示的完整闭环：其起点是多个独立的关系型数据库，经过数据整合之后形成统一、多源的数据仓库（data warehouse），再根据用户的需要，重建若干数据子集，或构造多维立方体（cube）进行联机分析（OLAP），或进行数据挖掘（data mining），发现潜藏的规律和趋势。如果挖掘的结果经得起现实的检验，那就形成了新的知识，这种知识还可以通过数据可视化来表达、展示和传递。早在2003年撰写《三位一体的商务智能》这本书的时候，笔者就认识到未来的社会

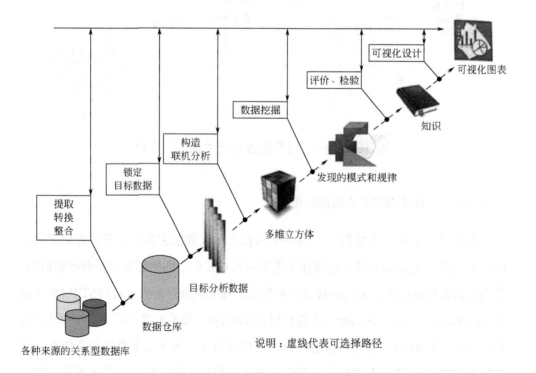

图7-7 完整的商务智能流程

竞争将是知识生产率的竞争。我们认为，以发现管理数据、整合信息、发现知识、产生洞察、辅助决策、支持行动、创造价值为使命的商务智能，"无疑是这个时代最为瞩目的竞争利器。"

收集数据是一种意识，使用数据是一种文化、习惯，开放数据是一种态度。对于中国人和中国企业来说，这三者都是任重道远的挑战。

麻省理工学院教授布伦乔尔森把大数据与16世纪末期人类发明的显微镜作了类比，显微镜把人类对自然界的观察和测量水平推进到了"细胞"级别，给人类社会带来了历史性的进步和革命；而大数据，将成为我们下一个观察人类自身社会行为的显微镜和监测大自然的"仪表盘"。自2011年麦肯锡在报告中将大数据称为"下一个创新、竞争和生产率的前沿"以来，全世界都在争抢这个前沿。涂先生在首届世界互联网大会上的讲演中给出了新的结论："数据不是黄金、不是矿藏，我认为数据是土壤，是我们新经济的土壤，是我们未来智能社会的土壤。在这块土壤上，开放数据特别重要，开放数据就像土地上的河流一样。我们知道人类的文明是怎么兴起的——几乎所有的城市都是依河流而建的。开放数据才能兴起新的数据文明！"

涂先生认为，当前信息技术的发展已经让中国获得了后发优势，中国要建设数据强国，应该把大数据从科技符号提升为文化符号，在全社会倡导数据文化，将大数据这个高端精英话题变成一个大众话题，使数据文化进入中国人的视野、融入中国人的意识和血液。为此，涂先生笔耕不辍，在《大数据》不断升级改版的基础上，又先后推出了《数据之巅——大数据革命，历史、现实与未来》《数文明——大数据如何重塑人类文明、商业形态和个人世界》《善数者成——大数据改变中国》和《数商——如何用数据思考和行动，并在智能时代胜出》等多部力作。

7.1.2.3 迈尔-舍恩伯格关于大数据的观点

在涂子沛《大数据》出版半年之后，维克托·迈尔-舍恩伯格的《大数据时代——生活、工作与思维的大变革》一书在中美两国同时面世，一时间洛阳纸贵，不仅畅销而且长销。

迈尔-舍恩伯格开宗明义，将大数据等同于能让我们感受宇宙的望远镜、观测微生物的显微镜，正在开启一次重大的时代转型，改变我们的生活，改变我们理解世界的方式，成为新发明和新服务的源泉。他分思维、商业和管理三个部分来论述大数据带来的变革。关于思维变革，他认为，大数据不是随机样本，而是全体数据。在大数据时代进行抽样分析，无异于在汽车时代骑马，也许很浪漫，但是作为交通工具并无效率。在小数据时代进行随机采样，是为了以最少的数据获得最多的信息，而在大数据时代开启的全数据模式中，样本等于总体。大数据的这一特征可以概括为一个关键词："更多"。

大数据的第二个特征是"更杂"。迈尔-舍恩伯格认为，执迷于精确性是信息匮乏时代和模拟时代的产物。在大数据中，只有5%的数据是结构化而且能适用于传统数据库的。大数据必须接受混杂性，而不能一味地追求精确性。如果不接受混乱，占大数据总量的95%的非结构化数据都无法被利用。只有接受不精确性，我们才能打开一扇从未涉足的世界的窗口。迈尔-舍恩伯格认为，相比依赖于小数据和精确性的时代，大数据因为更强调数据的完整性和混杂性，能够帮助我们进一步接近事实的真相。局限于狭隘的小数据中，我们可以自豪于对精确性的追求，但是就算我们可以分析到细节中的细节，也依然会错过事物的全貌，犯"不识庐山真面目，只缘身在此山中"的错误。就像看印象派的画作一样，近看画中的每一笔感觉都是混乱的，但是退后一步就会发现这是一幅伟大的作品，因为退后一步的时候就能看出画作的整体思路了。

迈尔-舍恩伯格用"更好"来概括大数据的第三个特征，认为大数据重在相关关系而不是因果关系。在大数据时代，知道"什么"就够了，没必要知道"为什么"；不必非要知道现象背后的原因，而是要让数据自己"发声"。预测是大数据的核心，而关联物是预测的关键，通过找到一个现象的良好的关联物，相关关系可以帮助我们捕捉现在、预测未来。相关关系分析本身意义重大，同时它也为研究因果关系奠定了基础。在大多数情况下，一旦我们完成了对大数据的相关关系分析，而又不满足于仅仅知道"是什么"时，我们就会继续向更深层次研究因果关系，找出背后的"为什么"。

阐述了大数据时代的思维变革（"更多""更杂"和"更好"）之后，迈尔-舍恩伯格对大数据时代的商业变革展开了全面分析。他指出，大数据的发展和计算机的变革并不是同步的，是现代信息系统让大数据成为可能，但是大数据发展的核心动力来自人类测量、记录和分析世界的渴望（涂子沛先生也认为数据的来源有三个：测量、记录和计算）。信息技术诞生至今，主要的发展和变革重点都在"技术（T）"上，而不是在"信息（I）"上。现在是时候把聚光灯打在"I"上了。迈尔-舍恩伯格对数字化和数据化作了区分：数字化是把模拟数据变成计算机可读数据，数据化是指把一种现象转变为可制表分析的量化形式的过程。他指出，数字化带来了数据化，但是数字化无法取代数据化。过去人们需要艰辛的人工分析才能揭示隐藏在数据中的价值，今天，我们通过数据分析工具（统计学和算法）以及必需的设备（信息处理器和存储器）就可以在更多领域，更快、更大规模地处理数据并发现惊喜了。世界是由信息构成的，信息是一切的本源。将世界看作信息，看作可以理解的数据的海洋，为我们提供了一个从未有过的审视现实的视角。这一世界观可以渗透到所有生活领域，但首当其冲是商业领域。

迈尔-舍恩伯格指出，在数字化时代，数据支持交易的作用被掩盖，数据只是被交易的对象。而在大数据时代，事情再次发生变化。数据的价值从它最基本的用途转变为未来的潜在用途。这一转变意义重大，它影响了企业评估其拥有的数据及访问者的方式，促使甚至是迫使公司改变他们的商业模式，同时也改变了组织看待和使用数据的方式。数据的价值并不仅限于特定的用途，它可以为了同一目的而被多次使用，也可以用于其他目的，后者尤其有价值。最终，数据的价值是其所有可能用途的总和。过去，一旦数据的基本用途实现了，我们便认为数据已经达到了它的目的，准备将其删除，让它就此消失，因为其首要价值已经提取完毕。但是，在大数据时代，数据就像一个神奇的钻石矿，在其首要价值被发掘之后仍能不断产生价值。概括起来，数据的潜在价值有六大释放方式（也称"数据创新"）：①数据再利用；②重组数据；③可扩展数据；④数据的折旧值；⑤数据废气；⑥开放数据。其中前三种是最为常见的方式，后三种是比较独特的方式（具体可参阅《大数据时代》第5章）。数据作为一个平台，会成为新产品和新商业模式的基石。

迈尔-舍恩伯格根据所提供价值的不同来源，把大数据行业的公司分成三类：一是基于数据本身的公司[比如推特公司（Twitter）]；二是基于技能的公司[比如天睿公司（Teradata）]；三是基于思维的公司（比如Jetpac）。这些年，作为统计学家、软件程序员、图形设计师和作家的结合体，数据科学家受到极大的关注。麦肯锡甚至预测，数据科学家是当今和未来稀缺的资源。但是，迈尔-舍恩伯格认为，过分强调技术和技能而忽视数据本身的重要性是不可取的。随着计算机行业的发展，人类技术的落后会被慢慢地克服，数据科学家的技能未来也许会更多地进入日常。认为当今世界数据非常之多，所以收集数据很简单而且数据价值并不高的想法绝对是错误的——数据才是最核心的部分。现今，我们尚处在大数据时代的早期，思维和技能是最有价值的，但是最终，大部分的价值还是必须从数据本身挖掘。大数据让大公司和小公司均有所受益，前者有规模优势，后者有灵活性，而中等规模的公司则不太适应大数据时代，面临转型重任。所有的传统行业都要拥抱大数据、拥抱数据分析，这样才能在竞争中立于不败之地，甚至占据优势。

关于大数据的未来，他认为，那并不是一个充斥着算法和机器的冰冷世界，其中仍需要人类扮演重要角色。人类独有的弱点、错觉、错误都是十分必要的，因为这些特性的另一头牵着的是人类的创造力、直觉和天赋。如果所有人都诉诸数据，都利用工具，那时人类的无法预测性，即直觉、冒险精神、意外、混乱和错误等，反倒可能发挥出重大作用。人类最伟大之处正是运算法则和硅片没有揭示也无法揭示的东西，因为数据也无法捕捉到这些。在大数据的世界中，包括创意、直觉、冒险精神和知识野心在内的人类特性的培养显得尤为重要，因为进步正是源自我们的独创性，正如德鲁克所说的那样："预测未来最好的办法就是创造未来。"

迈尔-舍恩伯格在书的最后说：

我们能收集和处理的数据只是世界上极其微小的一部分。这些信息不过是现实的投影——柏拉图洞穴上的阴影罢了。因为我们无法获得完美的信息，所以做出的预测本身就不可靠。但这也不代表预测就一定是错的，只是永远不能做到完善。这也并未否定大数据的判断，而只是让大数据发挥出了应有的作用。大数据提供的不是最终答案，只是参考答案，为我们提供暂时的帮助，以便等待更好的方法和答案出现。这也提醒我们在使用这个工具的时候，应该还有谦恭之心，铭记人性之本。

在《大数据时代》一书出版五年之后，迈尔-舍恩伯格又推出了一部新的著作《数据资本时代》。这本书是一部从整个人类文明和经济发展的大视角，来分析大数据革命性影响的作品，其英文书名是"*Reinventing Capitalism in the Age of Big Data*"，直译过来的意思是："在大数据时代再造资本主义"。该书指出，数据技术正转向数据资本，传统市场正转向海量数据市场，企业、货币、金融、就业、政府监管、社会公平等都将面临巨大挑战。迈尔-舍恩伯格认为，数据作为一种新型润滑脂，将给市场带来巨大能量，促进其再次复兴，给传统的公司带来巨大压力，导致其重要性下降，使金融资本的作用大大削弱，给银行带来风暴，给人类工作和分配正义带来前所未有的挑战。面对如此变局，人类面临以下五个选择：①拥抱海量数据市场；②促进多元化，避免集中化；③选择我们想要的；④保有个人选择的自由；⑤沿着知识的道路继续前进。迈尔-舍恩伯格认为，未来人类选择的重点是：我们将会选择是否选择。

《数据资本时代》一书也提出了很多令人耳目一新的概念，比如"用数据交税""数字投资顾问""资本功能的分离""单人公司"等。

7.1.2.4 吴军关于大数据的观点

吴军博士不仅写过《浪潮之巅》，而且似乎一直站在浪潮之巅，大数据浪潮兴起、人工智能浪潮再起（兴起应该在几十年前了）时，他也不失时机地推出了《智能时代：大数据与智能革命重新定义未来》一书。一向秉持乐观主义的吴军在书中指出，首先，我们在过去被认为非常难以解决的问题，会因为大数据和机器智能的使用而迎刃而解，比如解决癌症个性化治疗的难题。同时，大数据和机器智能还会彻底改变未来时代的商业模式，很多传统的行业都将采用智能技术实现升级换代，同时改变原有的商业模式。

小米公司的雷军认为："……大数据技术和智能革命带领的人类社会跃迁，将是第一次进入了真正思维领域，人类的分析、判断、决策思维的效率将实现爆炸式提升。我们的商业行为理论、产业架构、商业模式和组织管理模型都发生了天翻地覆的变化。吴军博士为我们提供了一个独特视角，揭示了人类历史拐点的伟大时机之下，我们所面临的历史机遇与危机挑战，对每个企业家而言都是宝贵的启发。"

吴军认为，数据是文明的基石，数据的范畴远比我们通常想象的要广得多。人类认识自然的过程，科学实践的过程，以及在经济、社会领域的行为，总是伴随着数据的使用。从某种程度上讲，获得和利用数据的水平反映出文明的程度。在电子计算机诞生、人类进入信息时代之后，数据的作用越来越明显，数据驱动成为一支重要力量。如果我们把资本和机械动能作为大航海时代以来全球近代化的推动力，那么数据将成为下一次技术革命和社会变革的核心动力。

在有大数据之前，计算机并不擅长解决需要人类智能的问题，但是今天这些问题换个思路就可以解决了，其核心就是变智能问题为数据问题。大数据将在全世界引发新的一轮技术革命——智能革命。大数据不仅能够支持统计、产品和营销改进以及决策质量提高，而且能够推动机器智能产生（当然其中离不开摩尔定律、数学模型）。机器一旦产生和人类类似的智能，将对人类社会产生重大的影响。大数据及其催生的智能革命将决定今后二十年经济发展的走向、速度和质量。

在吴军看来，今天我们面临的复杂情况（"乌卡时代"），已经不是机械时代用几个定律就能讲清楚的了，不确定性，或者说难以找到确定性，是今天社会的常态。在无法确定因果关系时，数据为我们提供了解决问题的新方法，数据中所包含的信息可以帮助我们消除不确定性，而数据之间的相关性在某种程度上可以取代原来的因果关系，帮助我们得到我们想要得到的答案，这便是大数据思维的核心（这与迈尔-舍恩伯格的看法一致）。大数据思维和原有的机械思维并非完全对立，它更多的是对后者的补充，代表着一种新的方法论。

吴军指出，从工业革命开始，几次主要的技术革命都遵循相似的规律。首先，是大部分现有产业加上新技术等于新产业。或者说，原有产业需要以新的形态出现。其次，并非每一家公司都要从事新技术产品本身的制造，更多时候它们是利用新技术改造原有产业。这次以大数据为核心的智能革命也不例外，我们将看到它依然会延续这两个特点。每次技术革命都会诞生新的思维方式和商业模式，企业只有在思维上跟上新的时代，才能在未来的商业中立于不败之地。在未来，大数据和机器智能的工具就如同水和电这样的资源，由专门的公司提供给社会使用。

大数据在今天这个时间点爆发，是各种技术条件具备的结果。但是，要让大数据真正发挥巨大作用，让计算机变得更聪明，还有很多技术挑战需要应对。大数据的数量大、维度多、数据完备等特点，使得它从收集开始，到存储和处理，再到应用，都与过去的数据方法有很大的不同（见图7-8）。因此，使用好大数据也需要在技术和工程上采用与过去不同的方法，尤其要改变过去的很多思维定式。大数据和机器智能的发展和应用过程，还会带来很多的技术挑战，需要解决很多技术上的难题，比如对数据安全的考虑、对隐私保护的考虑，等等。在未来的智能革命中，具备扎实技术和工程基础、能够解决诸多技术难题的公司和个人，必有英雄用武之地。

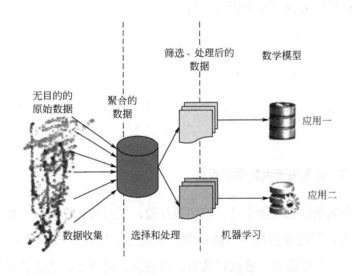

图7-8　大数据收集、处理和建模的流程

现有产业＋机器智能＝新产业，未来的农业、制造业、体育、医疗、律师，甚至编辑记者行业都将迎来崭新形态。大数据将导致我们社会的产业升级和变迁。对比每一次产业革命前后的变化，就会发现人类很多基本需求并没有改变，只是采用了新技术后，新产业会取代旧产业满足人类的个性化需求。在技术革命时，固守旧产业是没有出路的。

吴军指出，大数据导致机器革命的到来，这对未来社会的影响不仅仅存在于经济领域，而且是全方位的。尽管总体上这些影响是正面的，从长远看会使我们未来的社会变得更好；不过，和以往的技术革命一样，智能革命也会带来很多负面的影响，特别是在它发展的初期，而这些影响可能会持续很久。

任何一次技术革命，最初受益的都是发展它、使用它的人，而远离它、拒绝接受它的人，在很长的时间里都是迷茫的一代。在智能革命到来之际，作为人和企业无疑应该拥抱它，让自己成为那2%的受益者。而作为国家，则需要未雨绸缪，争取不要像过去那样：每一次重大的技术革命都伴随着半个多世纪的动荡。

我们还没有经历过机器在智能上全面超越人类的时代，我们需要在这样的环境里学会生存。这将是一个让我们振奋的时代，也是一个给我们带来空前挑战的时代。

吴军最后的忠告（近乎警告）是：

在历次技术革命中，一个人、一家企业，甚至一个国家，可以选择的道路只有两条：要么加入浪潮，成为前2%的人，要么观望徘徊，被淘汰。

7.1.2.5 曾鸣关于大数据的观点

基于在阿里巴巴集团十几年的实践经验，以及对互联网、大数据和人工智能的深入思考，曾鸣教授在《智能商业》中提出了号称能够指导未来30年的新的商业模式——智能商业。曾教授认为，在线化、网络化、智能化是智能商业的三个创新方向，纵观当下异军突起的企业，无不是在这三个领域有极大突破。"网络协同（network coordination）"和"数据智能（data intelligence）"是新商业生态系统的DNA，这两点相当于现代商业的双轮驱动，只要有一个基本上就可以成长到百亿企业，如果两个都具备，就有可能成长到千亿企业。在万物互联的时代，只有智能商业的新物种才能生存和发展。

马云在为该书所作的序中说："曾鸣博士的这本著作阐述了阿里巴巴开创的数据互联时代的新战略框架，以及这一框架对于其他创业者的意义。《智能商业》在理论深度和实践指导上实现了难得的平衡，是数字经济时代的一本商业创新指南。"

曾教授认为数据智能是未来商业的核心，与网络协同一起支撑着智能商业的大厦。他说，最近几年的"双十一"，阿里巴巴的大部分人要做的事情越来越少，甚至有越来越多的阿里巴巴的员工会发现那天根本无事可做，甚至客服部门都不用加班。原因是什么呢？因为在这一整天里客户该看到什么产品，他们挑选了什么产品，他们的收藏夹里选了什么产品，下次他们再登录时淘宝网（简称淘宝）该给他们推荐什么商品，这些过程完全都是由机器自动完成的。而且大部分的客户服务是通过机器人完成的，不再是人工服务。在淘宝，已经由机器取代人进行决策、提供服务了。越来越多的场景只有靠机器、靠人工智能才能完成以前靠人没有办法完成的海量服务和个性化的服务。不只是淘宝，互联网最成功的几家企业，本质上都是基于人工智能和大数据。你在谷歌上输入任何一个关键字，不到一秒的时间，它就能把全网相关的信息推送给你，只有靠机器才能做到。

未来商业会全面智能化，商业决策会越来越多地依赖于机器学习，依赖于人工智能。机器将取代人，在越来越多的商业决策上扮演非常重要的角色，它能取得的效果远远超过今天人工运作带来的效果。机器学习的方法必须基于海量数据的校验，必须基于算法的不断反馈的过程。所以曾教授把这个阶段人工智能带来的商业价值和它所实现的路径叫作数据智能。

数据智能怎样才能融入具体的商业里面去呢？简单来说，就是要做数据化、算法化和产品化这三件事情。第一是数据化。由于互联网的存在，由于广泛的连接，淘宝能够准确地记录下来所有用户全部的在线行为，而这些数据本身可以用于优化他下一次来淘宝的体验，所以没有这个数据化的积累就没有后面的一切。第二是算法化。讲算法之前先要讲一个概念，叫作建模型。一个人在某个场景下会怎么决策，先要把他抽象成一个模型，然后要找到一套数学的方法，让它能够收敛，用模型去优化他的决策。然后是把这个算法用计算机能够理解的程序写下来。第三是产品化。算法要真正发生作用，离不开产品化，即建立产品跟客户的直接连接。产品化是非常重要的一个环节，因为它提供了一个反馈闭环，而反馈闭环是任何学习的一个前提条件。

面对智能化的浪潮，企业要集中精力创新地实现产品化，把核心业务流程在线化，这样数据才能被记录下来。然后，企业可以在互联网企业提供的算法工具包里挑一个合适的算法。三位一体，产品提供反馈闭环，数据作为原料，交给算法去处理，这样，企业就能拥有数据智能这一核心引擎，所经营的业务就能变成一个智能业务，相比不拥抱智能化的竞争对手就能越跑越快。

曾教授还创造了一个新概念：活数据。首先，数据是活的，也就是说数据是在线的，可以随时被使用；其次，数据必须是被活用的，也就是说数据是在不断地被消化、处理，产生增值服务，同时又产生更多的数据，形成数据回流。

活数据有几个特征：第一，活数据是全本记录而不是样本抽查。虽然按照统计方法一个随机样本可以相当程度上推导出全局的特征，但是商业的环境是动态的、不断变化的。一个隔很长时间才收集到的样本，无论如何也只能描述静态的一部分。互联网的第一步是连接、是在线，只要把你的业务在线了，你就会得到巨大的好处。也就是说，用户的行为在互联网上都能留下清晰的印迹，而这些行为直接记录下来，就是你对这个客户全面的了解。淘宝并不需要去抽样调查，去问客户对淘宝的服务是否满意。淘宝所有的用户，他们每一天或者说他每一次上淘宝，所有的行为都会被记录下来，他们看了哪些商品，在某一个商品的详情页上停留了多久，他们最后购买了什么，这些数据都会自动地记录下来。所以，活数据的一个前提是数据记录的成本大幅下降。

第二，先有数据后有洞察。以前的调查方法都是先要确定一个问题，你想了解一个什么问题，想测试某一个假设，那么你就要根据那个问题去收集相关的数据。这中间最麻烦的是，只要你发现自己遗漏了什么，或者你想问什么新的问题，几乎就必须一切重来，再去收集相关的数据和信息。但是，在活数据的时代，整个做法是颠倒过来的。大数据时代，我们重视的是相关性而不是因果性，而且由于数据存储和计算的成本足够低，我们可以把所有相关数据都记录下来，然后在业务的发展过程中去看哪一些数据的使用能够带来洞察，帮助我们重新做决策商业。先有数据记录，然后才有分析和洞察，最大的好处是避免了事后希望了解某些问题，然后再重新设计问卷、收集数据，这样的传统方式所带来的巨大成本。

第三，就是活用，数据一定要被活用。数据就是决策，或者说数据智能的引擎机器要直接做决策，而不是传统的利用数据分析来支持人的决策。只要是数据被用来支持人的决策，活数据的闭环就断线了。

上述三个特征结合在一起，也就是反馈闭环的概念，活数据让整个反馈闭环能够跑起来。你的业务跑的时候自然会产生数据，数据被记录下来，数据被算法处理，然后直接形成决策，指导你的业务，然后通过客户反馈不断地优化你的决策。这样的话，整个企业的业务发展就走上了活数据反馈闭环的正循环，也就是走上了智能商业的发展道路。

从活数据的角度来看，数据量的大小是个相对的概念。让数据在你的业务中成为它的自然组成部分，让机器成为你决策中的一个环节，你的商业就会走入智能化的快道。

第二个非常重要的概念就是，活数据一定是要直接让机器来做决策的，不能够让人来做决策，因为只要人一决策它就形成了一个闭环的短路。

举个例子，很多企业不太理解数据工程师跟BI分析师的差别。BI就是Business Intelligence（商业智能），稍微大点的公司都有这个部门，他们也就是所谓商业分析部门，他们最核心的任务也是做数据，但是它是把数据分析成一个一个报告。然后，核心又是回到支持高管做决策。他们的数据其实是离线的，目的是支持决策。但真正的活数据一定是要用数据本身产生的洞察来直接变成商业的决策。

早期淘宝的数据部门想帮助淘宝卖家变成数据化运营，所以我们给淘宝卖家后台不断地推送数据分析报告，但是发现这些报告的使用率非常低。因为大部分的卖家并不知道怎么用这些数据分析报告，而且产生的实际效果也不好。后来淘宝意识到，其实卖家真正需要的不是去理解这些数据，而是让数据直接帮助他们更快更好地做决策，让他们的整个运营效率有一个质的飞跃。所以，淘宝第一个比较成功的产品非常简单，就是给卖家的后台装了一个行动按钮，告诉他按一下这个按钮，整个店铺的陈列展现就会被自动优化，然后自然会带动你销售额的提升。对于卖家来说，要做得非常简单，就按一下这个按钮，它就是个决策。这个行动其实就是淘宝的后台通过活数据的运营，对海量数据的算法分析，智能化地帮助卖家自动优化他的店铺展现。但是，如果这个决策不是由数据、由机器直接做的话，它是达不到这个效果的。

要想让企业智能化，有很重要的两步：第一，是看核心业务有没有在线化；第二，业务环节中间有没有任何一个环节可以被机器决策所取代，而不再是人作决定。只要这两步跑起来,企业不管大小,也不管所在的领域,就是一个互联网时代的新物种,就能踩上智能商业的快车,会比别人加速演化。

曾教授《智能商业》一书的英文版与中文版略有不同,英文版的第4章专门阐述了决策自动化。曾教授指出,为了将有关产品和服务的决策自动,智能商业需要遵循五个步骤(见表7-4)。第一,创造性的数据化过程将增加相关数据的数量,从而有助于商业智能化;第二,业务软件化,将工作流程和主要角色转到线上;第三,通过应用程序接口(API)让数据流动起来,促进实时协同;第四,记录全部数据(活数据);第五,采用机器学习,利用丰富的活数据,实现数据智能。

表7-4 决策自动化的五个步骤

步骤	关键行动
物理世界数据化	把各项能力和各种资产在线化
业务软件化	对策略链进行编码
推动数据流动	开发应用程序接口,实现数据链接
记录全部数据	将"活数据"全部记录下来
应用机器算法	协同和优化

7.1.2.6 达文波特关于大数据与数据分析的观点

美国信息经济领域的思想家托马斯·达文波特教授对知识经济、大数据和数据分析有着深入的研究,最近十多年推出过多本相关专著,包括《数据分析竞争法——企业赢之道》(Competing on Analytics: The New Science of Winning)、《工作中的数据分析——更精准的决策、更高效的组织》(Analytics at Work: Smarter Decisions, Better Results)、《成为数据分析师——6步练就数据思维》(Keeping up with the Quants: Your Guide to Understanding and Using Analytics)、《数据化转型》(Big Data: Dispelling the Myths, Uncovering the Opportunities)、《大决策——12个动人心弦的决策故事》(Judgment Call: Twelve Stories of Big Decisions and the Teams that Got Them Right)和《人机共生——智能时代人类

胜出的5大策略》(*Only Humans Need Apply: Winners and Losers in the Age of Smart Machines*)。

达文波特在《数据分析竞争法》一书中将数据分析法界定为这样一种经营方法：广泛地使用数据、统计以及定量分析，利用解释与预测模型，以及注重事实的管理方法来制定决策和行动方案。数据分析法可以帮助人类决策，也可以推动制定完全自动化的决策。数据分析法是商业智能的子集。商业智能包括数据的获取、报告以及数据分析法（见图7-9）。这些方法中的每一种都能应用到企业商业活动的一系列问题中去。而数据分析法能够回答的往往是那些价值更高、前瞻性更强的问题。

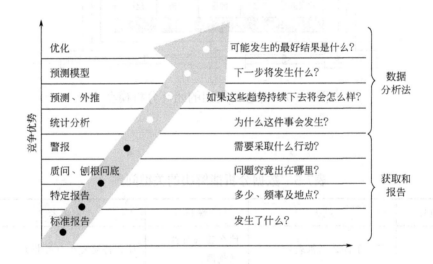

图7-9　商业智能

每个企业在业务方面总会存在一些基本问题需要得到解答。人们使用数据分析是期望能够使用信息解答那些通用问题（见图7-10）。这些问题包含两个维度：①时间维度——我们在过去、现在和将来面对的问题是什么？②创新维度——我们是希望对现有信息进行分析，还是想要获取新洞察？表7-5中的矩阵给出了企业中关于数据与分析能够解决的6类基本问题。所有这些问题构成了一个企业对其自身的了解。这个矩阵也挑战了现有的信息应用方式。将纯粹的以信息为导向的问题（"然"）转向包含洞察的问题（"所以然"），能够给管理者更好的机会去了解业务运营的动向。百思买集团的闭环分析模型（见图7-10）就试图回答"然"+"所以然"两类问题。

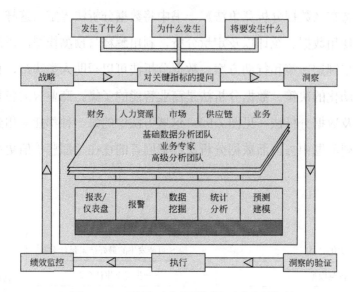

图7-10 百思买集团的闭环分析模型

表7-5 数据分析能解决的关键问题

项目	过去	现在	未来
信息	发生了什么（报表）	什么正在发生（提醒）	什么将要发生（外推）
洞察	如何以及为何发生（建模，实验设计）	最佳行动是什么（推荐）	将要发生的最好或最坏的情形是什么（预测、优化、模拟）

能够通过数据分析来制定的商业决策很多，涵盖营销、供应链、财务、人力资源和研发等各个职能领域（见图7-11）。

将数据分析法运用得最熟练、最成功的企业拥有四个共有的关键特征：①数据分析法支持着企业的战略性差异化能力；②数据分析的方法及其管理是遍及整个企业的；③高层管理者倡导使用数据分析法；④企业把重要的战略赌注押在基于数据分析法的竞争手段上。根据这些因素，企业的数据分析竞争可以分为五个阶段（见图7-12和表7-6），这五个阶段类似软件开发中的"能力程度模型

营销
- 定价
- 门店和分支机构的选址
- 确定推广目标
- 网站定制
- 数字媒体上的广告投放

供应链
- 该保持多少库存
- 分销中心和仓库的选择
- 产品或车辆的路径
- 货物的装载

财务
- 财务业绩的驱动力
- 绩效计分卡
- 各类预测

人力资源
- 聘用什么样的员工
- 哪些员工可能会离职
- 员工补贴发多少合适
- 什么样的教育会最能让员工受益

研发
- 客户最需要什么样的产品功能
- 某个特定产品有多有效
- 哪种产品设计最受欢迎

图 7-11　数据分析所支持的业务职能

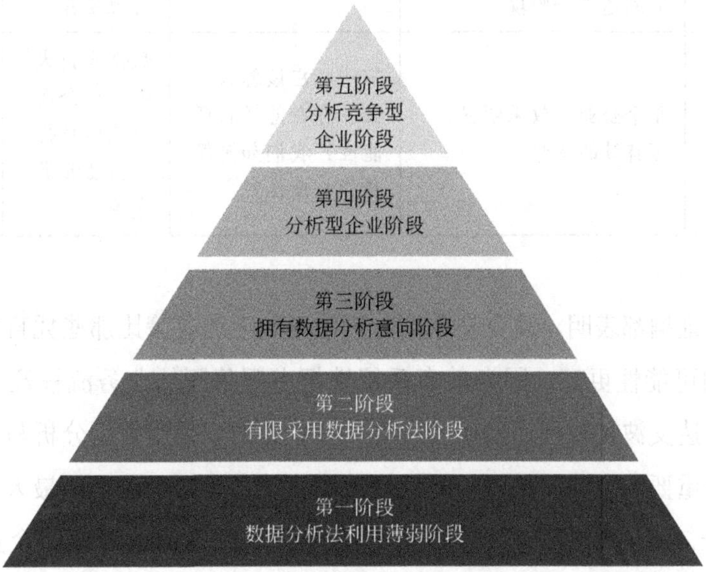

第五阶段
分析竞争型企业阶段

第四阶段
分析型企业阶段

第三阶段
拥有数据分析意向阶段

第二阶段
有限采用数据分析法阶段

第一阶段
数据分析法利用薄弱阶段

图 7-12　数据分析法竞争的五个阶段

(MMM)"，可以标识出一个组织从没有实质的数据分析能力成长为正式的分析竞争型企业所走过的道路。

表7-6 数据分析法竞争的阶段模型

阶段	差异化能力/远见水平	问题	目标	方法/措施/价值
1. 数据分析法利用薄弱阶段	微不足道，"误打误撞"	我们的企业发生了什么问题？	获得足够的数据来改善经营状况	没有
2. 有限采用数据分析法阶段	局部的和机会主义的能力，可能不支持企业的差异化能力	我们可以做些什么来改进这种活动？我们怎样才能更好地理解我们的业务？	利用数据分析法改进一种或多种职能工作	具体应用项目的投资收益率
3. 拥有数据分析意向阶段	开始致力于取得整合得更好的数据，以进行数据分析	现在正在发生什么？我们可以从当下的趋势中推论出什么？	利用数据分析法提高差异化能力	未来的业绩和市场价值
4. 分析型企业阶段	从整个企业的角度来看，能够利用数据分析法实现单点优势，知道前进需要怎么做，但是还没有到达下一阶段	我们怎样才能利用数据分析法来创新，实现差异化？	建立广泛的数据分析能力——利用数据分析法实现差异化	数据分析法是业绩和价值的重要驱动因素
5. 分析竞争型企业阶段	整个企业，效果明显，可持续的优势	下一步应该怎么做？存在怎样的可能性？我们如何保持领先地位？	数据分析大师——全面地凭借数据分析法开展竞争	数据分析法是业绩和价值的首要驱动因素

大量的证据都表明，建立在数据分析法基础上的决策比那些凭直觉作出的决策，正确的可能性更高，因为前者系统地把主观猜测从业务流程及商业模式中剔除出去。达文波特教授通过研究发现，企业致力于采用数据分析与良好的业绩之间存在着重要的统计学关联。业绩较差和业绩良好的企业之间最大、最明显的区别就在于二者对数据分析法的态度和运用上。65%的业绩良好企业说它们拥有重要的决策支持或实时的数据分析能力，相比而言，只有23%的业绩较差企

业有这样的能力。而在业绩较差企业中，只有8%非常广泛地重视数据分析法的启示，36%的业绩良好企业非常重视数据分析法所揭示的问题。有1/3的业绩较差企业和77%的业绩良好企业相信他们拥有高于行业平均水平的分析能力。有40%的业绩良好企业在整个企业当中广泛地采用数据分析法，而业绩较差的企业中只有23%这样做。在将数据分析竞争能力转化为优良业绩和持久竞争优势的企业中，第一资本金融公司、万豪国际酒店、前进保险公司和谷歌是佼佼者。

数据分析型企业的好处包括：①帮助企业在动荡的环境中管理业务、把握方向。数据分析给管理者提供工具，帮助他们理解其业务动向，其中包括经济与市场的变化如何影响业务绩效等。②知道如何做才真正管用。严格的实验可以区别你的干预是否真正对业务起到了预想的作用，或者它只是随机统计波动的结果。③有效利用之前在信息系统上的投资，获得更深入的洞察、更快捷的执行以及在业务流程中获取更大的价值。④降低成本，提升效率。优化技术能够使企业对资产的需求降到最低，预测模型能够预估市场的变化，使企业能够快速应对以降低成本、避免浪费。⑤管理风险。更严格的监管需求会需要更准确的数据以及风险管理模型。⑥预估市场条件的变化。你可以对大量的客户数据及市场数据进行分析，发现其中蕴含的模式。⑦为正在做的决策提供基础。如果你在做的决策以清晰的逻辑和明确的数据为支撑，那么你或其他人会更容易地对决策流程进行复核，提升决策质量。

既然对于任何一家致力于改善业绩的企业而言，使用数据分析法都是明智之举，那么，如何才能成为一家分析竞争型企业呢？达文波特在书中绘制了一幅发展路线图，总结了企业在每个发展阶段中的典型行为、能力以及面临的挑战（见图7-13）。其中，有些前提条件非常关键，比如作为数据分析起点的数据数量和质量，以及适当的硬件和软件。但是，关键的变量在人。管理人员对数据分析法必须足够重视，数据分析课题的倡议者和发起者的级别要高，越高级别的人来推动，前进的速度越高、效果越好。比如，在奈飞公司、哈拉斯娱乐公司和第一资本金融公司，都是CEO发出倡议，而且对数据分析竞争法充满激情，这是这些公司在这方面取得成功最关键的因素。不具备领袖激情倡导的企业，就必须经过一个"努力证明才能通行"的过程。这条道路很漫长、很艰辛（两条路径的比较见表7-7）。

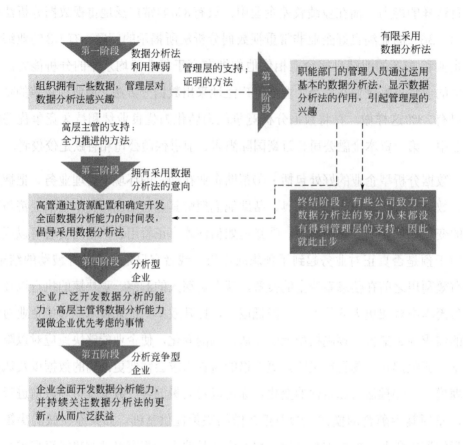

图7-13 分析竞争型企业的发展路线图

表7-7 企业推进数据竞争法的两种路径

项目	全力推进的道路	证明其价值的道路
管理层的支持	总经理或首席执行官	部门经理
问题涉及的范畴	战略性的或差异化能力	局部的、策略性的，无论提出者属于哪个部门
如何测量或展示其价值	采用的指标测量的是数据分析法对企业业绩的影响，例如经营收入的增长情况、获利性，以及对于股东的价值等	采用的指标测量的是项目收益：投资回报率、生产率的提高、节约的成本等
技术	遍及企业各部门	商业智能工具的扩散运用，面临整合的挑战

续表

项目	全力推进的道路	证明其价值的道路
人员	集中的，非常杰出的，技能娴熟的人才	一些孤立的优秀人才
业务流程	融入业务流程，通过整合供求因素存在各种机会	孤立的或者只存在于某个职能部门
企业文化	遍及企业各个部门、深度变革	部门的或职能性的，或只在早期采用的部门

达文波特不仅告诉企业如何通过数据分析法来竞争，而且阐明为什么要通过数据分析法来竞争。当许多行业里的企业都生产类似的产品，而且使用类似的技术时，差异化的业务流程就是实现差异化的最后机会了。许多以往的竞争手段，例如，地理方面的优势或者保护性的规定等，随着全球化的趋势都将失效。而专利技术很快就能复制，产品或服务的突破创新也越来越难。因此，竞争基础就限于以下几方面：有力且有效的执行、明智的决策，以及从业务流程中榨取最后一丝价值的能力。而通过很好地利用数据分析法，所有这些都可以实现。

达文波特还呈现了各行各业拥有新理念、拥抱新模式、使用新工具的分析型竞争高手的诸多实例（见表7-8）。通过采用数据分析法，这些先进企业识别出最有价值的客户，加快了产品创新，优化了供应链和定价过程，提升了财务绩效和市场地位。

表7-8 各行业分析型竞争的代表企业

行业	代表企业
消费品行业	安海斯-布希公司（Anheuser-Busch） 美国嘉露酒庄（E. & J. Gallo Winery） 玛氏（Mars） 宝洁（Procter & Gamble）

续表

行业	代表企业
金融服务业	巴克莱银行（Barclays Bank） 第一资本金融公司（Capital One） 加拿大皇家银行（Royal Bank of Canada） 前进保险公司（Progressive Casualty Insurance） Wellpoint 公司
体育娱乐业	奥克兰运动家队（Oakland A's） 波士顿红袜队（Boston Red Sox） 哈拉斯娱乐公司（Harrah's Entertainment） 万豪国际酒店（Marriott International） 新英格兰爱国者队（New England Patriots）
工业品行业	CEMEX 公司 约翰·迪尔公司（John Deere & Company）
电信业	Sprint 公司（美国电信运营商） O₂（英国电信运营商） 法国电信公司（Bouygues Telecom）
制药业	阿斯利康公司（AstraZeneca） 苏威制药公司（Solvay） 尖端制药公司（Vertex Pharmaceuticals, Inc.）
零售业	亚马逊公司（Amazon.com） JCPenny 百货公司 乐购（Tesco） 沃尔玛（Wal-Mart）
运输业	联邦快递公司（FedEx） 施奈德公司（Schneider National） 联合包裹公司（United Parcel Service）
电子商务行业	Google 谷歌 Netflix 公司 Yahoo! 雅虎

在数据和数据分析方面，除了一些优等生（行业、职能和公司），还有很多数据弱势者和数据分析劣等生（见表7-9）。

表7-9 数据应用和数据分析水平的行业差别

数据弱势	劣等生	优等生
医疗机构 B2B企业 工业企业	传统银行 电信企业 媒体与娱乐企业 零售商 电力公司	消费品 保险 线上 旅游和运输 信用卡

在《数据化转型》一书中，达文波特指出，数据分析并不是一个新概念。自20世纪50年代中期数据分析工具就已经开始用于业务处理了。那段时期可称为分析1.0时代，前后延续了55年，从1954年UPS物流公司率先在美国成立第一家数据分析团队开始，一直到2005年。分析1.0时代具备以下几个特征：

● 数据源较小，并且是结构化的数据，是来自内部渠道的资源；

● 数据在分析前必须存储在企业数据库或数据中心；

● 数据分析活动的绝大多数是描述性分析或报告；

● 创建分析模型是一个"批处理"过程，通常需要好几个月；

● 把定量分析从商界人士和办公室决策中隔离开来；

● 很少企业在数据分析方面发力竞争，因为对大多数企业来说，策略中的数据分析很边缘化。

数据科学首次真正得到学术界的重视是在2001年左右，除了高德纳（Gartner）公司提到了大数据的诸多特征，普渡大学的统计学家威廉·克利夫兰发表了一篇论文为数据科学摇旗呐喊，在接下来的两年里，出现了两本与数据科学相关的期刊。2003年前后，商业领域开始关注到大数据。21世纪初是分析2.0时代的开端，这个时代以网络公司开始利用在线数据为起始。大数据和数据分析不仅为内部决策提供借鉴，而且成为面向客户的产品和流程的基础。然而，当时大企业往往局限于分析内部数据，如高度结构化且很少结合其他数据的客户或产品数据。当时的大企业在大多数情况下采用的仍是分析1.0。

在分析2.0时代，大数据分析是作为一个独立的实体，这与分析1.0时代在许多方面截然不同。在分析2.0时代,数据通常来源于外部,数量非常大,多数是非结构化的。在分析2.0时代,分析的总体速度快得多。预测性分析和规范性分析技术常常让位于视觉分析,这是一种描述性分析。新一代的定量分析师被称为数据科学家,除了定量分析师这个角色,数据科学家还兼具黑客、科学家、可信的顾问和业务专家等特征。他们中的许多人不满足于默默无闻,他们想要开发新产品、新服务,帮助塑造企业形象,发挥自己所长。

表7-10 分析的三个时代

项目	分析1.0	分析2.0	分析3.0
公司类型	大企业	互联网和创业企业	"数字经济"
分析目标	内部决策	新产品	决策和产品
数据类型	小,结构化	大,非结构化	所有类型相结合
生成方式	长周期的批处理	短周期的敏捷开发	短周期的敏捷开发
主要技术	软件包	开放源代码	广泛的投资组合
主要分析形式	描述性的	描述性的	规范性的
业务关系	后台型	桥梁型	合作型

分析3.0时代是一种环境,它结合了分析1.0时代和2.0时代的长处(三个时代的差别见表7-10),即结合了大数据和传统数据分析,以快速、广泛地生成新见解(洞察)和新产品。在分析3.0时代,不仅网络公司,几乎各行各业的任何公司都可以参与到大数据驱动的经济中来,能够为客户开发基于数据的产品,利用大数据支撑内部决策。分析3.0时代的企业,需要回答下列问题并给出肯定的答案:

● 你有基于数据和数据分析的创新性产品和服务吗?

● 你是否将大量的非结构化数据添加到了公司正在分析和从中受益的数据组合?

● 你打算将分析嵌入关键的运营和决策流程中吗?

● 你开始使用数据分析让管理层和员工知道如何更好地完成手头的工作了吗?

● 你将新的大数据技术整合到公司的数据库和分析技术架构中了吗?

- 你的公司吸引到了同时具备分析和计算机科学技能的新员工了吗?
- 你曾提拔负责数据分析和大数据工作的主管为公司高管了吗?

尽管大数据的出现只有20年不到的时间,但是大数据的特征属性导致大数据开创了一个新的时代。分析3.0要求企业在技能、领导力、组织结构、技术和架构上要做出改变。在达文波特看来,这也许是自20世纪80年代以来,我们为了从数据中挖掘价值所经历过的最彻底的改变。世界以及描述它的数据,都处于不断地变化和流动中。那些能够意识到这一变化并迅速作出明智反应的企业会占据上风。发现能力和敏捷性,而非稳定性,才是弥足珍贵的业务和IT能力。利用大数据工具和技术的数据科学家将能够以前所未有的规模和速度,源源不断地挖掘出新的数据源,以发现新的模式、新的事件和新的机遇。数据分析可以改变企业,抓住分析3.0所带来机遇的企业将获得最大的价值。

在《人机共生》一书中,达文波特提出了智能时代制胜未来工作的5大生存策略:①超越(step up)——建立全局观,做全局者,弥补人工智能决策的短板;②避让(step aside)——让人做人的事,机器做机器的事;③参与(step in)——让我们与人工智能一起工作;④专精(step narrowly)——找到那个每人想自动化的领域;⑤开创(step forward)——创造支持智能决策和行动的新系统。

7.1.2.7 郑毅关于数据分析(证析)的观点

郑毅先生所著的《证析——大数据与基于数据的决策》一书与涂子沛先生所著的《大数据》一书差不多同时推出,前者范围不如后者宏大,但是更接近商业实践,二者各有各的开创性意义。郑先生独创了一个词——"证析"——来特别指代最近兴起的analytics实践,说是为了行文方便,即将证析与分析区别开来,因为英文中就用analytics区别于analysis。田溯宁先生为该书撰写了热情洋溢的序言,充分地肯定了该书在推进大数据和数据分析能力建设方面的理论与实践意义。

郑先生认为,证析的目的是使用数学手段、利用客观证据影响业务决策,在实践过程中可能用到的技能、所需要进行的工作,包括但不限于:

(1)需求分析——理解业务人员所处的业务背景、通用的业务术语、所面临的挑战、不足以及痛点,重点在于考虑客户(决策者)如何实现其价值,而不能囿于客户说了什么。

（2）决策流程分析——分析企业价值链各环节的决策，提升嵌入企业业务流程的决策流程的决策效果。

（3）数据管理——从业务需求出发，通过主动寻找新的数据来源、设计更好的人机交互方式、设计实验等方式更加主动地搜集数据，建立数据仓库、管理数据，以获取用于支撑决策的数据和证据。

（4）度量——发现并实施新的、有洞察力的、合理的度量指标是证析项目的重要工作。

（5）探索性数据分析与数据可视化——通过探索数据，得到对数据以及业务运行状况的初步印象与假设，指导人们进一步搜集与分析新的数据，选择合适的统计工具或技术来验证、推翻这些假设；通过可视化方式（比如图表、仪表盘、信息图等）有效地将分析结论传递给消费数据的人，并与之高效沟通。

（6）提出假设，发现模型、关联与模式——产生富有成效的新的假设是新的洞察、新的发现的开始；以数据挖掘和模式识别为代表的在海量数据中自动发现关系和模式的机械化数据处理工具为人们分析海量数据提供了可能；建立数学模型以及数据挖掘模型是证析项目中分析师最重要的工作。

（7）检验与评估——这是保证证析项目质量，确保证析项目的资源在朝着正确方向努力的重要手段。

（8）形成理论与洞察——人们拥有理论之后将不满足于只是利用理论对已观察到的现象进行描述和解释，而是希望将其外推到未知领域，希望能够预测；分析师需要跳出日常商业运营细节，在对经验总结的基础上获得洞察，从而形成更有普遍意义的理论。

（9）推理与优化——分析师像侦探一样，运用推理的能力从知识、理论、事实中抽取出对解决问题有帮助的信息；专家系统中自动推理的规则引擎能够帮助企业管理复杂的业务规则与业务逻辑，并有可能据此帮助企业自动化地作出大量的运营决策。

（10）干预与解决方案设计——包括针对人、组织、文化、系统不同方面的干预与解决方案，分为产生创意、细化创意、选择方案等几个步骤。

（11）模拟与仿真——这是获得数据与经验的一种经济、有效的方式，比如日渐流行的"基于主体的建模（Agent-Based Modeling，ABM）"。

（12）实验——数据与理论所产生的洞察能够帮助人们发现一些改善结果的方法，但是在经过实验验证之前，这些方法还只是一些假设，研究者需要通过设计实验验证这些方法的有效性；实验能够让研究者更加关注结果，通过实验设计与分析来关注"怎么做才是有效的"；循证医学（Evidence-Based Medicine，EBM）作为谨慎、明确以及明智地使用当前最佳证据以作出如何对病人提供护理的决策，其实践意味着将个人医学经验与外部系统研究过的医学证据相结合，其研究方法对业务证析有很多可借鉴之处。

（13）应用与推广——证析对企业的影响主要以三种形式体现：工具或系统、组织与流程、人力资源，这些影响遍及整个企业，而不是部分人、部分领域、部分环节，只有这样才能使证析项目发挥最大价值。

（14）监控——通过持续的监控，让证析项目对企业作出持续的改善。

上述十四类工作形成证析工作流程中的"度量（Measure）—洞察（Insight）—干预（Invention）"的闭环，即MII闭环。

度量包括数据管理和设计度量指标等工作。分析师搜集并管理数据，以此作为进一步分析产生洞察的基础。分析师还应对原始数据做初步加工，形成能够切实反映企业运行现状的有意义的度量指标体系。当原始数据中不包含支撑度量所需数据时，分析师应该能够设计数据采集方案获取相关指标。当企业或分析师设计了一项干预方案改变企业业务现状时，分析师应该能够找到合适的度量手段评估干预方案的优劣。

洞察包含探索数据、形成模型、假设检验、形成理论、推理优化、模拟仿真等工作。分析师以数据为基础，反复探索数据，在各种数学工具的帮助下提出假设，并不断修订甚至推翻假设，这是一个以数据主要依据的反复迭代的探索过程。这个过程中的每一步都加深了人们对业务的认识，从而形成更为深刻的业务洞察。这个业务洞察将是整个设计干预方案的基础。

干预包括设计干预方案、实验、应用与推广、实施效果监控等工作。这些工作以利用数据对业务的洞察为基础，使得证析从数学推理与建模中走出来，指导业务实践。如果洞察是"知"，干预就是"行"（我们在本书第1章中专门探讨过"知"与"行"之间的关系）。然而，这个"行"也应受到数据的约束。在大规模推广干预方案前，如有可能，应进行有对照组的小规模实验；方案推进过程中也应该持续监控干预方案的效果。

郑毅先生概括的"度量—洞察—干预"等活动都是在对需求的把握以及对业务运行流程的把握的基础上作出的。该框架下的度量、洞察、干预三项活动形成一个相互促进的统一体。在科学研究的客观性与真实性将由度量活动中数据管理的质量加以保障。预测的准确性仍然是洞察活动的重要目标，但它不是唯一的目标。洞察的目的是指导行动，即使洞察没有产生数字意义上准确的预测，甚至没有产生任何预测，也不妨碍有效的干预方案的设计与执行，干预方案是否有效是检验度量与洞察的意义的标准。干预方案设计虽然可以脱离数字而独立产生，但是以数据为基础的洞察能够为干预方案的设计提供有价值的信息，而干预方案的有效性应该接受数据的检验。

郑毅在《证析》一书的开头和结尾两次指出，诞生于21世纪的大数据现象为本书提供了时代背景，而基于证据的决策的思想则可追溯到诞生于2500年前的古希腊的理性主义。在理性主义思想的激励下，"人类和神明本为一家"，具有神性的人类有信心凭借自己的力量探索世界的奥秘。它孕育了科学的诞生。技术的发展在方便人类生活的同时催生了大数据的生产，这使得人类第一次有机会超越内省、小范围观察、个案研究，对人类自身有了新的认识工具。正如望远镜的发明对于天文学的影响，大数据这个新工具的产生将对社会科学以及其他认识人类、影响人类的尝试产生影响。大数据赋予人们挑战传统、教条、权势、权威的工具，赋予人们以一种理性态度去认识人类、影响人类的机会。理性主义的精神将不可避免地成为证析取得成功的关键，没有独立的探索真相的理性主义，证析将不可避免成为传统、教条、权势、权威的附庸。这种探索精神与迷信少数权威的自上而下的精英主义相悖。但是，大数据这个现象本身存在矛盾。一方面由于技术、设施、便利性等原因，使得大数据的访问与分析成为少数"精英"个体与组织的专利。另一方面，数据分析与应用中的这种理性主义精神又与精英主义相悖，前者在当下只能成为理性主义，自信与节制是其前行所必不可少的两个轮子。

郑毅认为，从现在起，将涌现一种新的知识分子，他们也许是技术人员出身，而他们从事着和社会及人类行为相关的社会科学方面的工作。他们没有受过系统的社会科学学院教育，不去进行系统的理论建构，不掌握艰涩的专业术语，不具备任何权威头衔，不垄断任何媒体渠道，甚至不隶属于任何权力集团，在社会科学领域他们是"业余的"知识分析。然而，他们有搜集与分析数据的技能，具有理性主义的推理能力和探索精神，并且具有一个知识分子应有的良知。目前，这种知识分析主要以咨询顾问或技术人员的身份服务于各大企业，凭借证据尤其是量化证据影响企业决策，提升企业效率，引导企业良性发展。随着大数据现象的发展，将有越来越多的人有机会从公开渠道获得数据。随着技术的发展，数据分析的工具将有可能被越来越多的人所掌握。这将扩大这种新型知识分子的范围，甚至每个人都有可能是其中的一员。他们将凭借事实与良知进入以前"专业的知识分子"所垄断的领域，参与到各种社会问题的讨论。这些业余者往往掌握一定的其他领域的技术以谋生，相对于专业的社会学者，其立场的选择不会直接影响其生存的基础，这进一步加强了他们作为业余者的身份。业余者的身份使得他们发出的声音更代表自己的良知而不是某个集团的利益。他们通过互联网发出自己的声音，在互联网这个思想市场中，除了事实与良知之外，他们的观点无所依凭，而大众也通过事实以及自己的良知选择观点、传播观点、选择行动。这种新型的知识分子以及证析的未来将是：以事实激发人心中的善。

7.1.2.8 毕马威中国大数据团队对大数据的挖掘经验

国际知名咨询公司毕马威的大数据团队于2018年推出了《洞见数据价值：大数据挖掘要案纪实》一书，该书内容丰富，观点新颖，贴近大众生活、工作与学习实际场景，内容不拘泥于技术阐释，通过寓教于乐的方式，以丰富翔实的案例来解析大数据挖掘，主要通过常见的场景来阐述数据的价值与意义。

该书附录介绍了一位数据工作者的成长之路，将其从事数据工作应该具备的素质和掌握的技能进行了条分缕析，娓娓道出，共分七个部分：①数据分析入门攻略；②如何做一名"称职"的数据专家；③一个数据仓库转型者眼中的数据挖掘；④预测科学：三点经验谈实际应用；⑤数据模型多了，应该怎么管；⑥手握数据挖掘模型，你一定要知道怎么用；⑦浅谈以史为鉴与数据分析。在笔者看来，本书的附录具有特别的价值和意义，特别是对于还没有走入数据这一工作领域的读者来说，建议读者去读一读这个附录。而最对笔者"胃口"的是附录的最后一部分，关于以史为鉴与数据分析。中国传统文化的学术体系分为经、史、子、集四个部分，其中排在第一位的是"经"，即理论指导，相对于"史"而言，"经"即史观；"史"排在第二位，是历史经验，反映在理论指导下的具体实践所产生的历史经验总结，以此作为未来行动的指引和借鉴，在中国传统文化体系中，历史具有战略性的地位。宋明理学讲"知先行后""知行相须""知行合一"，既强调理论基础又强调历史实践经验的重要性。经与史、知与行可作为数据分析和决策应用的行为准则。

历史经验表明，数据分析究其本质还是一种方法和工具，即使借助大数据分析技术和复杂的模型计算，输出了精准的分析和预测结果，也仅仅只是供决策者参考和使用。数据分析是一种手段，服务于既定的业务目标才有意义，而且要配有恰当的执行策略以及合理可行的执行方案，否则再好、再先进的数据分析只不过是输出了供决策参考的信息而已，如果没有好的决策、行动方案和执行力，单靠数据分析本身解决不了任何问题。

"经、史、知、行"这四字真言是对数据分析和应用成功的高度概括，其本身也形成了一个应用的循环。"经"指的是理论或规律，一切行动都要依据既定的理论或规律，并以此为指导，方能成功。从数据分析的专业角度看，"经"指的是业务应用场景，即数据分析是为了满足什么业务目标，解决什么业务问题。要想做好数据分析，首先要了解相关业务运作的本质，这也是为什么数据分析团队仅仅有数据科学家是不够的，往往还需要配备精通业务的业务专家，方可充分发挥数据分析能力。

"史"指的是历史数据，这也是数据分析的基础。如果没有收集一定期间内充分、完整、高质量的历史数据，那么再好的数据分析模型也很难达到预测的效果。数据基础差的企业需要通过迭代建设的方式，以数据应用为驱动，通过短期速赢的数据分析应用来推动长期的数据治理工作，逐步提升历史数据质量。

"知"指的是利用"经"和"史"进行知识提炼的过程，包括两个步骤：一是建模和分析过程，二是通过数据分析模型的输出结果，进行下一步业务经营决策的知识提炼，并形成最终的管理决策。前者借助电脑，后者依靠人脑，相对于前者，后者更加关键也更加艰难。

"行"指的是具体的实践和行动。"行"的一个重要意义就是检验"知"（马一浮说"知为行之质，行为知之验"），符合"实践是检验真理的唯一标准"这一说法。"行"是数据分析人员最难控制的一个方面，因为这些工作往往都是具体的业务人员来推进的，而影响业务人员的执行力和执行效果的因素有很多，不单单是数据分析就可以解决问题。即便如此，企业还是应该通过"行"的执行效果，比对是否达到"经"的业务目标，形成新的历史数据来丰富"史"，并对已有的"知"进行丰富和完善，包括第一步的数据分析模型优化和完善，以及第二步的形成新一轮决策，以此循环和验证，逐步形成较为成熟的数据分析和应用模型，最终达到"心中有数"的境界。

上述表述深契笔者之心，与笔者的很多观点不谋而合，是笔者阅读毕马威这本书的惊喜之处。这种惊喜，笔者在阅读张靖笙所著的《大数据革命》时也发现两处，一处是作者在谈"大数据思维与第五项修炼"时指出："大数据犹如一把（面）明镜，把信息不对称所遮掩的暴利或质量问题亮堂堂地展示了出来，时代逼迫企业真正向先利人再利己的定位做彻底转型，信息透明时代实诚人的生意才能做得更久（与秦朔'好人赚钱的时代到来了'的观点不谋而合），所以，大数据时代是一个对诚信有更高要求的时代，这也恰恰是让商业回归诚信本质的最好时代，讲诚信的企业才能获得稳定的发展和回报。"另一处是，作者在该书的最后谈到了"致良知与大数据"："人类发明的数据既然是服务于人类社会系统，那么人类社会系统归根结底还是由自然规律所支配，所以大数据作为人类社会系统一种新的认知方式，在自然规律面前与致良知存在本质上的高度统一，更进一步地，随着人类社会系统产生的数据总量越来越多，人类对于冥冥中与生俱来的宇宙天书可以翻开阅读的章节应该是越来越多……离开了人类的生命体验，大数据驱动的机器自身并不能致良知。""整个人类确实是由自然规律支配的命运共同体，'道常无为而无不为，侯王若能守之，万物将自化。'自然本不需要人有什么独特的作为，但宇宙既然产生了有思想的人类，那么人类思想的最大意义也恰恰应该是对宇宙意志这本天书的表达和演绎，'人者，天地之心也，天地万物，本吾一体'，唯有致良知的人类才有资格成为真正的万物之灵。所以，大数据本质上应该也还是帮助人类致良知的一种新途径，而如何利用大数据来致良知，就不仅仅是技术的问题，更应该是人类文明演进的问题。""希望将来有一天，大数据将具备水一般的智慧："居善地，心善渊，与善仁，言善信，政善治，事善能，动善时。'"

以上是对笔者所关注的大数据和数据分析方面的主要作者和著作，称不上是系统的总结，只能算作粗略的读书笔记，希望能对有兴趣钻研大数据的读者提供一个参考书目。接下来，让我们再分几个专题来看看大数据和数据分析对于需求洞察力的提升和促进。

7.2 利用大数据和数据分析来协助洞察顾客需求

为了能够更加精准适度地营销，企业需要收集、分析和利用四类与顾客相关的数据：

● 描述性数据：这些数据相对固定，不会随着时间的推移而变化。这包括人口统计数据（比如年龄、性别、生活地区等），也包括顾客相对恒定的一些偏好：该顾客喜欢体育吗？喜欢读书吗？有信仰吗？

● 社交数据：消费者不是孤岛。了解消费者的家庭状况、生意状况、社交圈，在社交媒体上与哪些人交往，对于更好地理解消费者非常有帮助。另外，了解消费者的好恶以及内向还是外向也很有帮助。

● 关系历史数据：这包括企业与顾客互动的频度，通常是哪一方主动互动，顾客的购买历史，顾客是否以及何时联系客服，是否投诉过，是否访问过企业的网站、App、小程序或门店。因为历史是基于独立的事件的，所以会随着每一个交易的发生而变化。

● 情境数据：这是随时变化的信息，比如今天的天气如何，足球比赛的结果如何，某个地方的交通状况如何，等等。

企业对于正在收集或者考虑收集的数据要进行评估，这将有助于更加精准地服务顾客。除非某一数据能够改变企业与消费者互动的方式，否则没有必要收集该数据。收集数据的关键在于能够有助于在互动中向顾客提供最相关的信息。虽然360度了解消费者听上去是一个诱人的目标，但是，其实企业不必浪费时间和精力来实现这个过于宏大的目标，只要注意随时增加社交数据、关系历史数据和情境数据，尽力提高提供给消费者的信息的相关度就可以了。比较关键的是要利用天气、交通和库存等数据来提高产品、服务和营销内容的个性化程度。如果企业不能正逢其时地整合各个来源的数据，在顾客最需要的情境下出现，就有可能失去顾客。企业要让顾客感到贴心，这并不只是一个显得聪明的机会，还是避免显得愚蠢的绝对要求。当一家航空公司知道你的航班延误了，而你是一个已经飞了十几万公里的常旅客，航空公司不利用这个机会帮你解决问题，那么该航空公司就会显得愚蠢。当一个零售商试图针对你做你刚买了其产品的广告时，也会显得愚蠢。像亚马逊和奈飞这样就像消费者的朋友一样了解消费者、懂消费者所需所想的"聪明"公司越来越多之后，对消费者是谁、对其需求后知后觉或不知不觉的"愚蠢"公司的生存空间会越来越小。鲁迅当年送给瞿秋白一副对联："人生得一知己足矣，斯世当以同怀视之。"如今，消费者期望服务于自己的公司也能够在所服务的相关范围内成为知己，能有相同的三观（"同怀"）。从今往后，在消费者眼里，最有吸引力和竞争力的公司和品牌必须能够——"秒懂客户所需"。在大数据时代，这种能力不再是一种遥不可及的愿景，而是企业在市场大潮中立于不败之地的撒手锏。

2009年麦肯锡公司提出的"消费者决策旅程（the consumer decision journey）"推翻了消费者对已知品牌不断遴选然后做出购买决策的传统的"漏斗"模型，新的模型增加了消费者利用新技术对产品和服务进行积极评估的环节，因此可以随时改变购买需求。另外，新旅程还包括了反馈闭环，消费者购买

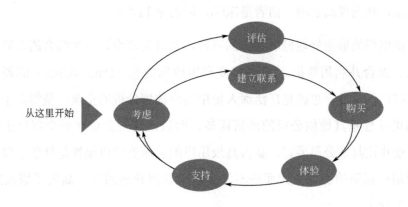

图7-14　旧的消费者旅程

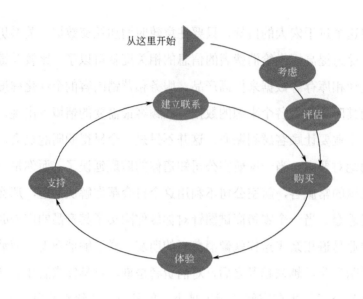

图 7-15 新的消费者旅程

产品和服务后持续评估,促使企业提高产品性能,优化品牌体验。今天,数字化转型领先的企业不仅可以对消费者购买决策施加影响,还可以积极塑造决策旅程,不断优化,主动向消费者传递价值。企业有可能大幅压缩甚至完全去掉消费者在购买过程中考虑和评估的部分,直接把消费者推入这一旅程的忠实环节(见图 7-14 和图 7-15)。

美国广告主协会所做的调查显示,优秀的企业比同行更加了解整个消费者旅程(前者是 20%,后者是 6%),也更擅长挖掘与消费者有关的洞见,然后将其融入营销方案,从而提高业绩(前者是 30%,后者是 11%)。

为了使组织能够更好地倾听客户的声音,公司应该设计一个综合的大数据平台,采集、整合并利用数据。2013 年麦肯锡数据信息(Data Matics)的调查显示,倾听客户的企业,也就是广泛深入使用客户数据分析的企业,获得高于平均值利润的可能性是其他供公司的两倍还多。而且,这些企业在整个客户生命周期中的表现也比其他公司要好,获得高级用户的忠诚度的可能性是其他公司的九倍,在新用户获取的表现上比那些不怎么使用数据分析的对手高出了惊人的 23 倍(见图 7-16)。

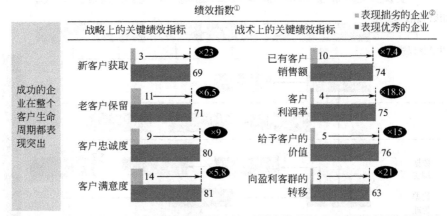

① 由"请描述你的公司/业务部门的营销团队在以下领域中相对于竞争对手平均水平的表现（请根据去年的数据回答）"得来。"较高竞争力"代表满分7分中的6～7分，1＝竞争力很差，7＝竞争力很强。

② 由"请描述你的公司/业务部门在以下领域中相对于竞争对手平均水平的表现"得来：销售额、销售额增长、利润、投资回报率的综合指数。以四分位数为标准进行高低比较。

图7-16　企业在整个客户生命周期的表现

建立由营销技术支撑的消费者画像

于勇毅在《营销技术：原理、策略与实践》一书中提出了一个比较完整的营销技术架构，包含数据、内容和触点三个类别（见图7-17）。图7-17自下而上是广告主视角，代表广告主累积的营销资源，如何驱动消费者"客户体验"；自上而下是消费者视角，在消费者采购链（决策旅程）接受的不同营销信息、背后的内容和数据资源的整合。其中，数据中台、数据分析、营销自动化、营销测量（在图中带五角星）是整个体系的基石。

消费者画像回答"如何了解目标消费者"这个问题，这是"客户体验"的出发点。传统营销中对于消费者的理解和洞察是通过调研和统计学来完成的，得到的消费者画像基于人口属性（年龄、性别、地域等），是宏观统计级的，无法落

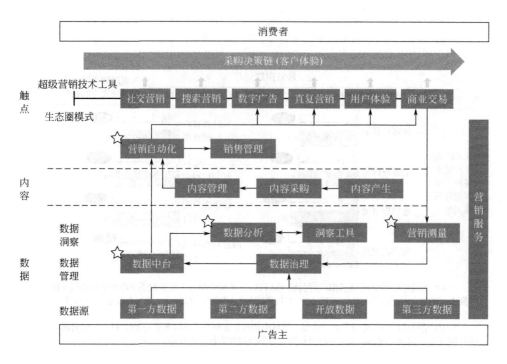

图 7-17 营销技术架构

实到不同个体消费者之间的差异。而营销技术支撑的消费者画像,则是基于数字技术收集的消费者行为大数据,是微观个体级的。为了构建消费者画像,营销技术需要完成数据收集、治理、管理、分析、应用和测量的完整数据闭环,产出的是消费者个体级别的标签,既可以用于洞察,也可以直接用于营销接触。两种客户画像存在鲜明的对比(见图7-18)。

传统消费者画像
- 30～39岁的中产阶级
- 企业中层管理人员
- 一二线城市
- 家庭年收入30万元以上
- 已婚有家庭,或计划建立三口之家
- 有第一辆车,准备为新生儿的到来换更大的车型
- 习惯制定高效可行的计划,认可科技和环保带来更好的生活,对未来抱有开放的心态和合理的期待

营销技术支撑的消费者画像
- 访问汽车类垂直媒体,访问了SUV相关内容
- 已经点击了SUV车型的"询价"页面
- 点击查询了"二手车"页面
- 经常访问雪球、手机银行等理财相关App和网页
- 经常访问宝宝树、春雨育儿、有钱兔等育儿类App
- 安装知乎、豆瓣、今日头条、凤凰新闻、非常准、航班管家、Agoda、Airbnb等中产相关App
- 居住在一二线城市中端小区
- 上班地点在市中心写字楼和市郊科技园区
- 居住地周边5公里有充电桩

图 7-18 两种消费者画像的对比

有很多广告主花费巨大,用了最贵最好的营销技术工具,但是效果依然很差,其背后的原因可能很多,但是大多数时候是因为数据有问题,要么数量不够要么质量不高("脏乱差")。广告主数据资源的建立远比想象得更复杂更艰难,完整的数据运营闭环包括数据收集、治理、管理、洞察、应用和评估,还涉及数据合规等诸多问题(见图7-19)。

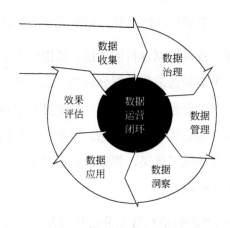

图7-19 完整的数据运营闭环

7.3 利用大数据和数据分析来协助产品研发

数据分析法可以运用到多种业务流程当中,使企业获得竞争优势。在企业中,研发也许是采用数据分析法最多的职能部门。研发中心是企业里最重要的汇集各种科研方法的基地,例如假定测试、对照组以及统计分析等高度数据分析型的工作都在研发中心里进行。在有些行业,随着计算方法取代或者拓展了传统的试验方法,研究工作从本质上已经演化成更加偏重数学和统计分析。

在《数据分析竞争法》中,达文波特介绍了制药行业的研发工作与数据分析。就数据分析法而言,该行业正在经历着巨变。数据分析法,尤其是为了了解药品是否产生疗效,对临床实验数据的分析,在该商业中始终都非常重要。这些年,系统生物学取得了显著的发展,许多企业努力将来自不同来源的染色体的、蛋白生物学的、新陈代谢的以及临床的数据整合起来，创建模型，了解这些数据的特点，并将这些特点与临床结果结合起来，最终了解疾病及其对药物的反应。

达文波特特别介绍了美国尖端制药公司（Vertex Pharmaceuticals）用数据分析来有效地应对研发挑战的案例。该公司是一家全球性生物技术企业，在研发中高度强调数据分析法，使得研发成果正在开始显现效果。该公司的 CEO 当初离开大公司创业时就说：在这个行业里，你所需要的就是比别人拥有更多的信息，而不是更多的小聪明，也不是更多的直觉，只是更多的信息。

尖端制药公司采取了各种数据分析的举措，范围涉及研究、开发和营销各类工作。在研究工作中，尖端制药采用数据分析的方法，努力提高药品的研发成功率。在开发阶段，该公司舍得投资数据分析，并通过开发新的试验模拟工具使得临床试验能够提供更丰富而且更有效的信息。该公司还利用数据分析法使临床试验操作实现了自动化，并增强了效果，例如他们开发了统计病人医疗信息的工具以及电子数据采集系统（EDC）。

尖端制药的 CIO 说："我们是在数据分析法以及企业文化的层面与其他企业展开竞争。我们鼓励大胆追求创新，但同时我们严格地观测这些创新对核心业务产生的影响。我们一直寻求新的更有意义的数据分析法，但是我们奋斗的方向是由我们的战略、企业核心价值观及优势、对我们自己企业价值主张的理解所决定的。"尖端制药公司是将数据分析法运用到产品研发当中的一个极佳的案例，因此，它在产品开发的各个阶段都拥有大批新药，增长潜力十足。

7.4 利用大数据和数据分析来协助营销推广

7.4.1 数据分析法在市场营销领域的典型应用

达文波特在《数据分析竞争法》一书第 5 章总结了数据分析法在市场营销领域的典型应用，包括：

● CHAID——是卡方自动交叉检验（Chi-square automatic interaction detection）的简称，这种统计方法可以用来在多重选择变量的基础上细分客户市场。这份分析能够得出一个细分"树",而且只要变量在统计上具有重要意义,就可以不断加入这样的变量,就像树长出枝丫一样。

● 联合分析——这种方法典型的用途是评估客户对某种产品或服务属性组合的偏好的方向和强度。例如,可以使用联合分析的方法来确定哪些因素,如价格、质量、经销商的位置等,在客户购买新车时最为重要。

● 终身价值分析——这种分析方法采用分析模型,来评价某个具体的客户(或一类客户)在终身的交易中所具有的对于企业的价值(赢利性)。复杂的模型能够精确地估算出由客户购买和使用产品而引发的成本,包括购买渠道的成本、退货的可能性、申请客户服务所需要的费用,等等。

● 市场试验——营销企业可以采用直接邮件、改变网站、促销手段或其他方法,对一些变量进行测试,目的是了解在一定的情况下,消费者对哪些变量反应最为明显。通常情况下,这种方法在假定的因果变量基础上,针对不同人群(理想的方法是采用随机选取的人群)确定不同的实验方案,然后可以观测结果,并且比较不同方案产生的效果。

● 多元回归分析法——这是一种最常用的统计分析方法,用来预测一个因变量(例如销量)在一个或多个自变量(例如销售人员的数量、天气,或者一个月中的某天)影响下的价值。虽然基本的回归分析认为变量之间存在线性关系,但是修整后的模型就可以处理非线性的、对数的关系,等等。

● 价格优化法——这种方法通常也被称为收益管理或收入管理,认为消费者购买行为中最主要的因果变量是价格。关键问题通常是价格弹性,或者购买者对产品价格涨跌做出的反应(需求的改变)。价格优化法会绘制价格弹性曲线,用以了解价格在发生变化时和不同条件下产生的影响。

● 时间序列试验——这类试验会在连续的时间点跟踪特定的人群。它们用以了解某个点对应的条件是否会导致所研究的变量发生变化。例如,可以利用这种方法来研究广告投放在不同时期对产品购买产生的影响。

概括起来,企业在诸多营销推广活动中都可以采用数据分析法来提升绩效、增强竞争力。第一,吸引并留住客户,通过对时间序列数据进行计量经济学分析,确定广告与产品或服务的销量提升之间是否存在统计意义上的关联,比如WPP集团就高度重视计量经济学的作用，它原来的CEO甚至称计量经济学为广告业的"圣杯"；DDB Matrix 也组建计量经济学专家团队，为客户收集数据、建立数据库并分析数据，从而回答各种有关广告效果的问题；谷歌公司认为数据分析法及计算方法将使各类广告商在与公司合作时获得更大的成功，所以尽可能多地帮助广告商使用数据分析工具；挪威银行在天睿（Teradata）数据库基础上利用数据分析更加高效地建立客户关系，他们使用数据库中一种名为"事件触发器"的工具，促进客户关系分析人员向客户推荐一种或多种与该事件有关的订制服务，并采用一套自动的工具将客户的特征与营销时间匹配起来，然后向客户提供产品建议，使得交叉销售的转化率达到了40%～50%，同时使公司的营销预算降低了一半，而且还提高了客户的满意度。英国的乐购公司、美国的第一资本金融公司和前进保险公司都是利用数据分析提高客户吸引力以及客户保留效果和效率方面的典范。

第二，实施动态的优化定价。企业运用数据分析法为产品适当地定价，从而获得竞争优势的案例很多，比如沃尔玛的天天低价，酒店和航空公司根据客户的需求调整价格。数据分析法使得企业更容易地进行动态定价，即根据企业需求、库存水平、竞争对手的行为以及客户以往的市场状况，实时地调整产品或服务的价格。很多零售企业已经抛弃直觉定价，而是采用数据分析软件，进行"科学的零售"，通过分析零售企业销售终端的历史数据，来确定每家商场中每种商品的价格弹性和交叉弹性，然后应用方程得出使销量和利润均实现最大化的最优价格。当动态的定价方法和其他分析数据结合在一起时，它就能使企业在变化无常的市场条件下获得战略优势。

第三，提高营销活动和品牌管理水平。一些先进的企业已经通过开发数据分析能力，更加高效地设计和开展效果极好的多渠道营销活动，并对这些活动产生的效果进行预测，从而不断地改进未来的营销活动。它们大多都是利用计量经济学的模型和情景规划的方法，来预测企业在整体预算水平下或者不同渠道的投入水平下会出现什么样的业绩。不论是三星公司的M网（M-Net）还是百威啤酒母公司安海斯-布希的BudNet分析系统，都对营销活动的效果产生了积极的提升作用。

第四，将与客户的互动转化为实际的销量。数据分析法还能够增进销售人员与客户之间面对面的联系。不论是第一资本金融公司还是百思买，都利用数据分析人员所提供的信息和知识来赋能一线销售人员，帮助后者更好地与客户互动，提高销售转化率。中国的孩子王母婴连锁店在这方面也走在了国内很多企业（不只是零售企业）的前面。当然，跟美国真正先进的数据分析企业（如哈拉斯娱乐公司）相比，还有差距。

第五，管理客户生命周期。企业的目标不仅仅是希望增加客户某一次的消费额，还希望提升客户的终身价值（lifetime value, LTV）。预测性的分析工具能够帮助企业了解客户所购买的物品和购买行为的生命周期。美国Sprint电话公司把客户生命周期分为6个阶段，每个阶段的交易行为以及客户的认知和情感都有其特点。他们把对这些特点（共有42个）的分析结果融入运营中去，利用25种模型寻找最佳的方法，实现客户在各个时期最理想的忠诚度和消费量。该公司的目标是掌握每个客户最重要的关注点，并给客户提供"下次购物的最佳选择"，同时还要避开客户不喜欢的交易方式。

第六，实现营销信息内容的个性化，实现千人千面，甚至是一人多面。英国的移动通信网络运营商O_2就采用数据分析技术来监测用户的行为，例如用户点击某些内容的频率，并据此来判定用户的个人偏好，然后软件会自动地将客户希望看到的内容呈现在客户容易看到的地方（类似抖音的做法）。O_2公司的大部分用户（97%）都已经选择采用个性化服务项目，享受着这种可以预期并呈现其偏好内容的服务所带来的便利。在该公司看来，个性化是其最关键的服务差异要素。

7.4.2 创造条件让数据变得有用

原奥美集团全球董事长兼首席执行官杨名皓（Miles Young）在《奥格威谈广告：数字时代的广告奥秘》一书中指出，数据不一定会对营销推广有用，要想让数据有用，先要满足以下七个条件。

（1）采用企业单一视图。建立"客户单一视图"数据库，用以存储企业所了解到的某个客户的一切信息，分析个人客户的行为，然后在多渠道上针对那个客户传递信息。

（2）消除平台障碍。不论媒体平台还是营销技术公司都希望标榜自己无所不知、无所不能，对此企业必须保持警惕，不要轻易被忽悠，而要对各类数据和各种方案进行实事求是的分析和判断。

（3）区分测量与实效。企业内有两种文化：测量文化与实效文化。前者执着于过程，后者强调结果；前者喜欢给核对表打钩，后者关注把事情做对；前者往回看，后者向前看；企业关注前者，消费者看中后者。数据有创造测量文化的危险倾向，企业必须警惕，否则发生在医疗界的故事也会发生在商业界：手术很成功，但很遗憾，病人去世了。

（4）重新探索计量经济建模。当今已经进入大数据时代了，但是计量经济学并未得到广泛应用。其障碍有三：①计量经济建模所需要的高级统计技能很罕见；②无法持续获取所需的数据；③计量经济建模像个黑匣子，营销人员不信任它。

（5）减少指标数量。大数据项目在使用多重指标来证明自己的过程中"用力过猛"，其实，只有限定关键指标的数量，才能得到最大效应。不过，这并不容易做到，需要有清晰而缜密的预先思考。

（6）洞察。来自数据的洞察有三种：①观察型——数据可以展示某样东西表现如何；②改善型——数据可以揭秘为何这个有用，那个没用；③灵感型——数据可以激发创意。创意灵感就像魔法，而数据能以多种方式激发创意灵感。首先，优先顺序：数据可以显示要与谁交谈，以及为什么。其次，个性化：数据可以把你指向特定人群，为你显示为何他们那般表现，以及如何接触他们。最后，精准化：数据可以帮助生成正确的信息，用合适的媒介，在合适的时间，将信息传递给合适的人。

（7）最佳优化。真正有用的数据之所以成为最高等级的有用数据，关键在于把优化作为设计的核心。这需要采用一个闭环系统。在营销策略启动之前，密切关注市场动态，确保与所设定的目标保持一致。做一个测试方案，然后启动跟踪。一旦营销沟通上线，就从四个时间框架对它进行评估：实时、每日、每周和周月。所要寻找的数据包括消费者旅程、客户终生价值以及品牌偏好指标。

杨名皓认为，大数据可以被驯服，有用的大数据能将营销与传播带入创意与精准的全新领域。不过，大数据永远不会带来狂热鼓吹者所谓的天堂。它辅助和支持人类的思考过程，针对之前无法完成的繁重工作提供捷径，因其庞大的体量，让我们得以看到用其他方式无法看到的模式。

7.5 廓清大数据和数据分析的漫天迷雾

任何事物都有两面，大数据也一样，对此我们要保持充分的认知和警觉。很多有识之士已经在帮助我们廓清伴随"滔天巨浪"而来的"漫天迷雾"。

7.5.1 警惕大数据带来的"算法霸权"

在迈尔-舍恩伯格推出为大数据摇旗呐喊的《大数据时代》一书之后三年，数据科学家凯西·奥尼尔推出了"*Weapons of Math Destruction*"一书，中文版译名为《算法霸权——数学杀伤性武器的威胁》一书，提出了一些与迈尔-舍恩伯格截然相反的观点。奥尼尔认为，我们应该警惕不断渗透和深入我们生活的数学模型——它们的存在，很有可能威胁到我们的社会结构。

我们生活在一个依赖"算法"的时代，它对我们生活的影响越来越大，"我们去哪里上学，我是不是应该贷款买车，我们应该花多少钱来买健康保险"，这些都不是由人来决定的，而是由大数据模型来决定的。未来20年，算法和大数据将席卷世界，接管我们的生活、社会和经济。我们生活中的很多方面都将落入自动化的数据分析之下。从理论上来说，数据分析模型应该让社会更加公平，每一个人的衡量标准都是一样的，偏见是不存在的。但是，正如奥尼尔在书里所揭示的那样，事实并非如此。我们今天所使用的这些数学模型是不透明的、未经调节的、极富争议的，有的甚至还是错误的。确保算法和大数据的公平性将是一项重大的任务，数据伦理的价值和意义将不断凸显出来。大数据犹如一个黑盒，规模、伤害和隐秘共存，奥尼尔在书中引用了大量发生在美国当下的、基于大数据和算法的、改变个人生活的案例，并对影响这些城市生活经验的算法做了特别的观察和研究。数据和算法的关系就像枪械和军火，数据没有价值观，是中立的，但来自人类行为的输入，难免隐含偏向，而算法创造的数据又对人类行为产生反作用，从而导致更多的不公。

最糟糕的是，数学模型和大数据算法加剧了偏见与不公。例如，一个贫困学生想申请贷款交付学费，但是银行大数据算法根据他居住地的邮政编码判断，将钱贷给他存在风险，因此，拒绝给他提供贷款。他因此失去了受教育的机会，而这个机会可能帮助他摆脱贫困。大数据算法做的常常只是锦上添花的事儿，有时甚至是落井下石。

奥尼尔指出：算法模型一旦运转，执法行为就会增多，产生的新数据又会进一步证明加强执法的必要性。形象地说，就是哪里"前科"越多，哪里就越受算法"关照"，最终形成一个失真，甚至有害的回馈环路。

通过个案追踪，奥尼尔揭示了大数据是如何影响我们将来的，它不仅影响着个人，也影响着整个社会。这些数据评价着我们的老师、学生，筛选着我们的简历，审核着我们的贷款资格，衡量着员工的工作态度，监视着投票者，监控着我们的健康。奥尼尔呼吁数据模型的创造者们要对算法负责，政策的制定者及执行者们在使用这一威力极大的"武器"前应该更加慎重。

这本书并不是一本传统意义上唱衰大数据的书，相反，作者希望让更多的人通过了解大数据、了解算法，反思模型，以及通过政府和相关机构的合理监管，不断改善各类设计评价体系，让更多的人受益，维护社会的公平与民主。

7.5.2 警惕全球市场的数据滥用

Facebook导致5000万用户个人信息数据泄露，大数据"杀熟"让人人有成为"待宰羔羊"的可能。洛伦佐·费尔拉蒙蒂在《大数据战争：数据在全球市场的使用与滥用》一书中，探讨了大数据应用的边界。

大数据时代，经济发展、社会治理、国家管理、人民生活都在被大数据重构。大数据为我们描绘了一幅美丽壮阔的社会图卷。国民生产总值的不断增长让我们觉得更富裕，AAA级信用评级让我们觉得投资妥妥无风险，价格指数、股市指数、基尼系数……甚至幸福都可以用指数衡量。大家都在对大数据带来的巨大福利额手称庆。虽然数据对于人类发展十分重要，但它却是一把双刃剑，它会不知不觉地降低社会现象的复杂程度，最终将我们带向错误的方向。数据被用来加强市场对社会生活的其他领域的控制，同时为数据的控制者提供了巨大的权力。信用评级、气候变化、碳排放、生态系统价格评估、援助效力评价、国家治理等领域，数据被设计用于抹杀现实，它们是控制的工具。大数据的使用与滥用，渗透到社会、经济等领域，带来意想不到的危害。

费尔拉蒙蒂关于大数据的犀利观点包括：数据并非动态的事实，相反，它们的本质是静止的；数据带来的有时是"博学的无知"；数据的微妙之处在于它们并不消灭权力,而是将它隐藏起来;数据抹杀了我们批判性思维的集体能力,主张愚蠢的风险。所以,他主张,我们不应该轻信数据永远能揭露事实,数据无法拯救我们,我们只能依靠自己。

7.5.3 数据化决策并非通向成功的唯一之路

数据分析与所处条件不匹配的情况时有发生,达文波特在《工作中的数据分析》一书中,列举了一些时常发生的情况。

● 没有时间收集数据。在能够系统地获得数据之前,某些决策必须尽快做出,比如消防员在起火的建筑中试图判断地板是否会坍塌时,必须通过环境快速"搜集数据",而不可能进行有逻辑的回归分析。

● 没有先例。如果某事从来没有发生过,则很难获得与之相关的数据。这时,显而易见的分析方法是通过一个小规模的随机化试验测试想法是否可行,或者借助于直觉。

● 历史信息存在误导。黑天鹅事件对分析是免疫的。对于不能用过去指导现在和未来的那些特殊时刻,企业应该尽力有效地识别,而不是彻底放弃统计分析的方法。

● 决策者有一定经验。有时某些决策过于频繁,决策者已经将数据和分析的流程内化为自身能力的一部分。

● 无法测量变量。比如,对于数据分析对于帮助挑选伴侣方面的能力,我们通常会表示怀疑。

第一,《工作中的数据分析》一书本着"诚实写作"的态度,向读者声明:"数据化决策,并非通向成功的唯一之路"。就像几乎所有行业都会有一个数据分析而成功的企业一样,在每一个行业,也都会有CEO依靠经验、直觉和运气而不依靠数据和分析取得成功。

第二,基于数据分析的决策并非完美。在大多数情况下,采集数据和分析数据会显著地提高你得到正确答案的可能性,至少要好于纯粹的猜测。但也有很多时候,基于数据分析的决策是错误的或者是次优的。

第三，需要不断产生基于数据分析的新的洞察来保持竞争优势。数据分析导向的公司就像鲨鱼一样，时刻搜寻着新的机会。因为竞争对手最终会理解并且复制你的创新。这在透明度高、竞争激烈的行业会表现得更快。竞争对手迟早都会加入数据分析的热潮，并且开始建立自己的数据分析模型。因此，满足于过去的成功明显不是个好选择。

第四，有时，变化的世界会导致指导决策的现有模型失效。企业如果选择通过数据分析来安身立命，那么便不得不持续不断地评估和改变数据分析模型。明确你的假设和猜想，并在需要改变时加以调整。历史会告诉我们，什么时候历史经验不再有效。

最后，数据分析不是制定良好决策的全部。你需要动用所有工具来制定更好的决策，除了数据和数据分析，这些工具还包括经验、直觉、集体智慧，甚至通过投票构建预测意见市场。有时，结论之间会互相矛盾，或者数据分析的结论会与我们自身的认知相对立。不应该无视这些矛盾，而要用它们来更深入地验证数据和分析，并检验隐含的假定。

7.5.4 大数据的"四宗罪"

原奥美集团全球董事长兼首席执行官杨名皓（Miles Young）在《奥格威谈广告：数字时代的广告奥秘》一书中说，他对"大数据"一词并不在意，因为它太着重于技术，而非消费者体验。可以说，大数据改善了广告主的生活，但鲜少有消费者会说他们的生活因为大数据而改变很多。企业把关注点都放在数据的收集与分析上了，却并没有好好运用相关信息来改善消费者的生活。

大数据似乎有四宗"罪"。

首先，收集谬误——似乎收集的数据越多就越有价值，所以只管一味地收集数据。有条件有能力收集并不意味着你就应该收集。企业应该聚焦与自己目标相关联的数据。

其次，效用赤字——虽然拥有数据，但是数据并没有被使用。这样，数据就不是资产而是成本和负担了。

再次，筒仓效应——部门与部门之间各自为政、互不沟通，人与人之间、数据与数据之间均存在壁垒，使得数据无法为企业所用。

最后，承受门槛——数据外泄、政府监控曝光以及对个人数据价值的认知，令消费者普遍缺乏安全感。我们必须警惕不受约束的数据流会让我们的生活更美好这种说法，切实防范为实现乌托邦愿景而要面临的数据入侵。

7.5.5 创新数据的谬误与数据的制造问题

克里斯坦森在《创新的任务》（又名《与运气竞争》）一书的第8章指出，即使是卓越的公司，随着时间的推移，也可能会偏离用户想要完成的任务，转而专注在自己的任务上。这种情况之所以会发生，往往是因为三种谬误：①主动数据（远离顾客现实的精致数据）与被动数据（贴近顾客现实的粗糙数据）之比谬误；②表面增长谬误，靠急功近利手段，比如模仿和抄袭，所获得的新增长、额外增长；③数据确认谬误，用数据来佐证管理者观点，投其所好，帮助其自圆其说，自欺欺人。

克里斯坦森还指出了关于数据的一个更根本的问题：许多人都认为定量数据比定性数据更值得信赖，但"客观"数据是哪里来的？其实，几乎所有的数据都是构建在人类的偏见和判断之上的，无论是大量的定量资料还是有关行为的文字描述。根据实地研究的行为数据，我们可以看出其主观性非常强。数字数据表面上看似精确，实际上仍潜藏着主观偏见。

企业管理者认为定量数据更好的看法其实是有问题的。神不会创造数据，然后再把数据赐给人类，所有的数据都是人类自己创造出来的。某人在某个时点决定要搜集什么数据，怎样组织数据，如何陈述数据，以及如何从数据中推断意义，这个过程中都嵌入了各种虚假的严谨性。数据都有议题设定，这个议题是由某个人设定的，不论设定得聪明与否。高管们都会投入时间来分析数据，他们也应该投入同样的时间决定首先应该收集什么数据，以及应该收集哪些方面的数据，而哪些方面的数据可以忽略。

克里斯坦森还用自己的亲身体验来说明数据能告诉我们的信息是多么有限。他说，他儿子迈克尔以贝克学者的身份从哈佛商学院毕业（贝克学者是哈佛商学院颁给工商管理硕士的最高学术荣誉）。如果你看到他在哈佛商学院就读时的相关资料，你会看到他选修的课程、他的成绩、考勤记录，但不会看到他是哪一班哪一组的"课代表",也看不到他负责的培训内容和相关文化。迈克尔以领导者的角色所做的这些事情,克里斯坦森觉得是他儿子在哈佛商学院学到的最宝贵的知识,他学到了如何营造合适的文化以激励他人。但是,没有相关数据反映这件事,这些资料内嵌在情境中。这让克里斯坦森想起罗伯特·肯尼迪当年令人动容的演讲:"我们的国民生产总值(GNP)如今已超过8000亿美元……但国民生产总值并没有计入孩子的健康、教育质量或孩子游戏时的欢乐,也没有计入诗词之美、婚姻的力量、公共辩论的智慧或政府官员的诚信。它也没有衡量我们的机智和勇气、智慧和学习、同情心与爱国心。总之,除了那些让生活更有意义的东西之外,它衡量了一切。它可以告诉我们关于美国的一切,除了那些让我们作为美国人引以为傲的原因之外。"

7.5.6　大数据的肤浅与冷漠

互联网经济迅猛发展,大数据成为分析用户需求的一种惯性路径。品牌营销专家林斯特龙则指出,大数据连接了千百万的数据点,可以准确地产生相互关系。但是,当人类按照自己的习惯行动时,大数据分析通常不会十分准确。在林斯特龙看来,小数据是值得收集但未必容易收集的数据,大数据是容易收集但未必值得收集的数据。在挖掘用户需求时,在大数据之外,更重要的是通过对一个小群体的亲身观察和小数据常识,捕捉到这个社会群体所体现出的文化欲望。满足这些用户需求,击中痛点,则意味着无限的商机。

林斯特龙在《痛点:挖掘小数据满足用户需求》一书中提醒企业在关注大数据、依赖大数据时也要看到它的缺陷。首先,大数据不会激发深刻的见解。线上的数据是片面的,并不能体现一个真实、复杂的人,网络中的人们往往会掩饰真正的自己,根据不同的场景制造不同理想的自己,这就意味着它并非万能到可以解决一切问题。林斯特龙用自己经历的一次商业案例来举例,乐高曾遭遇过转型危机,依据大数据分析,他们得出结论:未来的几代数字原住民喜欢即时满足的特性,将导致对乐高失去兴趣。但是,最终解决问题,使乐高销售额上升11%,一跃成为全球最大玩具生产商的却是小数据。研究团队通过发现一个乐高迷——一个11岁男孩的一双破旧的运动鞋,从而解开了迷思:没时间、没耐心、即时满足是数字原住民的特点之一,但是同样地,对所有孩子来说,在同龄人中只有具备花心思、精力和时间才能练就的高超技能，以及获得社会存在感的需求，也是一直存在的。于是，乐高把积木做得更小块、更多、更复杂，10年后，他们获得了成功。

其次，大数据只是没有情感的数据。互联网人在讲产品的时候，喜欢两个词：温度、情怀。一款好的产品对用户来说，如果想生命力更强，就要与用户产生连接，不只是单纯的人机连接，更要进行情感连接。林斯特龙举了扫地机器人Roomba的例子。如果扫地机器人只是一个扫地机器的话，那么它跟普通的家用电器没什么不同，但是如果它会"说话"，那么它就完全与众不同了。如果用大数据进行分析的结果可能是：它的购买量下降了，可能技术不够先进，外形不够炫酷，或者价格定得过高。但是，在进行小数据的实地勘测之后，才发现：①它可以代表主人有趣、有个性的另一面；②它可以充当可爱的宠物；③它可以讨女人喜欢。越来越多的产品开发人员开始注重起产品的人性化。人是社会动物，渴望交流和表达，渴望归属感和心灵慰藉，尤其是随着人口老龄化不断加剧，以及"单身社会"到来，这种渴望会越来越强烈。

不过，请不要误解，林斯特龙也不是在"鼓吹"小数据万能，他想说明的是：如果你想理解顾客，大数据提供了宝贵的方法，但是这个方法还不够完善，不能形成高质量的见解和观点，因为网络呈现了理想化的真实自我。最有启发的做法是，把小数据和大数据结合起来，找出顾客的真实需求。小数据并非是坐在电脑前的抽样调查，而是实地深入到用户中，结合自身在工作中训练出来的类似人类学、社会学、心理学等学科综合出来的高度敏锐的洞察力，发现和分析出人们真实的身心状态和潜藏在真实之内的欲望，从而获取到真正的用户需求。林斯特龙主张深入到用户中，了解真正的用户需求，用他的话说，这叫"到丛林里研究动物"。他这种见微知著的"亚文本研究法（Subtext Research或者Subtexting）"在本书第6章有比较详细的介绍。

并不是所有重要的事物都可以被计算，也不是所有能够被计算的事物都重要。爱德华·戴明更是明确地说："最重要的东西是无法衡量的。"在大数据的滔天巨浪面前，我们应该拥抱这种理性的阳光，避免被大数据的迷雾和阴霾所笼罩。

7.6 国外化妆品行业的大数据和数据分析应用案例

大数据已经逐渐成为美妆行业的主要驱动力之一。不同规模、不同业务的美妆企业都在通过数据分析技术寻找他们在市场上的立足点。大数据看似是一场技术革命，但这场浪潮的底层，却显示出一个行业最重要的问题：保持与消费者的沟通，无论在任何时代，都是业务不能忽视的重点。

在时尚产业各个部门里，最善于应用大数据的，莫过于美妆品牌。它们不仅基于大数据为社交网络上的图像作出决策，更通过消费者数据反推，进行产品的开发与营销。"知己知彼，百战不殆"这个传统的中国军事智慧，被国外美妆品牌们应用得游刃有余。WWD国际时尚特讯（WWD Greater China）撰文介绍了几个案例，让我们一起来了解一下。

7.6.1 Olay：游戏化（Gamification）时刻

玉兰油（Olay）旗下的Retinol 24（再生24系列）就是一个典型的案例。宝洁旗下Olay北美品牌总监Eric Gruen表示，Olay就是使用数据进行产品开发的拥护者之一，但在此之前他们也走过不少弯路。该品牌在2000年至2010年间一直表现良好，但因为他们没能跟上市场发展的方向，之后市场表现开始走低。"消费者称我们是'老太太油'，"Gruen说，"当我们找到宝洁的其他员工帮我们打造品牌，他们都会觉得我们疯了。"

这样的窘境持续了一段时间，直至2016年，Olay销量还在持续下滑。但是随着Olay逐渐在其工作流程中实施数字化战略，并且对消费者护肤程序中的需求有了更深入的了解后，该品牌推出Olay Skin Advisor（图7-20），这一基于互联网的工具旨在帮助人们了解最适合他们皮肤的产品。

该工具还能够帮助宝洁收集数据并塑造该品牌策略。在用户自拍时，"智能算法"随即启动，在询问用户五到七个关于其皮肤状况的问题后，这个应用程序就能展现他皮肤的年龄。格鲁恩（Gruen）称这一过程为"游戏化（Gamification）时刻"，并表示因此品牌也得到了更多的关注。最终，Olay开始为每个消费者提供定制化的产品推荐。Gruen表示，Olay Skin

Advisor推出后的几年时间,已经收集了超过600万个数据点,这也对他们的产品开发产生了巨大的影响。例如,Olay了解到,很大一部分消费者其实更偏向无香精的护肤产品,而这类产品却从来没有出现在Olay的产品开发计划上。

图7-20　Olay Skin Advisor通过收集数据并诊断,向消费者智能推荐产品

"我们很快就意识到,我们必须推出无香精的产品,因为消费者已经告诉我们他想要什么,但我们却没能满足他们。"于是,Olay推出了空气霜的无香版本,据Gruen称,这一产品很快就变得和其老版本一样受欢迎。Gruen说:"这是我们首次获取这些数据点和客户的反馈,并从实质上将我们的数字销售思维模式转变为数字设计的思维模式。"

玉兰油还在开发新产品上沿用了这一套策略,包括Retinol 24系列,自从该品牌发现视黄醇是搜索量第一的成分,因此便决定用它开发一种新产品。

Gruen表示:"当我们看到了这些数据时,便想,我们如何能够将其变成产品,并多快便能制作出这款视黄醇产品呢?"之后,该品牌在产品包装上突出显示了"视黄醇"一词,将其变得和Olay的品牌名一样大,Gruen称在内部经过了漫长的游说才最终实施这一举措。

他强调道："试图说服他人成分名应该和品牌名一样大并不容易。消费者曾经会说，我需要我所信赖的品牌提供我想要的成分。但事实上，他们是为了视黄醇才来买你的品牌。"有了之前在香精上的发现，Olay仅推出了无香精版本的Retinol 24 系列。

7.6.2 Prose：定制化运营

同时对于定制护发品牌Prose（图7-21），数据是其运营中不可或缺的一部分。Prose的消费者会在线上进行一个包含25个问题的测试，以确定最适合他们的配方和产品定制方案。这些问题将涉及他们的头发类型、头皮状况甚至其日常生活习惯。Prose的联合创始人保罗·米修（Paul Michaux）表示，这一问卷可以给公司提供135个数据点。"我们拿到这些信息，并将它们输入到我们内部设计的算法中，便能为消费者量身打造出一套配方。同时它还会告诉你在你的护发过程中需要使用什么产品。"当产品交付给用户后，用户便可以通过Prose的在线"评论和优化"功能补充其他信息。用户还可以通过它提供其他的个人资料，例如，如果他们饮食习惯上有改变，或是从一个城市搬去另一个城市，他们的洗发水配方也会有所调整。

图7-21　定制化的美发品牌Prose

"这一系统每天给我们提供来自消费者的大量数据。"联合创始人兼首席执行官阿诺德·普拉斯（Arnaud Plas）表示。"我们也在利用这些数据不断改进我们的产品。这一系统基本上是将我们习以为常的社交媒体的网络效应带入产品中。它可以帮我们逐步提高消费者满意度。你的反馈不仅可以帮助改善你自己的配方，同时还会改善其他人的体验。"Michaux 补充道。

Prose 在巴黎拥有一支内部的数据工程师团队，他们的工作是研究客户之间的相似性和不断调整的配方以将消费者满意度最大化。该公司表示，在过去的一年间，品牌已经将满意度提高了 30 点，达到约 90%。

数据绝对是定制化产品运营必不可少的成分，Prose 的每个产品配方都是为每个消费者定制的。"我们的产品确实是独一无二的，但在生产的层面上他们确是由市场上既有的成分和原材料组成的。"Plas 表示。"我们的创新之处在于将 AI 与生产自动化相结合，通过构建完整的软硬件支持我们的想法并能够将其规模化。"

7.6.3　Ipsy：洞察消费者

订阅美妆企业 Ipsy 也通过消费者数据来提供产品，并且个性化其美妆订阅包。创始人兼首席执行官詹妮弗·戈德法布（Jennifer Goldfarb）称，该企业去年通过订阅业务提供的消费者数据创建了他们首个自有品牌 Complex Culture（图 7-22）。"我知道我们必须为这个市场带来一些真正的好产品。我们也会一直这么做，同时利用我们所有的数据有选择性地执行它……我们的目标是满足那些未被满足的消费者的需求空白。"

"从第一天起，我们就对行业领先的技术和数据科学进行投资，"Goldfarb 表示，"（准备个性化的美妆产品）是一件非常困难的事，我们唯一能够做好它并且扩大业务规模的方法就是使用技术。从你加入 Ipsy 那一刻，之后参与我们的美容测试，到撰写 1.6 亿条产品评论中的一条时，我们的团队都在收集这些信号，帮我们更好地了解你并且更好地准备每个月寄给你的好产品。"

Goldfarb 表示，从与油管（YouTube）视频网站"红人"YouTuber Michelle Phan 共同创立 Ipsy 至今已经八年了，并在线上线下共积累了 2500 万的用户。如今该企业拥有超过 300 名员工，2019 年的收入也达到了 5 亿美元。

图7-22　Ipsy的Glam Bag订阅业务通过数据为消费者提供合适的产品

Ipsy运营和收集数据的关键是建立一个社群。"美妆行业下一个重点概念就是社群，"Goldfarb表示，"想要决胜于未来的品牌需要激活他们的客户、关注者以及粉丝，并将他们带入品牌，让他们一起参与到塑造品牌、产品开发、营销等业务的方方面面中。"

Goldfarb称，Ipsy曾利用优兔（YouTube）进行研究，他们发现消费者不一定在寻找"最好"的产品，而是在寻找"最适合"他们的产品。这次研究促使Ipsy推出了Glam Bag。Goldfarb称："消费者渴望一个会倾听并理解他们的品牌。要怎么才能了解他人的需求？你不如去直接问问他们。"

7.6.4　Perfect Corp.：体验带动品牌

另一家为美妆企业开发AI和AR程序的企业玩美移动（Perfect Corp.）希望不用直接与消费者沟通就能为他们提供最适合他们的产品。Perfect Corp.总经理刘伟表示他们从250个美妆品牌合作伙伴获取数据来为消费者推荐彩妆和护肤品。刘伟认为Perfect Corp.的产品能够推动销售额，"阿里巴巴曾向我们表示，在使用我们的AR技术六个月后，转化率就提高了4倍。"

"这项技术正在解决世界上最为棘手的问题。我为什么说它棘手呢，因为我们想要知道女孩子们真正需要什么，这就是它难的原因。"刘伟开玩笑道。

Perfect Corp.拥有来自其他企业的数据，并且让用户在应用程序中自拍。这些程序能够捕捉每个人的面部特征，并且向她们推荐合适的化妆品，同时向用户呈现妆后效果。这一服务也可以被用于护肤品上。刘伟称，数据必须与品牌本身无关（图7-23）。

图7-23　Perfect Corp.推出的YouCam可以为用户实时呈现妆效

7.6.5　Dash Hudson：掌握趋势

Dash Hudson品牌策略副总裁米歇尔·贝尔契奇（Michelle Belcic）表示，在社交媒体上，我们就可以利用数据技术。在比较不同的社交网络上的照片时，她问了一系列的问题，到底哪张照片才会有更高的参与度。例如，Revolve的一张网红外景照片、一张白色背景棚拍的照片以及一张耳部特写的耳环项链的照片，毫无疑问，网红的外景照片和特写照片会更有参与度。在这些问题中，美妆消费者基本上回答的都不错，但是Belcic表示还是存在一门科学可以衡量什么样的照片可以在互联网上引起轰动："创意是用数字广告推动销售增长最重要的因素。我们可以利用照片中所有的元素……色调、现场、像素组成的图案，并将这几千种视觉效果与历史参与度结合起来。这样你就不用拍脑袋去盲猜了。"

她还补充道，美妆品牌在使用社交媒体时普遍存在误解——认为对其他品牌有效的方法对自己有效，今天还有效的方法明天也能用。"视觉偏好会不断改变，因此我们必须掌握实时数据，因为我们的受众也会不断改变并成长，我们也需要掌握这些趋势。"Belcic 表示。

7.7 中国化妆品企业的大数据建设与数据分析能力提升

大数据和数据分析对于中国化妆品企业制定增长战略、提升产品创新、完善营销沟通具有十分重要的意义，对于此，企业家和管理者应有充分的认识。

首先，大数据和数据分析有助于化妆品企业制定正确、有效的增长战略。成功的品牌离不开精准的增长战略（是差异性战略、支配性战略、颠覆性战略、离散性战略还是延续性战略）。一个正确的增长战略和成功的市场定位，能够使一个企业的品牌加速成长，而基于市场研究和大数据的分析是企业进行品牌定位和制定增长战略的第一步。化妆品企业要想在无硝烟的市场中分得一杯羹，需要拓宽化妆品行业调研数据的广度和深度，进行数字化和大数据建设，从大数据中了解化妆品行业市场构成、细分市场特征、消费者需求和竞争者状况等众多因素，在科学系统的信息数据收集、管理、分析的基础上，提出更好的解决问题的方案和建议，制定合适的增长战略，提高品牌定位的独特性和市场接受度。

企业想进入或开拓某一市场，首先要进行项目评估和可行性分析，只有通过项目评估和可行性分析才能最终决定是否适合进入或者开拓该市场。如果适合，那么这个区域人口是多少？消费水平怎么样？客户的消费习惯是什么？市场对产品的认知度怎么样？当前的市场供需情况怎么样？消费者的消费喜好是什么？等等，这些问题背后包含的海量信息构成了化妆品行业市场调研的大数据，对这些大数据的分析有助于企业制定增长战略和市场定位。

企业开拓新市场，需要动用巨大的人力、物力和精力，如果市场定位或增长战略不精准或者出现偏差，会给企业带来巨大甚至有时是毁灭性的后期损失。只有战略清晰，定位准确乃至精确，企业才能构建出满足市场需求的产品，使自己在竞争中立于不败之地。但是，要想做到这一点，就必须有足够量的数据和信息来加以分析和判断。在传统情况下，分析数据的收集主要来自统计年鉴、行业管理部门数据、相关行业报告、行业专家意见及属地市场调查等，这些数据多存在样本量不足、时间滞后和准确度低等缺陷，研究人员能够获得的信息量非常有限，使准确的市场定位和增长战略的制定面临数据瓶颈。随着大数据时代的来临，借助数据挖掘和信息采集技术不仅能给研究人员提供足够的样本量和数据信息，还能够建立基于大数据数学模型对未来市场进行预测。

其次，大数据和数据分析有助于化妆品企业进行产品创新。随着论坛、博客、微博、微信、电商平台、视频平台、直播平台等媒介在PC端和移动端的创新和发展，消费者分享信息变得更加便捷自由，而消费者分享信息的主动性促使了"网络评论"这一新型舆论形式的发展。网络评论形成了交互性大数据，其中蕴藏了巨大的化妆品行业需求和产品开发价值，值得企业管理者重视。电商和社交平台随处可见网友对某款产品优点的点评、缺点的吐槽、功能需求的点评、质量好坏的点评、外形美观度的点评、款式样式的点评等信息，这些都构成了产品需求大数据。同时，消费者对企业的产品和服务的简单表扬与批评演变得更加客观和真实，消费者的评价内容也更趋于专业化和理性化，发布的渠道也更加广泛。化妆品企业有必要对网上化妆品的评论数据进行收集，建立网评大数据库，然后再利用分词、聚类、情感分析来了解消费者的消费行为、价值取向、评论中体现的新消费需求和企业产品质量问题，以此来改进和创新产品，量化产品价值，制订合理的价格及提高服务质量，从中获取更大的收益。

再次，大数据和数据分析有助于企业开展营销推广。如今，从搜索引擎、社交网络的普及到人手一机的智能移动设备，互联网上的信息总量正以极快的速度激增。每天在各种社交和视频平台上分享的各种文本、照片、视频、音频、数据等信息高达几百亿甚至几千亿条，这些信息涵盖着商家信息、个人信息、行业资讯、产品使用体验、商品浏览记录、商品成交记录、产品价格动态等海量信息。这些数据通过聚类可以形成化妆品行业的大数据，其背后隐藏的是有关化妆品行业的市场需求和竞争情报的信息，展现着巨大的财富价值。

在化妆品企业的市场营销工作中，无论是产品、渠道、价格还是顾客，可以说每一项工作都与大数据的采集和分析息息相关，而以下两个方面又是化妆品行业市场营销工作中的重中之重：一是通过获取数据并加以统计分析来充分了解市场信息，掌握竞争者的动态，知晓产品在竞争中所处的市场地位，来达到"知彼知己，百战不殆"的目的；二是企业通过积累和挖掘化妆品行业消费者数据，有助于分析顾客的消费行为和价值取向，便于更好地为消费者服务、建立亲密关系、发展忠诚顾客。

以化妆品企业在对顾客的消费行为和趣向分析方面为例，企业平时应该善于积累、收集和整理消费者的消费行为方面的信息数据，如消费者购买产品的花费、选择的产品渠道、偏好产品的类型、产品使用周期、购买产品的目的、消费者家庭背景、工作和生活环境、个人消费观和价值观等。如果企业收集到了这些数据，建立起消费者大数据库，便可通过统计和分析来掌握消费者的消费行为、兴趣偏好和产品的市场口碑现状，再根据这些总结出来的行为、兴趣爱好和产品口碑现状制定有针对性的营销战略和沟通方案，言消费者所欲听，示消费者所欲视，那么其带来的营销效应是可想而知的。因此，可以说大数据中蕴含着出奇制胜的力量，如果企业管理者善于在市场营销加以运用，将成为化妆品企业在市场竞争中立于不败之地的利器。

最后，大数据和数据分析有助于化妆品企业进行收益管理。收益管理作为实现收益最大化的一门理论学科，近年来受到化妆品企业的普遍关注和推广运用。收益管理旨在把合适的产品或服务，在合适的时间，以合适的价格，通过合适的销售渠道，出售给合适的顾客，最终实现企业收益最大化目标。要达到收益管理的目标，需求预测、细分市场和敏感度分析是此项工作的三个重要环节，而这三个的环节推进的基础就是大数据。

需求预测是通过对建构的大数据统计与分析，采取科学的预测方法，通过建立数学模型，使企业管理者掌握和了解化妆品行业潜在的市场需求，未来一段时间每个细分市场的产品销售量和产品价格走势等，从而使企业能够通过价格的杠杆来调节市场的供需平衡，并针对不同的细分市场来实行动态定价和差别定价。需求预测的好处在于可提高企业管理者对化妆品市场的判断的前瞻性，并在不同的市场波动周期以合适的产品和价格投放市场，获得潜在的收益。细分市场为企业预测销售量和实行差别定价提供了条件，其科学性体现在通过对化妆品市场的需求进行预测来制定和更新价格，最大化各个细分市场的收益。敏感度分析是通过需求价格弹性分析技术，对不同细分市场的价格进行优化，最大限度地挖掘市场潜在的收入。

大数据时代的来临，为企业收益管理工作的开展提供了更加广阔的空间。需求预测、细分市场和敏感度分析对数据需求量很大，而传统的数据分析大多是采集的是企业自身的历史数据来进行预测和分析，容易忽视整个化妆品行业的数据和信息，因此难免使预测结果存在偏差。企业在实施收益管理过程中如果能在自有数据的基础上，依靠一些自动化信息采集软件来收集更多的化妆品行业数据，了解更多的化妆品市场信息，这将会对制定准确的收益策略、获得更高的收益起到推进作用。

"知耻近乎勇""他山之石，可以攻玉。"在数字化转型、大数据建设和数据分析能力提升（digital tech）方面，中国本土的化妆品与先进的跨国公司（以欧莱雅集团为代表）相比尚有很大差距，这是在审美（aesthetics tech）科技和美妆科技（beauty tech）之外的又一短板，必须弥补，而且必须快速弥补。中国本土企业前些年在电商渠道（甚至CS渠道）的领先优势如今已不复存在，即便有完美日记、HFP和花西子等少数新锐品牌的崛起，中国本土化妆品企业从总体上来说今后将面临严峻的挑战——beauty tech、aesthetics tech、digital tech三重挑战。三重挑战当中，最容易突破和建立领先优势的是digital tech或者data tech（数据技术）。令人颇觉欣幸的是，在疫情的倒逼下，中国本土的化妆品企业在在线化、数字化、数据化和智能化方面的认知、行动和效果都取得了突飞猛进的进步。但是，即便如此，也不值得骄傲，更不能自满，因为国际同行也没有停步，而是继续在这些方面励精图治、一往无前，其对中国市场的洞察，不论广度还是深度，都在日益增加。

有志气的中国本土化妆品企业，不仅应该在数字化科技方面率先追赶并超越跨国公司，而且应该在美妆科技和审美能力方面追赶并超越跨国公司——"路漫漫其修远兮，吾将上下而求索！"

第 8 章

顾客需求洞察的组织文化保障

> CEO最大的错误是把内部管理当成最主要的工作，CEO真正的战场是客户，不是管理。
>
> ——彼得·德鲁克

此前，我们先后探讨了顾客需求洞察之体（什么是顾客需求洞察以及为什么需要顾客需求洞察，即第1章和第2章）、顾客需求洞察之用（助力增长战略、助力产品创新、助力营销沟通和品牌建设，即第3章、第4章和第5章）和顾客需求洞察之源（市场研究、大数据和数据分析，即第6章和第7章）。这一章，我们将着重关注顾客需求洞察的组织文化保障问题，也属于顾客需求洞察之源。虽然这一部分是放在最后的，其重要性是不言而喻的，甚至怎么强调也不过分。

8.1 必须由企业领导者来推动需求洞察力的提升和应用

有很多后来变得非常伟大的公司，其创立都是源于创始人对商机（顾客需求）的某种洞察，最具代表性的莫过于星巴克。星巴克的总裁霍华德·舒尔茨在其自传《将心注入》中记载了自己早年在意大利做消费观察时的情景："就在那一天，我发现了意大利咖啡吧的仪式感和浪漫风情。它们是如此普及，如此美好生动，你周围都是动人的音乐，意大利歌剧正在上演。你可以听到人们初次见面时彼此间的问候，这些咖啡吧给大家提供的是一个舒适的、社区般的，从家庭延展出去的空间……看到这一切，我心里产生了创新性的念头。我觉得，这才具有强大的吸引力，这是一种纽带关系，意大利人懂得人际关系可以用咖啡来连接，这是社会生活的一个方面。就像被一道闪电直击心灵，我全身都为之震颤了。"

正是由于看到了咖啡应该成为人们亲切社交的纽带，星巴克才得以提出了"第三空间"的理念，同时倡导一种走出来和朋友见面，享受浪漫生活的观点，从而区别于那种每天喝几大杯寡淡的速溶咖啡而又毫不浪漫的生活方式。

接下来，我们详细地阐释为什么一家企业的顾客需求洞察力的提升和应用必须由高层领导者来推动。

8.1.1 意会型领导者在洞察力方面更胜一筹

从英特尔到IBM，从可口可乐到阿迪达斯到乐高，从科技公司到消费品公司，都已经开始雇用民族志研究者或人类学家来理解人类行为，帮助确定公司发展方向、推动业务增长、改善销售模型、了解组织文化以及开拓新市场。估计这一经营管理趋势不久也会影响到中国企业，使得一些企业认为，只要雇用那些有人文科学（人类学、历史、心理学等）背景的专家，成立一个达摩院之类的机构，企业的洞察就能源源不断、滚滚而来了。但是，不要忘记，不管什么背景的人，一旦进入了企业，就会很快被企业文化和理性程序所同化，人文科学背景并不是什么破解人类现实，或者更好地了解顾客和客户的万能钥匙。假如掌舵的企业领导者自身不具备必需的素养，不转变观念采取有意义的商业视角，那么单凭雇用几名人类学家恐怕是解决不了什么问题的。

《意会时刻——用人文科学解决棘手的问题》一书把领导的角色分为两类：决策者和意会者（见表8-1）。决策者和意会者都必须做到对各项目标和当务之急心知肚明。不过，意会者还必须具备一套新的技能：领导不事先设限地探索过程，感知硬数据和软数据，运用判断力，连接散布的点，从一大堆相互冲突的数据中找出模式。这样的角色在很多方面都类似于领导人。他们需要时不时地从日常的现实中抽离出来，以统观全局。他必须将自己从斗争的各种花招中撤出来，穿透各种意见、声音、数据、权力斗争、分析和建议形成的迷雾，找出解决某个问题的方法。

表8-1 决策者与意会者的差别

领导才能	作为决策者的领导者	作为意会者的领导者
主要职责	充分了解情况，及时做出决策	找出未来的发展方向
工作实质	基于证据做决策	基于判断力做决策
基本技能	分析技巧	综合技巧
与现象的关系	可以完全脱离现象	必须沉浸于现象之中
数据的作用	数据直接给出明确的答案	数据之间可能相互冲突

英国哲学家、观念史学家和政治理论家、20世纪最杰出的自由思想家之一以赛亚·柏林经过长时间的政治研究发现，那些伟大的政治领导人身上都具备某些"非常普通的、凭借经验的、近乎审美的"个人能力。他们经验丰富，能够从共情视角去理解他人，且对时代形势十分敏感，头脑中有一种厚重的现实感，

并能依据这种现实感对具体的情况做出准确判断。他们能够综合考虑"大量混杂的数据，这些数据不断变化，含义复杂，来得快去得也快，并且永远彼此重叠交叉，它们数量巨大，变化迅速，相互混杂交织，就像许许多多自顾自翩翩起舞的蝴蝶那样令人眼花缭乱，无法捕捉、固定和标记。"

作为意会者，领导人不能将自己置身于综合局势之外，而要将自己融入所要解决的问题中，去正视那些数据，"感觉"它们所带来的实质影响。作为一名意会型领导者，你必须懂得怎样问正确的问题，怎样从数据中找模式，怎样作出正确的阐释，以及怎样将这些阐释最终转化为行动。如果没有企业领导者在大方向上的把握和引导，以及结合企业具体问题对数据进行的阐释和解读，那么无论是雇用大批人文科学背景的研究人员，还是尝试不事先设限的定性研究，都无法产生多大的效果。而如果无法付诸行动，那么再高明的洞见也只是没有太大实际用处的意见而已。

《意会时刻——用人文科学解决棘手的问题》一书的作者总结了意会型领导者的三项基本特征：①关爱力——意会者往往十分关心公司的产品和服务，以及这些产品和服务对于消费者意味着什么；②思想力——意会者往往对于所经营的生意有非常清楚的看法，这个看法不仅不狭隘，而且能够超越当前的时间和当前的企业边界；③整合力——意会者往往善于把企业内部不同的部分联系起来。

关爱力是指带着关怀之心去领导。当你选定了一个视角或者一个观点，你就能凭直觉感知到哪些是重要的，哪些是次要的；你就能看出哪些东西相互之间是有关联的，你也就能知道哪些数据、意见和已有的信息是真正要紧的。而一颗关怀之心，正是使所有这一切成为可能的关键连接物。关怀之心包含两层含义：一是你需要为对方操心，需要投入精力；二是你做起事来会小心翼翼。关怀之心是人类的一种最基本的状态，一个人或一家企业是不是具备关怀之心，往往一眼就能看出来。对于企业的领导者来说，以下几种方法有助于培养关怀之心：

● 成为自家产品的使用者，并且设身处地地从消费者的角度去感受这些产品。去顾客会去的地方，感受一下被自己的企业服务究竟是种什么滋味。

● 花几天时间走出办公室，走到普通员工中去，最好能尝试一下在不同岗位工作的感觉。比如，像刘强东那样去做一下快递员，体验一下给顾客送货的感觉。

● 与企业中不同的员工多接触,和他们聊聊他们喜欢工作的哪个部分,观察哪些事情对公司员工来说比较重要。

● 去读那些你的顾客和同事们会接触的媒介和会阅读的书籍,参加他们会参加的活动,并且试着去感受是什么在驱动着他们的行为。

● 询问你的同事们,他们觉得哪些员工会对企业有着特殊的价值。可能是一位像写诗一样编程的计算机科学家,也可能是一位花了9年时间执着于开发某项新能力的工程师,或者是一位经常收到顾客感谢信的客服经理。尝试用心去感受他们的世界。

在大量接触了与公司产品或服务相关的特性之后,关怀之心很可能就会自然而然地显露出来了,就好像是你在学习一门外语时会体验到的那种感受,从当初很不熟练到最终成为本能。

思想力是指带着观点去领导。与没有观点的企业相比,有观点的企业往往在产品和服务的创新方面更为擅长。首先,对于企业想要创新的方向,后者能有比较一致的想法;其次,后者能够将企业资源优先投入到那些最为重要的地方去,这样才有机会走进"创新的花园",而不会像没有观点的企业经常落入"创新的墓园";另外,统一的观点可以使企业的不同部门为了同一个目标和理想去创新(这一点我们后面会继续探讨)。

想要能够带着观点去领导一家企业,首先必须下定决心找出一个观点来。缺乏观点的企业数不胜数,在这样的公司里,高级管理者基本上都只忙着盯住自身及个人事业或者其所服务的企业,只顾得上他们自己的事业或公司的业绩。假如公司的经营状况还不错,这么做也不至于会出什么大问题。但是,一旦公司所处的环境变得复杂了,从来没有哪家企业能够在缺乏深远观点的情况下成功转型,或妥善处理极其复杂和不确定的情况。能够做到这一点的企业,不仅要有观点,而且要关注整个行业乃至整个社会。

作为意会者,企业领导者可以通过以下做法来建立起关于自己企业的观点:

● 搜集关于顾客、市场和行业的数据和研究报告,并组织一支团队带着下列问题去综合考虑这些研究结果中所含的洞见:我们为什么要从事这个行业、生产这些产品和提供这些服务,我们究竟知道些什么?通过综合分析,确定自己目前所不知道的事情。

● 认认真真地审视一遍企业。看一下企业最近推出的产品，并且问问自己：我们有什么基本的想法没有？如果有的话，继续问下一个问题：这个想法是否会对我们推出接下来的产品有所启发？假如回答是否定的，那么就需要利用这个机会确定一项当务之急：公司亟待建立起一个更为鲜明的观点。

● 考虑针对客户行为、需求和行业边缘性实践，进行一次深入研究，这么做有助于企业找到自己的观点。在实施的过程中，切记要把不同职能部门的员工都包括进来。

● 借助于所能得到的一切启发，努力思考你的企业所想要代表的观点和立场。问问自己：我们的公司在社会中占据着一个怎样的地位？我们要如何使人们的生活变得更加美好？

● 为你的观点寻找一个恰当的比喻，并且尽量使用简明扼要的话把它写下来。好的比喻必须同时做到两点：一是形象、直观、易于理解，二是能在某些方面出人意料，有助于开拓人们的思路。

2020年第5期的《读书》杂志有一篇关于青年学者张青仁在墨西哥恰帕斯州开展一项海外民族志工作基础上写成的调研成果《末世太阳：一个印第安城镇的变迁、动荡与抗争》一书的书评，题为"认识他者与读懂世界的途径"，书评作者索飒说："多年的学者只有在真知的外围徘徊，原因也许并不在于知识训练不够，而在于他们的脚上没有泥巴，学者的矜持与傲慢使他们难以不耻下问。""一个有良知的学者，只要坚定了自己的求知路径，就能在对不断扩充的鲜活知识的比较中，锻炼一副火眼金睛，在大量的琐碎中辨识着有意味的信息，在艰苦勤奋、日益成熟的融会贯通思维中发现事物的本质和规律，从日积月累的真知里走向以人为本的科学。"这段话同样适用于探索商业战略、产品创新和营销推广的本质和归路的企业领导者，适用于企业的战略规划人员、市场研究人员、品牌管理人员、研发人员和营销沟通人员。

8.1.2 大数据和数据分析能力建设需要企业领导者亲自推动

达文波特在《数据分析竞争法》一书中指出，将数据分析法运用得最熟练、最成功的企业拥有诸多关键特征，比如以数据分析法支持企业战略差异化能力，在整个企业层面采用和管理数据分析法,把重要的战略赌注押在基于数据分析法的竞争手段上,其中最重要的特征是高层管理者大力倡导使用数据分析法。凯撒娱乐集团的CEO加里拉夫曼说:"我们思考了吗?或者说,我们知道结果了吗?"他会经常问员工:"这是我们猜测的,还是明确了解的?"他要求所有提出创意或者战略思想的人都必须提供支持性证据,把大量非常熟悉数据分析法的高层及中层主管招进公司,他甚至还曾列出三点员工会被公司解雇的理由:"……骚扰妇女、偷盗行窃,或者不使用统计方法进行分析。"

第一资本金融公司的创始人与CEO里奇·费尔班克在谈到数据分析竞争法时说:"这就是要收集关于两亿个你从未谋面的人的信息,并且在这些信息的基础上,围绕着向他们贷款并希望他们如期还款这个问题,制定一些非常重要的长远决策。"他将这种方法总结为"以信息为基础的战略"。

美国莎莉烘焙集团前CEO巴里·贝拉查在退休前一直在自己的桌子上摆着一块牌子,上面写着:"除非你是上帝,否则请用数据说话"。

亚马逊CEO杰夫·贝佐斯说:"我们对数据来者不拒!"亚马逊从创建之初就是在凭借数据分析法展开竞争。在利用统计算法和网上交易数据的基础上,这家公司实现了个性化,而且很快就把数据分析法应用到了供应链和营销业务领域。

高层领导者的支持和关注有助于公司实现成为分析竞争型企业所需的文化变革。在此过程中,高层领导者所需要的不一定是数据分析的教育背景或者量化分析思维,而是一种愿意探究数据分析方法的态度,能够与定量专家一起讨论的能力,以及坚定地推动他们使用数据分析方法思考和做事的精神。高层领导者的积极态度不仅会推动企业文化和员工思想上对于数据分析法的认同,而且会让企业持续地加大对人力资源、信息技术和数据的投入水平。

8.2 必须让顾客待办任务始终成为企业第一要务

莱维特说,顾客想要的不是四分之一英寸的钻头,而是四分之一英寸的孔。德鲁克说,公司要给顾客带来满足感,而不是产品。一家企业但凡遵循(或者暗合)了两位智者的意见,向顾客提供了解决问题的方案,帮助他们完成了待办任务,就容易取得成功。但是,随着企业在市场取得成功,就很容易将莱维特和德鲁克的智慧抛诸脑后。可见,不仅在政治领域,即便是在商业领域,"不忘初心、牢记使命"也是很难做到的,所以要坚持教育。克里斯坦森指出,即便是在最卓越的公司里,当初在市场上一战成名的顾客待办任务,也可能因为大家都忙于业务运营、一门心思求增长而变得无人问津。公司就不知不觉、潜移默化地开始以产品而不是顾客的待办任务来定义自己,这种指导思想(指挥棒)上的改变会给公司的未来发展带来巨大的负面影响。

8.2.1 规避创新的三大数据谬误才能不偏离顾客待办任务

根据克里斯坦森及其团队的研究与经验,公司偏离顾客需求、忽视顾客待办任务这种情况之所以会发生,是因为三大谬误:①主动数据取代被动数据的谬误(the fallacy of active versus passive data);②表面增长谬误(the fallacy of surface growth);③数据确认谬误(the fallacy of conforming data)。

让我们先来看主动数据取代被动数据的谬误。公司或产品刚上市时,经营者和管理者通常会沉浸在公司发掘的顾客的待办任务上。由于以前没有特别管用的方案,这时公司通常没有竞争对手,其创业精力、焦点和资源都可以用来了解用户想要完成的任务,也就是说以帮助顾客钻孔为宗旨。很多成功的新创企业的原始愿景都是如此:一个创业者发现自己面临的问题没有明确的解决方案,他因此宣布:"我要解决这个问题!"在某种意义上说,他一开始既是首席执行官,也是目标顾客(用户),在这个时候,创新者和顾客想要完成的任务紧密关联。

为了解决问题,企业决策所需的大多数信息都在困境中寻找并获得,可以称为"被动数据",因为它没有一致或清楚的结构,也没有倡议或动机。被动数据本身并没有告诉我们现况,因为顾客待办任务基本上很稳定,没有太大变化。被动数据只是没有过滤的情境,它一直存在,只是不够鲜明而已。

当管理者试图寻找没有完成或被敷衍的顾客待办任务时,他们通常会看到很多顾客选择不消费,或者勉强拼凑解决方案的情况。这时,管理者沉浸在被动数据中,而熟悉的市场标志(如产品销售、质量标准、竞争标准)全都没有出现,触目所及都是创新的机会,这些机会通常呈现为顾客的不满、勉强接受的取舍和体验等形式。管理者从这些混杂的现实体验中撷取意义时，不能只是把数据做成表格来分析，而是要把这些体验拼凑成故事，从故事中发掘顾客的待办任务。

创新者必须沉浸在混乱的现实困境中，思考新产品如何帮助顾客解决问题。在初期，管理者是解谜者，而不是数字分析师。被动数据不会大肆地自我宣传，创新者必须去寻找，去拼凑线索，不断地追问为什么，这样才有可能寻找到创新的机会。

但是，一旦公司把顾客待办任务商品化之后，其精力、焦点和资源通常都会转移到其他地方，顾客待办任务的想法就会逐渐退场，经营中涌现的"主动数据"就开始取代创新的"被动数据"。克里斯坦森形象地说，产品上市后，就好像打开了水龙头，开始制造出许多数据，这些数据在产品销售和用户出现以前并不存在。管理者把注意力从模糊的故事转移到明确的电子表格时，会感觉比较踏实、比较放心。

管理者往往误以为主动数据提供的模型就是现实状况，这种转变看似进步实则危险。因为，数据永远都是现实的抽象概念，它根据基本假设来归纳现实世界中非结构化的现象。管理者往往明知道"数据是人工制造出来的"，但为了方便起见视而不见。

当运营数据大张旗鼓，抢着争夺管理者的关注时，管理者很容易去管理数字，从而忽略了顾客待办任务，尤其是当组织层级越来越多的时候。这会造成治标不治本的弊端。

莱维特认为，美国铁路的衰退并不是因为客运和货运的需求下滑了，事实上，这些需求都增加了，只是汽车、卡车、飞机和电话把乘客想要完成的任务完成得更好了。铁路公司陷入困境是因为"他们认为自己属于铁路业，而不是运输业"。也就是说，美国铁路公司让产品来定义其所在的市场，而不是以乘客想要完成的任务来定义自己。他们组织、监测、评估自己的方式，仿佛是在卖钻头，而不是帮助顾客钻孔。与时俱进的中国高铁具有一定的"钻孔思维"，希望能够保持下去，不要过早地陷入"钻头思维"。

企业为了培养用户关系而投入很多资金时，自然会想办法推销更多的产品给现有的用户。向现有的用户推销更多产品的边际成本很低，其盈利相当诱人，克里斯坦森将这种做法称为"表面增长"。企业看到周边其他企业所销售的产品时，就会模仿或收购这些产品。但这样做往往导致企业为很多类型的用户创造出很多种产品，反而忽视了当初让企业成功的顾客待办任务。更糟糕的是，为很多不同类型的用户提供很多种用户待办任务，可能导致用户混淆而用错产品，让他们心生不满，愤而淘汰产品。这时，专注于单一待办任务的目的品牌（purpose brands）可能趁机而起，抢占市场。用质量较差的模仿产品和竞争对手抢生意并不是可靠的企业增长计划，因为这样做并不意味着你已经清楚地了解了顾客的待办任务和具体的期待成果。

在企业内部，市场、研发和销售人员开会讨论创新资源如何分配。销售团队深信自己知道用户想要什么，因为他们经常和用户讨论他们最迫切的需求。市场团队对如何善用既有的品牌有许多点子，例如公司可以提供新版本、新口味、新颜色或特殊优惠等。研发团队对于运用他们炫酷新科技开发出来的产品新功能和新优势非常兴奋。销售部门则把焦点放在尽快推出新产品，以便在年底前提高业绩。每个团队都有自己精心构建的数据，通过其职能职责、绩效指标、财务动机的视角，提出一套现实的模型。而且，每个团队都有某种"确认偏见"，让他们只看到佐证自己观点的信息。这些观点都没有错，但问题是这些观点都不客观。更重要、更致命的是，每个团队提出来的模型都没有反映用户（顾客）想要完成的任务是什么。

哈佛商学院的神经营销专家杰拉尔德·萨尔特曼指出，我们经常自欺欺人，让自己相信我们的决策有多么客观。"表面上看来，领导者似乎通过拿A和B做比较才做出决策。但实际上，在所有通往A决策过程中，数据越来越倾向A。领导者可能觉得他是根据明确的数据基础作出决定的，但实际上，他的内心早有所属。"企业的创新因而偏向高管层，而过程只是确认"用户真的想要购买的产品，就是高管层想要卖给用户的产品。"

克里斯坦森有些武断地认为，在企业的运营进入正轨以后，它注定会偏离顾客的待办任务（"初心和使命"）。这就需要企业领导者警钟长鸣，努力避免自己和企业犯下创新数据的三大谬误，避免辛苦建立的竞争优势得而复失。"守初心、担使命、找差距、抓落实"也是企业面对顾客及其待办任务时的永恒主题，必须常抓不懈。

8.2.2 让顾客待办任务成为员工行动、决策和创新的指南

大多数公司都有使命宣言，有些员工甚至能把使命宣言倒背如流。不过，这些使命宣言往往显得很崇高、很笼统，员工很难把它当作行动、决策和创新的指南。但是，当顾客待办任务得以在组织里发声，能够影响决策时，个人的工作流程就有了意义，员工也会理解为什么他们的工作很重要。

克里斯坦森在《创新者的任务》一书第9章当中讲了两个案例故事，第一个是美国的报税服务软件财捷公司，在犯了很多错误之后，该公司开始持续关注顾客待办任务，有了这一个共同目标，员工可以想出更好的解决方案。深入了解用户想要完成的任务，可以引发很多问题，包括公司如何构建组织、如何衡量业绩以及如何制定奖励标准、公司的首要任务是什么、大家如何合作解决问题等。顾客待办任务理论成了帮助财捷公司锁定焦点以及高管们领导整个组织的强大工具。如今，财捷公司的运营更像是一个新创企业，公司内部的小团队不需要获得高管的批准就可以提出试验性的新产品，因为这些产品与用户想要完成的任务高度匹配。该公司的CEO库克（不是苹果公司那个库克）阐明了顾客待办任务导向的组织可以获得四种明确的益处：①企业可以采用分布式决策，而且目标明确。企业的全体员工都可以做顾客待办任务导向的决策，进行自主创新；②企业可以把资源用在最重要的事情上，并且将资源和精力从不重要的事情中释放出来；③激励员工，统一企业文化，让员工看到自己的工作如何帮助顾客在生活中获得了进步；④可以衡量最重要的因素，也就是用户进步、员工所做的贡献以及动机。

专注于顾客的待办任务，而非只提供一次性的改善点子，这一原则可以成为创新的指南。这样做可以缩小高管层和普通员工之间的认知差距，还能鼓舞人心，让员工有机会充分发挥自己的才能，贡献一己之长。

克里斯坦森在书中介绍的另一个例子是联合利华，该公司把全球最古老的香皂品牌"卫保（Lifebuoy）"做成了公司成长最快的品牌之一，其关键在于它为"帮助新兴市场的孩子活到5岁以上"这个使命找到了方法。专家指出，用肥皂和热水认真洗手30秒可以消除病菌，但是大多数人洗手只花7秒时间，很少有人洗手超过15秒，小孩子通常洗手更快。新兴市场的情况就更糟糕了。例如，在印度，每年有近45万名5岁以下的儿童死于腹泻，平均每天有上千个死亡案例。即

便如此，印度部分地区和其他新兴市场的母亲和儿童仍然没有经常洗手的习惯。联合利华开发了一系列产品，帮助消费者在面临如此特殊的情境下达到难以实现的进步。他们开发出的是一种变色肥皂，确保孩童搓洗肥皂的时间足够久，从而达到杀菌的效果。当这种肥皂的使用时间超过10秒时，它就会变色，这能让孩子觉得很有趣，他们会洗得更久一些。这是联合利华的独家配方，只要搓洗10秒即可杀菌。联合利华秉持顾客待办任务，终于找到了相对有效的解决方案。

领导者必须依赖各层员工在日常决策中作出正确的选择，这些选择决定了公司的实际策略。当全体员工一起朝着共同的目标迈进时，企业文化就有了基础。如果员工都把焦点放在顾客待办任务上，企业文化就会强化这个顾客待办任务，从而使产品和顾客待办任务紧密连接。如果企业文化是以顾客待办任务为核心，其员工自然会去做自己该做的事。

但是，这种直觉反应非一日之功，而是大家长期共同学习的结果。员工能够合作解决问题，思考该怎样做才行。只要他们选择的方法能够持续解决问题，这样久而久之就会凝聚成一种企业文化，成为员工决策时遵循的规范和准则。如此一来，组织就可以进行自我管理，不需要管理者强制执行规范，员工都明白"指挥官意图"——这是军事术语，意思是各层级的士兵在没有具体指令的情况下，也知道该如何作出正确的选择，因为他们都知道指挥官的目标和优先任务。

定义清晰、人人理解的"顾客待办任务表述"是让每一个员工都作出正确决定的焦点，不需要每次都讲得清清楚楚。即使没有明确的指令，员工也知道如何为新的计划权衡取舍——什么重要？在什么情况下不能妥协？什么是终极目标？我在达成终极目标上扮演了什么角色？顾客待办任务理论提供了正确的视角，帮助你作出符合用户想要完成的任务的日常选择。顾客待办任务理论提供了一种整合的语言，让市场人员、研发人员、销售人员、客服人员都能彼此交流，而不是自说自话。用音乐来作比喻，它既是乐谱又是指挥家的指挥棒。

但是，要抓住顾客待办任务并不容易。因为顾客待办任务多元、复杂，而且细腻，企业需要深入了解用户想要获得的进步。但是，只要掌握了正确的顾客待办任务，组织的生产力就会产生极大的影响，因为明确了目标，会让更多人自发地配合顾客待办任务的完成。克里斯塔森反复阐释，员工针对资源、流程和优先任务所做的日常选择，组合起来就是策略。明确地了解顾客想要完成的任务，就相当于为企业提供了一套直观运作的脚本，提供了全员一致行动的基本遵循。

无论有意还是无意，每一家卓越的企业一开始会成功，都是因为它为一群用户提供了恰好能帮助其完成待办任务的主张或方案。在最初的流程或规则中，几乎没有什么"优先任务"，例如如何评估机遇、如何决定管理者的薪酬、如何测评成果等。成功的创新企业通常以顾客待办任务为核心，看起来很像是由一小群人组成的团队，每个人都身兼数职，他们都很了解要为顾客提供什么价值，帮助顾客获得想要的进步。总之，新创企业往往是以顾客待办任务来构建组织的。

但是，时间一久，一切都变了，企业成长需要额外的管理层级和更多的沟通。清楚的职责划分和定义明确的流程，是避免组织陷入混乱的必要条件。随着企业的成长，早期以顾客待办任务为核心来建构组织的方式无法再继续维持下去，也无法进行管理。因此，企业开始把焦点转移到用户、产品、竞争对手和投资人身上，对顾客待办任务的关注越来越少。增强控制和增加效率也会带来风险，主要是管理者可能把他们的任务塑造成"有效率地执行既定的内部流程"，而不是"有效地帮助顾客完成待办任务"。管理者越是偏离顾客的待办任务，越是容易陷入被人为编辑过的外部世界。久而久之，当管理者开心地扩张业务，根据内部定义来改进能力时，企业可能越发偏离当初顾客追求的任务。克里斯坦森在《创新者的任务》一书中讲述了很多"不忘初心、牢记使命"，以顾客待办任务作为企业组织原则的正面案例，包括美国财捷公司、南新罕布什尔大学、安吉星系统、美国《德瑟雷特新闻》等。

功能层面的管理和效率是市场竞争的必要条件。但是，只有在完成了重要的顾客待办任务，为顾客创造了价值时，这样的效率才有价值。成功的企业不会为了追求运营效率而牺牲用户想要完成的任务。笔者在第3章所介绍的美国CSC Index系统公司的咨询师特里西（Michael Treacy）和威尔斯马（Fred Wiersema）的价值修炼战略（Value Discipline Strategies）中的术语来说，就是产品领导力和顾客亲密度必须优先于运营卓越性。

顾客待办任务应该成为企业经营管理的核心，它具有平息纷争、统一思想的力量。克里斯坦森提炼了以下问题供企业领导者在践行顾客待办任务理论时深入思考：

- 你的企业之所以存在，是为了帮助顾客完成什么任务？
- 企业内部是否普遍了解这些顾客待办任务？这些顾客待办任务是否反映在企业的使命宣言或其他重要的企业传播中？
- 公司领导层是否经常强调这些顾客待办任务的重要性？
- 如何把这些顾客待办任务融入你的领导信息、企业传播和文化中？
- 企业目前的创新方向和企业创立时解决的核心顾客待办任务有多大的关联？
- 团队成员如何描述企业从事的基本业务？他们是描述企业为顾客完成的重要任务，还是描述企业所提供的产品和服务？
- 哪些数据会影响创新和投资决策？这些数据和顾客想要完成的任务有多大关联？
- 你是否犯了表面增长错误，也就是说，你是否过于重视业绩成长，花费很多的心思去销售新产品给既有顾客，却没有去了解顾客想要在生活中获得哪些进步？
- 为了作出重要的创新及投资决策，你搜集了哪些数据？有什么机制可以确保这些数据显示出你需要了解的信息，而不是你想要相信的信息？
- 如何确保顾客想要完成的任务影响到了你的决策以及资源分配活动？

8.3 必须围绕顾客待办任务来改造企业流程、完善顾客体验

8.3.1 克里斯坦森主张以顾客待办任务来改善组织结构

克里斯坦森认为，企业成功创新的关键在于打造并提供一套对应"顾客待办任务"的体验。为了帮助顾客完成想要完成的任务，给顾客提供全程美好、前后一致的体验，企业需要开发并整合一套合适的流程。这样做可以获得强大的、竞争对手难以模仿的竞争优势。敞开大门让竞争对手参观的丰田汽车公司以及皮克斯动画工作室都是这方面的典范。

开发一套以顾客待办任务为核心的流程并加以整合很重要，但大多数企业无法做到这一点。每家公司都有很多流程，但这些流程大多是为了改善内部效率，或者在特定的部门里精确地达到某种结果。提供一套完整的体验来完成顾客想要完成的任务，通常需要审慎定义的新流程，也需要新机制来协调各自分开的功能。

出于对更好的结果的期待，很多企业经常进行重组，但是，实际效果并不理想，大企业重组案例中有明显成效的只有不到三分之一，很多重组甚至减损了公司价值。从顾客待办任务的视角来看，这些重组显然是把精力放错了地方，相较于重组的核心问题——"谁向谁报告"，更重要的是，组织的不同部门该如何互动，以便系统地提供产品，帮助顾客完成任务。管理者专注于顾客想要完成的任务时，他们不仅有明确的创新方向，内部结构也会有重要的组织原则。

一般企业里都有各部门或各活动的管理者，也有负责各产品线的高管。但是，在大部分企业里，没有人负责了解顾客要想完成的任务，并确保企业能够提供符合这些顾客待办任务的产品或服务。唯有通过可预期、可重复的流程，企业才能以顾客待办任务为核心，进行全面的整合。

想要开发并整合顾客待办任务导向的流程有一个好方法，那就是测评和管理符合顾客待办任务和期待成果的新指标。管理者应该问，哪些体验元素对顾客来说最重要，并定义指标去测评绩效。顾客待办任务理论不仅能改善流程精进的方向，也能改变测评成效的方式。该理论把关键的绩效指标从"内部的财务绩效指标"转变为"外部的顾客效益指标"。克里斯坦森在《创新者的任务》一书中特别推崇、反复介绍了三个案例：一是美国南新罕布什尔大学，其记录和关注的指标是学校能在几分钟内回应潜在学生的询问，因为他们注意到时间才是在线申请流程的关键；二是亚马逊，重要考察顾客订单送达的时间而非发货的时间；三是美国财捷公司，每次推出新产品时，都会根据产品提供的用户效益来设计一套绩效指标。

教科书上的定义告诉我们，流程的优化与效率有关。但是，顾客待办任务理论以及上述例子显示，这种优化也应该匹配顾客待办任务，将之纳入考虑，否则企业可能把错误的事情越做越好。流程的设计很重要，设计得合理的流程可以兼顾效率和弹性。顾客的待办任务是没有弹性的，它们一直存在那里，甚至存在了好几百年。但多年来，我们完成顾客待办任务的方式不断地在演进。企业经营的重点要放在如何帮助顾客完成待办任务这一最终结果上，而不是死守着目前用来完成顾客待办任务的具体的方式方法。随着时间的演进，流程必须与时俱进，不断调整，融入弹性，让顾客的体验持续得到改进和提升。当你更了解顾客的待办任务时，就应该相应地修改方向和方法。否则，你就可能本末倒置，为了配合流程而更改界定好的顾客待办任务，导致顾客待办任务被忽视，顾客的不满意度提高，后果十分严重。从这个意义上讲，完美地匹配顾客待办任务就是"流程的优化"，这种优化有助于避免把今天的关键流程变成未来成长的障碍。

在高科技领域存在着一种被称为"堆栈谬误（stack fallacy）"的现象。所谓堆栈谬误是指工程师比较容易高估自己开发的技术的价值，但低估技术用来为用户解决问题、获得进步的价值。犯这种错误的人会误以为再往下一层发展无足轻重。这是很多公司往下一层延伸时往往失败的原因——他们无法直接观察，无法设身处地思考下一层产品的顾客想要什么，他们与产品使用的情境是脱节的。

其实，在科技领域以外也存在这种堆栈谬误。比如，对你来说开辟一个菜园可能很简单，你知道自己喜欢哪些蔬菜和水果，只要学习怎样栽种和烹饪就好了。但是，懂得栽种和烹饪蔬果，并不表示你就懂得如何开餐厅。有统计数据显示，每10家餐厅当中有8家在开业5年内就关门大吉了。要知道，生产知识与了解顾客想要什么是两回事。

堆栈谬误和顾客待办任务理论都凸显出同样的危险：误以为拥有了技术知识就掌握了顾客想要完成的任务。很多公司拥有大量的技术知识，但他们对顾客想要完成的任务几乎一无所知。当企业把顾客觉得不可或缺的任务贬抑成微不足道、可有可无的东西时，可能会因此付出惨痛的代价。只有企业的流程完美地匹配顾客的待办任务时，才是最理想的状态。

为了能让企业围绕顾客待办任务来改造业务流程、完善顾客体验，克里斯坦森向企业领导者提出了下列思考题：

● 企业要如何确保顾客待办任务与产品开发、营销、客服的重要决策相关？

● 顾客体验中的不同元素（比如你的产品、服务、市场、销售、售后服务），是否以整合而又协调的方式完成顾客想要完成的任务？还是说它们之间相互冲突？

● 你可以开发什么新流程，以更为融合的方式提供必要的体验给顾客，帮助顾客完成他们想要完成的任务？

● 顾客使用产品的体验中，有哪些元素是完美完成任务的关键？你可以定义哪些标准来测评、考核这些元素？

8.3.2 意会型领导者善于将企业引导到同一个方向上

法国作家安东尼·德·圣·埃克苏佩里在其回忆录中说："爱不是彼此凝视，而是一起注视着同一个方向。"这同一个方向应该是顾客的待办任务。不过，这一点说起来容易做起来难。因为，企业往往是由许多不同的圈子和亚文化所组成的，各自有各自的工作安排、文化符号以及衡量成功的标准，涉及不同的职业发展路径、不同的权力结构和不同的专业用语。在大多数企业，市场部和研发部往往是两个明显不同的圈子，有着截然不同的工作方向。作为企业的领导者，当你想要为企业确定一个新的竞争领域和竞争方向的时候，这个差异往往就会演变成一个大麻烦。作为一名意会者，你最需要做的就是将这两个不同的圈子联系起来，你必须使整个企业目光一致，看向夜空中的同一颗星，这个星就是顾客的待办任务。

作为一名意会型领导者，可以通过以下措施来把企业内的不同部门联系在一起：

● 深入了解企业内部有哪些重要的部门。了解市场部、设计部、销售部以及研发部各自是如何运行的，以及对于它们来说，成功的标准分别是什么，彼此之间有哪些不同之处，等等。重点关注那些彼此不对盘、时常有矛盾冲突的部门，并且努力弄明白造成它们之间不和谐的根本原因。

● 邀请不同部门的高级管理者共同参与一次发现之旅，并要求他们找出一些跨部门的共同洞见。

● 将意会法视作是在一定时间范围内进行的企业对话。鼓励全公司不同职能部门的员工都参与进来。在对话进行的过程中，要对不同的建议和意见持开放态度。

● 思考一下，你的智囊团中不同的角色比例是否合理：有没有能够带来新想法的人，有没有能够将想法付诸行动的人，有没有能够保持公司稳定运行的人？

把关于消费者的那些假设拿出来好好琢磨一番。把公司过去五年做过的所有用户调研结果都汇集起来,详细梳理出你们已知的和未知的事情。更进一步的做法是站在消费者的角度去反观和审视公司目前的价值定位。一一检视公司产品或服务与客户发生直接联系的各个方面,并且设法弄明白你本质上是在销售什么东西给他们。在弄清楚这些之后,再进一步讨论一下这些问题:

- 我们的客户到底是谁?
- 我们想帮助客户实现些什么?
- 他们是如何体验我们的产品或服务的?
- 我们了解客户如何适应新产品吗?
- 什么才能够激励和刺激客户?
- 关于客户,我们还有哪些尚不知晓的事情?

8.4 必须通过人才建设来提升组织洞察力

顾客待办任务理论的落实、组织洞察力的提升是一个系统工程,既需要领导者以身作则,也需要企业文化和业务流程的保障,但其成效最终取决于人才的数量和质量。接下来,我们分别就顾客需求洞察方面的人才培养、基于顾客需求洞察的组织转型、新组织的创造力革命和赋能模式进行阐述。

8.4.1 成果导向型创新法专业人员的养成

伍维克先生从自己的职业经历和为客户提供咨询服务的过程中得出结论:企业需要有这样一种人,他们能够理解并应用顾客待办任务理论,熟悉并能推进成果导向型创新法,在组织内部驱动创新和营销方面的变革。这种人被称为"成果导向型创新法专业人员"。成为这方面的专业人员并不容易,也不是任何人都能担当得起这种角色的。这样的专业人员有机会:

- 与商业中最聪明、最励志的人共事;

● 参与多个市场上的项目，相对于别的角色能够学到更多关于每一个市场的知识；

● 为改善人们生活的产品和服务的创造作出贡献；

● 学到在职场上终身受益的有价值的技能；

● 让自己的头脑和思维训练有素、独立自由；

● 为他人和整个社会的成功作出贡献；

● 全程充满乐趣。

一个成果导向型创新法专业人员负责掌握顾客待办任务理论的应用，在广泛的场景下全面地推进成果导向创新流程，满足组织的具体需求和期望。成果导向型创新法专业人员必须有能力完成下列任务：①启动成果导向型创新项目；②发现顾客需求；③搜集定量数据；④发现隐藏的增长机会；⑤制定市场战略；⑥制定产品战略。

8.4.1.1 启动成果导向型创新项目

在成果导向创新法的第一阶段，专业人员必须做好项目的确认、范围确定、计划和启动工作。这一阶段的目标是让整个项目团队在下列问题上达成共识：①项目计划和范围；②顾客是谁；③顾客待办任务的界定；④初步的待办任务地图。

为了有效地完成第一阶段的任务，成果导向创新法专业人员需要进行以下15个步骤：

（1）对整个组织宣讲顾客待办任务理论和成果导向创新法的好处；

（2）为使用成果导向创新法而选择一个项目；

（3）为成果导向创新法项目界定目标；

（4）为该项目确定范围；

（5）为项目制定时间表；

（6）选择项目团队；

（7）确定为了该项目；

（8）为招募待办任务地图访谈对象制定标准；

（9）招募待办任务地图访谈对象；

（10）准备待办任务地图访谈指导原则；

（11）理解一项任务表述的特征/结构；

（12）开展顾客访谈，界定功能性的顾客待办任务；

（13）在复杂的市场上，开展定量研究，界定/验证平台型解决方案所完成的待办任务；

（14）开展顾客访谈，制定初始的任务地图；

（15）在顾客待办任务、任务地图和项目计划方面与整个团队达成初步共识。

在这一阶段，成果导向创新法专业人员担当的角色包括项目计划员、协调者、市场研究员和团队建设者。

8.4.1.2 发现顾客需求

在成果导向创新法项目的第二阶段，专业人员必须获取完整的顾客需求。这包括功能性核心待办任务、顾客的相关任务以及情感性任务。另外，顾客关心的消费链方面的期待成果以及购买者的财务指标也要考虑到。

（16）为招募旨在搜集期待成果信息的访谈制定标准；（续前）

（17）确定旨在搜集期待成果信息的访谈的形式；

（18）为旨在搜集期待成果信息的访谈做准备；

（19）为旨在搜集期待成果信息的访谈招募访谈对象；

（20）理解一项期待成果表述的特征；

（21）理解一项期待成果表述的结构；

（22）开展旨在搜集期待成果信息的访谈；

（23）获取顾客待办任务方面的期待成果表述；

（24）最终的顾客期待成果表述（组织、完善、确定）；

（25）发现功能性相关任务；

（26）发现情感性和社会性任务；

（27）发现相关的消费链任务；

（28）发现相关的消费链任务方面的期待成果；

（29）发现购买者财务方面的期待成果；

（30）发现能够解释某些消费者比别的消费者更纠结的原因背后的因素；

（31）在最终的任务地图、成果和其他表述方面与项目团队达成一致；

（32）评估相对于顾客需求的现有产品和储备产品（整个团队一起评估）；

（33）完成定性研究交付成果。

在项目的这个阶段，成果导向创新法专业人员要承担的角色包括项目经理、定性的市场研究专业人员和团队建设者。

8.4.1.3 搜集定量数据

在第三阶段，成果导向创新法专业人员必须创造、测试、部署和管理一项研究，从顾客群体中抽取有统计意义的样本。

该阶段的目标是获取下列工作所需要的数据：①进行基于成果的细分分析；②进行竞争分析；③明确顾客需求，哪些是未被满足的需求，哪些是被过度满足的需求；④明确顾客需求未被满足和被过度满足的程度；⑤为下游的诸多其他决策提供信息支持，为了制定市场和产品战略这些决策不可或缺。

成果导向创新法专业人员必须完成18个步骤来执行这一阶段的任务：

（34）确定定量研究的最小分析单位；（续前）

（35）设计样本计划；

（36）确定如何为数据设定权重；

（37）界定所需要的独一的数据分析；

（38）为定量研究设计筛选问题；

（39）为定量研究设计画像描述问题；

（40）为定量研究设计支付意愿的问题；

（41）为获取最佳结果，在研究工具中设定关于成果的问题的形式；

（42）与项目团队关于研究（工具和问卷）达成一致；

（43）选择搜集数据的供应商；

（44）把所完成的研究转换成所需要的语言；

（45）为现场操作制定研究计划；

（46）为现场操作对研究进行试验/测试；

（47）开展现场研究；

（48）监测研究进展；

（49）为数据分析准备分析工具；

（50）从搜集数据的供应商处接收数据；

（51）验证数据的有效性（对数据进行清洁）。

在这一阶段，成果导向创新法专业人员承担的角色是项目经理、定量的市场研究专业人员和第三方研究的管理者。

8.4.1.4 发现隐藏的增长机会

成果导向创新法的第四阶段，专业人员必须使用从之前的研究中收集来的定量数据来进行基于成果的细分分析、竞争分析和其他各种所需分析。这一阶段的目标是：①对解决项目范围中详细描述的关键问题进行分析；②生成研究交付物。

研究交付物具体解释所发现的基于成果的细分市场，对每一个细分市场进行描述，揭示所发现的隐藏的市场机会，提供指定市场和产品战略所需要的信息。

成果导向创新法专业人员必须采取11个步骤有效地完成第四阶段的任务：

（52）为定量数据设定权重；（续前）

（53）建立基于成果的细分模型；

（54）确定使用哪一个细分模型；

（55）进行描述细分市场所需的分析；

（56）确定影响细分模型的变量（复杂性因素）；

（57）为每一个细分市场建立数据驱动的画像/描述；

（58）确定每一个细分市场哪些成果未被满足，哪些成果被过度满足；

（59）确定每一个细分市场里竞争对手的强项和弱项；

（60）在每一个细分市场里顾客的支付意愿当中识别哪一个成果最具影响力；

（61）完成通常需要完成的数据分析；

（62）生成机会发现方面的交付物。

在这一阶段，成果导向创新法专业人员承担的角色是项目经理、定量的市场研究专业人员、数据分析师和战略家。

8.4.1.5 制定市场战略

在成果导向创新法的第五阶段，专业人员使用从之前的数据分析中获得的信息来制定市场战略。市场战略通常要与项目团队一起来制定。

这一阶段的目标是制定市场战略、将之文本化并进行提案和完善，在跨部门团队之间达成共识。

成果导向创新法专业人员必须采取12个步骤来有效地完成第五阶段的任务：

（63）确定现有产品和储备产品的强项和优势（与团队一起确定）；（续前）

（64）确定针对什么样的基于成果的细分市场和期待成果；

（65）为每一个基于成果的细分市场界定价值主张；

（66）为产品类别界定价值主张；

（67）确定在每一个细分市场针对什么样的已有产品和储备产品；

（68）为每一个产品确定如何去沟通；

（69）确定如何将新的价值主张整合进公司已有的推广渠道和推广物料；

（70）制定基于成果的数字化营销战略；

（71）创造顾客获取工具，把顾客与细分市场对接起来；

（72）获取项目团队对市场战略的认同；

（73）生成市场战略方面的交付物；

（74）对销售/市场团队进行市场战略执行方面的培训。

在这一阶段，成果导向创新法专业人员承担的角色是项目经理、数据分析师、战略家、协调员和团队建设者。

8.4.1.6 制定产品战略

在成果导向创新法的第六阶段，专业人员使用从之前的数据分析中获得的信息来制定产品战略。产品战略跟市场战略一样，通常要与项目团队一起来制定。

这一阶段的目标是制定产品战略，将之文本化并进行提案和完善，在跨部门团队之间达成共识。

成果导向创新法专业人员必须采取10个步骤来有效地完成第六阶段的任务：

（75）确定现有产品和储备产品的弱点/劣势（与团队一起确定）；（续前）

（76）为解决竞争劣势问题而确定应该针对什么样的成果；

（77）在每一个细分市场里确定所要把握的价值创造机会；

（78）在每一个细分市场里确定所要把握的成本降低机会；

（79）加强点子生成来改进已有产品；

（80）加强点子生成来改进储备产品；

（81）加强点子生成来提出新的产品/平台的概念；

（82）获取项目团队对市场战略的认同；

（83）为每一个产品生成产品战略方面的交付物；

（84）为每一个产品组合生成产品战略方面的交付物。

8.4.1.7 成果导向创新法专业人员的技能总结

考虑到成果导向型创新法专业人员的所承担的责任,伍维克先生建议有志之士满足下列资质的全部或者至少是大部分:

- 具有流程导向和系统思维;
- 具有定性和定量市场研究方面的技能和实践经验;
- 具有优异的创造性地解决问题的技能、分析技能和定量技能;
- 具有产品团队经验;
- 受过六西格玛方面的培训;
- 具有团队领导力和群体动员能力;
- 具有很强的沟通能力,善于有效地综合知识,具有文本化和提案能力;
- 细节导向、组织能力强;
- 超强的微软办公软件使用能力。

8.4.2 成果导向型组织的转型

当企业考虑创新能力建设的时候,往往会考虑将成百上千的员工都培训一遍,并把这种培训作为变革管理的一部分——他们希望员工们对于创新能够有与众不同的看法,他们把创新与组织的文化变革关联起来。但是,在伍维克先生看来,创新(至少是那些带来收入增长的产品和服务创新)并不应该成为每一个人的责任。创新是一小批人的责任,这些人努力为决策者提供信息支持,由决策者来决定进入什么样的市场,在哪里实现增长,在产品开发储备里放什么样的产品。整个企业的其他人只要做好一直在做的工作即可,这些工作包括新产品的验证、原型、设计、打造、创造、运输和上市推广。伍维克认为,为了产品创新而对全员进行培训不仅费时、费钱,而且根本没有必要。大多数公司都非常擅长创造产品,问题是他们并不擅长创造正确的产品。

企业应该在内部建立一支队伍,由这支队伍构成企业的创新卓越中心。企业要给予这支队伍正确的工具和合适的培训与支持,由这支队伍来应用顾客待办任务理论和成果导向创新法，对所要进入的市场进行精挑细选，把整个组织打造成一个成果驱动型组织。该团队以及该计划的成功取决于以顾客为中心、以数据为驱动力的创新流程，这样一个流程需要降低失败的风险，将制胜的市场和产品战略实施到位。根据伍维克先生的经验，围绕或者结合六西格玛计划来组建团队，往往是最好的做法。受过六西格玛认证的员工加上定性和定量的市场研究经验，往往对顾客待办任务和成果导向创新法有着最深刻、最充分地理解。这样一支队伍能够有力地促进公司转型。

建立一个成果驱动型的组织需要分三个阶段来实现：第一阶段——理解顾客的待办任务；第二阶段——发现市场上隐藏的机会；第三阶段——使用新的顾客需求洞察来驱动增长。

第一阶段，针对某个选定的产品领域而建立的跨职能部门的团队参加一整天的高强度研讨会，由成果导向创新法的专业人员引导整个团队体会独特的顾客旅程。整个团队第一次通过"顾客待办任务"的视角来看市场，以此来了解他们需要什么样的顾客需求洞察来驱动成果导向型的决策。这一阶段对团队的时间要求相对较低，但是这有助于引导整个团队关注成果驱动的目标。

第二阶段，成果导向创新法的专业人员开始做相关的定量研究。成果导向创新法的专业人员手上有具有统计意义的数据集合，开始进行基于成果的细分分析、竞争分析和其他分析，以此来为市场和产品战略的制定提供决策支持。有了来自分析的洞察，企业能够为未来很多年作出基于数据的商业决策。

第三阶段，成果导向创新法的专业人员向整个组织的管理者和员工进行"传道授业解惑"，告诉他们如何使用顾客需求洞察来制定市场和产品战略以及驱动成果导向的决策。

第一阶段：理解顾客的待办任务

学习如何以顾客为中心的最佳方式是在自己所在的市场上应用顾客待办任务理论的基本原则。在第一阶段，跨职能部门的团队通过一整天的研讨会来体验成果导向思维的力量，通过这场座谈会，团队要实现以下几点：

- 学习顾客待办任务理论和成果导向创新法的基本原则；
- 参与定性研究讨论，其目的是获取关键的顾客信息；

- 利用新发现的洞察在所针对的市场上作出成果导向的商业决策。

第一阶段工作的完成将会提升团队成功创新的能力，因为他们离开研讨会时会就以下议题达成一致：

- 顾客是谁；
- 顾客试图完成的功能性和情感性任务是什么；
- 待办任务地图（图鉴）；
- 顾客的单项需求是什么；
- 顾客的综合需求是什么——这是顾客在试图完成某项任务时用来衡量成功和价值的标准和指标。

伍维克先生于2008年5月在《哈佛商业评论》上与他人合作撰写了一篇题为"以顾客中心的创新地图"的文章，其中详述了上述研讨会的原则和技术。研讨会的参加者通常包括产品团队（如市场、销售、规划、工程、研发）、几个外部顾客以及成果导向创新法专业人员，后者担任引领者角色。研讨会旨在诸多方面改变产品团队的思维（见表8-2）。

表8-2 第一阶段的预期效果

第一阶段前团队的思维	第一阶段后团队的思维
产品团队关于谁是顾客（购买者、使用者、安装者、施加影响者）达不成一致	关于谁是顾客以及为什么他们是顾客，产品团队达成了一致
团队从产品中心视角（围绕产品或技术）来定义市场	团队从顾客中心视角（围绕顾客的待办任务）来定义市场
团队不知道顾客试图完成什么样的任务	团队就顾客希望完成的任务以及任务地图达成共识
团队无法就顾客的需求是什么（目的、结构、形式、内容）达成共识	跨职能部门的团队关于顾客的需求是什么达成共识
团队认为顾客有隐匿的需求和自己无法表达的需求	团队认识到，当你围绕着待办任务来定义顾客的需求时，顾客能够表达出他们的需求
尽管整个组织加在一起，可能知道顾客的大部分需求，但是无法形成一个顾客需求清单	组织内有一个关于顾客需求的唯一的有共识的清单，该清单由各个职能部门所共享

完成第一阶段之后，产品团队将会共享创新的共同语言，并获得一系列独特的顾客需求洞察（一个待办任务地图和一组预期成果表述），这些洞察可以用于制定以顾客为基础的营销和开发决策。因为顾客待办任务和期待成果在时间上具有一定的稳定性，这些定性的洞察就成为创新取得成功所不可或缺的长期的指南。

第二阶段：发现市场上隐藏的机会

在第二阶段，成果导向创新法专业人员设计问卷（网络调查），用来收集定量数据。调查针对有代表性的外部顾客进行，样本数通常在180～3000之间。成果导向创新法专业人员采用严格的质量标准来确保所收集的顾客数据都是有效的。

一旦数据收集上来了，成果导向创新法专业人员会验证研究的结果，然后进行基于成果的细分分析、竞争分析、市场规模分析、定位分析和其他分析。

等数据分析完成了，成果导向创新法专业人员就与整个团队一起应用数据来做以下几项工作：

- 更好地为已有产品和服务定位；
- 对已有产品和服务进行改进；
- 创造能够交付显著新价值的新产品、新服务。

第二阶段的研究也可以用来在诸多方面改变产品团队的思维（见表8-3）。

表8-3　第二阶段的预期效果

第二阶段前团队的思维	第二阶段后团队的思维
谁也不能确切地知道顾客的哪些需求未被满足、未被满足的程度如何	产品团队的每个人都知道顾客的哪些需求未被满足、未被满足的程度如何
管理者使用的细分模型遮蔽了顾客未被满足的需求的差异性（他们聚焦在影子目标上）	营销和开发经理所使用的细分模型基于顾客未被满足的需求的差异性
公司的竞争优势和劣势只与速度和资源相关	公司的竞争优势和劣势与满足顾客未被满足的需求相关
市场战略基于顾客画像和定性洞察	市场战略基于成果导向创新法的定量市场研究，由数据驱动

续表

第二阶段前团队的思维	第二阶段后团队的思维
产品团队在追求什么样的市场战略方面达不成共识	产品团队就追求什么样的市场战略以及如何创造顾客价值能够达成共识
在采用和投资什么样的产品和服务概念方面缺乏共识	在采用和投资什么样的产品和服务概念方面，各个部门之间能够达成共识

在未来若干年，从这些数据中建立起来的模型都能够帮助整个团队在各种可能的方向上进行发想以及对点子/创意进行评估。

第三阶段：使用新的顾客需求洞察来驱动增长

掌握了有价值的顾客数据是一回事，懂得如何使用这些数据是另一回事。通过基于成果导向创新法的研究所捕捉和提供的数据可以用来应对各种挑战，比如：

● 制定成果导向的数字营销战略；

● 帮助销售团队针对正确的顾客传递正确的讯息；

● 为营销沟通计划提供决策支持；

● 围绕竞争优势对已有产品进行重新定位；

● 对已有产品和服务进行改进；

● 发想突破性、激进性和颠覆性的产品概念；

● 驱动研发决策；

● 为收购兼并决策提供支持。

尽管对数据进行各种应用都是可能的，但是把数据用好却需要培训。第三阶段旨在向整个组织的管理者和员工传授如何利用新发现的顾客需求洞察的诀窍。成果导向创新法专业人员通过课堂培训和解决实际问题的研讨会来指导产品团队针对一系列问题作出成果导向的业务决策。成果导向创新法专业人员所提供的教育和培训也会有助于在诸多方面改变产品团队的思维（见表8-4）。

表8-4 第三阶段的预期效果

第三阶段前团队的思维	第三阶段后团队的思维
团队的焦点在打败竞争对手上	团队的焦点在帮助顾客更好/更低成本地完成任务上
创新就是生成点子,看这些点子是否都满足顾客未被满足的需求	创新是发现顾客未被满足的需求,并找到满足这些需求的解决方案
产品是围绕顾客的情感来定位的	产品围绕功能性任务和成果与情感性需求来定位的
声音最响的人或者处于最高级别位置上的人对产品团队有影响力	顾客数据和事实对产品团队有影响力
技术、创意和能力驱动战略和决策	未被满足的顾客需求主导对什么样的技术、创意和能力进行投资
决策是用定性的顾客洞察和直觉作出的	决策是用定量的顾客洞察作出的。直觉是不可接受的

完成了第三阶段,产品团队将会有能力利用基于成果导向创新法所获得的市场研究数据以及市场和产品战略洞察,持续不断地作出能为顾客创造价值的商业决策。产品团队会建立成果导向的观念,企业会成功地创造出以顾客为中心的创新文化。

8.4.3 从管理到赋能的组织变革

曾鸣在《智能商业》一书中说:"全新的商业时代呼唤全新的企业形态,全新的企业形态又离不开全新的组织结构,我称之为赋能型组织。"所谓赋能是指组织的领导者为团队全体成员提供更高效创造的环境和供给,提供创新上的支撑和各种资源整合,以此帮助自己的下属取得更大的成绩。在赋能型组织中,领导的目的不是管理而是支持,团队成员的驱动力不是传统的劳动报酬,而是成就感和社会价值。曾鸣在书中总结了传统型组织与赋能型组织的重要特征比较(见表8-5)。

表8-5 传统型组织与赋能型组织的重要特征比较

项目	管理型组织	赋能型组织
组织结构	树形或矩阵形	层级淡化，平台联网
信息流（对内）	自下而上收集，自上而下反馈	联通透明，实时同步
信息流（对外）	单一收集和输出通道（部门）	联通透明，实时同步
决策流	中心决策，向下分解推进	实时同步，在指标控制下自调适
资源分配和规划	集中规划，逐级分解	按需自取，弹性分配
内部协作机制	岗位定义职责，协作需要回溯汇报线；分工割裂，信息流低速	基于协同创新平台自组织，透明共享，协同竞争，一致迭代
价值导向	效益驱动	创新驱动，关注成长能力
风险偏好	风险最小化，规避犯错；信息和数据被保守控制而没有共享	追求透明、速度和创新自由，强客错能力，没有创新是最大的风险

赋能型组织的目标是实时感应顾客，为顾客创造价值，而不只是提高内部效率。赋能型组织需要遵循以下三项原则：①匹配创造者的兴趣、动力与合适的挑战；②打造环境与氛围，方便员工共同创造；③通过组织设计，刺激人和人之间的有效互动。赋能型组织的目的是带动创造力，其基础依然是洞察力，对顾客需求和价值的洞察有助于组织及其员工的创造力精准发挥、修成正果。

8.5 必须让组织遵循规律而不是依靠运气来竞争

长久以来，企业一直以为创新和营销的成功全凭运气，因此接受了创新和营销远比经营的其他方面更高、更加不可容忍的失败率，导致创新和营销成为企业内部成功率最低的事情。整个商业界的人（例如风险投资）都认为运气是成功的必要条件，甚至认为创新基本上就是一种概率游戏，现在是推翻这种陈腐思想、建立新的商业认知的时候了。

伍维克说："什么事情都不能靠侥幸或运气。"伍维克及其公司所发明和推广的成果导向创新法能够帮助公司发现隐藏的机会，制定能够影响建制派企业的市场和产品战略，降低失败的风险，创造顾客真正想要的东西，预测什么样的新产品会在市场获胜，发现新的市场。采用成果导向创新法的项目的成功率高达86%（伍维克公司宣称），与大部分企业高达80%～90%的创新失败率形成鲜明反差，简直是天壤之别。

克里斯坦森认为，当你知道创新是如何运作的，当你知道创新成功的真正原因（规律），你的努力就不需要碰运气了。他花了20年时间搜集证据，提出并证明了顾客待办任务理论，找到了创新和营销成功的规律。现在，你可以投入时间、精力和资源，去开发和推广你预知用户会非常想雇用的产品和服务，你不需要再像其他人那样靠运气来竞争了。

发掘顾客尚未圆满达成的任务只是第一步，企业还必须为用户寻找、购买、使用产品的过程打造合适的顾客体验，并把这些体验整合到对应的流程中，以确保每次都能给顾客提供一致的美好体验。当你为顾客达成他们想要完成的任务时，你的产品基本上就变成了服务。重点不在于你的产品属性，而是你帮助顾客获得进步时所提供的体验。

好的理论不是为了教会我们思考什么，而是为了教会我们如何思考。好的理论聚焦事情如何运作，能够解释"什么导致什么发生（what causes what to happen）"，是对规律的洞察。企业创新和营销的成功应该基于这种洞察，而不是运气——所以，克里斯坦森才会把他关于创新和顾客选择的书命名为"*Competing Against Luck*（准确的翻译是'不靠运气来竞争'而不是'与运气竞争'）"。

在赌场上，依靠运气来竞争的是赌博者，遵循规律（统计和概率之规律）来竞争的是庄家。在商场上，企业应该遵循规律还是依靠运气来竞争呢？最好的状况是，你是遵循规律（掌握因果关系）来竞争，而你的竞争对手则是依靠运气（不掌握因果关系）来竞争。

参考文献

顾客待办任务理论（第1章、第2章）

[1] 安东尼·伍维克.创新从头开始.洪懿妍,译.北京：中国财政经济出版社,2007.

[2] 安东尼·伍维克.产品经理的设计思维.郭紫娟,译.北京：电子工业出版社,2016.

[3] 克莱顿·克里斯坦森,等.与运气竞争：关于创新与用户选择.靳婷婷,译.北京：中信出版集团,2018.

[4] 克莱顿·克里斯坦森,等.创新者的任务.洪慧芳,译.北京：中信出版集团,2019.

[5] 斯蒂芬·温克尔,杰茜卡·沃特曼,戴维·法伯.创新者的路径.符李桃,译.北京：中信出版集团,2019.

[6] Anthony W. Ulwick.Jobs to be Done: Theory to Practice.Idea Bite Press,2016.

[7] Chris Spiek & Bob Moesta . Jobs-to-be-Done:The Hand book . The Re-Wired Group，2014.

增长战略（第3章）

[8] 迈克尔·波特.竞争战略.陈小悦,译.北京：华夏出版社,2005.

[9] 理查德·鲁梅尔特.好战略,坏战略.蒋宗强,译.北京：中信出版集团,2012.

[10] 肖恩·埃利斯,摩根·布朗.增长黑客：如何低成本实现爆发式增长.张溪梦,译.北京：中信出版集团,2017.

[11] 冯隽玮,查德·里得森.增长黑客：硅谷企业成长的秘密.宋丽珏,译.北京：机械工业出版社,2018.

[12] 王赛.增长五线：数字化时代的企业增长地图.北京：中信出版集团,2019.

[13] 杰弗里·摩尔.梯次增长：颠覆性创新时代的商业作战手册.唐兴通,郑常青,译.北京：机械工业出版社,2020.

[14] Geoffrey A. Moore. Escape Velocity: Free Your Company's Future from the Pull of the Past. Harper, 2011.

[15] Michael Treacy, Fred Wiersema. The Discipline of Market Leaders. Basic Books，1997.

[16] Michael Treacy. Double-Digit Growth. Portfolio Trade，2004.

[17] Mehrdad Baghai, Stephen Coley, David White. The Alchemy of Growth: Kickstarting and Sustaining Growth in Your Company. Orion Business Books，2000.

产品创新（第4章）

[18] 克莱顿·克里斯坦森.创新者的窘境（全新修订版）.胡建桥,译.北京：中信出版社,2014.

[19] 克莱顿·克里斯坦森,迈克尔·雷纳.创新者的解答.李瑜偲,林伟,郑欢,译.北京：中信出版社,2013.

[20] 杰奎琳·贝克利,杜尔赛·帕雷德斯,肯纳庞·罗派得卡拉特.产品经理创新手册：从消费者洞察到产品研发与上市全流程指南.吴彤,王竹,译.北京：人民邮电出版社,2017.

[21] 汤姆·凯利,乔纳森·利特曼.创新的艺术.李煜萍,谢荣华,译.北京：中信出版社,2004.

[22] 兰登·莫里斯.持久创新：创新原则、创新战略和创新方法的权威指南.林均烨,等译.北京：经济科学出版社,2011.

[23] 托尼·达维拉.创新之道：持续创新力造就持久成长力.刘勃,译.北京：中国人民大学出版社,2007.

[24] 陈丁琦,萧显扬,陈淑慈.创新之道：创新者必须回答的九个问题.何峻,译.北京：机械工业出版社,2016.

[25] 朱江洪.朱江洪自传.北京：企业管理出版社,2017.

营销沟通与品牌建设（第5章）

[26] 菲利普·科特勒,凯文·莱恩·凯勒.营销管理.15版.何佳讯,等译.上海：格致出版社,2016.

[27] 菲利普·科特勒,何麻温·卡塔加雅,伊万·塞蒂亚万.营销革命4.0：从传统到数字.王赛,译.北京：机械工业出版社,2018.

[28] 唐·舒尔茨,海蒂·舒尔茨.整合营销传播：创造企业价值的五大关键步骤.王茁,顾洁,译.北京：清华大学出版社,2013.

[29] 唐·舒尔茨.唐·舒尔茨论品牌.高增安,赵红,译.北京：人民邮电出版社,2005.

[30] 唐·舒尔茨.SIVA范式.李丛杉,等译.北京：中信出版社,2014.

[31] 戴维·阿克.管理品牌资产.吴进操,常小虹,译.北京：机械工业出版社,2012.

[32] 罗伯特·厄普德格拉夫.我怎么没想到：显而易见的商业智慧.侯德夫,译.北京：机械工业出版社,2017.

[33] 杰克·特劳特.显而易见：终结营销混乱.谢伟山,等译.北京：机械工业出版社,2017.

[34] 菲尔·杜森伯里.洞见远胜创意.宋洁,译.上海：上海远东出版社,2014.

[35] 杨名皓.奥格威谈广告：数字时代的广告奥秘.庄淑芬,高岚,译.北京：中信出版集团,2019.

[36] 郑宗成,汪德宏,姚成纲.品牌知行：微观品牌管理与研究.广州：中山大学出版社,2004.

[37] 汪德宏.品牌本质.上海：格致出版社,2016.

[38] 唐纳德·米勒.你的顾客需要一个好故事.修佳明,译.北京:中国人民大学出版社,2018.

[39] 马格·戈拜(MartinGobe).情感化的品牌:揭开品牌推广的秘密.王毅,王梦,译.上海:上海人民美术出版社,2011.

[40] Marc Gobe. Citizen Brand: 10 Commandments for Transforming Brands in a Consumer Democracy. Allworth Press,2002.

[41] Kevin Roberts. Lovemarks: The Future Beyond Brands. powerHouse Books,2004.

[42] Kevin Roberts. The Lovemarks Effect. powerHouse Books,2007.

[43] Bernd Schmitt & Alex Simonson. Marketing Aesthetics: The Strategic Management of Brands, Identity, and Image. The Free Press,1997.

[44] Matthew W Ragas,Bolivar J Bueno. The Power of Cult Branding. Random House Inc,2002.

[45] Byron Sharp. How Brands Grow. Oxford University Press,2010.

[46] Jenni Romaniuk, Byron Sharp. How Brands Grow: Part 2. Oxford University Press,2015.

[47] Norty Cohen. Join the Brand: How to Build Loyal Communities and Create Real Belonging. IDEAPRESS Publishing,2018.

[48] Jay Baer. Youtility: Why Smart Marketing is about Help not Hype. Portfolio/Penguin,2013.

[49] Nick Worth,Dave Frankland. Marketing to the Entitled Consumers: How to Turn Unreasonable Expectations into Lasting Relationships. Mascot Books,2018.

[50] Mark Schaefer. Marketing Rebellion: The Most Human Company Wins,2019.

市场研究(第6章)

[51] 大前研一.洞察力的原点.朱悦玮,译.北京:中信出版社,2013.

[52] 道恩·亚科布齐.凯洛格论市场营销.李雪,译.海口:海南出版社,2003.

[53] 程士安,等.消费者洞察.北京:中国轻工业出版社,2003.

[54] 王凌峰.广告调查.成都:西南财经大学出版社,2019.

[55] 曾光华.消费者行为.中国台湾:台湾前程文化事业有限公司,2015.

[56] 吴柏林.消费者行为学.北京:机械工业出版社,2015.

[57] 卢泰宏,周懿瑾.消费者行为学:洞察中国消费者.3版.北京:中国人民大学出版社,2018.

[58] 理查德·C 曼多客,理查德·L 富尔顿.客户心理市场营销.爱丁,等译.北京:电子工业出版社,2004.

[59] 罗伯特·B 伍德拉夫,萨拉·费雪·加蒂尔.洞察你的顾客.董大海,权小妍,译.北京:机械工业出版社,2004.

[60] 苏珊·贝克尔.新型消费者营销：管理动态需求系统.李亚，邓宏图，皮爱珠，译.北京：中国劳动社会保障出版社，2005.

[61] 帕科·昂德希尔.顾客为什么购买.刘尚炎，译.北京：中信出版社，2004.

[62] 马尔科姆·格拉德韦尔.决断2秒间.鲁刚伟，译.北京：中国社会科学出版社，2007.

[63] 克里斯琴·马兹比尔格，米凯尔·拉斯马森.意会时刻：用人文科学解决棘手的商业难题.石幼佳，译.成都：四川人民出版社，2018.

[64] 大松孝宏，等.深层营销：洞察消费者潜意识的营销方法.陈诚，译.北京：科学出版社，2008.

[65] 琳达·古德曼，米歇尔·赫林.突破：挖掘情绪触点满足客户需求.杨献军，译.北京：中国友谊出版社，2018.

[66] 杰拉尔德·萨尔特曼，林赛·萨尔特曼.隐喻营销：洞察消费者真正需求的七大关键.鄢嘉图，译.杭州：浙江人民出版社，2013.

[67] 马丁·林斯特龙.痛点：挖掘小数据满足用户需求.陈亚萍，译.北京：中信出版社，2017.

[68] 里克·卡什，戴维·卡尔霍恩.赢的力量.张帆，译.北京：中信出版社，2012.

[69] 柯毅.显微镜：如何深入发掘消费者需求.北京：机械工业出版社，2007.

[70] 宇见.洞察力：让营销从此直指人心.北京：电子工业出版社，2018.

[71] 青年志.游牧：年轻人的消费新逻辑.北京：中国发展出版社，2018.

[72] 詹姆斯·哈金.小众，其实不小：中间市场陷落，小众消费崛起.陈琇玲，译.中国台湾：台湾早安财经文化有限公司，2014.

[73] 戴维·马瑟斯博，德尔·霍金斯.认识顾客.陈荣，许销冰，译.北京：机械工业出版社，2019.

[74] 阿尔文·伯恩斯(Alvin C. Burns)，罗纳德·布什(Ronald F. Bush).营销调研.7版.北京：中国人民大学出版社，2017.

[75] 纳雷希马尔霍特拉（Naresh K. Malhotra）.营销调研：应用导向.6版.北京：中国人民大学出版社，2014.

[76] Walker Smith J, Clurman Ann. Rocking the Ages: The Yankelovich Report on Generational Marketing. HarperBusiness，1997.

[77] Phil Barden. Decoded: The Science Behind Why We Buy. Wiley，2013.

营销技术（第7章）

[78] 于勇毅.Martech营销技术：原理、策略与实践.北京：人民邮电出版社，2020.

[79] 吴俊，李炎，党莎.一本书读透Martech智慧营销.北京：机械工业出版社，2020.

[80] 斯科特·布林克尔.黑客营销：像扎克伯格一样去战斗.李易，等译.北京：电子工业出版社，2016.

[81] 鲍勃·罗德, 雷·维勒兹.大融合: 互联网时代的商业模式.朱卫未, 等译.北京: 人民邮电出版社, 2015.

[82] Regis McKenna. Total Access: Giving Customers What They Want in an Anytime, Anywhere World, Harvard Business School Press, 2002.

[83] Travis Wright, Chris J. Snook. Digital Sense: The Common Sense Approach to Effectively Blending Social Business, Marketing Technology, and Customer Experience. Wiley, 2017.

大数据与数据分析（第7章）

[84] 涂子沛.大数据（3.0升级版）.桂林: 广西师范大学出版社, 2015.

[85] 涂子沛.数据之巅: 大数据革命, 历史、现实与未来.北京: 中信出版集团, 2014.

[86] 涂子沛.数文明: 大数据如何重塑人类文明、商业形态和个人世界.北京: 中信出版集团, 2018.

[87] 涂子沛.善数者成: 大数据改变中国.北京: 人民邮电出版社, 2019.

[88] 涂子沛.数商: 如何用数据思考和行动, 并在智能时代胜出.北京: 中信出版集团, 2020.

[89] 维克托·迈尔-舍恩伯格, 肯尼思·库克耶.大数据时代: 生活、工作与思维的大变革.周涛, 译.杭州: 浙江人民出版社, 2012.

[90] 维克托·迈尔-舍恩伯格, 托马斯·拉姆什.数据资本时代.李晓霞, 周涛, 译.北京: 中信出版集团, 2018.

[91] 朱迪亚·珀尔, 达纳·麦肯齐.为什么: 关于因果关系的新科学.江生, 于华, 译.北京: 中信出版集团, 2019.

[92] 托马斯·H 达文波特, 珍妮·G 哈里斯.数据分析竞争法: 企业赢之道.唐蓉, 吴越, 译.中国香港: 商务印书馆, 2009.

[93] 托马斯·达文波特, 金镇浩.成为数据分析师: 6步练就数据思维.盛杨燕, 译.杭州: 浙江人民出版社, 2018.

[94] 托马斯·达文波特, 等.工作中的数据分析: 更精准的决策, 更高效的组织.杨琪, 张四海, 译.杭州: 浙江人民出版社, 2018.

[95] 托马斯·达文波特, 布鲁克·曼维尔.大决策: 12个动人心弦的决策故事.盛杨燕, 译.杭州: 浙江人民出版社, 2018.

[96] 托马斯·达文波特.数据化转型.盛杨灿, 译.杭州: 浙江人民出版社, 2018.

[97] 托马斯·达文波特, 茱莉娅·柯尔比.人机共生: 智能时代人类胜出的5大策略.李盼, 译.杭州: 浙江人民出版社, 2018.

[98] 曾鸣.智能商业.北京: 中信出版集团, 2018.

[99] Ming Zeng. Smart Business. Harvard Business Review Press.2018.

[100] 吴军.智能时代：大数据与智能革命重新定义未来.北京：中信出版集团，2016.

[101] 郑毅.证析：大数据与基于证据的决策.北京：华夏出版社，2012.

[102] 苏萌，柏林森，周涛.个性化:商业的未来.北京：机械工业出版社，2012.

[103] 周涛.为大数据而生：大数据创新实践.北京：北京联合出版公司，2016.

[104] 张靖笙.大数据革命：大数据重新定义你的生活、世界与未来.北京：中国友谊出版公司，2019.

[105] 洛伦佐·菲尔拉蒙蒂.大数据战争：数据在全球市场的使用与滥用.张梦溪，译.北京：中华工商联合出版社，2018.

[106] Bill Schmarzo.大数据MBA：通过大数据实现与分析驱动企业决策与转型.于楠，译.北京：清华大学出版社，2017.

[107] 福斯特·普罗沃斯特，汤姆·福西特.商战数据挖掘：你需要了解的数据科学与分析思维.郭鹏程，管晨，译.北京：人民邮电出版社，2019.

[108] 阿黛尔·里弗拉.用户画像：大数据时代的买家思维营销.高宏，译.北京：机械工业出版社，2018.

[109] 毕马威中国大数据团队.洞见数据价值：大数据挖掘要案纪实.北京：清华大学出版社，2018.

[110] 布瑞恩·戈德西.数据即未来：大数据王者之道.北京：机械工业出版社，2018.

[111] 王汉生.数据思维：从数据分析到商业价值.北京：中国人民大学出版社，2017.

[112] 麦肯锡.麦肯锡大数据指南.王霞，等译.北京：机械工业出版社，2016.

[113] 麦肯锡.大数据：你的规划是什么.上海：上海交通大学出版社，2014.

[114] 麦肯锡.探路数字转型.上海：上海交通大学出版社，2015.

[115] 麦肯锡.提高你的"数字商".上海：上海交通大学出版社，2015.

[116] 麦肯锡.重塑客户体验.上海：上海交通大学出版社，2016.

[117] 麦肯锡.弄潮新消费.上海：上海交通大学出版社，2016.

[118] 麦肯锡.敏捷组织.上海：上海交通大学出版社，2016.

[119] 麦肯锡.崛起的中国数字经济.上海：上海交通大学出版社，2018.

[120] 麦肯锡.赢在当下：解锁大规模数字化转型.上海：上海交通大学出版社，2020.

[121] HBR Guide to Data Analytics Basics for Managers. Harvard Business Review Press.2018.

[122] Cathy O'Neil. Weapons of Math Destruction: How Big Data Increases Inequality and Threatens Democracy. Penguin Books.2017.

后记

读到这里，您应该已经清楚地了解了本书的结构：第1章和第2章构成顾客需求洞察之体，第3章、第4章和第5章构成顾客需求洞察之用，第6章、第7章和第8章构成顾客需求洞察之源。在这里再探讨一下与需求洞察相关的一些延展性的问题，希望引起有识之士的深度思考。

第一个延展性问题对顾客需求进行洞察需要采取的方法。可以借鉴以下阐述：北京第二外国语学院胡继华教授为《欧洲文学与拉丁中世纪》（库尔提乌斯著，林振华译，浙江大学出版社，2017年）中译本所作的导读中指出，德国语文学家、罗曼语言与文学批评家库尔提乌斯借以把握欧洲文学总体和拉丁中世纪文化传统的方法，乃是一种"综观全局"和"细察入微"的辩证史观，一种"远观其势"和"近观其质"的文学现象学（或诗学），一种"远距阅读"和"文本细读"的阐释学。在《欧洲文学与拉丁中世纪》德文第二版序言和英译本序言中，库尔提乌斯用"航拍照片"设喻，隐喻地论述他的史观、诗学和阐释学方法：

借助高海拔的航拍照片，当代考古学取得了令人吃惊的发现。例如，人们依靠该技术，在北非首次发现罗马晚期的防御工程。置身废墟之上的人，是不可能看到航拍照片所展现的一切。不过接着，人们会放大航拍照片，将其与详细的地图比对。本书运用的文学考察技巧，便与此有着异曲同工之妙。如果我们放眼两千或两千五百年来的西方文学，就不能发现管中窥豹所不能见的宏大景象。不过，俯瞰的前提是各领域专家已经进行了细察入微的研究，而这确实是人们常常忽略的。只有综观全局，才知这样的劳动，于人于己，受益无穷。既综观全局，又细察入微，唯其如此，史学方可取得进步。如今两种方法相辅相成，缺一不可。仅仅细察入微而不知综观全局，便是无的放矢；仅仅综观全局而不知细察入微，便是华而不实。

库尔提乌斯的另一个隐喻是"探矿",而"探矿"就必须"细察入微"。要真正做到"细察入微",那就必须仰赖"语文学"。《欧洲文学与拉丁中世纪》的后记(第18章)严谨细腻,运用"探矿"喻说了"细察入微""近观其质"的"语文学"方法:

当我们隔离并命名一种文学现象,我们也就建立了一个事实。在此基础上,我们深入文学事件的具体结构,加以分析。如果我们得到几十或者几百个类似的事实,就能建立一系列点集。这些点可以用线连接起来,于是就构成了图案。如果我们研究并联系这些图案,就能看到整幅图画……我们不妨这样理解:分析走向综合,或者说,综合自分析而来;只有这样得到的综合才是合情合理的。柏格森把分析定义为"深入了解一桩我们推测其有意义的事实的能力"。"深入"也是兰克的历史方法的基本概念。不过,什么样的事实是"有意义的"呢?我们必须推测,柏格森如是说……让我们做个类比吧。探矿者用杆子探到金矿脉。这个"有意义的事实",就是岩石中的矿藏。它们藏匿于物体之中,然后被寻觅者的探杆"推测"——或者更确切地说,"搜寻"出来。这里面包含了一种心理作用:对于有意义的事物作出"反应"的灵活分辨的感受能力。如果该能力是潜在的,就可以将其挖掘出来。它可以被唤醒、利用和指导,却无法传授或转移。根据处理的对象,分析的方法也是多种多样。

库尔提乌斯的史观、诗学和阐释学方法综观全局、远观其势,其语文学方法细察入微、近观其质。胡继华教授总结说:"远观之景,犹如航拍照片,近观之境,宛若深山矿脉。综观全局而又细察入微,于是立地更能顶天,上达而又下行。综观全局是以大观小,而细察入微是以小观大。细察入微,研究者获得了丰厚的经验基础。综观全局,研究者又将经验积累提升为文学和文化的通则。"企业家和管理者在进行顾客需求洞察的时候也需要远观其势、近观其质的方法论,"让远观真见其势,而不至于茫然无着,让近观确获其质,而不流于细枝末节"。

第二个延展性问题是营销和技术之间的关系对顾客需求洞察的影响。美国高科技营销战略家雷吉斯·麦肯纳(Regis McKenna)在2002年出版的《全面享有》(*Total Access*)一书中指出,当营销人员为营销是一门艺术还是一门科学而争论不休的时候,他们完全忽视了营销正在成为什么:一门技术。麦肯纳先生关于营销技术(Martech)

的预言比Martech概念之父、《黑客营销》一书作者、全球营销技术全景图绘制者斯科特·布林克尔早了十年左右的时间。我们知道，营销、企业和商业的基础是顾客需求洞察，随着技术对顾客乃至整个商业、经济和社会的影响和渗透，对顾客需求的洞察也越来越需要技术的加持，计算机、数据库、互联网、社交媒体、云计算、大数据、人工智能等技术手段对企业洞察顾客需求提供了史无前例的助力，企业家和管理者为了提升对顾客需求的洞察能力必须热情地拥抱、科学地应用各种技术手段，这样做不一定能带来竞争优势，但却可以避免竞争劣势，因为"世界潮流，浩浩荡荡，顺之者昌，逆之者亡"。当然，技术也不是越多越好、越复杂越好。对于营销和顾客需求洞察来说，我们需要的是"better technology, better insights（更好的技术带来更好的洞察）"。

第三个延展性问题是科学与人文的共同进化和相互融通对于顾客需求洞察的意义。科学与人文的共同进化和相互融通推动顾客需求洞察能力的提升。进入21世纪后，"当代达尔文""知识的巨人""社会生物学之父"爱德华·威尔逊提出了"知识大融通（consilience）"的理念，致力于搭建科学与人文之间的桥梁，并对人类的历史演化、当下处境和未来前景等终极问题做出深邃思考。他的《知识大融通：21世纪的科学与人文》是一部颠覆常识、打破认知壁垒、超越时代思维的巨著。他生动地推演出人类知识谱系的进化历程，展现了融通为各学科带来的革命性突破，描绘了一幅激动人心的未来知识蓝图。继承牛顿、爱因斯坦和理查德·费曼以来的开创性道路，威尔逊带领我们踏上了一段跨越科学与人文的非凡旅程，以寻求所有人类知识的融通。这种融通关乎人类历史，更关乎人类未来。今天的文化积累已让人类拥有可以改变自身生物本性的力量，可以科学地探究人性奥秘的新时代已到来。在一个更广阔的时空背景下，人性与文化、自我与社会都将被重新定义。威尔逊以无与伦比的雄心壮志提出融通计划，坚信它将赋予未来人类一种分析和预测的强大力量，让我们有能力应对即将到来的巨变。威尔逊的融通理念与德鲁克"社会生态学家（social ecologist）"的视角完全契合，不仅会成为人类认识自身与世界的一个新起点，而且值得所有企业家和管理者在认知商业环境、洞察顾客需求时认真聆听。科学与人文（艺术）之间相互融通的必要性和紧迫性都是毋庸置疑的，但是从笔者所在的化妆品行业以及所熟悉的营销界来看，其中科学精神和人文精神各自本身都很匮乏，所以离二者相互融通的境界尚远就不足为奇了。这个方向、这条道路无疑是正确的，只是"革命尚未成功，同志仍需努力"。率先融通的企业和企业家肯定会在顾客需求洞察和市场机会把握方面占得先机。

第四个延展性问题是顾客需求洞察与伦理学之间的关系。顾客需求洞察不仅是一种闻见之知（知识上的进步），而且是一种德性之知（伦理方面的觉醒），是对自我中心主义的克服（即"克己"），像孔子那样"绝四"：毋意、毋必、毋固、毋我，意思是，不凭空臆测，不武断绝对，不固执拘泥，不自以为是。企业家和管理者在了解和理解顾客需求时如果不能规避"意必固我"的影响，是无法获得真正的洞察的。对顾客需求的洞察要求企业家和管理者具备同理心（人同此心，心同此理），坚持公平精神和对等原则，尊重康德"位我上者灿烂星空，道德律令在我心中"的"绝对律令（categorical imperative）"和孔子"己所不欲，勿施于人"的白银法则，这样才能设身处地、感同身受地体会他人（顾客）具体而微的悲欢离合、喜怒哀乐，从而有的放矢、切中肯綮地设计出有针对性、有竞争力的产品或服务方案，帮助顾客离苦（"悲"）、得乐（"慈"）。陈春花教授解读了好产品的"慈"与"悲"，她说："一直非常好奇那些经久不衰的产品，它们为什么可以做得到让生命力如此旺盛。当我仔细去理解它们的时候，发现其背后驱动因素非常明确，那就是它给予人们爱、惊喜和依靠，和它所呈现出来的善意，所焕发出的美，以及美的共鸣。"

在当下，企业、企业家和管理者对顾客需求的洞察不能深入、创新容易失败、营销事倍功半甚至遭人厌烦和抵制，在很大程度上都不是"巧实力"不够，而是"正能量"不够、同理心不够。企业家和管理者必须懂得用同理心来换位思考，站在用户、客户和终端使用者的角度看问题。

梁漱溟先生在《中国文化要义》一书中指出，"互以对方为重"是中国伦理社会的核心精神，"以对方为重"是中国人在日常生活中遵循的基本道德原则。法国哲学家、20世纪欧洲最伟大的伦理学家列维纳斯也力主从伦理的维度重建形而上学，确立了"作为他者的主体"这一后现代伦理之要义，他更倾向于把哲学看作是"爱之智慧"（这更接近中国哲学），而非传统希腊语中的"智慧之爱"。中西两位思想家虽然不是管理学家或营销大师，但都为创新、营销、增长、发展陷入困境的企业指明了脱胎换骨、不忘初心、牢记使命的方向："以对方（顾客）为重"而不是以自我为重，把顾客当作不被杀熟的朋友而不是围猎的目标，执着于"爱之智慧"，而不是"智慧之爱"。

写到这里，笔者想呼应一下品牌营销专家、"发现营销理论"提出者宇见在《洞察力：让营销从此直指人心》的序中发出的几点疑问。首先，"今天的品牌决策者们是否太过于看重产品与功能，而忽视了品牌的情感意义，忽视了品牌与用户之间的情感联系？"笔者认为，今天的品牌决策者们确实不够重视品牌的情感意义，忽视了品牌与用户之间的情感联系，而且中国本土品牌在顾客的社交和自我表达方面的表现力和竞争力也确实比较弱。但是说品牌决策者过于看重产品与功能也不太准确，他们过于看重的是流量和KOL（key opinion leader，关键意见领袖），因此笔者在参加上海财经大学商学院的博约课堂时，特地与叶魏岭老师探讨这样一个问题："消费者需要更好的口红还是更多的李佳琦？"笔者希望品牌决策者们把工作的中心和重心转移到基于顾客洞察的产品创新上来，在因媒体特别发达、巷子变得特别浅了的时代，依然靠"酒香"来吸引顾客。

其次，"企业内部过细的职能分工，是不是妨碍了品牌从一个更为完整的角度来理解'自我价值'，从而间接导致了品牌形象的支离破碎？"品牌形象支离破碎确实是一个问题，但是过错不完全在企业内部职能分工过细，因为精细的分工有时是专业主义的需要和体现，过错在于面对碎片化趋势缺乏整合策略和整合能力。要知道，营销和传播必然会经历"笼统、细分、整合"的辩证发展阶段，不仅媒体之间、内容之间、媒体与内容之间需要整合（这些都是战术性的整合），而且针对顾客的营销传播与针对其他利益相关群体的营销传播之间，针对外部的营销传播与针对内部的营销传播之间，营销传播与信息技术之间也需要整合，而最高境界体现在营销传播与财务回报和战略创新之间的整合。

再次，"营销学身后的知识谱系，会否因为经济学、管理学从20世纪中叶就基本确立的主导地位，而让今天的企业营销行为表现出了某些'偏科'的倾向？比如，心理学、消费者行为学对市场营销的意义乏人问津，而艺术与设计对品牌营销的价值更是长久以来受到忽视"。宇见对这个问题的担心非常有必要，笔者在上面关于"顾客需求洞察既是一门艺术也是一门科学更是科学与人文融通后的思想成果"的简要论述中，基本上回应了宇见的疑问。

另外，"日新月异的科技在为营销活动持续赋能的同时，是不是也容易催生'让人迁就于技术'的科技教条主义？"这一担心也不无必要，所以笔者提出"better technology, better insight（更好的技术带来更好的洞察）"或者"better technology, better marketing（更好的技术带来更好的营销）"，确保"科技向善"或"不作恶"不流于一句口号。

最后，"随着全新信息交互方式的不断兴起，如何更有效地防止'骚扰用户''制造文化污染'这类不良行为，给用户和营销人自身的职业境遇所带来的侵害？"这是一个伦理道德方面的问题，笔者认为，同理心和道德感是企业走出增长困境、打破发展僵局的新方向和新突破口。笔者最近注意到资深广告人李倩玲女士的一段话：未来新常态的营销，是你要有数据（Data）、要把握艺术（Art）、要有技术（Technology），将来就是"DAT"营销时代的来临。看过之后，笔者想要追加一个：你要有伦理（Ethics），将来就是"DATE"营销时代的来临。

一些明目张胆地宣扬"急功（快速地建立品牌）近利（快速地转化成销量）"的"流量（池）布局、营销转化"玩（做）法，会使企业走投无路，证明营销不能只靠"巧实力"而缺乏"正能量"，但是营销也不能只靠"正能量"而不发挥"巧实力"。笔者的观点是：正能量必须掌握巧实力。明代政治家、思想家吕坤在《呻吟语》中说："文章有八要：简切明尽，正大温雅"，前面四个字"简""切""明""尽"可以用来形容营销的巧实力，后面四个字"正""大""温""雅"可以用来形容营销的正能量。套用经济学鼻祖亚当·斯密的两部书来说，就是：做营销，要在《道德情操论》的基础上来写《国富论》，而不是独尊《国富论》，置《道德情操论》于不顾。捷克前总统哈维尔的经济顾问、《善恶经济学》作者托马斯·赛德拉切克认为，斯密对经济学的最大贡献在于伦理观。赛德拉切克指出，所有的经济学，从根本上说，都是与善恶有关的经济学。根据这一看法，营销学也应该都与善恶有关，因为营销学之父科特勒认为，营销学属于行为经济学。笔者期待有人能像赛德拉切克写《善恶经济学》那样，写一本《善恶营销学》。

营销的巧实力会不断变化，因而必须与时俱进（从老产品到新产品、从传统媒体到新媒体、从传统渠道到新渠道、从传统方式到新方式），但是营销的正能量却相对恒定，比如爱（love）、归属感（belonging）、自我利益（self-interest）、意义（meaning）和尊重（respect），这些永恒的人性真理和光辉必须坚持。从这个意义上说，"越是人性化，营销越美好（more human, better marketing）""最人性化、最人情化的公司才是最终赢家（The most human company wins）"。

宇见总结说，他所提的上述问题看似跨度颇大，但从实际感受来看，却都与今天营销人头顶上日益稀薄的"人文空气"有着莫大关系。对此，笔者也颇为认同，不过笔者想把科技比作"空气"而把人文比作"氧气"，很遗憾，我们的商业世界正在走向"空气弥漫而氧气稀薄"的道路和境地。德鲁克先生主张将管理与人文学科相结合，他说："我们仍然无法真正懂得如何将人文学科和管理关联在一起。我们也不清楚它们之间的关联会给双方带来怎样的影响——要知道，婚姻，纵使是最糟糕的那种，也足以让双方有所改变。"笔者参与翻译的《失落的管理艺术》一书，初版时的副标题是"德鲁克论现代管理与人文精神"，再版时笔者把副标题改成了"德鲁克思想的人文之光"。希望这道光能够照进当今包括企业在内的各类组织及其管理实践，同时也应该照进被德鲁克称为"产生结果"的营销和创新这两大基本的企业职能。可能正是因为这份共通而又共同的"人文情怀"，才使得笔者与宇见虽然素昧平生，但不约而同地选择了将"洞察"放在各自所写的专著的核心位置。宇见希望营销重新回归到对用户生活的真诚关切，基于兼顾了用户情感与意识形态需求的，更为完整的用户洞察来持续创新品牌价值，以此来寻求解决上述营销疑难杂症的良方。这也"正合吾意"，我也呼吁包括化妆品行业在内的所有消费品行业的企业家和管理者，关掉电脑，走出办公室，去观察，身临其境地观察，观察消费者的衣食住行用，感受他们的悲欢离合，体会他们的喜怒哀乐，理解他们所面临的各种生活场景和人生情境，懂得他们所希望获得的各种进步，清楚他们所希望突破的各种限制，一句话，获得关于顾客需求的洞察。

在笔者看来，上述延展性问题非常值得探讨，但是囿于本书主题和篇幅，在此只能点到为止。寄望将来能有机会针对这些有意义的课题著书立说，进一步拓展和深化顾客需求洞察，帮助企业进一步提升在创新、营销、增长和竞争方面的能力和表现。

感谢所有帮助本人成长、帮助本书成书的亲朋好友，感谢每一位谋面和未曾谋面的读者朋友。

是为后记。

王 茁
2021年2月